지역협력기초연구 ⑨
대전대학교 지역협력연구원

『대한매일신보』로 보는
한말의 대전·충청남도

도면회·사문경 편

도서출판
다운샘

대전대학교 지역협력연구원(Institute for Area Studies and Development, Daejeon University)은 21세기 지식정보사회를 맞이하여 국내 및 국제 지역연구를 촉진하고 지역협력사업을 추진함으로써 지역사회와 지구공동체의 지속가능한 발전을 도모하기 위하여 2001년 10월에 설립되었다. 현재 본 연구원은 학술진흥재단 기초학문육성지원사업을 비롯한 연구사업과 학술세미나 개최, 연구총서 발간, 동구포럼 운영, 국내 및 국제 지역연구회 운영, 용역사업 수주, 자매대학과의 연구협력사업 등을 추진하고 있다.

Tel: 042-280-2272~3, Fax: 042-271-0502
홈페이지: http://dju.ac.kr/~area21/ E-mail: iasd@dju.ac.kr)

* 이 책은 2002년도 학술진흥재단의 지원에 의하여 발간된 것임.
(KRF-2002-072-BM1017)

머리말

　1991년 지방자치제 실시 이후 각 지방자치체들이 자기 고장의 역사를 편찬하고 유물 유적을 보존하며 나아가 관광지로 개발하는 추세가 증가일로에 있다. 대전광역시와 산하의 각 구, 충청남도와 산하 각 군에서도 앞다투어 자기 지역의 역사를 정리하여 『대전시사』·『대전100년사』·『충청남도 개도 100년사』·『공주군지』·『논산군지』·『공주의 역사와 문화』 등 많은 역사서를 발간하였다.
　지역사 편찬은 중앙정부 중심 역사가 서술하지 못하는 각 지역만의 특수성을 보여준다는 점에서 중대하고도 의미있는 일이 아닐 수 없다. 그러나 이러한 지역사 편찬 과정에 문제가 없는 것은 아니다. 역사를 서술하는 데 가장 기초가 되는 1차·2차 사료를 수집하고 보존 정리하는 작업이 상대적으로 충실하지 못했다는 점이다. 이미 지역학을 먼저 개척한 서울이나·원주, 경기도 등을 보면 지역사 편찬 작업과 병행하여 관련 사료를 국내는 물론 국외에서까지 수집하여 영인본으로 발간 또는 마이크로 필름 등으로 보존하고 있는 형편이다.
　대전이나 충청남도의 경우 이러한 사료 수집·정리 작업이 다른 선발

지역에 비해 뒤처졌음을 인정하지 않을 수 없다. 본 자료집은 그러한 뒤처짐을 메꾸기 위한 조그마한 시도이다. 본 자료집 편찬은 한국학술진흥재단의 지원을 받은 연구과제 "대전·충청지역의 지역거버넌스를 위한 역사적·문화적·사회적 자원에 대한 기초조사 연구" 제2차년도 연구의 일환으로 기획하였다. 그러나 1년밖에 안되는 짧은 기간과 적은 인력으로는 무리한 욕심을 낼 수 없었기에 일단 1904년 8월부터 1910년 8월까지 6년간 발간된 『대한매일신보』의 대전·충청남도 관련 기사와 광고들을 원문 그대로 입력하는 데 그치기로 하였다.

자료 해설에서도 알 수 있듯이 『대한매일신보』는 대한제국 말기 일제의 침략에 정면으로 저항할 수 있었던 유일한 신문이었다. 따라서 일제의 침략상과 그에 저항하는 한국인들의 활동이 거의 다 게재되었다는 점에서 대단히 중요한 사료로 평가되고 있다. 그뿐만 아니라 충남 지역에 들어온 일본인들의 행태, 충남도민들이 신문을 이용하여 자신의 재산권이나 명예를 지키려고 하는 모습, 각지에서 우후죽순격으로 설립되는 공사립학교의 상황 등등 충남의 사회상이 대단히 다양하게 담겨 있다. 본 자료집을 이용하여 한말 대전·충남지역의 사회상이 좀더 풍부하고 구체적으로 서술되기를 바라는 마음이다.

향후 이러한 작업은 근대 이전 고대와 중세·근세 시기에 대해서도 수행되어야 함은 물론, 본 자료집이 대상으로 하는 시기 전후에 나온 『독립신문』과 『황성신문』, 『매일신보』, 『동아일보』, 『조선일보』 등의 신문자료 수집으로도 이어져야 하리라 본다. 더 나아가서 국가기록원에 소장되어 있는 일제강점기와 해방후 충남 관련 자료까지 수집 정리하여야 할 것이다.

본 자료집 신문기사 입력은 충남대학교 박사과정에 있는 오명석 선생의 힘을 빌렸다. 오선생은 우리가 요구한 이상으로 원문을 충실하게 입력하셨으나 독자의 편의상 또는 차후 검색상의 편의상 우리 편저자들이 임의로 현대어법에 맞게 표기를 바꾸었다. 오선생의 노고에 다시 한번 감사를 드린다.

아울러 본 연구프로젝트에 깊은 관심을 가지고 성원해주신 대전대학교 신극범 총장님, 본 자료집을 편찬하는 데 정신적 물질적으로 많은 지원을 해주신 대전대학교 지역협력연구원 안성호 원장님께도 감사의 뜻을 표한다. 또 상업적으로 큰 성공을 기약할 수 없는 데도 흔연히 출간을 맡아주신 도서출판 다운샘 사장님과 편집부 직원 분들께도 감사를 드린다.

2004년 10월

도면회·사문경

차례

머리말 / 3

해설 / 9

일러두기 / 23

1904년(光武 8년)

1904년 8월 ·· 25
1904년 9월 ·· 27
1904년 10월 ·· 30
1904년 11월 ·· 39
1904년 12월 ·· 41

1905년(光武 9년)

1905년 1월 ·· 45
1905년 2월 ·· 47
1905년 3월 ·· 47
1905년 8월 ·· 49
1905년 9월 ·· 50
1905년 10월 ·· 53
1905년 11월 ·· 61
1905년 12월 ·· 63

1906년(光武 10년)

1906년 1월 ·· 67
1906년 2월 ·· 70
1906년 3월 ·· 74

1906년 4월 ··· 80
1906년 5월 ··· 84
1906년 6월 ··· 93
1906년 7월 ··· 99
1906년 8월 ··· 103
1906년 9월 ··· 106
1906년 10월 ··· 111
1906년 11월 ··· 116
1906년 12월 ··· 121

1907년(光武 11년, 隆熙 元年)

1907년 1월 ··· 127
1907년 2월 ··· 132
1907년 3월 ··· 137
1907년 4월 ··· 144
1907년 5월 ··· 151
1907년 6월 ··· 163
1907년 7월 ··· 169
1907년 8월 ··· 172
1907년 9월 ··· 175
1907년 10월 ··· 181
1907년 11월 ··· 186
1907년 12월 ··· 191

1908년(隆熙 2년)

1908년 1월 ··· 197
1908년 2월 ··· 210
1908년 3월 ··· 214
1908년 4월 ··· 220
1908년 5월 ··· 225
1908년 6월 ··· 231
1908년 7월 ··· 237
1908년 8월 ··· 244
1908년 9월 ··· 251

1908년 10월 ………………………………………………………… 256
1908년 11월 ………………………………………………………… 264
1908년 12월 ………………………………………………………… 271

1909년(隆熙 3년)

1909년 1월 …………………………………………………………… 277
1909년 2월 …………………………………………………………… 283
1909년 3월 …………………………………………………………… 289
1909년 4월 …………………………………………………………… 292
1909년 5월 …………………………………………………………… 297
1909년 6월 …………………………………………………………… 303
1909년 7월 …………………………………………………………… 307
1909년 8월 …………………………………………………………… 310
1909년 9월 …………………………………………………………… 313
1909년 10월 ………………………………………………………… 315
1909년 11월 ………………………………………………………… 317
1909년 12월 ………………………………………………………… 319

1910년(隆熙 4년)

1910년 1월 …………………………………………………………… 323
1910년 2월 …………………………………………………………… 326
1910년 3월 …………………………………………………………… 329
1910년 4월 …………………………………………………………… 332
1910년 5월 …………………………………………………………… 336
1910년 6월 …………………………………………………………… 340
1910년 7월 …………………………………………………………… 344
1910년 8월 …………………………………………………………… 349

■ 색인 / 351

〈해설〉

『대한매일신보』로 보는
한말의 대전·충청남도

1. 『대한매일신보』의 창간과 폐간

본 자료집은 『대한매일신보』의 잡보와 학계(學界) 기사, 광고, 사고(社告) 중 대전·충청남도에 관련된 것들을 선별하고 그 원문을 현대 어법에 맞게끔 고쳐 쓰고 띄어쓰기하여 출간한 것이다. 본 자료집에 실린 기사의 맥락을 이해하기 위해서는 『대한매일신보』가 창간된 내력과 폐간되기까지의 과정을 유념할 필요가 있다.

『대한매일신보』는 양기탁 등이 영국인 베델을 사장으로 고용 추대하고 그 자신은 총무가 되어 1904년 7월 18일 창간한 신문이다. 대한제국 정부는 1904년 2월 러일전쟁 발발 이후 일본이 한반도에 불법 상륙해서 군용지 징발 등 전쟁 수행을 위한 한국정부의 협력을 강요하는 조건 속에서, 한국의 처지와 정부의 주장을 세계 각국에 알리기 위해 영어를 사용한 신문을 간행하고자 하였다. 당시 황실의 외교 담당 부서인 궁내부 예식원 영어통역관이었던 양기탁은 고종의 내탕금 지원과 이용익·민영환 등의 자금 지원을 받아 신문사 창립을 추진하였다. 그러나 당시 일본군이 서울을 점령하여 일본헌병대가 신문·잡지 등 모든 출판물을 검열하고 있었으므로 검열 압력으로부터 자유롭게 신문을 편집할 수 있는 외국인을 구하고자 하였다. 그 과정에서 당시 *The London Daily Chronicle* 임시통신원 베델과 교섭하여 그를 명의상 사장으로 고용하여 『대한매일신보』를 창간한 것이다.1)

『대한매일신보』의 창간부터 폐간때까지의 전과정은 네 시기로 구분해 볼 수 있다. 제1기는 창간부터 1905년 3월 10일 일시휴간할 때까지의 시기이다. 이 시기에는 원래 목적대로 영문판 중심으로 편집하여 6면 중 4면은 영문판, 2면은 국문판으로 발행하되 국문판은 영문판을 번역하거나 영문판에 기준을 두고 편집하였다. 그러나 영문판 중심의 신문이라 판매부수가 극히 제한되어 재정적자가 누적되었는지 창간 8개월만인 1905년 3월 휴간에 들어가 신문체제 개편을 준비하였다.

제2기는 1905년 8월 11일 신문을 속간하기 시작한 때부터 1907년 3월 말까지의 시기이다. 이 시기에는 영문판과 국한문 혼용판을 완전히 분리하여 각각 별도의 신문으로 발행하였으며, 대한제국 정부의 신문에 대한 영향력은 소멸하고 양기탁을 중심으로 「을사조약」에 대한 반대투쟁을 전개하면서 언론을 통한 계몽운동을 전개하였다.

제3기는 신민회 창립에 즈음하여 『대한매일신보』가 신민회 기관지 역할을 하기 시작한 1907년 4월 초부터 『대한매일신보』가 이장훈에게 팔려 양기탁 등 신민회 간부들이 사임하고 떠난 1910년 6월 13일까지의 시기이다. 이 시기는 언론구국투쟁이 과감하게 전개된 시기로서 1907년 5월 23일부터는 순국문판까지 별도로 발행하기 시작하여 국한문 혼용판, 순국문판, 영문판 총 세 가지 종류의 신문을 발행하게 되었다. 발행부수도 급증하여 1908년 5월 현재 국한문 혼용판이 8,140여 부, 순국문판이 4,650여 부, 영문판이 460여 부, 합계 약 1만 3,250여 부로 당시 국민 대중에게 막강한 영향력을 발휘하였다.

---

1) 이하 신용하, 「대한매일신보 창간 당시의 민족운동과 시대적 상황」, 『구국언론 대한매일신보』(대한매일신보사, 1998), 184~186쪽 참조.

제4기는 베델에 이어 대한매일신보사 사장의 직책을 승계한 만함(Alfred Weekely Marnham)이 통감부의 공작과 회유에 말려 대한매일신보사 시설 일체를 사원 이장훈(李章薰)에게 매도하고 귀국해버린 1910년 6월 14일부터 일제가 한국을 식민지로 병합하여 『대한매일신보』를 폐간시킨 1910년 8월 29일까지 2개월 반의 기간이다.

이로써 볼 때 본 신문이 가장 활발한 언론계몽활동을 전개한 시기는 제2기와 제3기라고 할 수 있으며 본 자료집의 기사 역시 그러한 시기적 변화를 고려하면서 독해해야 할 것이다.

2. 대전·충청남도 행정구역의 변화

한말의 대전·충청남도 행정구역은 오늘날의 행정구역과 다소 차이가 나므로 이를 고려해야 할 것이다. 충청남도는 지금부터 110여 년 전인 1896년 8월 4일에 독자적인 행정구역으로 탄생하였고 대전은 그보다 20여 년 후인 1914년에 가서야 대전군 대전면으로 출발하였다.[2] 그 이전까지 충청도는 충청좌도와 충청우도로 구분되기는 하였지만 법제상으로는 1개 관찰부(공주), 4개 목(충주 청주 공주 홍주), 1개 도호부(청풍), 14개 군(임천 단양 태안 한산 서천 면천 천안 서산 괴산 옥천 온양 대흥 보은 덕산), 35개 현(문의 홍산 제천 평택 직산 회인 정산 청양 연풍 음성 청안 은진 회덕 진잠 연산 노성 부여 석성 비인 남포 진천 결성 보령 해미 당진 신창 예산 목천 전의 연기 영춘 영동 황간 청산 아산)으로 유지되었다.

갑오개혁기에 지방제도 개혁이 이루어짐에 따라 지방행정구역은 1895년 5월 26일 구래의 8도로부터 23부 337개 군으로 구성되었다. 아울러 종래 유수부·부·목·대도호부·도호부·군·현 등을 모두 군(郡)으로 단일화하고 수령의 관명을 관찰사와 군수로 통일하고 내부대신의 지휘 하

---

2) 이하, 자세한 행정구역상 변화는 도면회, 「한말 일제초 지방제도 변화와 충청남도의 탄생」, 『지역학연구』 제3권 제1호(2004) 참조.

에 귀속시켰다.3)

충청도는 이에 따라 강원 영서지역의 남부지역과 전라도 북부 일부를 합하여 다음과 같이 충주부 20개 군, 홍주부 22개 군, 공주부 27개 군으로 하여 3부 69개 군으로 편제하였다.

〈표 1〉 갑오개혁 직후 충청도 행정구역

충주부	충주 음성 연풍 괴산 제천 청풍 영춘 단양 진천 청안 여주 용인 죽산 음죽 이천 양지 원주 정선 평창 영월 (20개 군)
홍주부	홍주 결성 덕산 한산 서천 비인 남포 보령 임천 홍산 서산 해미 당진 면천 태안 대흥 청양 예산 신창 온양 아산 정산 (22개 군)
공주부	공주 연기 은진 연산 석성 부여 노성 옥천 문의 회덕 진잠 평택 보은 회인 영동 청산 황간 청주 전의 목천 천안 직산 안성 진위 양성 진산 금산 (27개 군)

* 출전: 국회사무처 편, 『한말근대법령자료집』 I, 399~400쪽

그러나 아관파천으로 정국이 급변하고 나서 지방행정제도에도 중대한 변화가 나타났다. 23부제로 구성되었던 지방행정구역이 1896년 8월 4일부로 13도 체제로 바뀌었으며 제주목을 제외하고 각군을 전결(田結)·호구의 다소에 따라 4개 등급으로 나누었다.4)

이 과정에서 충청·전라·경상도는 각각 남북도로 나뉘었다. 물론 종전까지 관행적으로 충청좌우도 구역이 있었기는 했지만, 이때부터 법제상으로 남북을 나누었으니 충청남도는 이렇게 탄생하였다.5) 개정된 관제에 의하여 충청남도의 행정구역은 다음 표와 같이 37개 군으로 편성되었는데, 이때 공주부에 속해 있던 금산군·진산군이 전라북도 관할로 옮겨지고

---

3) 손정목, 『한국지방제도·자치사연구』(상), 일지사, 1992, 42~51쪽.
4) 건양 원년 8월 4일 칙령 제36호 『地方制度』(국립중앙도서관 분류번호 한古朝 33-21), 7~37쪽.
5) 「地方區域及郡等說明書」 위의 책, 40쪽. 평안도·함경도는 종전 남북구역으로 나누어 있었기에 그 구분을 그대로 따라 역시 평안남도와 북도, 함경남도와 북도로 나뉘었다.

안면도가 홍주군으로 귀속되는 변화를 겪었다. 그리고 1901년에는 오천군(鰲川郡)을 신설하여 안면도를 다른 여러 섬 및 면들과 함께 오천군에 귀속시킴으로써 충청남도는 총 38개 군으로 늘어났다.

〈표 2〉 1896년 현재 충청남도 행정구역

군 등급	군명	전결 면적
1등군	공주군	1만 결 이하
2등군	홍주군	7천 결 이하
3등군	한산군 서천군 면천군 서산군 덕산군 임천군 홍산군 은진군 (8개군)	4천 결 이하
4등군	태안군 온양군 대흥군 평택군 정산군 청양군 회덕군 진잠군 연산군 노성군 부여군 석성군 비인군 남포군 결성군 보령군 해미군 당진군 신창군 예산군 전의군 연기군 아산군 직산군 천안군 문의군 목천군(27개군)	2천 결 이하

* 출전:「地方區域及郡等說明書」,『地方制度』, 17~18쪽, 42쪽

지방행정구역은 1905년 11월 을사조약이 강제로 체결되고 이듬해 2월 통감부가 설치됨에 따라 또 다시 개편되었다. 통감부는 1906년 4월 한국인 7인과 일본인 2인으로 지방제도조사소를 구성하게 하고 이들로 하여금 지방제도 개정에 관한 제반 사항을 연구하게 하였다. 1906년 7월 동소에서 작성한 개정안은 13도와 경계는 그대로 두고 부군(府郡)의 숫자는 219개로 감축하는 것을 골자로 하고 있었다. 그러나 이 계획안은 대대적인 반대 여론으로 인하여 강행할 수 없었다. 통감 이토는 통폐합을 잠시 정지하게 한 후 7월 25일 내부로 하여금 합군설을 부인하는 훈령을 13도에 내리게 하였으며 지방제도조사소의 활동기간도 다시 2개월을 연장하게 하였다.[6]

통감부는 1906년 8월 15일 지방제도 개정안을 새로 작성하여 9월에 일련의 법령들로 반포하였고 이들 법령을 10월 1일부터 시행하였다.[7] 그 대

---
6) 이에 대해서는 이정은,「일제의 지방통치체제 수립과 성격」,『한국독립운동사연구』 6집(한국독립운동사연구소, 1992), 260~261쪽 참조.

체적인 내용은 군의 통폐합은 취소하여 13도제와 군의 숫자는 그대로 두되 월경지와 견아상입지 등을 정리하는 방침을 취하는 것이었고, 그 결과 지방행정구역은 1수부·13도·11부·332군으로 개편되었다.[8]

여기서 충청남도와 관련하여 주목되는 것은 회덕군을 중점적으로 확대한다는 방침이다. 앞서 지방제도조사소가 작성한 개정안에서도 이미 "회덕은 7면 잔읍(殘邑)이라. 태전(太田) 정거장 설치 이래로 내외국 상민이 핍주하여 상무 교섭과 경무 분장(分張)이 갑자기 진시(鎭市)를 이루어 사무가 호번(浩繁)하니 잔읍 현상으로는 이를 처리할 수 없는 고로 회덕군 쪽으로 들어가 있는 공주군 남쪽의 두입지 10~20리의 면들을 잘라 속하게 하고 진잠군 전체 5면과 청주 비입지인 주안면을 회덕에 모두 속하게 함이 타당하다고 생각된다"라는 방침을 세웠다.[9] 1906년 8월 15일에 제출된 개정안에서도 역시 "회덕군은 내지의 진수(鎭守)이므로 군수를 폐지하고 부윤을 둘 것"이라는 방침이 수립되었다.[10] 이처럼 내륙 지역인 회덕군을 부로 승격하고 부윤을 둔다는 구상은, 당시 통감부가 주로 개항장 소재지 군을 부로 개칭하고 부윤을 두던 지방제도 개정 방식에 비추어 보면 대단히 획기적인 것이었다.[11]

이러한 방침은 당초 경부철도 노선을 결정할 때부터 예고된 것이었다. 일본은 경부철도 부설을 위해 1892년·1894년·1899년·1900년·1903년 다섯 차례에 걸쳐 대규모 노선 답사를 실시하였다. 그 결과 제3차 답사까지는 상공업이 발달한 경제적 선진지역을 중시한 우회 노선(영동·금산·공주·전의군 경과함)으로 결정하였다가 제4차 답사 이후에는 중국대륙과의 연결과 러일전쟁의 병참로를 고려하여 군사적 측면을 중시한 직행 노

---

7) 윤해동, 「'통감부설치기' 지방제도의 개정과 지방지배정책」, 『한국문화』 20(서울대 한국문화연구소, 1997), 399~400쪽.
8) 손정목, 『한국지방제도·자치사연구』(상), 72~73쪽.
9) 「지방제도개정청의서」 『지방제도조사』 293쪽
10) 『日韓外交資料集成』 제6권 상, 341쪽.
11) 손정목, 앞의 책, 72~73쪽.

선(영동·회덕·전의군 경과함)으로 최종 결정하였다.12) 즉, 통감부는 경부선의 중심 지점인 회덕군을 여타 도시와 유사한 수준으로 대우한다는 방침을 정한 것이다.

그리하여 충청남도의 행정구역은 1906년 10월 1일 이후 문의군을 충청북도로 귀속시킴으로써 <표 3>과 같이 37개 군이 되었고 이것이 1914년의 군면통폐합 시기까지 유지된 것이다.

<표 3> 1906년 10월 1일 이후 충청남도 행정구역

결성군 공주군 남포군 노성군 당진군 대흥군 덕산군 면천군 목천군 보령군 부여군 비인군 서산군 서천군 석성군 신창군 아산군 연기군 연산군 예산군 오천군 온양군 은진군 임천군 전의군 정산군 직산군 진잠군 천안군 청양군 태안군 평택군 한산군 해미군 홍산군 홍주군 회덕군

3. 『대한매일신보』에 실린 대전·충청남도 관련 기사의 종류

『대한매일신보』에 실린 대전·충청남도 관련 기사는 총 1,515건으로서 이들을 <일러두기>에 있는 분류번호대로 선별해 보면 다음과 같다. 기사 건수가 가장 많은 것은 분류번호 500번대에 있는 사회운동·자강운동·일진회·의병운동 등 당시 시국과 밀접한 연관이 있는 기사들이다. 우선 '사회운동'으로 분류된 기사들은 1906년 1월 홍주군 우체주사(郵遞主事) 이붕림(李鵬林)이 을사조약 소식에 격분하여 일본인 우체국장을 죽이고 칼로 자결하려 한 사건 외에는 대부분 국채보상운동 관련 기사들이다. 충남지역에서 국채보상운동에 관한 기사는 1907년 3월 9일부터 기재되기 시작되는데 대체로 각 지역에서 국채보상운동에 참여하는 취지서 및 국채보상의연금 기탁자 명단과 금액을 열거하고 있다.

---

12) 정재정, 『일제의 한국철도침략과 한국인의 대응』, 서울대학교 국사학과 박사논문, 1992, 24~29쪽.

자강운동에 관해서는 경기와 충청지방 인사들이 중심이 되어 조직한 기호흥학회의 결성 과정, 취지서, 활동 상황에 관한 것이 대부분인데 기호흥학회의 취지서에 충청도인의 정체성을 밝힌 점, 기호흥학회가 설립 운영한 기호학교에 관한 기사들이 특징적이다.

〈표 4〉『대한매일신보』 중 대전·충남 관련 기사 주제별 분류

분류번호	주제	빈도	비율(%)	분류번호	주제	빈도	비율(%)
120	정치세력	9	0.6	315	철도	10	0.7
130	인사	100	6.6	317	우편	7	0.5
140	사법·경찰	93	6.1	318	기타 산업	1	0.1
150	국방·군사	10	0.7	400	사회일반	49	3.2
160	황실관계	2	0.1	410	사회정책	7	0.5
170	지방행정	118	7.8	420	위생.복지	42	2.8
210	통감부	1	0.1	430	교육	187	12.3
240	외국인관련	61	4.0	440	여성	15	1.0
301	정부재정	71	4.7	450	범죄.폭력	62	4.1
302	황실재정	8	0.5	460	언론·출판	21	1.4
303	화폐금융	23	1.5	500	사회운동(세력)	76	5.0
305	인구(이민)	3	0.2	510	자강운동	101	6.7
306	농업일반	29	1.9	520	일진회	45	3.0
307	토지침탈	15	1.0	530	의병운동	195	12.9
308	토지소유분쟁	74	4.9	550	기타 단체	8	0.5
309	상업일반	16	1.1	610	유교	4	0.3
310	관세·해관	2	0.1	620	불교	4	0.3
312	광공업	15	1.0	630	동학(천도교)	5	0.3
313	토목·건축	12	0.8	640	천주교	1	0.1
314	교통(정책)	6	0.4	650	개신교	7	0.5
				합계		1,515	100.0

한편 『대한매일신보』에는 발족 당시에는 자강운동의 성격을 띠었으면

서도 종국에는 일제의 한국 침략의 앞잡이격으로 변질해버린 일진회와 의병운동 관련 기사가 다수 실려 있다. 일진회는 지방관의 학정이나 수탈을 비판하고 개혁한다는 기치를 내걸기도 했지만, 의병을 진압하러 온 대한제국 군대와 함께 양민을 의병 관련자라 하여 포박 구타 토색하기도 하였다. 또 일진회 중앙회원만 관직을 얻어 출세하는 데 대한 충남 각군 일진회 지회원들의 비난도 보인다.

　의병운동 기사는 1906년 3월에 민종식이 주도하여 일어난 홍주의병 관련 기사가 압도적으로 많다. 초기에는 의병을 '폭도(暴徒)'로 표기하다가 차차 '소위(所謂) 의병(義兵)' 또는 '의병'으로 표기가 변화하는 것을 볼 수 있다. 의병운동 관련 기사에서 주목할 부분은 의병을 칭하면서 조세를 탈취하고 민간을 약탈하는 적당들의 행태이다. 이처럼 의병을 자칭하면서 민간에 횡행하는 적당은 덕산·서천·목천·한산·홍산·청양·공주·정산 등 충남 대부분의 군에서 확인할 수 있다.

　다음으로 많이 보도된 주제는 충남 각군에 설립된 공립 또는 사립학교에 관한 것이다. 이들 기사는 대체로 학교 설립을 준비하는 단계부터 기금 모집과 학교 창설과정, 설립 이후 학생과 교사의 규모, 하계·동계 시험 성적 결과, 운동회, 졸업식 등등에 관한 것이 대부분이다. 1909년 11월 13일 기사에 의하면 충청남도의 서당이 686개, 학생 수는 4,096명이며 교과서는 한문을 위주로 하되 한국역사·지리를 가르치는 곳도 있다 하며, 공립·사립보통학교는 112개 교에 학생은 5,472명, 교원은 330명으로 집계되고 있다.

　1905년 이후에는 전국적으로 수많은 공립·사립보통학교가 설립되고 있는데 충남 역시 예외가 아님을 확인할 수 있다. 이처럼 학교가 많이 설립되었지만 운영 자금이 부족하거나 기타 사정으로 운영이 부실한 경우도 많음을 볼 수 있으며, 각군의 군수나 세력가들이 학교 운영을 보조한다는 명목으로 민인들에게 보조금을 억지로 늑탈하고 이에 민인들이 저항하는 기사도 심심찮게 보인다.

사실 이 시기에 각급 학교가 우후죽순격으로 설립되는 것을 단순히 교육운동으로만 파악하기는 어렵다. 왜냐하면 1894년 갑오개혁 이후 과거제가 폐지되어 관료로 출세하려면 신식학교나 외국에 유학하여 신식 학문을 체득해야 했기 때문이다. 즉, 1900년 이후 각 지방에서 학교를 설립하거나 여기에 입학하여 공부하는 것은 민족교육 측면보다는 입신출세하기 위한 수단으로 보는 것이 더 적확할 것이다.

또, 어느 학교나 비슷한 하계·동계 시험결과나 운동회, 입학식, 졸업식 등 행사를 상세하게 보도하는 이유는 이들 학교의 학생이나 설립 당사자들만이 신문을 읽을 수 있는 문자 해독 능력을 갖추고 있었을 뿐 아니라 이들이 새로운 기사도 제공해 줄 수 있었기 때문인 것으로 볼 수 있다. 즉『대한매일신보』등 당시 신문들은 이들 주독자층을 고려하는 차원에서라도 이들 학생·교직원 등이 관련된 기사는 항상 빠짐없이 게재할 수밖에 없었기에 이 시기 교육관련 기사의 비중이 크게 나타나는 것으로 분석할 수 있다.

지방행정과 인사 관련 기사 역시 큰 비중을 차지하고 있다. 1910년 3월 이후 강경포 민회가 주도하여 은진군 군청을 강경포로 이전하려는 움직임, 군면 통폐합을 반대하는 움직임 등이 보이는가 하면, 1909년 중반경 일본인들이 온양온천을 개발하면서 천안 기차역부터 온양 온천까지 신작로를 개설하면서 연로 민인의 부역을 동원하는 기사 등이 눈에 띄인다. 또, 1906년 12월 일본인이 공주군 쌍수산성(雙樹山城)을 침탈하려는 데 대해 충남관찰사 김가진이 자신의 권한을 최대한 동원하여 저지하는 모습도 보인다.

인사 관련 기사는 충남관찰사 및 각군 군수직을 얻기 위해 중앙의 권력가 대신에게 뇌물을 바치는 행태, 관찰사 또는 군수직의 임면 사항, 충청남도 각군 군수의 치적에 대한 평가 등이 주를 이루고 있다. 특별히 주목할 만한 것은 1906년 9월 이후 공주의 갑부 김갑순(金甲淳)이 전노령(前奴令)으로 중앙 권력가의 후원을 입어 공주군수가 되면서 벌어지는 아전

들과의 갈등, 이후 그가 공주군 일대에 기근이나 홍수 구제 복지사업을 벌이면서 군수로서의 지위를 인정받아 가는 모습 등이다.

1910년대 조선총독부가 주도하여 실시한 토지조사사업과 관련하여 주목할 만한 것으로 토지 침탈이나 토지소유권 관련 분쟁이 상당수 나타나고 있다는 점이다. 이러한 상황은 잡보 기사에도 보이지만, 흥미롭게도 광고 기사에 다수 나타난다. 이 시기『대한매일신보』뿐만 아니라『황성신문』에도 광고의 최대 다수를 차지하는 것은, 토지문기나 가옥문기를 친족이나 가족 중 일원이 훔쳐 일본인 등 외국인에게 전당잡혀 부채를 얻더라도 이는 모두 인정할 수 없다는 내용들이다. 어찌 보면 오늘날의 공탁제도와 유사한 기능을 광고가 하고 있다고 할 수 있는데, 이와 같이 광고를 통해 자신의 소유권 연고를 주장하더라도 실제 토지·가옥문서를 전당잡은 일본인 채권자나 전당포 등에 대해서는 법적 대항력을 갖지 못하였다. 그럼에도 불구하고 이 시기 신문에는 토지문서·가옥문서뿐만 아니라 어음·도장을 분실한 경우에도 그 토지가옥문서·어음·도장 등은 법적 효력이 없다고 선언하는 소유 주체들의 광고가 거의 매일 게재되고 있었다.

이처럼 신문 광고를 통해서라도 사유재산권을 보호하려고 하는 행태는 당시 대한제국 정부가 민인의 재산을 효과적으로 보호할 수 있는 수단을 갖추고 있지 못하기 때문이었다. 이전까지는 입안(立案)제도란 것을 통해서 소유권을 증명해 왔지만, 이 시기에 와서는 일단 토지가옥문서를 위조하거나 절도한 것만으로도 소유권을 주장할 수 있게 되었다는 것을 의미한다. 따라서 사유재산을 보호받으려는 재산가들은 통감부가 실시하는 토지가옥증명제도에 대해 호감을 보일 수밖에 없었으며, 충남에도 측량사무소와 측량학교가 설립될 때 많은 학생들이 몰렸던 것이다.

그 다음으로 많은 비중을 차지하는 것은 사법·경찰 관련 기사들이다. 우선 1904년 10월에 발생한 공주진위대 병사와 일본 민간인과의 충돌 사건 전말만 보더라도 대한제국이라는 국가가 얼마나 취약했던가를 확인할 수 있다. 이 사건 처리는 그해 11월까지 계속되어 공주진위대의 중대장과 소대장들이 태형을 받고 그 이하 병졸 역시 죄상에 따라 처벌받고 있는데, 한국민에게 군림하는 진위대가 일본과의 관계에서는 '종이호랑이'에 불과한 모습을 보여준다.

사법·경찰과 관련하여 특기할 만한 현상으로 일본 헌병보조원으로 활동하는 한국인들의 지방사회에서의 횡포를 들 수 있다. 통감부는 1908년 6월 한국인의 의병투쟁을 진압하기 위하여 해산된 대한제국 군인이나 면직된 순사들을 헌병대 소속 보조원으로 고용하였다.[13] 헌병보조원은 그해 7월 1일부터 모집하기 시작하여 9월에 제1회 요원 4,065명의 선발 채용을 마치고 일본헌병 1명당 2명 내지 3명을 배속시켜[14] 1909년 말 헌병대 배치가 면 단위까지 이루어지게끔 되었다. 그러나 의병투쟁 진압을 주임무로 했던 이들도 일진회 지회원과 마찬가지로 무죄한 양민을 의병과 관련이 있다 하여 구타하거나 각종 편법으로 재물을 약탈하고 부녀자를 겁간하며 심지어는 살해하는 악행까지 저지르고 있음을 볼 수 있다.

일본인의 횡포나 화적들의 출몰로 인하여 충남 지역민의 삶이 대단히 어려웠음도 알 수 있다. 1906년 이후 일본인은 농업 개간권, 온양온천 기지 개발 및 영업, 푸줏간 개설, 매음매주(賣淫賣酒) 등으로 영업지역을 넓혀나가고 있었다. 이에 수반하여 일본 거류민 인구가 늘어남에 따라 거주지 도시계획은 물론 공주·강경·군산 사이의 교통 원활을 위하여 도로를 개수하라는 청원까지 통감부에 올리는 모습을 볼 수 있다. 1909년경에 들어서면 천안·전의군 등 경부선 철도역 정거장과 온양·예산 등에 일본인 소매치기들까지 등장하고 있다.

다른 한편으로 화적들의 출몰도 1905년부터 1908년까지 지속적으로 나타나고 있다. 1905년 11월경 충남 각 지방에 적도가 창궐한다는 관찰사의

---

13) 문서번호 191 「韓國施政改善ニ關スル協議會第四十一回」(明治四十一年六月九日) 『日韓外交資料集成』제6권 中, 888~898쪽
14) 水田直昌, 『統監府時代의 財政』(友邦協會, 1974), 119쪽

보고가 올라간 이래 1906년 말경에는 충남 내포 연해군인 당진·면천군, 1907년 말에는 진잠·연산군 등, 1908년 4월에는 공주·회덕·연산·진잠 4개 군 경내에 적당이 횡행한다는 기사들이 보이는 것을 보면 충남의 치안 상태가 매우 불안했다고 할 수 있다.

그밖에 1909년~1910년 사이에 회덕군과 충남관찰부 관사를 대전역 근처로 이설한다는 기사는 대전의 식민도시로서의 성장과 관련하여 주목할 수 있다. 『대한매일신보』에 특징적인 것은 모든 기사에 '大田'이라 사용하지 않고 '太田'으로 표기하고 있다는 점이다. 또 우편제도가 실시된 지 오래 되었음에도 불구하고 노성·온양·회덕·목천·남포군 등에는 우편물 전달이 제대로 이루어지지 않고 있으며, 1907~8년경까지도 충남 지역에서 단발이 그다지 널리 이루어지지 않은 상태임을 알 수 있다.

이처럼 『대한매일신보』에는 충청남도라는 지역사회에서 벌어지는 다양한 사건과 행위들이 게재되어 있는데, 사회현상과 관련하여 가장 흥미로운 부분은 <잡보>나 <학계> 기사보다는 광고에 등장하는 내용들이라고 할 수 있다. 이 시기 광고에는 일본을 통해 서구문물을 수입하는 시대상을 반영하여 정치·법률관계 서적은 물론 각종 서양약-모기약, 성병약, 피부병약, 부인병약 등-을 홍보하는 내용들로 넘치고 있다.

이처럼 광고 본연의 내용이 있는가 하면 앞서 보았듯이 토지나 가옥문서를 도난당하거나 위조당했을 때, 어음이나 도장을 분실하였을 때도 광고를 이용하여 자기 재산권을 지키려는 움직임을 볼 수도 있다. 또 이름을 바꿀 때, 사람 찾을 때, 익사자 친족을 찾을 때, 자기 친족이나 가족 중 부랑자의 행패에 대해 경고할 때, 양자계약을 파기한 자와 적처 출생자 사이의 정통성 분쟁, 족보를 만들 때 등등에도 광고가 효과적인 수단으로 이용되었다. 또 지방민들이 군수나 관찰사의 선정을 칭송하면서 그들을 다른 곳으로 옮겨가지 못하도록 정부에 청원할 때, 그와 반대로 그들의 학정을 비난할 때도 광고를 이용하는 경우가 다수 눈에 띄인다.

이처럼 『대한매일신보』중 충청남도 관련 기사를 게재 빈도수가 많은 종류별로 정리해 보았지만, 이밖에도 직산금광 등 광공업 관련, 철도 등 교통 관련, 여성의 지위와 관련된 기사 등 다양한 기사들을 찾아볼 수 있다. 따라서 본 자료집은 1904년 8월부터 1910년 8월까지 약 6년간 충남지역의 사회상을 재구성하는 데 같은 시기의 『황성신문』과 함께 대단히 중요한 역할을 하게 되리라고 본다.

일러두기

○ 본 자료집은 1976년 사단법인 한국신문연구소가 영인(影印)한 『대한매일신보』 제1권~제6권(1904년 8월~1910년 8월, 경인문화사에서 1989년 복간)의 잡보·학계 기사와 광고·사고(社告) 중 대전·충청남도와 관련된 내용만 선별하여 수록하였다.

○ 수록 정리하는 방식은 광무(光武)·융희(隆熙) 등 연호를 서기(西紀) 연도로 고치고 이어서 월일을 기재하였으며, 기사가 속한 분야, 분류번호, 신문기사 원문 순서로 입력하였다.
예) 광무 3년 6월 29일 ⇒ 18990629

○ 분류번호는 신문기사 내용의 주제에 따라 편저자가 임의로 작성한 다음 도표에 맞추어 기재하였다.

```
110.의정부(내각) / 120.정치세력 / 130.인사 / 140.사법·경찰 / 150.국
방·군사 / 160.황실관계 / 170.지방행정
210.통감부 / 240.외국인관련
301.정부재정 / 302.황실재정 / 303.화폐금융 / 305.인구(이민) / 306.농
업일반 / 307.토지침탈 / 308.토지소유분쟁 / 309.상업일반 / 310.관
세·해관 / 312.광공업 / 313.토목·건축 / 314.교통(정책) / 315.철도 /
317.우편 / 318.기타 산업
400.사회일반 / 410.사회정책 / 420.위생·복지 / 430.교육 / 440.여성 /
450.범죄·폭력 / 460.언론·출판
500. 사회운동(세력) / 510.자강운동 / 520.일진회 / 530.의병운동 /
550.기타 단체
610.유교 / 620.불교 / 630.동학(천도교) / 640.천주교 / 650.개신교
```

○ 독자의 편의를 위하여 순한글체인 제1권(1904년 8월~1905년 3월)은 원문을 그대로 입력하고, 국한문으로 속간된 제2권(1905년 8월~1906년 7월) 이후는 'ㆍ'(아래 아) 모음과 복자음 등이 들어간 동사의 어미나 주격·목적격 조사 등을 모두 현대식 어법으로 고쳤다.
예) 前召ᄒᆞᆸ셧ᄂᆞ디 ⇒ 前召하옵셨는데
洪州義兵事件의 對ᄒᆞ야 ⇒ 洪州義兵事件에 對하여

○ 신문 원본은 오늘날과 같은 띄어쓰기가 되어 있지 않지만 독자의 편의를 위하여 현대문법에 맞게끔 띄어쓰기를 하였다.
예) 호중으로셔온사람의소젼을드른즉 ⇒ 호중으로셔 온 사람의 소젼을 드른즉

○ 당초 신문 조판 과정에서 오식(誤植)이 확연한 글자들은 임의로 바로잡았다.
예) 二섭錢 ⇒ 二십錢

○ 한자단어로서 원본에 한글로 인쇄된 것 중 필요할 경우에는 알맞은 한자로 고쳐 넣었다.
예) 內面 侍동居 任召史 --> 內面 侍洞居 任召史
동蒙 리觀求 --> 童蒙 李觀求

1904년(光武 8년)

1904년 8월

19040817 잡보 315 (리씨기상) 공쥬관찰스 보고니에 경뷰털도스원 리철영이가 연로 각군에 폐막 금단훈 일스는 임의 보고ᄒ엿거니와 향일 연산군슈가 일인의게 피타할 쌔에 희원의 보호를 힘닙어 성명을 보젼ᄒ엿고 쏘 강경포에셔 한일 량국 역부가 샹징ᄒ야 일쟝젼국이 되엇더니 희원이 불가언변으로 효유ᄒ야 맛침니 평화케 ᄒ엿스니 이러훈 사름은 샹둥한 직무를 맷겨셔 즁인의 소망에 맛게 ᄒ기를 바란다 ᄒ엿더라.

19040818 잡보 450 (동거하죄) 셔산군 거ᄒᄂ 신틱졍이가 다년 환거ᄒ다가 본년 삼월에 우연이 훈 과부를 엇어 동거ᄒ더니 거월에 덕산거 죠죵호라 ᄒᄂ 자이 취당 슈십 명ᄒ고 신씨 집에 리도하여 신씨를 결박 란타ᄒ고 가쟝즙물을 몰슈탈거ᄒ더니 유위부족던지 신씨 사촌의 집으로 병경을 보니여 니졍돌립하고 좁살과 보리 등물을 탈취ᄒ여 가고 쏘 무어시 부족하여 덕산군슈에게 청촉ᄒ고 신씨를 착슈훈 고로 신씨는 엇지ᄒ야 그 자긔를

그리 ᄒᆞᆫ는지 곡절도 모로고 갓쳐 잇셔 통분ᄒᆞᆫ 졍형이
비홀데 업다더라.

19040824 잡보 450 (튀안슈젹) 호즁으로셔 온 사ᄅᆞᆷ의 소젼을 드른즉 월젼
에 슈젹 십여 명이 튀안군 관가에 돌립ᄒᆞ엿ᄂᆞᆫ듸 본
군슈가 쥬효로 관디ᄒᆞ고 젼 삼빅 량을 쥰즉 격다 ᄒᆞ
여 모도 헛쳐ᄂᆞ뿌리고 히읍 손과부가의 가셔 젼 삼쳔
량을 창탈ᄒᆞ고 본군 고리쇨 젼군슈 리긔셕가에 가셔
젼 오쳔량을 토식ᄒᆞ되 본군 포구로 가져오라 하고 갓
ᄂᆞᆫ듸 그 져녁에 그 집에셔 젼 오쳔 량을 보냇더니 도
젹의 비가 발셔 떠낫더라 츄후로 히 젹당의 소문을
드른즉 긔시에 안홍포변으로 가다가 졔쥬샹션 일쳑을
맛난즉 히션은 시로 지은 비로 도젹 등이 져의 비와
샹환ᄒᆞ여 도젹ᄒᆞᆫ 물건을 시 비에 옴겨 실고 도젹 일
인이 슈직ᄒᆞ고 여당은 쥬졈에 간 ᄉᆞ이에 슌풍이 부러
ᄒᆡᆼ션홀 만 ᄒᆞᆫ지라 졔쥬션인이 즈긔 ᄒᆡᆼ쟝을 졔비에 실
고 젹당의 젼량ᄭᆞ지 가지고 슌풍ᄒᆡᆼ션ᄒᆞ야 갓다 ᄒᆞᄂᆞᆫ
듸 본 군슈가 면쳔 거ᄒᆞᄂᆞᆫ 부긱인 고로 즈긔 집의 후
환이 잇슬ᄭᅡ 염녀ᄒᆞ야 도젹을 강박히 잡지 아니ᄒᆞᄂᆞᆫ
고로 도젹이 셩ᄒᆞ다고 ᄒᆞ더라.

19040825 잡보 306 (유일긔슈) 츙쳥남도 홍산군 김션달가에 이샹ᄒᆞᆫ 즘ᄉᆡᆼ
ᄒᆞ느히 잇ᄂᆞᆫ듸 원리 산도야지와 말이 셔로 교합ᄒᆞ야
나온 거시라 ᄒᆞ야 그 입은 도야지 입갓고 그 털은 바
늘과 갓고 그 소리ᄂᆞᆫ 괴이ᄒᆞ야 비홀 데 업스며 짐을
시르면 수쳔 근을 쟝지ᄒᆞ고도 그날ᄂᆡ 긔가 날즘싱과
갓ᄒᆞ며 대단 ᄉᆞᄂᆞ와셔 부리기가 극난ᄒᆞ다더라.

19040827 잡보 170 (박족작요) 공쥬관출사가 작일에 너부로 뎐보하기를
본군 포리 박모를 공납독촉홀 ᄎᆞ로 이십여 도를 튀벌
하여 착슈ᄒᆞ엿더니 ᄉᆞ일만에 치ᄉᆞᄒᆞᆫ지라 박가의 졔족
이 관문돌립ᄒᆞ야 군슈를 구타ᄒᆞ미 슌교와 사령 등이

일졔이 보호ᄒ야 군슈는 관찰부로 피입ᄒ야 위경을 면ᄒ엿ᄂᆞᆫ디 야료ᄒᆞᆫ 괴슈는 착슈ᄒ엿고 텬안군슈로 사검관을 졍ᄒ야 슈힉케 ᄒ고 피타ᄒᆞᆫ 군슈는 군디에 류ᄒ야 보호ᄒᆞᆫ다 하엿더라.

19040830 잡보 450 (가칭시찰) 공쥬관찰ᄉᆞ가 니부로 보고ᄒ되 명부지 하허잡류가 종인 수십인을 거ᄂᆞ리고 경산 부여 량군슈에 리도ᄒ야 시찰이라 ᄌᆞ칭ᄒ고 빅셩의 지물을 토식ᄒ야 횡퍼롤 무수히 ᄒᆞᆫ 고로 히군 민인등이 부군에 호소ᄒ오니 졍부에셔 과연 시찰을 하송ᄒ엿ᄂᆞᆫ지 회뎐ᄒ라 ᄒᆞᆫ지라 니부에셔 뎐훈ᄒ기를 소위 시찰과 그 종인비를 낫낫치 잡아 부옥에 가둔 후에 곳 회뎐ᄒ라 ᄒ엿다더라.

19040831 잡보 240 (온궁립표) 온양군슈 권즁억씨 보고롤 거ᄒᆞᆫ즉 음력 칠월 초ᄉᆞ일에 일본인 십삼 명이 본군 온쳔동리에 리도ᄒ야 표목 팔기롤 온궁과 그 동리에 둘너 셰우고 표목 젼면에다가 운현궁기디 쓰고 소즁ᄒᆞᆫ 힝궁 안 장원 대문에다가 십ᄌᆞ 횡목을 지르고 렬쇄ᄒ엿다 하엿더라.

19040831 잡보 130 (공찰부임) 공쥬관찰ᄉᆞ 심건틱씨가 도임ᄎᆞ로 작일 발졍하엿더라.

1904년 9월

19040902 잡보 240 (죠쳥쳘표) 궁ᄂᆡ부에셔 외부로 죠회ᄒᆞᆫ 너기에 온양군슈 보고를 거ᄒᆞᆫ즉 일인이 본군 온궁에 와셔 운현궁기 지라 칭ᄒ고 표목을 셰운 외에 ᄯᅩ 궁문에 횡목을 셰워 박쳘ᄒ고 갓다 ᄒ니 막즁ᄒᆞᆫ 힝궁에 외국인이 립표

혼 거시 심히 괴샹혼지라 일관에 교셥ᄒ야 급히 것어 가게 ᄒ라 ᄒ엿더라.

19040905 잡보 130 (츄쳔박씨) 츙쳥남도 관찰ᄉ 리항의씨가 톄귀ᄒ면셔 니부로 보고ᄒ기를 목쳔군슈 박졍빈은 츔치가 리락ᄒ고 강명졍직ᄒ야 도임혼 후에 일경이 안연ᄒ온 바 이번 공쥬 포리가 치폐ᄒ야 관쟝의게 범슈혼 ᄉ로 목쳔 군슈로 사관을 졍ᄒ엿더니 법으로써 죵ᄉᄒ고 리로써 결쳐ᄒ야 인인이 칭송ᄒ니 물즁디대혼 고을에 이 사람이 아니면 진압홀 슈 업쓰니 박군슈를 공쥬로 이임ᄒ야 인심은 안졍케 ᄒ라 ᄒ엿더라.

19040907 잡보 150 (훈령각도) 일본군의 쳥구혼 바 역부 ᄉ건으로 젼국이 소동ᄒ야 곳곳이 민요가 징긔홈은 본보에 루츠 긔지 ᄒ엿거니와 희ᄉ건을 인ᄒ야 졍부에셔 일본 ᄉ령부와 교셥ᄒ고 훈령을 긔초하야 지작일에 졍부로셔 니외부에 통쳡ᄒ고 보낸 고로 니부에셔는 경상남북도 젼라남도 츙쳥남북도 경긔도에 훈령ᄒ엿고 외부에셔는 각 항구에 훈령을 발송ᄒ엿ᄂ디 희 훈령 ᄉ의에 ᄒ엿스되 현금 일본이 빅만의 무리를 이럭키고 억만 엔의 지졍을 허비ᄒ야 희륙 만리에 로고홈을 ᄶ리지 안코 북으로 포학혼 아국을 공격ᄒ야 동양의 평화를 보젼ᄒ고 우리 대한의 독립긔초를 호위ᄒ니 우리 한국이 국력이 폐이지 못ᄒ고 병졔가 미비ᄒ야 비록 능히 긔병ᄒ야 함끠 직희는 의무를 밝히지는 못ᄒᄂ 그 군물 슈운ᄒᄂ 슈고는 우리 국민된 자 의리의 ᄉ양치 못홀 비라 ᄉ리가 이러혼즉 디방관이 이 ᄯᅳᆺ스로 인민의게 잘 긔유ᄒ엿스면 민심이 분발ᄒ야 ᄌ원쟈가 만을 거슬 거힝ᄒᄂ 쟝교비가 츤려에 횡힝ᄒ야 젼지를 토색ᄒ고 방ᄌ이 ᄉ졍을 힝ᄒ며 억륵으로 모집ᄒᄂ 고로 빅셩이 의심ᄒ야 혹은 말ᄒ되 젼쟝ᄭ지 ᄭᅩ여더려다가

시험으로 디뢰포롤 발긔 흐다고도흐며 혹은 왈 역부
롤 단발흐야 병졍으로 쓴다 흐고 흐나도 흠모흐는 쟈
업고 도로혀 작당흐야 민요롤 이럭키며 혹 도망흐야
숨는거시 실샹 륵모흐는 연고라 이졔 역부갈 싸이 일
아 젼쟝에서 샹거가 쳔여 리요 샥젼이 평일보다 후흐
고 의식흐기 편리흐고 비 왕러에 돈 보니기 용이흐니
이 셰셰흔 ᄉ의롤 소샹히 인민의 효유흐고 수효롤 비
졍치 말고 ᄌ원을 조ᄎ 만히 모집흐야 일본 대창조
파원의게 교부흐야 량국 평화롤 손샹흐는 디경에 이
르지 말게 흐라 하엿더라.

19040908 잡보 140 (쥬최변빅) 면쳔군슈 셔지우씨가 토포ᄉ를 겸흐엿는디
덕산 거흐는 쥬가 빅셩이 도젹 구초에 난 고로 셔군
슈가 덕산군에 죠회흐고 쥬가를 잡아 보내라 흐엿더
니 본읍에서 시힝치 안커눌 셔군슈가 쟝치를 보니셔
여러 쥬가를 착치흐야 문초홀 시에 쥬가 ᄉ인의게 시
형하엿는디 두 사롬이 다리가 샹흔지라 평리원으로
압샹되야 일젼에 심사흔즉 쥬가 무죄흔 줄노변빅되엿
다더라.

19040914 잡보 140 (ᄉ성불분) 공쥬관찰ᄉ 심건틱씨가 니부로 뎐보흐되
직산군 향쟝의 보고를 거흔즉 금졈군 채원실이가 본
읍민 한가의 쳐롤 탈취흔 고로 송ᄉ되야 한가의 쳐는
본부를 차자쥬고 채가의 죄악을 징치ᄎ로 결틱 십오
도 흐고 방송흐엿더니 한가가 인흐야 치ᄉ흔지라 금
광군 수쳔 명이 작당흐야 시신을 담예흐야 가지고 관
문에 돌입흐야 동현을 파쇄흐고 군슈롤 란타흐야 ᄉ
셩을 불분 즁이라 흐엿기로 진위딕병을 쳥파흐고 슌
검을 파송흐야 진압케 흐고 쳔안군슈로 사관을 졍흐
야 히군에 파견흐야 히 ᄉ실을 검사케 흐엿다 흐엿더
라.

19040919 잡보 130 (안힉ᄉ출발) 직산 시흥 민요ᄉ건 사실ᄒ기 위ᄒ야 죵 이품 안죵덕씨로 안헥ᄉ을 틱차ᄒ엿ᄂᆞ디 위션 시흥으 로 발왕ᄒ엿더라.

19040920 잡보 630 (동도동도) 홍쳔군슈 유과환씨의 보고에 ᄒ엿ᄉ되 본 군 경ᄂᆡ에 동학당 ᄉ오십명이 농우롤 쳑ᄆᆡᄒ야 로ᄌᆞ 롤 삼아 가지고 혹은 지평으로 혹은 려쥬로 회집ᄒᆞ다 ᄒ며 셔산면 동학 슈십 명도 농우롤 팔아가지고 려쥬 로 간다 ᄒ고 츙쳥도 동학당 오명은 검산리 김인범의 집에 리도ᄒ야 동도 ᄉ오십 명을 모집ᄒ엿ᄂᆞ디 가진 거슨 됴춍 오병ᄲᅮᆫ이오 음력 본월 이일에 큰 소롤 잡 아 가지고 치셩 명식을 굉쟝이 ᄒ엿다 ᄒ엿더라.

1904년 10월

19041004 잡보 240 (금뎌샹보) 공쥬디방뎌 병뎡과 일인간에 분쟁된 ᄉ실 을 샹문ᄒᆞ즉 병뎡 일명이 희군에 거류ᄒᆞᄂᆞ 일본인 진 뎐티랑의 집 담밧게셔 오좀을 누엇더니 일인이 쳑망 ᄒ거ᄂᆞᆯ 병뎡이 샤과ᄒ여도 듯지 안코 병뎡을 무수 란 타ᄒᆞᄂᆞ 고로 병뎡 등이 격분ᄒ야 희균 일인의 집을 부슈고 일인과 좀 샹지ᄒ엿더니 일병 일소디가 하거 하야 희 군디 영샤를 위립ᄒ고 즁디쟝 이하 위관 병 졸을 일졔히 일병 진즁에 구류ᄒ고 춍약 탄환 등물을 몰슈히 탈거ᄒ엿ᄂᆞ디 즁디쟝 권즁락씨는 희 즁디에 쥬무지임인 고로 일인과 시비ᄒ든 병뎡을 령솔ᄒ고 직판츠로 일군 ᄉ령부로 금일에 샹리ᄒ고 소디쟝 리 범셔씨ᄂᆞᆫ 부하 병졸 단속지 못ᄒᆞᆫ 쳑망으로 샹금일 군 즁에 구류ᄒ엿다더라.

19041005 잡보 240 (위관ᄉ탐) 공쥬군디의 분요호 ᄉ건을 인호야 ᄉ탐홀 ᄎ로 군부와 헌병디 위관 각 일인이 하거호엿더라.

19041007 잡보 240 (공디혁파셜) 공쥬진위디 병정들이 일인의게 디호야 야료호 ᄶᅳᆰ에 군부에서 공쥬디 병졍을 혁파호기로 공의호엿다더라.

19041007 잡보 630 (노셩동학) 츙쳥도 로셩군에는 동학당 슈빅 명이 회집 호야 민심이 흉흉호다더라.

19041008 잡보 450 (원소텰텬) 람포 거호는 김소ᄉ가 셜원홀 ᄉ졍이 잇셔 대안문 젼에 샹언진복홈은 본보에 긔지호엿거니와 그 긔의를 득문호즉 김씨의 신수가 긔구호야 조년에 상 부호고 싀모를 봉양홀시 십오셰ᄋᆞ를 솔양호야 살더니 싀당슉 김치오가 그 지산을 탈취할 흉계로 김씨의 모 ᄌᆞ간에 간음호엿다고 무함호고 셔울 사람 리민구를 부동호야 젼관ᄉ의게 쳥쵹호야 김씨의 가산을 몰수히 륵탈호 고로 부군에 졍소호되 군슈와 관찰ᄉ가 셜원 치 아니호고 평리원에 호소코져 호나 리민구의 세력 을 당치 못호겟기로 셜원ᄎ로 텬폐에 명원호엿더니 ᄌᆞ상으로 통쵹호시고 법부에 가 호쇼호라고 조칙이 나리신 고로 작일에 김씨가 법부 문젼에 호소혼다 호 니 응당 공졍이 심판호야 그 지원 극통홈을 신셜호리 라더라.

19041008 잡보 240 (긔탄긔탄) 경무쳥에셔 외부로 조회호기를 공쥬디 위 관과 병뎡을 일본 헌병이 압상호야 히 병영에 구슈하 엿스니 우리나라 군인을 외국인이 무란이 압상ᄒᆞ니 심히 긔탄호다 호엿더라.

19041010 잡보 240 (일령ᄉ발힝) 공쥬관찰ᄉ의 뎐보를 거호즉 군산항 일 령ᄉ가 병졍포힝호 ᄉ건을 ᄉ힉호기 위호야 본부에 류련호다가 부강 등디로 출발호엿다고 호엿더라.

19041010 잡보 240 (교섭수안) 공쥬진위더 병졍과 일인간에 야료된 일에 관ㅎ야는 즉시 군산항 일본령ᄉ의 보고가 잇슴으로 일본공ᄉ가 외부로 죠회ㅎ고 속히 진압ㅎ기를 쳥구ㅎ 엿는디 한국졍부에셔는 엇더케 죠쳐ㅎ는 일이 업다 ㅎ야 일본 군디에셔 병졍을 파송ㅎ야 진압케 ㅎ엿다 는디 그 포횡흔 병졍과 령솔흔 쟝관들은 고ᄉㅎ고 히 도 관찰ᄉ도 그 칙망을 면치 못ㅎ겟는 고로 한국졍부 에셔 그 쟝교들과 관찰ᄉ를 징벌ㅎ고 일본인의 손히 된 거슬 비샹금 무러주는 일을 담임ㅎ며 그 ᄉ건의 쳐결ㅎ는 것슨 모다 한국졍부에셔 ㅎ는 디로 둘터이 고 일본헌병의게 피착된 쟈를 니여줄터이라는디 방금 피츠간 교섭ㅎ는 즁이라더라.

19041010 잡보 240 (죠졍론칙) 외부에셔 니부로 죠회ㅎ되 공쥬진위더 병 뎡이 야료흔 ᄉ로 일본공ᄉ가 본대신을 면디ㅎ야 말 ㅎ기를 공쥬관찰ᄉ가 부하 디방에 즁대흔 ᄉ건을 진 무ㅎ야 됴사치 아니ㅎ는 거슬 귀졍부에셔 죠쳐홈이 한만ㅎ니 본공ᄉ가 심이 유감ㅎ다 흔 바 히도 관찰ᄉ 가 히 ᄉ건에 됴사홈을 담임치 아니홈으로 히 디방더 위관과 병졸이 일헌병의게 압샹홈이 되엿스니 심이 기탄홀지라 히관찰ᄉ를 론칙ㅎ라 ㅎ엿더라.

19041011 잡보 130 (톄임졔의) 직작일 졍부회의에 츙남관찰 심건턱과 젼 남관찰 김세긔와 경북관찰 쟝승원 삼씨는 셔임 이후 에 훼방이 만타 ㅎ야 톄임ㅎ기로 졔의되엿다더라.

19041011 잡보 240 (압병신문) 공쥬더에셔 압샹흔 병뎡을 야료흔 ᄉ건으 로 신문ㅎ엿다더라.

19041012 잡보 240 (죠쳥교섭) 졍부에셔 외부로 죠회ㅎ기를 본월 팔일에 참졍이 샹쥬ㅎ되 공쥬더 병뎡이 일인과 야료흔 ᄉ로 일병이 히디에 젼왕ㅎ야 히더 경위와 참위가 피집ㅎ

엿스니 국톄에 손샹홈이 만만경히ᄒᆞ온지라 힉도 관찰
ᄉᆞ 심건택으로 말ᄒᆞ드리도 비록 군슈 졔어ᄒᆞᄂᆞᆫ 권리
ᄂᆞᆫ 업쓰ᄂᆞ 능히 탄압ᄒᆞ야 슈졉을 잘 ᄒᆞ엿스면 엇지
이 지경에 일으리오. 불가불 징계홀지니 법부로 ᄒᆞ여
곰 검ᄉᆞ를 파송ᄒᆞ야 힉 ᄉᆞ건 야료되는 시죵을 사실ᄒᆞ
고 즁디쟝 권즁락과 쇼디쟝 리응하가 평시에 죠속지
못ᄒᆞ야 이젼에 업든 일을 당ᄒᆞ엿스니 심샹이 쳐치치
못홀지라 외부로 ᄒᆞ여곰 교섭ᄒᆞ야 군부로 보내여 ᄉᆞ
획ᄒᆞ야 뎡죄ᄒᆞ옴이 하여ᄒᆞ올지 샹쥬ᄒᆞ여 의쥬된 고로
죠회ᄒᆞ니 일공ᄉᆞ의게 교섭ᄒᆞ여 힉디 즁디쟝과 쇼디쟝
을 군부로 이숑ᄒᆞ여 ᄉᆞ실 뎡죄케 ᄒᆞ라 ᄒᆞ엿더라.

19041013 잡보 240 (검ᄉᆞ파송) 공쥬디 병뎡 야료혼 ᄉᆞ로 의정부에셔 샹쥬
ᄒᆞ고 법부로 죠회ᄒᆞ고 검ᄉᆞ를 파송ᄒᆞ라 혼 고로 법부
에셔 검ᄉᆞ 리휘션씨를 공쥬로 파송ᄒᆞ기로 작뎡ᄒᆞ야
불일간 하거ᄒᆞ다리라.

19041013 잡보 240 (위관쟝셕) 공쥬디에셔 압샹혼 위관 삼인과 병졸 십륙
명을 작일에 심사ᄒᆞ야 결국이 되엿다는디 일인이 힉
위관 등을 디ᄒᆞ야 말ᄒᆞ되 거쳐가 비편ᄒᆞ거든 말ᄒᆞ라
ᄒᆞ거늘 위관들이 디답ᄒᆞ되 우리의 거쳐를 편케 ᄒᆞ랴
거든 즉시 방츌ᄒᆞ랴 ᄒᆞᆫ디 일인들이 박쟝대소ᄒᆞ고 도
로다 두엿ᄂᆞᆫ디 금명간 방환ᄒᆞᆫ다더라.

19041013 잡보 240 (외유시쥬) 공쥬디 병뎡 야료혼 ᄉᆞ로 공쥬관찰ᄉᆞ를 면
관ᄒᆞ기로 쳐분이 ᄂᆞ리셧더니 참졍이 샹쥬ᄒᆞ되 평일
단속지 못혼 칙망으로 말ᄉᆞᆷᄒᆞ오면 위션 참졍브터 면
관ᄒᆞ여야 ᄉᆞ례에 당여ᄒᆞ오이다 ᄒᆞ엿더니 힉 칙교를
환슈ᄒᆞ섯다더라.

19041014 잡보 630 (공쥬동학) 공쥬군에ᄂᆞᆫ 음팔월 회일부터 동학당이 대
치ᄒᆞᄂᆞᆫ 고로 쳥쥬 진위디 참령을 최촉 하송ᄒᆞ라 ᄒᆞ시

논 쳐분이 나리셧다더라.

19041014 잡보 520 (츙남진보회) 공쥬관찰스의 뎐보가 작일 샹오 십이시에 니부로 도착ᄒᆞ엿스되 은진 강경포 뎐보스에셔 뎐보ᄒᆞ기를 인민 수쳔명이 진보회라 칭ᄒᆞ고 취집ᄒᆞ야 명일에 론산포에셔 연셜ᄒᆞ고 쟝ᄎᆞᆺ 공쥬로 향ᄒᆞᆫ다는디 그 근인인즉 함열군에셔 시작됨이라 ᄒᆞ오며 ᄯᅩ 온양군슈 셔함을 졉ᄒᆞᆫ즉 희회가 연속히 취집ᄒᆞᆫ다 ᄒᆞ니 그 소긔를 졍탐ᄒᆞ야 치보ᄒᆞᆫ다 ᄒᆞ엿다 ᄒᆞ엿더라.

19041017 잡보 240 (공쥬형편) 공쥬군으로셔 샹리ᄒᆞᆫ 친구가 희군 형편을 말ᄒᆞ되 향쟈 병뎡과 일인간 야료된 이리 인민은 외겁ᄒᆞ야 거조가 황망ᄒᆞ로고 군인은 무쟝지졸이 되야 미우 셔셜ᄒᆞᆫ즉 ᄌᆞ연 군심이 틱타ᄒᆞ고 산란ᄒᆞ야 거진 환산지경인즉 경광이 심히 슈참ᄒᆞ다 ᄒᆞ더라.

19041017 잡보 240 (초무대관) 공쥬디 병뎡 야료ᄒᆞᆫ 사로 군부와 헌병디에셔 위관 일인식 파송ᄒᆞ야 희 사실 당초 근인을 됴사ᄒᆞ엿는디 희 스실이 별노 큰 관계가 업는 일인디 공연히 망동홈이라더라.

19041017 잡보 520 (공찰뎐보) 직작일 샹오 십이시 반에 공쥬관찰스의 뎐보가 니부로 도착ᄒᆞ엿스되 강경포 론산포 등디에 취집ᄒᆞᆫ 인민를 효유 희산케 홀 ᄎᆞ로 작일에 은진셔리로 셩군슈의게 신칙ᄒᆞ엿다 ᄒᆞ고 본부 총슌을 파송ᄒᆞ야 소위 진보회 방문 두 쟝을 등보ᄒᆞ엿는디 그 방문에 목뎍인즉 대긔가 독립권을 공고케 ᄒᆞ고 뎐답를 외국인의게 스스로 미미홈을 금단ᄒᆞ고 결젼을 삼십량식 결뎡ᄒᆞ기로 홈이라는디 단발을 위쥬ᄒᆞᆫ다 ᄒᆞ며 다시 졍탐ᄒᆞᄂᆞᆫ 디로 보고ᄒᆞ겟다 ᄒᆞ엿더라.

19041018 잡보 520 (츅츌진보) 온양군 보고를 거ᄒᆞᆫ즉 음력 구월 쵸오일에 대소 인민이 읍즁에 회집ᄒᆞ야 진보회라 칭ᄒᆞᄂᆞᆫ 무리

들과 담판훈 후에 진보회인을 모다 츅츌호엿다더라.

19041018 잡보 520 (론산진회통문) 공쥬관찰亽가 은진 진보회에셔 광고훈 통문를 통보호엿ᄂᆞᆫᄃᆡ 그 젼문이 좌ᄀᆞᆺ호니 대뎌 토지 ᄂᆞᆫ 나라의 긔업이오 빅셩의 명ᄆᆡᆨ이라 나라ᄂᆞᆫ 빅셩을 의지호고 빅셩은 지물에 모뒤고 지물은 토디에셔 나 ᄂᆞᆫ 고로 녜로붓터 인민이 산업을 졀졔호고 국가의 경 용을 ᄌᆞ뢰홈이 오직 뎐토에 잇ᄂᆞᆫ지라 비록 촌토쳑디 라도 다 국가의 강토라 인민을 맛겨 쟉농호야 그 부 셰를 나라에 온젼히 샹납호 연후에 인민은 지물 허여 짐이 업고 나라에ᄂᆞᆫ 온젼훈 부셰가 잇슬쩌라. 이런 고로 녯젹에ᄂᆞᆫ 명뎐법이 잇셧고 각국에ᄂᆞᆫ 뎐토를 셔 로 미미홈이 업스되 유독 우리나라ᄂᆞᆫ 국가 강토를 스 스로 셔로 미미호야 도죠밧ᄂᆞᆫ 거시 셰랍보다 여러 비 가 되ᄂᆞᆫ 고로 부쟈ᄂᆞᆫ 더욱 부호고 빈훈 쟈ᄂᆞᆫ 더욱 빈 호니 빅셩의 지물이 엇지 젹취호며 젼국부셰를 엇지 폐호리오. 이졔 만일 뎐토졔도를 경쟝치 아니호면 반 다시 인민과 나라히 난보홀 경우에 일으리니 뎐답에 스스로 미미호ᄂᆞᆫ 법을 혁파호고 그 부셰ᄂᆞᆫ 신식디로 탁지로 샹납호고 그 셰젼인 즉 미결에 삼량십식 분명 호야 궁ᄂᆡ부로 슈랍홀 츠로 십삼부 인민이 발통호야 회샤를 셜시호야 경부 훈령이 불구에 힝회호겟기로 널니 고시호니 이르ᄂᆞᆫ 곳마다 ᄎᆞᄎᆞ 견셜호야 무론 경 향인 뎐답호고 도조를 미리 츌급지 말아셔 후회홈이 업게 호라 호엿다더라.

19041018 잡보 150 (화약수거) 공쥬산셩에 여러 빅년을 류치호엿든 화약 여셧 궤를 일병이 다 가져갓다더라.

19041018 잡보 240 (탈믈임표) 공쥬병졍과 일인간에 긔료된 스단으로 일 병이 나려가셔 공쥬디 병졍의 총과 탄환을 몰슈히 슈 탕훈 후에 일병의 말이 우리게 이 총과 탄환을 임치

흐는 뜻스로 표를 써너라 흐는 고로 히디 위관이 이 표를 써 쥬엇다더라.

19041019 잡보 240 (우리립표) 온양군슈가 보고흐기를 음력 본월 쵸이일에 일본인 스명이 쏘 온쳔에 리도흐야 다시 표목을 세운다 흐는 고로 셔긔를 보니여 엄금흔즉 디답흐되 일본인 망호득지가 본국 공스와 샹의흐고 표목을 셰움이라 흐고 맛츰니 듯지 아니흐니 엇지 죠쵸홀는지 회시흐라 흐엿더라.

19041019 잡보 520 (강경진보회) 공쥬관찰스 심건퇵씨가 니부로 뎐보흐기를 방금 본부 뎐보스 공보를 졉흔즉 진보회 삼빅여명이 쏘 림피군 황등쟝으로셔 은진 강경포에 리도흐야 날마다 즈만흔다 흐엿고 쏘 로셩군슈셔리의 급쥬로 치보흔 니기에 진보회즁으로셔 투합흔 스의는 황실을 보안함이니 부랑흔 루명으로 지목흐지 말나 흐엿고 연셜흐는 스의는 정부를 박론흠이온디 만단 효유흐여도 퇴거치 아니흔다흐엿다 흐엿더라.

19041020 잡보 240 (쳥벌공디위관) 일본공스가 외부로 죠회흐되 공쥬진위디 병뎡이 우리 샹민의게 포힝흔 일스는 임의 우리 군디에서 헌병을 파송흐야 히디 위관 이인을 압샹흐야 발셔 심문흐엿기로 쟝춧 히 위관 등을 귀 경부 당국쟈의게로 월송홀터니 기시 슈범 샹등병 최윤신 홍관용은 곳 징벌흐고 히디즁디쟝 권즁락과 즁디부 리응하는 부하 스졸을 평일에 단속지 못흠으로 샹당히 쳐벌홀 거시오 히디부 리범셰도 쏘한 견칙흐라 하엿더라.

19041024 잡보 140 (셔슈쳥죄) 면쳔군슈 셔지우씨는 즙포관을 겸임흐야 즙포관 스무에 열심흐야 히군 부근디에 도젹이 젹이 침식되더니 향일에 무뢰비의게 무함을 당흔 고로 셔

군슈가 너부에 보고ᄒ야 면관징죄함을 쳥ᄒ엿더라.

19041026 잡보 240 (물각유쥬) 공쥬관찰ᄉ가 외부로 보고ᄒ기를 당진군보 너에 본군 관동에 잇ᄂ 경거 리지ᄉ의 논 이십삼 셕락을 금년 삼월에 경거 리협판 집에 팔앗ᄂᄃ 그 집에서 츄슈츠로 사ᄅᆷ을 보너엿더니 일본인 이명이 러도ᄒ야 ᄌ긔 논이라 ᄒ고 츄슈를 ᄲ앗코자 ᄒ니 심히 괴샹ᄒ오나 답쥬가 지경ᄒ고로 사실 결쳐ᄒᆯ 수 업셔 경부에 보ᄒ야 지판ᄒᆯ 츠로 보고ᄒ다 ᄒ엿더라.

19041026 잡보 520 (참모부죠회) 참모부에셔 너부로 죠회ᄒ되 귀 죠회에 뎨일호로 구호ᄭ지졉쥰ᄒ온즉 각도 각군에셔 혹 동학당이라 도칭ᄒ며 혹 민회라 도칭ᄒ야 병긔를 부리며 인명 살히ᄒ니 급속히 각 진위ᄃ에 신칙ᄒ야 파병ᄒ야 쇼멸ᄒ라는 등인이온바 이를 쥰ᄒ야 ᄉ실ᄒ미 디방의 경보가 이러타시 급급ᄒ와 귀부 죠회가 빈촉ᄒ기ᄭ지에 니르기로 슌초로써 진압ᄒᆯ 츠로 샹 쥬ᄒ여 지하ᄒ와 각 진위ᄃ에 뎐칙ᄒ야써 파병케 ᄒ온 바 지금 대구진위ᄃ의 뎐보를 졉쥰ᄒ즉 김산과 션산과 현풍과 창녕과 령산 오군에는 아직 현져ᄒ 대관ᄉ를 듯지 못ᄒ엿스나 뎐칙ᄒᄃ로 거힝ᄒ기를 복계라 ᄒ엿고 ᄯ 젼쥬진위ᄃ 뎐보에는 합열 ᄐ인 금구에 모혓든 회도들이 군병이 온다는 소문을 듯고 일동히 은진 강경포로 너머갓고 각군으로 경로ᄒ야 슌초ᄒᄂ 일은 임의 보고ᄒ엿다 ᄒ엿고 지금 광쥬ᄃ에셔 병명을 더 파송ᄒ라신 쳐분을 봉승ᄒ엿스나 도너에는 아직 급ᄒ 경보가 업스니 엇지 ᄒ올넌지오 ᄒ고 히 ᄃ의 뎐보가 왓스미 이를 빙거ᄒ여 ᄉ실ᄒ여 볼진ᄃ 군ᄃ의 뎐보와 귀부 죠회가 혹 맛지 아니ᄒᆷ이 잇ᄉ온지라 파병 일관은 이 신즁ᄒ 일이온즉 가히 소홀히 ᄒ지 못ᄒᆯ지니 각 히 군에셔 보고ᄒ ᄉ유를 다시 ᄌ셰히 시명ᄒ

라 ᄒᆞ엿더라.

19041028 잡보 520 (공찰보고) 공쥬관찰ᄉᆞ가 보고ᄒᆞᆫ 니기에 은진군 셔리 진잠군슈 졍륜영의 보고를 거ᄒᆞᆫ즉 음력 본월 구일에 동학비도 수빅명이 일진회라 칭ᄒᆞ고 강경포에 모혀 일졔히 삭발ᄒᆞ엿다 ᄒᆞᄂᆞᆫ 고로 본 군슈가 곳 히 디에 가셔 그 두령을 부른 즉 히 두령 남원 사ᄂᆞᆫ 쟝원익은 임의 상경ᄒᆞ엿고 그 남아ᄂᆞᆫ 다 졸다라 일일히 쵸치ᄒᆞ 야 죠칙과 및 관찰부 훈령을 뵈인 후에 잘 효유ᄒᆞᆫ 즉 다 ᄌᆞ복ᄒᆞ고 각기 스스로 귀화ᄒᆞᆫ다 ᄒᆞᄂᆞᆫ 고로 곳 훗 쳐보냇다 ᄒᆞᆫ 등졍이기로 이를 의거ᄒᆞ와 치보ᄒᆞᆫ다 ᄒᆞ엿더라.

19041028 잡보 240 (숑씨익민) 려산 거ᄒᆞᄂᆞᆫ 숑긔상씨가 외부에 쳥원ᄒᆞ기 를 본인이 론메 사ᄂᆞᆫ 리죵봉으로 더브러 본리 면분이 잇더니 거 음력 오월분에 잠시 츌타ᄒᆞ엿다가 집에 도 라온 즉 강경포 샤ᄂᆞᆫ 일인 졍샹졍티랑이가 본인의게 밧을 거시 잇다 ᄒᆞ고 와셔 돈을 독촉ᄒᆞᄂᆞᆫ 고로 그 ᄉᆞ 실을 무른 즉 리즁봉이가 본인의 일홈으로 슈표를 ᄒᆞ 여 주엇ᄂᆞᆫ지라 져져히 발명ᄒᆞᆫ 즉 히 일인이 리모를 착거ᄒᆞ야 독봉ᄒᆞᆯ 즈음에 리모가 틈을 타셔 도망ᄒᆞ엿 ᄂᆞᆫ지라 히 일인이 다시 본인의게 쵹징ᄒᆞᄂᆞᆫ 고로 루츠 일령ᄉᆞ의게 졍소ᄒᆞ엿스나 안직 귀졍이 나지 못ᄒᆞ여ᄉᆞ 오니 곳 일본공ᄉᆞ의게 조회ᄒᆞ와 죵속히 타결케 ᄒᆞ여 주시기를 바라옵나이다 ᄒᆞ엿더라.

19041031 잡보 240 (일회광면) 일진회에셔 경긔도 츙쳥남북도 젼라남북도 황힉도 강원도 평안남북도 함경남북도 합 십일도에 면보ᄒᆞ기를 진보회가 즉 민회라 시운으로 일시에 이 러ᄂᆞᆫ 거슬 란민으로 지목ᄒᆞ야 토멸ᄒᆞ면 단당지판ᄒᆞᆯ터 이니 엇더케 압계ᄒᆞᄂᆞᆫ 형편을 ᄌᆞ셰히 회뎐ᄒᆞ라 ᄒᆞ엿 더라.

1904년 11월

19041103 잡보 315 (긔차발착시간) 경부텰도회샤에셔는 작일브터 영등포로셔 티뎐(회덕짱)ᄭᅡ지 힝긱과 화물을 틱고 실ᄂᆞᆫ듸 차셰는 영등포와 티뎐 ᄉᆞ이에 일화로 일원 구십팔 젼이오 미일 운힝은 좌와 ᄀᆞᆺᄒᆞ니 영등포발 오젼 칠시 ᄉᆞ십분 오후 십이시 ᄉᆞ십오분 부강착 오후 십이시 ᄉᆞ십륙분 오후 오시 오십일분 부강발 오후 일시 이십분 티뎐착 오후 이시 ᄉᆞ십분 티뎐발 오젼 십일시 부강착 오후 십이시 이십분 부강발 오젼 륙시 십분 오후 일시ᄉᆞ십분 영등포착 오젼 십일시 십륙분 오후 륙시 ᄉᆞ십분.

19041109 잡보 150 (공찰보고) 공쥬관찰ᄉᆞ가 외부로 보고ᄒᆞᆫ 너긔에 공쥬군슈 셔리 목쳔군슈 박졍빈의 보고를 거ᄒᆞᆫ 즉 음력 구월 이십오일에 본군에 리쥬ᄒᆞ든 일병이 우리 진위디의 총 이십ᄉᆞ 병과 탄환 열다셧 궤와 환도 네 병과 밋 화약 여덜 궤를 거두어 모화 가지고 됴치원으로 발향ᄒᆞ엿다 ᄒᆞᆫ 등졍이기로 이를 빙거ᄒᆞ야 보고ᄒᆞᆫ다 ᄒᆞ엿더라.

19041109 잡보 240 (온궁립표ᄉᆞ건) 온양군슈가 외부로 보고ᄒᆞ기를 음력 구월 초이일에 일인 네 명이 온궁에 와셔 표목을 셰운 일ᄉᆞ는 임의 치보ᄒᆞ엿거니와 츄후에 사탐ᄒᆞᆫ 즉 일인 등본영등이 언칭ᄒᆞ되 본방 사롬 망호득지가 권리가 잇셔 립표ᄒᆞᆫ 거시니 외부를 경유ᄒᆞ야 우리 공ᄉᆞ의게 지죠ᄒᆞᆫ 즉 가히 알니라 ᄒᆞ며 젼보고 즁에 우리 공ᄉᆞ의게 의론ᄒᆞ여 ᄒᆞ겟다 ᄒᆞ거슨 말을 젼ᄒᆞᆫ 쟈의 그릇홈이라 운운ᄒᆞᄂᆞᆫ 고로 이에 다시 치보ᄒᆞ노라 ᄒᆞ엿더라.

19041108 잡보 315 (금단방희) 일젼에 일본공수의 공홈훈 수건을 인호야 참졍이 너부대신의게 젼탁호야 경긔도와 츙쳥남북도 와 경샹남북도 관찰부로 뎐훈훈 긔의를 거호즉 텰도 션로 우희 몰니 돌을 노화 류거를 방히훈다 호니 관 계가 심히 큰지라 션로 각군에 엄칙호야 각별히 금단 호야 호여금 일이 느지 안케 호라 호엿더라.

19041111 잡보 240 (죠률션고) 공쥬디병 긔요 수건으로 륙군법원에셔 심 판호야 즁디쟝에 권즁락씨는 티 오십에 쳐호고 소디 쟝 리범셔 리영화 량씨는 티 륙십에 쳐호고 그 이하 병졸은 그 범죄훈 바를 짜라 죠률 션고호고 군부로 질품호엿더라.

19041112 잡보 240 (수령부갱심) 공쥬디 디관들을 죠률호야 쳐벌호야 군 부로 보고훈 말은 작보에 임의 긔지호엿거니와 쏘 드 른 즉 일본수령부에셔 다시 심문호게 된다더라.

19041114 잡보 520 (파원샹보) 일진회에셔 각도에 진보회를 시찰ᄎ로 회 원을 파숑호엿단 말은 젼보에 긔지호엿거니와 샹문훈 즉 평안남북도에는 홍긍셥씨요 황희도에는 윤길병씨 요 강원도와 밋 츙쳥북도에는 윤갑병씨요 츙쳥남도와 밋 경샹남도에는 김규챵씨가 발졍호엿더라.

19041119 잡보 301 (츙남지결) 공쥬관찰사가 너부로 보고호기를 향니에 탁지부 훈령을 승졉호야 특별히 사롬을 파숑호야 원 근에 널니 탐지호며 각군 엄훈호야 몸소 심찰호야 지 결을 수실호야 호여곰 실수를 들어 보고호게 호엿더 니 각양 지결 합이호야 일만삼쳔수빅팔십결 이십일부 구속인 고로 수쳔오빅팔십칠결 수십일부는 퇴감호야 주고 팔쳔팔빅구십이결 팔십부 구속으로 졍당히 결총 으로 잡앗수온바 공쥬 등 이십팔군은 더욱 심호고 직 산 등 칠군은 그 다음이오 셕셩 등 삼군은 져긔 츙실

ᄒ오니 이 지결을 지표로 특허ᄒ라 ᄒ엿다더라.

1904년 12월

19041203 잡보 306 (잠샹확쟝) 농샹공부에셔 각도에 잠샹을 확쟝ᄒ다 ᄒ야 죵샹위원 삼십구인을 차츌ᄒ엿ᄂᆫ디 츙쳥남북도와 황ᄒᆡ도에만 위션 뽕나무 십오만 칠쳔쥬를 하송ᄒ고 ᄒᆡ 관찰부로 훈령ᄒ엿더라.

19041208 잡보 520 (공찰면보) 공쥬관찰ᄉ가 일쟉일에 ᄂᆡ부로 뎐보ᄒ기를 진보회원 십여인이 부하에 리도ᄒ야 류ᄒ며 ᄯᅩ 일진회쟝의 뎐보가 잇셔 긔회ᄒᆞᆫ다 ᄒ오니 엇지 죠쳐ᄒᆞ올넌지 곳 회뎐ᄒ라 ᄒ여더라.

19041213 잡보 520 (쟝씨셜회) 덕산군 거ᄒᆞᄂᆞᆫ 쟝졍환씨 등이 동지인 삼빅여인을 모와 ᄒᆡ 군에 진보회를 셜시ᄒ야 부근 쥬군에 포고셔를 광포ᄒ고 일진회쟝 윤시병씨의게 공함ᄒ야 지회를 쳥인ᄒ엿ᄂᆞᆫ디 그 목적은 일진회와 동일ᄒ다더라.

19041213 잡보 520 (회민불산) 공쥬관찰ᄉ가 ᄂᆡ부로 뎐보ᄒ기를 부하에 회민 수빅명 가량이 회집ᄒ엿ᄂᆞᆫ디 만단으로 효유ᄒ여도 ᄒᆡ산치 아니ᄒ니 엇지 조쳐ᄒᆞ올넌지 곳 회시ᄒ라 ᄒ엿더라.

19041214 잡보 520 (공찰우뎐) 공쥬관찰ᄉ가 ᄂᆡ부로 ᄯᅩ 뎐보ᄒ기를 일진회원은 암만 효유ᄒ여도 ᄒᆡ산치 아니ᄒᆞᆫ다 ᄒ엿더라.

19041216 잡보 240 (연산군슈보고) 연산군슈가 외부에 보고ᄒ기를 본군 셔면 마구평 일인 송본구의 가옥 이십일간과 작농ᄒᆞᆯ 십오두락사로 ᄒᆡ 면에셔 보고가 잇기에 별반 격간ᄒᆞᆯ

차로 보낸 즉 과연 보고ᄒᆞᆫ 것과 ᄀᆞᆺ혼지라 외국인이 너디에 집진는 거시 쟝뎡이 아니라고 셜명ᄒᆞ여도 맛춤니 듯지 아니ᄒᆞᆫ는지라 본군슈의 힘으로는 검지ᄒᆞ기가 심히 어렵기에 이에 치보ᄒᆞ다 ᄒᆞ엿더라.

19041221 잡보 520 (공쥬공뎐) 거 십륙일에 공쥬관찰사가 너부로 뎐보ᄒᆞ기를 각쳐 회원이 부하에 와셔 모혓는디 부지기슈오 명일에 긔회ᄒᆞ고 연셜ᄒᆞᆫ다 ᄒᆞ미 민심이 대단히 소요 ᄒᆞ오니 엇지 죠쳐ᄒᆞ올넌지 곳 회시ᄒᆞ라 하엿더라.

19041221 잡보 450 (은산격당) 음력 십월 이십륙일 밤에 격당 칠팔십 명이 혹 양총과 탄환도 가지고 혹은 됴총과 군도도 가지고 회인군에셔브터 은진군 산니면 죵곡에 리도ᄒᆞ야 집을 타파ᄒᆞ며 지물을 겁탈ᄒᆞᆫ는디 가사 십이호를 츙화ᄒᆞ고 킬에 마져 즉사ᄒᆞᆫ 쟈가 일명이오 즁샹ᄒᆞ여 거진 죽게 된 쟈가 십명이오 불에 타셔 죽은 소가 일쳑이라 히 군슈 김긔윤씨가 가셔 ᄌᆞ셰히 격간ᄒᆞ야 너부로 보고ᄒᆞ엿더라.

19041222 잡보 305 (호구총갸) 광무 팔년 갑진 도즁 인민호구 총슈를 각 관찰부에셔 너부에 보고ᄒᆞ엿는디 그 호구 슈효가 좌와 갓더라. 한셩부 호슈는 ᄉᆞ만이쳔칠빅삼십 인구슈는 십구만 이쳔삼빅ᄉᆞ 경긔도 호슈는 십칠만ᄉᆞ빅이십ᄉᆞ 인구슈는 륙십칠만이쳔륙빅삼십륙 츙쳥남도 호슈는 십이만ᄉᆞ쳔삼빅칠십 인구슈는 ᄉᆞ십칠만ᄉᆞ쳔삼빅십이 츙쳥북도 호슈는 칠만륙쳔팔빅칠십칠 인구수는 삼십만삼빅ᄉᆞ십오 젼라남도 호수는 십이만ᄉᆞ쳔삼십 인구수는 ᄉᆞ십구만오십ᄉᆞ 젼라북도 호수는 십일만팔빅삼십오 인구수는 ᄉᆞ십ᄉᆞ만구빅일 경샹남도 호수는 십삼만일쳔ᄉᆞ빅팔십칠 인구수는 오십만구쳔구빅륙십칠 경샹북도 호수는 십륙만일쳔오빅이십 인구수는 륙십만일쳔일빅륙십삼 강원도 호수는 팔만이쳔일빅오십

    스 인구수는 삼십만일쳔팔빅팔십오 황희도 호수는 구
    만륙쳔스빅륙십륙 인구수는 삼십팔만이쳔이빅삼십 평
    안남도 호수는 구만칠쳔삼빅삼십이 인구수는 삼십구
    만이쳔이빅칠십이 평안북도 호수는 구만칠쳔오빅삼십
    스 인구수는 스십이만칠빅이십오 함경남도 호수는 오
    만팔쳔구빅이십팔 인구수는 스십오만륙빅구십삼 이샹
    호수에 총합은 일빅삼십칠만스쳔구빅륙십구오 인구에
    총합은 오빅륙십이만구쳔스빅팔십칠이더라.

19041226 잡보 520 (축출일진회) 공쥬관출스 심건턱씨가 본월 이십일일
    밤에 발훈 뎐보에 운ᄒ엿스되 금일 신시량에 별안간
    헌화지셩이 나미 급속히 탐문훈 즉 읍과 촌 빅셩 쳔
    여 명이 회합ᄒ야 일진회를 내여쫏고 총순과 순검으
    로 ᄒ여곰 탄압ᄒ고 퇴산케 ᄒ야 월경을 식엿다 ᄒ엿
    더라.

19041219 잡보 130 (공쥬셔리축출) 츙쳥남도 순찰스 리시직씨가 히 도 관
    찰스의게 죠회ᄒ기를 목쳔군슈 박졍빈이가 공쥬군슈
    셔리로 잇서 탐학 불법ᄒ야 쳥문이 히괴ᄒ니 위션 축
    츌경외ᄒ라 하엿더라.

1905년(光武 9년)

1905년 1월

19050109 잡보 240 (아산민소) 아산 둔포 거ᄒᆞ는 리덕쥰이가 외부에 호소ᄒᆞ기를 경셩에 거ᄒᆞ는 박형리가 본인의 쟝형으로 더브러 무슨 거리 됴건이 잇다가 계미년분에 쟝형이 죽고 즁형으로 더브러 다시 거리됴 이만삼빅여 량이 쟝칙에 잇ᄂᆞᆫᄃᆡ 금년 삼월분에 박형리가 일인 삼명을 거느리고 저의 집의 리도ᄒᆞ야 ᄀᆞᆯ ᄋᆞᄃᆡ 너의 쟝형처의 밧을 됴건이 만여량이 잇다 ᄒᆞ는 고로 리치를 들어 칙망ᄒᆞᆫ즉 디답홀 말이 업셔 물너가더니 ᄯᅩ 지난 둘 초ᄉᆞ일에 일인 삼명과 통ᄉᆞ 일명을 거느리고 와셔 안방으로 곳 드러와 괴를 ᄶᅵ치고 돈 이쳔여량과 위토문권을 ᄲᅢ셔 갓스니 셰샹이 엇지 이러ᄒᆞᆫ 강도가 잇스리오 곳 일공관에 지죠ᄒᆞ야 히 일인 등을 잡아 견탈ᄒᆞᆫ 물건을 찻게 하야써 잔인ᄒᆞᆫ 빅셩을 살게ᄒᆞ라 ᄒᆞ엿더라.

19050111 잡보 450 (대홍화젹) 대홍군 너면 샤ᄂᆞᆫ 리슌하의 친긔가 지ᄂᆞᆫ 달 이십륙일인ᄃᆡ 그 날 밤에 화젹 수십명이 륙혈포를 가지고 돌입ᄒᆞ야 공갈ᄒᆞ기를 우리가 세 가지 권셰가

잇는 것은 죽이며 츔화ᄒ며 부녀 겁탈홈이라 ᄒ고 돈 일쳔오빅량을 쎄아셔 갓다더라.

19050111 잡보 240 (죠쳥엄방) 연산군슈가 외부로 보고ᄒ기를 본군 벌곡면 거ᄒ는 리득셔가 샹쥬 거ᄒ는 리관쳘처에 돈진 됴건이 엽으로 삼십량인듸 십오량은 지는 봄에 임의 보급ᄒ엿고 거월 류일에 그 나머지 십오량을 다 비보ᄒ엿는듸 리관쳘이가 한젼 털도역부 격숑장삼랑을 다리고 와셔 가수를 츄식ᄒ는 고로 본관이 그 리치를 들어 물너가라고 최망ᄒ엿더니 그 잇튼날 밤에 일인 십여명을 거나리고 리도ᄒ야 야츔을 노코 그 동닉 빅셩 리거만 등 십인을 잡아갓스니 셰샹에 엇지 이러ᄒ 변이 잇스리오. 일공사의게 젼죠ᄒ야 곳 엄졀이 방어케 ᄒ시기를 바란다 ᄒ엿더라.

19050111 잡보 520 (람포군보) 람포군슈가 너부에 보고ᄒ기를 진보회로라고 칭ᄒ는 엇던 사롬 이십여명이 읍뎨에 모혀 드러와 혹은 삭발ᄒ고 탕건을 썻고 혹은 검은 옷슬 닙고 집힝이를 집헛고 말인즉 보국안민ᄒ다 칭ᄒ고 사롬을 디ᄒ야 연셜ᄒ기를 읍뎨에 사무소를 셜치ᄒ다ᄒ야 쳥문이 희괴ᄒᆫ 고로 불너드려 무른즉 본군에 빅셩이 구명이 되는지라 약간 틴벌을 시힝ᄒ고 효유ᄒ야 귀농ᄒ게 ᄒ엿다 ᄒ엿더라.

19050128 잡보 315 (김씨의인) 셕셩 거ᄒ는 김영호가 화륜거를 타고 류리창으로 머리를 드러내고 안젓다가 쓴 갓과 탕건이 버셔져 길가혜 써러진지라 륜거가 쌀리 감으로 밋쳐 거두지 못ᄒ고 슈원 경거쟝에 나려 졈막에셔 쉬더니 그 잇흔날에 김여일씨가 샹경ᄒ는 길에 갓과 탕건 파는 쟈ㅣ 잇거늘 마음에 싱각ᄒ기를 이거슨 필경 륜거 탄 사롬의 일은 바ㅣ라 ᄒ고 돈을 주고 사가지고 오면셔 임쟈를 광구ᄒ더니 슈원와셔 맛참 김영호씨를 맛나

주민 동씨가 무슈히 치하ᄒ고 갓더라.

1905년 2월

19050211 잡보 440 (과녀시원) 쳥양 거ᄒᄂᆫ 김소사의 신원사로 임의 본보에 긔지혓거니와 다시 샹탐ᄒᆫ즉 남포 사ᄂᆫ 과슈인디 그 과슈의 시당숙 김치오가 그 뎐답을 탈취ᄒᆯ 흉게로 그 과슈와 십오셰된 양ᄌᆞ 사이에 멸륜 픽상ᄒᆫ 말을 쥬츌ᄒ야 관찰부와 평리원ᄭᅡ지 쳥쵹ᄒ야 뎐답을 륵탈ᄒ고 츅츌ᄒᆫ지라. 그 과슈가 빅빅무하ᄒᆫ 놈으로 이러ᄒᆫ 셰상에 용납못ᄒᆯ 류명을 쓰고 호소무쳐ᄒ야 대안문 압헤 읍혈복달ᄒᆞ엿더니 대황뎨폐하게옵셔 통쵹ᄒ시와 신원ᄒ야 쥬라신 쳐분이 법부로 나렷다더라.

19050211 잡보 130 (원류차도) 공쥬관찰셔리 뎐보 ᄂᆡ에 갈ᄂᆡ 관찰 심건틱이 발뎡ᄒᄂᆞᆫ디 한일쳥 삼국 빅셩이 길을 막고 원류ᄒᆫ다 혓더라.

19050225 잡보 240 (사심괴상) 셔산군슈가 외부로 보고ᄒ엿스되 본군 동암면 한셩평에 음력 졍월 일일에 하허ᄒᆫ 일인표를 셰우고 갓다 ᄒ기로 뎍간ᄒᆫ 즉 과연 표목 륙쥬를 셰윗ᄂᆞᆫ디 일인 뎐즁의 졈령ᄒᆫ 디단이라고 쓴지라 일이 심히 괴샹ᄒ기로 보고ᄒ노라 혓더라.

1905년 3월

19050302 잡보 312 (죠량쳐판) 직산군슈 곽찬씨가 ᄂᆡ부로 보고ᄒ엿스되

본군 금광이 인민의 고막이 될 뿐 아니라 전 군수의 피힉흔 변도차에 유홈이라. 의정부에셔 봉폐스로 샹 쥬ᄒᆞ야 봉지의주ᄒᆞ라신 훈령을 승쥰ᄒᆞ야 경니 셕토광 을 일병 봉폐ᄒᆞ야 빅셩이 다 안도ᄒᆞ더니 현금 한인 김셩운이가 일본군으로 더브러 체결ᄒᆞ야 본군 삼곡리 에셔 긔치 작변이 더단ᄒᆞ기로 본군슈가 츌왕 금단ᄒᆞᆫ 즉 일인 셕졍구삼이 언니에 광무 오년 팔월 됴약을 이셩ᄒᆞ엿다가 즉금 비로소 긔치ᄒᆞ노라 ᄒᆞ니 과연 됴 약이 잇ᄂᆞᆫ지 죠량죠처ᄒᆞ옵소셔 ᄒᆞ엿더라.

19050307 잡보 520 (불가쳔허) 연기군슈가 니부로 보고ᄒᆞ엿스되 일진회쟝 리종필이가 회원 칠인으로 정부 긔션 졍치와 관리 탐 학과 무명잡셰와 인민의 직산 보견 등 스로 론렬광고 ᄒᆞ고 경니 가호와 남녀인구을 덕간초로 민간에 츌ᄒᆞ 야 실시코자 ᄒᆞ오나 빅셩이 다 불쳥ᄒᆞ야 셰무니ᄒᆞᆫ 지라. 지회쟝 ᄅ절필과 부회쟝 김현게가 회원 이인으 로 ᄒᆞ야곰 군슈의게 함쳥ᄒᆞ엿스나 부부간 공문이 무 ᄒᆞ니 군슈가 쳔편히 허ᄒᆞᆯ 수 업ᄂᆞᆫ 뜻으로 답함ᄒᆞ엿ᄂᆞ 라.

19050307 잡보 520 (일지됴사) 회덕군슈가 니부로 보고ᄒᆞ엿스되 일진회에 셔 회원을 파송ᄒᆞ야 호구를 됴사ᄒᆞ다 ᄒᆞ기로 군슈가 공함ᄒᆞ야 그 스유를 희회에 질문ᄒᆞ엿더니 회쟝 리현 식 답함 니에 셩령을 보호ᄒᆞ고 렬강의 문명을 효방ᄒᆞ ᄂᆞᆫ 목적인더 가삭인구를 됴ᄒᆞ라 신조칙을 봉승ᄒᆞ고 회원을 파송ᄒᆞ야 호구를 됴사ᄒᆞᄂᆞᆫ 고로 본군에도 일 체로 힝사ᄒᆞᆯ 터이라 ᄒᆞ오나 조칙을 오히려 봉승치 못 ᄒᆞ엿ᄂᆞ더 호구를 됴사ᄒᆞᄂᆞᆫ 것이 심히 아혹ᄒᆞ고 쏘 히 연ᄒᆞ기로 보고ᄒᆞ노라 ᄒᆞᆫ다 ᄒᆞ엿더라.

19050308 잡보 240 (사안구업) 셔쳔군 룡당진에 거하ᄂᆞᆫ 김셩일이가 외부 로 쳥원하엿ᄂᆞ더 본진에 진긔지ᄂᆞᆫ 문권이 잇서 셔로

면민하야 여러 빅년을 유리하엿더니 불의에 옥구항에 거하는 일인이 그 리익을 엿보고 억지로 졈탈코자 하오니 셰샹에 엇지 이러흔 무리의 수가 잇스오릿가 희항 감리의게 엄칙하시와 일인의 횡탈하는 폐를 환침하시고 잔민으로 하여금 구업에 안케 하심을 복망이라 하엿더라.

1905년 8월[15]

19050819 잡보 312 (金鑛爲弊) 公州 來信을 들은 즉 該郡 文峴 등지에 금광을 신설하였는데 該書員 某氏가 기세를 빙자하고 該□ 民有田畓을 不償價値하고 恣意開鑿하며 礦軍 수백 명의 朝夕飯供을 不給價錢하고 洞中人民에게 勒加卜定하는 고로 該民 등이 或飯價出給하라 언급한 즉 縱其鑛軍하여 亂行毆打하며 或衝火家屋하여 悖擧惡習이 無異火賊키로 洞民 등이 不勝其毒하여 本郡에 호소한 즉 該郡守 閔泳會씨가 不思禁斷하고 但云官何以措處리오 我所不知라 한다 하니 인민의 疾苦를 該官長이 不爲顧恤이면 何人에게 呼訴함이 可할지 此等 군수는 有不如無라고 民論이 大段하다니 내부에서는 尙在夢中인지 今日民生은 眞簡控訴無處라 하더라.

19050820 잡보 240 (公察報告) 공주관찰사가 외부에 보고하였는데 천안군수 報開에 熊川留日人 岩山이 稱以商社長하고 派差鄭德化하여 設包屠牛하니 此是 何部所管인지 但以稱有一契約하니 殊甚無據等情하여 據此馳報하오니 卽爲轉照日公館하여 禁斷其散在外部擅行屠牛之弊를 爲望이

---

15) 1905년 4월~7월까지는 휴간됨

라 하였더라.

19050820 잡보 130 (皇察電召) 충남관찰사 李道宰氏을 日前 前召하옵셧는데 장차 內大를 被任한다더라.

19050825 잡보 500 (民恐罷府) 충남 관찰사 李道宰氏가 내부에 電報하였시되 府下 農民商民官屬 合 數千名이 謂以 本觀察部 革罷하고 抱狀入呈하여 京部에 請報하여 此府를 仍存할 意로 呼訴하는 바 曉喩不散하고 情狀이 慘不忍見이온즉 何以措處이올지 伏俟回電이라 하였더라.

19050827 잡보 170 (지방제도) 근일 合道合郡之說이 紛紛岐出하야 전국인민이 주목하더니 일간에 지방제도가 將爲發表되는데 13도는 8도로 342군은 162군으로 정하였다 하니 그 위치가 좌와 같으니... 충청도 24군, 위치 공주. 公州 忠州 淸州 洪州結城 泰安瑞山 沔川唐津 德山 藍浦鰲川保寧庇仁 韓山舒川 鴻山林川 定山靑陽 禮山大興 牙山溫陽新昌 天安稷山平澤 文義懷仁 沃川懷德 黃澗永川 報恩靑山 鎭川淸安 全義木川燕岐 槐山延豊陰城 丹陽淸風永春 恩津扶餘石城 連山魯城鎭岑.

19050830 잡보 140 (警員催送) 충남관찰사 李道宰氏가 내부에 보고하였는데 경관을 旣已創設則 경찰사무교섭안건이 俱係緊急하니 該員을 催促下送하며 봉급액을 亦爲另籌劃撥爲要라 하였더라.

1905년 9월

19050907 잡보 520 (天倅綜明) 천안군수 金用來氏가 내부에 보고하였는데 본군 一進會支會長 金振龜 公函 內開에 現今 陳荒處

와 新起畓과 防築處를 尺量事로 弊所會員을 多撥各面하여 罔時出送이기 玆에 仰函하니 以此件으로 飛飭面任하와 使民安志케 하시고 會員宿食 等節을 自該洞中으로 指揮하시되 若或有悖習하와 不遵官令하고 薄待會員이면 自弊所로 措處하올터이니 照亮하오셔 官民間 齟齬之弊가 無케 하심을 望要等因인바 答函하옵기를 今此尺量事는 想有爲民除害로대 旣無府部訓飭하니 勢難指揮오 且宿食等節하여는 雖一器飯과 空舍之歷旅라도 不無民言이니 有難雖擅行이라 擧報上部하여 待指令指揮爲計라 하옵고 且會員이 私錢을 使用케 할意로 有所來言故로 答以未承朝令 즉不可許施라 하오니 삼삼오오인이 更相詰來日 公州 즉揭榜府下하여 使之通用而何獨本郡에 不用私錢云 而至有悖說이온바 尺地도 莫非率土오 新墾도 亦有其主어늘 初無府部訓飭하고 亦無該主請願 而會員之欲爲尺量이 有何所據이오며 就食民間이 其果爲公乎잇가 未知其安當이오며 度支所不用之私錢을 使民行用 則以此所捧公錢으로 將納之何處이오며 會員住接次로 公廨一處를 亦要許借이오나 不可自郡擅便이다온 會員之三條가 俱不穩當故로 玆以報告하오니 査照指飭伏望이라더라.

19050910 잡보 170 (請撥俸給) 충남관찰사 李道宰氏가 내부에 보고하였는데 本府 警務署警務官 崔麟容이가 日語와 交涉에 한熟하와 到任 이후에 實心做務이온바 名雖設官이나 初無撥俸하와 每於交接에 視同名譽하여 自爾受侮이오며 且該員則決意去就이오나 本府現狀이 非此莫可이옵기 姑爲挽止하옵고 玆以報告하오니 査照하오셔 該俸給額을 無滯劃撥이라하였더라.

19050910 잡보 309 (湯價十倍) 溫陽 溫水을 日人이 干涉 前에는 每一名湯價이 五錢에 不過하더니 至今은 新舊湯을 修改하고

每人에 二十五錢을 責出하는 故로 利益이 比前十倍되고 其附近處土地도 侵魚之弊가 不無함으로 民怨이 藉藉하다더라.

19050916 잡보 170 (怨必有因) 천안군수 金用來氏는 內大 李址鎔氏 私人으로 該郡守을 圖得한 바 其子之妻남 尹氏을 該邑底 城村에 搬移케 하고 作爲心腹하여 凡干公事를 相議處決하되 不拘事之曲直하고 專以捧賂爲務키로 民怨이 有하다더라.

19050917 잡보 170 (公費나充) 충남관찰사 李道宰氏가 內部에 報告한 內開에 本觀察府는 自設始以後로 每於慶節祝賀時에 國旗之义掛와 外人交涉時에 交椅等物之排置를 初不磨鍊 故로 本觀察到任之後에 從略排用하오며 因度支部令下와 各樣書式을 詳明曉解次 主事書記 各一人을 該部에 上送하옵는데 旅費所入金額을 補充無路하옵고 自本年 一月 以後로 廳旅費는 內部訓減削하고 物價는 比前倍사하와 諸般公費를 不得停廢하여 逐月加用이 □甚不少하온지라 現當刷新之時하와 如不趁今矯整이오면 由來久項을 還充沒策이오니 就本年度 本府第一項 俸給中 觀察使之已遞任未赴任之間餘額 二百四十兩八戔으로 나補該款이 恐未知可知이을지 査照指令하라 하였더라.

19050927 잡보 160 (葬地勿禁) 宮內府에서 內部에 照會한 內槪에 結城郡居 前主事 金完鎭 祖墳이 在於馬場里하더니 該址가 入於園所垓字內故로 業經掘移하야 現方新占於公州反浦面佛履面勿禁入葬之意로 准其請願하야 稟承 處分하와 玆에 仰□하오니 照亮後 一依賜牌例하야 訓飭該府하야 使之認眞施行하라 하였더라.

19050928 잡보 303 (舊貨何用) 충남 石城郡守 吳根善氏가 內部에 報告하

였스되 本郡新舊結戶錢은 自八月十五日爲始하여 輸納
于群港支金庫之意로 今有度支訓이온바 近以錢弊로 新
舊收刷를 暫爲停閣而今因訓飭하여 勢將督納이오나 本
郡이 以斗小之邑으로 初無場市하고 民間交易을 往于
他邑市 而恩津地江鏡論山兩市는 以湖中巨市로 □在附
近蚩蚩村氓이 何能知其惡貨與正鑄乎아 市間白銅貨爲
名者는 許多年來例爲行用之致로 邑民이 持物化銅者非
其惡貨면 民無以措辦이오 邑無以收刷故로 自白銅貨行
用之後로 民間刷錢을 莫可直納于京部이고 每給差人하
여 使之上納이올더니 今此金庫上納은 隨捧直납之際에
自無差人이올고 市上行用은 俱是正鑄라도 支金庫上納
之際에 自不無持難之弊은 況是惡貨로 莫可擬論이오며
收刷之場에 各民之艱辦所납錢을 職在字牧하여 謂其惡
貨而退却하고 强索正貨면 顧此行政이 □所進亦憂 退
亦憂이오며 民情이 嗷嗷하여 誠極悶然이온즉 何以擧
行이올지 査照指令이라 하엿더라.

1905년 10월

19051001 잡보 312 (金鑛還廢) 木川郡守 南啓錫氏 報告內槩에 本郡南面
加德采坪中谷 等地의 金鑛開採事로 旣承本部訓令하여
躬行踏驗이온즉 該金鑛이 自稷山郡으로 正南五里이고
且宮內府合同條約中 界限以外故로 該地所住 日人 森
宗七과 談辦後以書 交涉於稷山郡報德院會社 主務日人
葛原益吉하여 竟爲封廢 則爲民事萬幸이라 하였더라.

19051001 잡보 301 (牙倅報災) 忠南 牙山郡守 李秉協氏 報告를 據한 즉
陰八月初四日에 暴雨하고 영風大作하여 晝以繼夜之際

에 急潮適漲하여 勢若巨浸한지라 被溢之人家與禾稼이 便成河伯之府庫러니 水雖退나 鹹鹵隨生하여 滿野穀形이 變青爲赤에 全沒有秋之望하고 人戶는 漂流而只有 遺墟하여 幾千生靈이 將至塡壑之境이다 고로 別遣耳目하여 使之尺量摘奸이온즉 堤堰潰決이 爲五百八十把오 出畓浸鹵가 一百十二石三斗落에 結爲四十四結八十五負五束이오 人家漂頹가 爲六十四戶이오니 査照하와 以此事狀으로 轉照于度支部하와 蠲稅減布之典을 特蒙하여 以恤濱死之民케 하라 하였더라.

19051001 잡보 520 (悖員當懲) 木川郡守 南啓錫씨가 內部에 報告한 內槪에 本郡 葛用面 幷川市에 一進支會長 趙暎淳이 率會員하고 留接于市民 李圭澤家이온바 該市地稅名目은 卽客舍直一年料賴者也요 巡校輩入役年久에 得差稅監者也라 此非近年創有之事요 設市以後由來之規 則不可以無名雜稅로 爲言이온대 該會員之制度勸告의 期欲革罷而莫知事實에 有若角勝者存하니 若聽勸告면 使役諸人이 勢將渙散이온 고로 牢執不撓而事勢不得已然矣라 李圭澤爲名者 有若所恃하야 庖肆相関과 市人毆打가 在在入聞이옵기 方欲一次査問之際에 該會摠代 黃致舜이 入來公堂에 擧措乖當이오며 官若推捉李圭澤之令이면 是는 使本會로 不得留接於厥家이니 公廨一處를 借給하라 하기로 此非擅便之意로 爲答이오며 官屬中退業閒散者와 市民之愚頑行悖者와 人家之私 犯分者를 切勿使入會之意로 亦有勸告於該會이오나 此輩는 最不率敎之人이라 不識該會目的하고 今日入會에 明日行悖하니 隨聞隨現에 期於捉懲은 斷不可已矣니 査照伏望이라 하였더라.

19051003 잡보 130 (勸告無力) 牙山郡守 李秉協氏가 當初得郡이 勸告中에 出來라는데 近日上京하야 雄邑을 圖得할야하나 徒費

錢財하고 事不如意하야 日間還官한다는 說이 有하더라.

19051003 광고 460 水原李氏譜所設于 小笠洞前內藏院卿根培氏家 遠近僉宗 收單來訪 保寧居李龍浩 告白.

19051008 잡보 450 (僞券圖郡) 忠南 全義郡居 鄭憲采가 同郡居 任昌宰의 家垈田庄을 僞造文券하여 納于 園洞李內大址鎔氏家 而欲圖守令之說을 任昌宰가 得聞하고 上京하여 問于李內 則果有是事인데 鄭哥는 逃避不現한다 하더라.

19051011 잡보 130 (政界近信) 內部參書官 玄은氏 代에 慈山郡守 鄭鳳時氏가 任하였고 警務官 徐熙淳氏는 依願免本官하였고 正三品 李탁氏는 漢城小尹을 任하였고 警務官 康鍾祐氏는 免官하였고 奎章閣學士 李淳翼氏는 特進官으로 副長 閔泳喆氏는 奎章閣學士을 被命하였고 從二品 洪承憲氏는 特旨로 免懲戒하였고 公州閔泳會 竹山李源商 德山李純應 綾州洪鳳杓 牙山李秉協 萬頃鄭寅養 海美李完鍾 鐵山白樂亨 保寧任白鎔 恩津金商基 諸氏는 殿最居下되였고 定平金容培 禮安趙珪熙 懷仁金世濟 臨陂舍鍾冕 平昌張鴻植 濟州李□翼 三水李敏重 安山沈相瑜 諸氏는 依願免本官하였더라.

19051011 잡보 520 (藉會行悖) 南來人의 傳說을 據한 즉 忠淸南道 燕岐郡 一進會會員 懷德居 金相俊과 淸州居 裵哥 兩人은 素是悖類로 敢入會員하여 行悖無雙이온대 燕岐郡內居 下吏禹善昌 將校尹相哲 兩人이 亦是悖類有名者也라 初不削髮호대 亦稱一進會員하고 金裵禹尹 四人이 合心協力에 萬端作弊가 非討索民間이면 卽酗酒行惡이오 行客路人을 無端詰難하며 邑屬村民을 任意毆打하고 窮凶極惡에 無所不至 則附近人民이 畏之如虎하고 遠之如鬼하여 莫敢誰何라 一境이 嗷嗷에 反甚於惡觀察

貪守令之塗炭也라하니 該會趣旨가 何等嚴正이완대 藉托會員하고 行悖如此하니 該會에셔 探聞할 場遇에는 非徒黜會뿐 外라. 宜有嚴懲이라고 하더라.

19051011 잡보 301 (旅費請願) 忠南 前巡察 李時宰氏가 昨冬 巡察列邑時 旅費 三千三十兩냥을 支撥하라고 內部에 請願하였더라.

19051012 잡보 130 (政界續報) ○高原 前郡守 劉秉律 公州 前郡守 됴準熙 杆城 前郡守 申觀熙 楊根 前郡守 李範錫 咸昌 前郡守 金基洙 江西 前郡守 安淇鎔 諸氏는 免懲戒하였고 ○ 平理院 檢事 李根洪氏는 農商協辦을 被命하였고 農協 吳普泳氏는 疏遞하였더라. 新任郡守 城津 高源植 始興 金宗國 臨陂 尹奎燮 平昌 金台錫 茂山 權泰瑢 扶餘 李大주 藍浦 徐丙희 安山 李奭宰 保寧 申奭求 恩津 李敏復 槐山 □□□ 定平 尹秉憲 淸州 □□□ 機張 洪在奎 慈山 □□□ 德山 金澤基

19051012 잡보 130 (官廳事項) ○忠淸南道管下郡守治蹟 公州郡守 閔泳會 質本謹愿이나 事多糊塗라 非不欲廉이라 武以了債라下 ○洪州郡守 李敎奭 素著茂績에 特簡雄府라 莋警□적하니 부屋安堵라上 ○泰安郡守 兪致稷 周知民隱에 治如烹鮮이요 嚴束吏奸에 明若燃犀라上 ○天安郡守 金用來 古之良吏를 今見其人이라 臨事明斷에 恢有游刃이요 계心周察에 絶無警부라上 ○溫陽郡守 權重億 恬雅其操요 雍容爲治라 田無莫賦하라 邑曠可悶이라上 ○韓山郡守 柳錫疆 心切願治로대 事或昧例라中 ○舒川郡守 閔健植 聽理綜明에 聲譽藹蔚이라 官其曷云歸哉요 民則如恐失之라上 ○大興郡守 李錫珪 □典著績에 衆口播頌이라 雖因□而乞免이나 其奈輿情之惜去아上 ○沔川郡守 李喬泳 素績久巳雷灌에 初政果見風生이라 以若利器로 合試大局이라上(未完)..

19051013 잡보 140 (據律當免) 忠淸南道 燕岐郡 西面粟里에 寡居하는 林召史가 有한대 隣洞居 尹支童이가 年纔 二十一歲 總角으로 率其同黨하고 林召史를 劫縛以去코져 한 즉 該林召史가 揮鋤하여 尹童을 致斃케 함으로 遂成獄案하였는데 正犯 林召史는 自該道裁判所로 刑法大全第八十八條危難를 遭하여 權限內에 可히 保護할만한 者를 爲하여 犯罪된 者는 勿論律에 照하여 放免하였다더라.

19051013 잡보 130 (何待其請) 忠南觀察 李道宰氏가 內部에 報告하였는데 管下 公州德山牙山恩津海美保寧等 六郡郡守의 治績居下之由는 已爲報告이옵견과 現에 新稅開捧이 在卽하고 舊納收捧이 一時爲急이올뿐더러 各處賊警이 踵至하야 諸般情形이 果係迫急이온즉 際當此時하야 各該郡守之擇送을 若非其人이면 弊敗殘國이 將之末如이오며 又若遲緩이오면 無民無邑이옵기 上項各郡守를 別差下送이라더라.

19051013 잡보 170 (官廳事項) 忠淸南道管下郡守治蹟 ○瑞山郡守 李年夏 里謠則災去福來요 民情焉渴飮飢食이라上 ○德山郡守 李純應 四載茈郡에 半屬曠官이라 衆誚豈盡無據리오 再來其或有□가下 ○林川郡守 金甲淳 屢遷已極영燿하니 每事宜加審愼이라中 ○文義郡守 徐丙益 金鑛坊弊하고 木碑收糴이라 四年爲政에 一境無事라上 ○燕岐郡守 趙用熙 老鍊之手가 臨事坦然이요 循良之績이 闔境晏如라上 ○木川郡守 南啓錫 從理剖決이오 實心撫字라上 ○全義郡守 權泰容 旣剛且明에 克公而廉이라 軌傍之百弊乃祛하니 孑皮外人이오 市上之雜稅盡革하니 惠此商旅라 鸞棘可惜에 驥步莫展이라上 ○平澤郡守 吳흥默 聽重雖曰無傷이나 氣衰宜戒在得이라中 ○牙山郡守 李秉協 官旣昧事에 冊又滋弊라下 ○新昌郡

守 鄭泰魯 年少明敏에 吏憚民懷라上 ○唐津郡守 洪蘭裕 孰謂少年고 惜屈殘國이라 繕廨捐俸에 民樂爲助하고 差任却略에 吏服其廉이라上 ○禮山郡守 李範紹 赴任屬耳에 隨事盡心이라上 ○結城郡守 金善五 民皆頌廉에 政宜濟猛이라上 ○藍浦郡守 李奭宰 公例當避에 屢經丐解라 臧否가 自有公議하니 高下를 豈敢私評가 ○庇仁郡守 尹秉求 纔莅旋曠에 无咎无譽라上 ○鴻山郡守 閔泳셜 休諭旣往하고 宜圖厥終이라中 ○扶餘郡守 閔商鎬 人固慈善이오 政亦寬和라 半載를 胡爲曠官고 百弊가 必將無邑이라中 (未完).

19051014 잡보 301 (忠察報告) 忠南觀察使 李道宰氏의 報告를 據한 즉 本府經費每年度 豫筭額을 府下公州郡結錢중에서 □計充劃하와 按月支用은 便成年例이온바 七年度會計書記 金魯彦이 當年條중 欠逋가 一萬五千兩에 一千五百兩을 蕩其家産而充納이온즉 實逋가 爲九千兩이온대 杖囚督납之外에 無他方略故로 至於押上京府에 還囚府獄이옵고 書記 李謙鎭의 當납이 亦爲 三千兩이옵기 捉入査問즉 所告內에 前觀察使 李恒儀於八年度預算額중 挪用條라 하옵기 屢督不送이오니 自本府로 有難强拍이온바 經費之算이 自有定額이온대 刷充無日이온즉 特爲移照度支部하와 上項兩條 一萬二千兩을 某樣措劃하고셔 以濟一府來頭三四朔經用이라 하였더라.

19051014 잡보 170 (官廳事項(續)) 忠淸南道管下郡守治蹟 ○靑陽郡守 李敎承 和稱自諒에 可귀廉雅라上 ○定山郡守 蔡龍臣 勤孜奉公에 易得民이라上 ○石城郡守 吳根善 第觀來績에 姑無苛評이라上 ○魯城郡守 李宗烈 將多前績이 亶在新政이라上 ○恩津郡守 金商基 尤甚弊局에 宜揀良手라 妓樂之遊를 罔念遏音하고 吏鄕之外賂는 其奈添逋아下 ○懷德郡守 趙東潚 莫日初手하라 貴其實心이라

鐵路息弊하니 役徒邊約하고 鈴庭少事하니 農民安業이라上 ○海美郡守 李寬鍾 受侮孔多하니 自反可知라下 ○稷山郡守 郭贊 推其文雅에 何有政事리오上 ○連山郡守 李鍾哲 大體固多善處하니 小節不須細究라上 ○保寧郡守 任百溶 過於慈善에 近乎罷款이라 吏無所憚에 民受其弊라下 ○鎭岑郡守 鄭崙永 綜詳做治에 謹愼成規라上 ○鰲川郡守 李丙默 非無善績이나 但欠曠職이라中.

19051016 잡보 530 (自取其禍) 南來人의 前說을 聞한 즉 近日 忠淸 慶尙 兩道間에 橫行하는 所謂義兵인 즉 東學黨과 無異한지라 咀文을 口誦하며 村村傳道하기로 年前東徒餘黨들이 響應-多하다더라.

19051019 잡보 312 (報防礦弊) 溫陽郡守 權重億氏가 農商工部에 報告한 內槪에 以金礦開採事로 檢察 李在洛을 前往幹事케 하니 到卽許採에 該稅金督納과 礦務를 隨卽幫助하라신 訓令을 奉准이온바 本郡이 人多地狹에 少無開礦處하옵고 四野黃色에 實無開礦之地하여 爲念民情에 果難許採라 하였더라.

19051020 잡보 130 (新任郡守) 同福 金宅鎭 ○高敞 張命相 ○仁川 李恰和 ○珍山 金璟中 ○茂長 徐相璟 ○三和 韓敬烈 ○寧海 慶光國 ○三嘉 閔明植 ○大興 鄭煥惠 ○興德 金永雲 ○禮安 李康崟 ○尙州 吉永洙 ○善山 兪鎭贊 ○公州 吳鼎善 ○中和 申大均 ○海美 閔泳熙 ○固城 李普鉉 ○順天 鄭寅國 ○海州 李昌翼 ○古阜 鄭龍基 ○通津 金炳旭 ○金山 林承學.

19051021 잡보 140 (司法) 前議官 李禧榮 拘拿之由業經 奏下而現接平理院 檢事 李根洪 報告書內開 李禧榮 自漢城裁判所押到故 與其告訴人秋柏燁質査則該案係是民事而無所罪犯故卽

行放免玆報告云矣. 該李禧榮准報放免之意로 法部大臣이 上 奏하와 奉 旨依奏 公州前郡守 閔泳會拘拿之業經奏下 而現接平理院檢事 李根洪報告書 內因 木川前郡守 朴正彬告訴以公州郡公納愆滯事 該閔泳會拿致審查 則初無所犯 卽行放免 玆報告云矣 該閔泳會准報 放免之意로 法部大臣이 上 奏하와 奉 旨依奏 以上 十月 十四日.

19051024 잡보 460 (言則是也) 忠南 天安郡守 金用來氏가 內部에 報告하였는데 夫新聞은 世界現象과 大小事實를 記載하여 政治得失과 經營學術를 無不評論하고 人民의 智識을 發達하고 孤陋한 耳目을 開明케 하니 此非但讀者之비益이라 足爲列邦之龜鑑이다온 日本大阪市每日新聞을 本年九月一日爲始하여 本郡에 到着하온즉 時宜에 適合하여 文明을 可期이오되 第伏念日國文을 旣非人人曉解 而今此新聞에 日漢文字相雜하여 視而不見하고 讀之不得 則有何비益而開發民智이오며 不曉文義 則卽一休紙也라 人豈肯購哉리요 此新聞을 以漢文與我國文으로 繙繹然後에 可以購讀이오 不然則停止가 爲宜이오니 査照後每日新聞社에 公函하오셔 日本國文을 勿用하고 한文과 我國文으로 刊行케 하시와 休紙購買하는 弊가 無케 함을 爲望이라 하였더라.

19051031 잡보 308 (訟不平理) 石城地 畓訟事로 趙輔國秉式氏家에서 平理院 誤決함을 不服申訴함으로 法部에서 該道査報를 據하여 事實이 旣至如此하니 更爲公決報來하라고 平理院에 訓飭公決케 함은 已揭本報어니와 更探한즉 該院에셔 不顧査報與事實如何하고 藉其前決하여 將欲防報云하니 但掩其前決不公한 自罪에 不出이나 大小訟理에 寧有是例리오 爲其法官者 任其平理之責하여 乃至 十次라도 意必從平公決함이 可하거날 何若常平孔決인

지 況其大官家에 文卷昭然과 道査自在한 處訟이 如此
하니 其他民訟에 無理冤屈者 多함을 不問可知라고 巷
說이 有하다더라.

1905년 11월

19051105 잡보 450 (賊徒猖獗) 忠南觀察 李道宰氏가 內部에 報告하되 挽
近以來로 各地方에 賊警이 到處猖獗하와 黑夜偸竊白
晝攘奪은 猶屬居後오 殺越人明과 焚劫閭里와 搶掠州
郡이 前後相繼이온바 槪論目下情形 則燕岐邑底에 有
强奪强姦허고 新昌等地에 有殺害人命허고 石城附近에
有官行被劫之事허고 德山等地에 公州駐隊兵 一人 暮
地逢賊數十名하여 竟至被殺이다 方有告急하와 現行査
覈이온바 若因循而置之면 際玆稅捧이 在卽허와 公貨
는 無典守之道이옵고 生民財産은 亦無可保之方이라
自本部로 移照軍部하시와 公州隊兵三十名을 派撥하여
以爲勦壓賊警이라 하였더라.

19051107 잡보 306 (列邑災報) 公州觀察 李道宰氏가 內部에 報告하되 各
郡報告를 □□□天安은 上月八日 如卵한 飛雹이 急時
暴下하고 沔川平澤은 十日에 雨雹이 挾風亂打하고 稷
山은 十一日에 雨雹暴霍하고 靑陽 洪州 保寧 結城 庇
仁 舒川 等郡은 二十日 氷雪이 三四時間 취下하야 禾
稻黃落에 甚至於 靑菘까지 蹂躪하니 職在爲民에 聞甚
警駭라 하였더라.

19051107 광고 308 本人이 公州居 金學同處에 公州長尺面 遠湖 歸來兩坪
所在田畓을 다 舊券買得 而其叔永瑞가 僞造立旨로 暗
欲再賣內外國人 照亮 朴東熙 告白.

19051109 잡보 301 (檢查郡稅) 結城郡守 金善五氏가 內部에 報告하되 政
府財政顧問附 佐藤藤佐와 主事 金東垣이 度支部訓令
을 等因한 本道觀察府訓令을 賚持하고 去月三十日에
自洪州到本郡하여 田結戶口와 海稅庖肆와 驛屯各土와
物産各種과 甲午以後結戶兩稅納未納을 ――調査하고
轉向오山郡이라 하였더라.

19051116 잡보 317 (度復內部) 度支部에서 內部에 照復하되 稷山郡 日本
郵便局 出張所長 中村嘉太郎이 該郡成歡驛廢官舍基地
를 立標修築處認許與否를 卽速示明事로 貴照會接准이
온바 該官舍廢基를 依協約借與할 事로 指飭 該郡이오
니 照亮이라 하였더라.

19051130 잡보 240 (請要農業權) 洪州郡守 李救奭氏가 內部에 報告하되
本月 二十日에 京畿始興郡永登浦往日人 藤長與三 靑
木쳥六 兩人이 來到本郡하여 新北面 □淡島 築堤及
耕作權을 認許之意로 請願이옵기 自郡으로는 弗得許
施事事라 題給矣러니 諸人 等이 帶持該狀하고 將向京
城云이온바 事係土地開拓하고 亦關外人交涉이옵기 玆
에 報告하오니 照亮이라 하였더라.

19051130 광고 308 本人이 全義居 鄭主事憲采가 本郡小西面實里前 中보
坪柯木坪所在仕字畓六斗落과 攝字畓十七斗落을 本郡
居 趙鼎熙許 昨年 五月分의 權買하엿다가 去月分還退
放賣하기로 本인이 已爲興成越價矣러니 反聞한즉 舊
券僞造하야 他處更賣云하니 無論內外國人하고 此人의
게 見欺치 勿함 洪思範 告白.

1905년 12월

19051205 광고 308 溫陽郡 內面 金谷居 李奎夏 爲挾雜□□誘宗中畓券 僞造典質次 京鄕出沒 內外國人 切勿相關事. 門長 曾熙 告白.

19051206 잡보 303 (惡貨許用) 日昨 度支에셔 츙남 舒川 韓山 等地 十四郡 報告를 因하여 指令한 內槪에 非불知事勢지切當이라 今此貨幣整理之際에 豈可□正粗之別이리오 一遵貨幣條例하여 白銅貨는 無碍通用이되 但惡貨는 務從寬大敢扱하여 以圖收納事라 하였더라.

19051209 잡보 130 (內察新任) 公州觀察 李道宰氏는 全北觀察로 移遷하고 其代에 陸軍副領 韓鎭昌氏가 被任하였더라.

19051215 잡보 130 (公察願留) 公州郡守 吳正善氏가 內部에 報告하였시되 本道觀察使가 移拜됨으로 境內士民이 一體會集하여 願留不散하고 更蒙處分하기를 望하오니 轉達天陛하와 以副輿望하라 하였더라.

19051217 잡보 130 (公察願留) 忠淸南道觀察使 願留事로 該道三十八郡 大小民人等이 四次電達이오되 處分을 未蒙하와 衆心이 尤極悶鬱하와 玆更電達이오니 伏願 天陛에 奏稟하와 俾蒙還任하여 以活一道生靈하옵시기 泣祝하오니 伏望 奏達하시와 以副衆願케 하심을 伏祝이라고 該各郡 居人等이 內部에 電報하였다더라.

19051221 광고 400 忠南 牙山郡 江청洞居 任南□稤宰가 年前旅宦時에 族人景時의게 得債數百兩 而屢典郡邑後右錢을 一一히 俱邊備報하고 景時死後 其弟喆宰字又吉이가 性本不良하여 一鄕宗族에 難保할 境에 至어날 任某가 百般顧護하여 至于今保存性命하고 一自敗家以後至於飢死어

날 年年租包 幾石式 周□하였스니 可謂再生之恩이라 若是함은 非但宗中만 所知者라 一鄕에 稱善矣러니 今年 八月에 任某가 不幸身死後에 所謂喆宰가 敢生不測之心하고 已報한 債錢을 未捧이라 稱하며 僞造債給文記하고 出沒京鄕하여 符同挾雜人하고 將欲勒捧하랴 하니 世豈有如許背恩忘德者乎아 設或有所捧條 □何不一言於任某生時하고 死後未幾月에 稱以有所捧云云乎아. 此是性本浮浪悖類라 孤兒寡婦를 慢侮이 見하고 如是做事者也니 豈不可惡者乎아. 宗中에서 會議하고 玆以廣告하오니 內外聞人은 切勿見欺하심을 望홈. 牙山竹谷 任氏宗中 告白.

19051223 잡보 610 (山林疏批) 忠淸南道 沔川郡居 山林 宋秉璿 言事를 疏奉呈함에 批旨內에 目下岌業之狀 不翅敉器□□船之可譬 以卿宿德忠愛 安得不侃侃至此哉 所陳嘉尙 而已有前疏之批 庶有諒會 何庸復提 際玆艱虞之棘 益思啓沃之美望卿亟圖惠然一番犳儀于朝 以副朕側□□企佇之想 事遣地方官傳諭하라 하옵셧더라.

19051223 잡보 130 (公察離發) 公州觀察使 李道宰氏가 內部에 報告한 內槩에 本使가 今其遞任하고 前已蒙從便往來之處分하와 當日離發하기 印章을 交付於全義郡守 權泰容하와 使之署理府務케 하야 玆에 報告라 하였더라.

19051224 잡보 130 (兩察相換) 公州 遞觀察使 李道宰氏는 道內士民의 願留를 因하여 還任前職하고 新任觀察 韓鎭昌氏를 全北觀察로 相換하엿더라.

19051224 광고 308 本人의 六寸이 名은 武鉉이오. 字는 邦憲이온대 本是浮浪悖類로 京鄕出沒하야 付同雜類하고 六七代位土를 無遺寸土니 偸賣하와 永絶香火케 하고 猶爲不足하야 本人의 兄弟 如干田畓을 僞造文券하야 欲爲偸賣하오

니 勿論 內外國人하고 見欺치 勿하시옵소셔. 木川郡 東面 磻溪里居 尹希鉉 驥鉉 告白.

19051228 잡보 130 (署理請免) 公察署理 全義郡守가 內部에 報告하되 全義郡務를 一時難曠이오니 署理를 公州郡守로 移定을 伏望이라 하였더라.

1906년(光武 10년)

1906년 1월

19060104 광고 308 恩津 葛麻面 咸積坪畓 四石十斗落 連山 南面 壯洞坪 畓 二斗落 同 禀面 鳥洞坪 畓 十六斗落 文券 本月 十九日 賫上京城타가 到병店驛 遺失矣라. 毋論內外國人 拾得 休紙施行함. 連山 赤面浌 隅居 閔基善 告白.

19060105 잡보 130 (崔氏可弊) 忠남道觀察使署理 權泰容氏가 內部에 報告하되 本府 警務官 崔麟溶은 人本綜明에 性且廉直이라. 旣간於章程하고 又慣於日語하야 警務焉次第就緖하고 交涉□□□□□□□ 聲譽蕩蔚하니 宜有勸獎陞用之 朝家處分이온대 今當廢止에 非但衆情之惜去라. 論以本府形便에 非此莫可이온즉 新任總巡 申鉉斗는 從他調用하고 以崔麟溶으로 移任總巡하와 責以成效가 恐未知何如이올지 查照處分하라 하였더라.

19060107 잡보 520 (僧防會弊) 近日各地方에셔 一進會員이 不無滋弊之端하여 民言이 頗多키로 公州 某寺僧이 各處寺刹에 發文하여 日 此等會員이 或至所犯이 綻露하여 出會狼狽하는 境遇에는 冒稱僧徒하고 四處生弊할 慮가 不無한

즉 各寺僧徒들이 暗標를 預持하여 防患於未萌함이 爲宜라 하고 各其暗號標記를 佩持하였다더라.

19060107 잡보 430 (敎育熱心) 泰安郡守 兪致稷氏가 內部에 報告하였는데 本郡居 前主事 李基祿이 素以好學端雅之人으로 自費巨款하야 學校를 設立하고 英語敎師 黃義性을 雇聘하고 學徒 數十名을 募集하야 設塾講習을 熱心從事하니 如此海隅僻鄕에 庶幾有文明進達之望이어니 別般讚揚하야 以爲成俗之美케 하라 하였더라.

19060107 잡보 500 (慕忠建祠) 忠南 木川郡 靑年會에셔 閔趙 兩 忠正公 靈筵에 致奠來弔하고 兩 忠正公과 同時死節한 諸公을 爲하야 該郡伏龜亭에 建祠한다더라.

19060110 잡보 430 (敎育熱心) 忠南 石城郡 居하는 前郡守 趙宜淳氏와 士人 高殷相 姜□翼 諸氏가 靑年을 敎道하기 爲하야 學校를 設立하는데 該郡 郡守 吳根善氏가 校長이 되고 處所는 鄕廳을 借給하야 該地方人 民을 期於코 進步하고져 하니 斫識時務하는 先覺이라고 人多稱譽하더라.

19060118 잡보 130 (違格留印) 忠南 公州觀察 遞署理 全義郡守가 內部에 電報하되 全義 新任郡守가 本月念四日에 期於到任한다는데 觀察印章을 尙未交付則全義印章을 難以越送이오 亦不勘簿이오니 該倅의게 令飭하시와 到任日字를 歲後로 退定하심을 卽回敎하라 하였더라.

19060118 광고 308 忠南 沔川 竹林面 尺贊里居 本人 舍姪從兄弟 性執과 文五가 性本悖類로 京鄕出沒 僞造文件得債爲料하니 內外國人은 切勿見欺喜. 沔川 於羅山居 李心淳 告白.

19060119 잡보 170 (交印何郡) 洪州觀察府主事 李圭承氏가 內部에 電報하되 洪州郡守가 又爲病頉하였고 遞署理는 因親患急報 發程하였사오니 本府印章을 公州郡으로 再送하옴미

何如할지 回敎伏望이라 하였더라.

19060120 잡보 500 (忠憤必死) 洪州 郵遞主事 李鵬林氏의 自刺其頸한 事實은 前報에 已爲揭載하였거니와 南來人의 傳說을 更聞한 즉 日憲兵이 押去牢囚于該府警署하고 質問曰汝有六女無子故로 欲死乎아 答曰設有多女無子나 何關於他人乎아 又問曰或有公私錢未報而欲死乎아 答曰我無公逋하고 亦無私債라 設使有之라도 何關於他人乎아 又問曰緣何欲死乎아 答曰我의 決死主義는 已悉於前하니 更有何言乎아 하고 郡守査報之言則 日兵이 曰 汝果若是면 誠是誤解니 幸勿致命하고 善爲調理하라하고 還囚警獄하나 同氏가 期於決死하여 絶不食飮이라 하더라.

19060120 잡보 420 (藥價未收) 忠南種繼所委員 李敏敎氏가 內部에 報告하였시되 現今 忠南 秋等施術과 收入金事는 各郡認許員이 와於時擾하고 汨於秋穫하야 多不施術故로 藥價金을 難可收入이온바 至於報于觀察府하야 發訓催促이오나 尋常聽視하고 頑拒不納하야 或稱一進或稱耶蘇或稱神籬或稱淨土敎뿐더러 皆是貧民으로 善爲逃躱하야 如此等人은 法官이 不可捉致하고 平民이 不可抗拒故로 匿其兒數하며 或乾沒藥價하야 今秋收入金이 零星莫甚하니 特下別廉處分하라 하였더라.

19060121 잡보 450 (禮山賊患) 忠淸南道 禮山 大興 等地에 火賊이 大熾하야 該地 火砲軍과 接戰하였는데 火賊黨은 皆洋銃을 持하고 砲軍은 舊式銃을 用함으로 賊黨의게 砲軍 一名이 砲殺한바 되였다더라.

19060121 잡보 170 (交印爲急) 公州觀察主事 李圭承氏가 內部에 電報하였스되 昨電을 未□回敎하와 印章管守가 時刻이 悚悶하오니 署理之任을 卽速處分하라 하였더라.

19060131 잡보 420 (報請准災) 稷山 等 十郡 海溢災와 木川 等 十七郡 雹
損災를 爲先依前報准調하와 俾災民으로 得以奠接事로
忠南觀察署理 稷山郡守 郭璨氏가 內郡에 報告하였더라.

1906년 2월

19060203 잡보 520 (會員借廨) 木川郡守 李秉膺氏가 內部에 보고하였는데
本郡 一進會支會長 白啓祿에 公函을 據한 즉 際此列
强普通之秋하여 不可無語學이요 極達才藝하여 圖進文
明이 硏究중出來故로 聘延高等敎師하고 設校私家러니
學徒稍進하여 室窄難容하니 空閒公廨를 從容借給等因
이온바 公廨를 郡不可擅許이옵기 玆에 報告하오니 特
爲指敎하라 하였더라.

19060203 잡보 610 (報告卒逝) 忠南觀察署理 稷山郡守 郭璨氏가 報告內部
한 內槪에 沃川 遠溪居 經筵官 宋秉璿씨가 陰上年 十
二月 三十日 巳時에 卒逝于懷德郡 外南面里하였스매
現接該郡 報告하야 馳報라 하였더라.

19060203 광고 308 韓山 東下面 月令前坪 堂字畓五斗落 堤堰畓六斗落 水
門坪 習字畓五斗落 文券 遺失江鏡路중 誰某拾得 休紙
施行 忠南 公州 長尺面 長田居 李景裕 告白.

19060206 잡보 500 (慕忠建祠) 忠南 木川郡 靑年會에서 閔趙 兩忠正公 靈
筵에 致奠來吊하고 兩忠正公과 同時死節한 諸公을 爲
하여 該郡 伏龜亭에 建祠한다 하더라.

19060208 잡보 430 (江學試驗) 忠淸南道 江鏡浦 私立普明學校에서 昨年
冬期시험을 經하였는데 靑年科 優等 方有錫氏요 及第
에 □□□ □□□氏요 小學科 優等에 方福男氏라는데

賞品을 多數及與하고 校長 尹致昊氏와 評□長 趙重觀氏와 副校長 金□□氏에게 報告하였다더라.

19060208 잡보 500 (李氏被囚) 洪州郵遞司 主事 李鵬林氏는 以刃刺日人局長하고 亦刺其頸한 事는 已揭於前報而 該氏가 命未殞絶하야 現方被拘日隊인대 該道觀察使는 交涉於日本軍司令部하야 使之押交케 하라고 法部에 報告하였더라.

19060207 잡보 450 (島民難支) 忠南 唐津郡守 張鳳煥氏가 內部에 報告하되 本郡 大小蘭芝島는 處在西海上하와 水賊이 攘奪旋踵之後에는 各郡 校卒與士兵等이 稱以跟捕하고 互一進退를 果如□□而聯頭踏至하야 空□두留에 侵虐平民하니 可謂腹背受賊이라 哀此島民이 何以聊生乎잇가. 此兩島가 將之空虛이온즉 遑汲之民政은 已是矜惻이옵고 憂恤之方策은 徒費心力이어니 言念□憂之責에 尤切悚仄이라 하였더라.

19060208 잡보 301 (泰倅見逐) 泰安郡守 兪致稷씨는 數三年 災結劃下한 것을 民間에 頒給지안코 또 結錢을 歲前에 畢捧하기로 星火督促하는데 七十老人 六七人을 捉致하야 亂杖酷刑한 事가 有하고 結錢은 其境內의서는 不用하고 沔川郡 自家近處로 持去以散하였슨則 泰安郡은 錢渴이 極項의 達함으로 一郡人民이 聚會하야 災結을 頒給하고 結錢은 明年 四月까지 退限하라 함에 該郡守는 本第로 歸去하였다더라.

19060214 잡보 500 (李氏被捉) 忠南觀察署理 郭燦氏가 內部에 報告하였는데 倡義發通人 定山郡居 李□式을 押囚府獄하고 已有所報告而未承指令하와 尙此滯案이 恐有欠於刑致이오니 査照迅辦하라 하였더라.

19060215 잡보 140 (銃丸請) 忠南 禮山郡守 李範紹氏가 內部에 報告하되 本郡 境內 賊警이 去益猖厥하여 官兵이 或被慘殺이로

되 彼强我弱에 勦除沒策 故로 洋銃彈丸을 業已請求에 未蒙指敎이온바 現下 賊勢가 日復滋蔓하여 如無陰雨 之豫備면 難免魚肉之慘狀이오니 移照軍部하와 洋銃二 十柄과 彈丸 二千發과 軍人服裝 諸具 二十件을 特爲 支撥하여 保護全境生靈이라 하였더라.

19060215 잡보 130 (公察疏遞) 公州觀察 李道宰氏는 疏遞하였다더라.

19060215 잡보 140 (湖西賊警) 大興郡 境內에는 賊警이 大熾하여 自該郡 으로 募集鄕砲 幾十名 而계欲戡捕하나 銃丸未備하여 具由請撥於軍部 而尙未得認許 故로 畏其賊徒搶奪하여 乙巳度結稅를 尙不發令하고 惟患結錢之來納하여 自邑 至村에 夜不得解衣키로 民情洶洶이 殆若朝夕難保라 하더라.

19060222 잡보 240 (日人設庖) 忠南 牙山郡守 李冕永氏가 內部에 報告하 되 庖肆組織이 自有定式하와 財利冒占을 已所痛禁이 온바 昨年分 本郡 屯浦에 日人 岩駒太가 憑公來設이 옵더니 陰正月 二十二日에 屯浦市에 不如何許日人이 恣意私屠에 致使原庖로 莫敢誰何하오니 査照指飭하라 하였더라.

19060222 광고 308 本人等의 族人 九錫의 字는 允瑞가 性本浮浪하여 外 債如山 而不能淸帳하여 方欲自戕故로 本人等이 特憐 情境하여 不計寸數의 遠近하고 一齊助力하여 最急者幾 萬兩을 □之報勘矣러니 噫 彼九錫이가 又生慳慾하여 本人의 田畓中 櫻山 二西面 新茂里 近坪所在畓과 牙 山 三北面下 念近坪畓 合 九石餘斗落을 □成僞券하여 以舊券燒火樣으로 誣訴官家하여 圖得立旨故로 本人들 이 以此事實로 齊□官庭 則自官洞燭其見欺하시고 卽 出給還收立旨之傳令 而又欲捉懲九錫 則知機逃躱하여 初無形影이나 慮無所不到하니 勿論內外國人하고 如此

悖類의 僞券을 切勿信□見欺함을 廣佈함. 稷山 二西面 新茂里 鄭殷敎 民敎 台敎 寬敎 郁敎等 告白.

19060223 광고 520 忠淸南道 連山郡이 元來殘弊로 勢將無邑이온中 郡守 李重哲氏가 昨春赴任하니 吏民顒祝者 特其忠烈後裔요 況今開明刷新之際라 宜副渴望矣러니 郡守生日一器麵 一盃酒饋給官屬하고 翌日 捉入書記等하여 以物以貨間 責徵飮食價하고 使其冊室노 貿蔘次往于錦山地라가 冊室持白貨千兩하고 中路逃去 而使奴令으로 四面訶捉不得矣러니 以不捉之罪로 右千兩을 欲徵奴令 故奴令이 皆爲渙散하고 各項物種을 較計時價 或十分一 或八九分一下記하여 進排無利가 不知幾千兩이요 所謂 吏窠派任을 取其任債多小하여 十餘次改次하고 無厭之慾이 猶爲不足하여 乙巳作伕後 稱以前等剏始加結錢하고 六千兩을 勒徵殘胥하여 上納이 由是而愆滯하고 逋藪가 由是而滋蔓하여 吏校奴令皆爲渙散이옵기 本會가 據理質問 則答以勒排條六千兩은 初非自官干涉이요 公兄이 從中操縱云 故依數査推於該吏하여 派給寃徵者矣러니 郡守가 稱以進會가 入于稅廳하여 上納公貨을 無難持去樣으로 誣報上府하니 噫라 斯人也有斯行은 果非愚夫愚婦之所料 而且以上納으로 言之하면 甲辰結錢四千五百餘兩과 乙巳春秋戶錢一萬三百餘兩 昨夏捧上 而皆爲乾沒하고 乙巳結錢은 杖囚窮民하여 七萬餘兩收捧內 三千兩을 才爲納于支金庫하고 其餘는 歸之私橐하여 經年閱月에 專事網利하니 是豈命吏憂國之道乎 此等郡守를 何以抛置 本郡上蠹下虐하니 連山之吏民은 奚罪焉고. 連山郡 一進會長 金華榮 告白.

19060224 잡보 170 (章程指示) 結城郡守 金善五氏가 內部에 報告하되 今際外交가 漸益親密하여 交涉文書가 種種來到 而事係初當이오 例非前有則往復之際에 易失格式이오 內外之

間에 恐貽羞恥라 何處에 可以公函이오며 何處에 可以
照會이오며 何處에 可以報告이올지 伏想朝家에 必有
章程而 外邑이 未諳□格하여 未知何爲而得體이올지
不可以臆料로 擅便이온 바 近日에 自公州府警務顧問
支部로 補佐官公文이 續續到郡 而不無交涉之事이온즉
亦將何以爲之이올지 不勝悶畓하니 特爲指敎하여 俾便
交涉케 하라 하였더라.

19060224 광고 520 連山郡 李重哲氏 虐政은 已揭前報하였거니와 所謂 加
結條六千兩을 初不干涉云 故本會가 査推該吏하여 派
給寃徵者矣러니 郡守가 還第過歲後에 書記等이 問安
次去矣 郡守가 恐喝曰 汝等이 符同一進會하고 奪喫吾
之當食錢이라 하고 威之脅之하여 內除於所捧公錢成冊
中하니 此先覺後塞者也요 且稅錢으로 言之라도 半未
其捧에 一朝上京하여 頓無還任之意하니 充其私槖에
不顧上納之遲滯하니 當其窮春에 何以捧結民處乎아 自
覺虐政하고 以待免官而然歟. 連山郡支會長 金華榮 告
白.

1906년 3월

19060301 잡보 630 (敎徒討索) 公州 □亭居 李龍右은 本以甲午東學巨魁로
漏網逃生이다가 近又神籬敎會員이라 稱하고 許多作弊
함은 本報에 已揭어니와 該地駐在日憲兵에게 被縛되
어 前後行悖를 調査한 즉 該附近地諸民處에 錢穀及牛
隻等物勒奪함으로 自服하기로 該郡守에게 越送하여
方在拘囚中이라더라.

19060316 잡보 500 (李氏可憫) 洪州郡 郵遞司에서 該日人局長을 刃刺한

該局主事 李鵬林氏를 韓國裁判所에 押交할 事로 參政
大臣 朴齊純氏가 法部照會를 因하여 日本統監府에 交
涉하였더니 該統監府에서 回復하기를 李鵬林之加害於
通信屬員은 卽軍事上通信事務를 妨害함이 的確한 故
로 我軍法會議에 提出하여 軍律에 處辦하였은즉 不可
交付於貴裁判所라 하였다더라.

19060316 잡보 306 (礦役請) 忠南 木川郡守 南啓錫氏가 內部에 報告한 內
槪에 本郡 開礦事는 今因農商工部訓飭而擧行이오나
郡旣處峽에 谷深地狹하여 田畓之外에 更無閒曠하니
必傷田畓에 民被其害라. 特爲移照于農部하와 本郡 開
礦一事는 更爲逡寢하라 하였더라.

19060320 잡보 430 (石城二校) 南來人의 傳說을 聞한 즉 石城郡守 吳根善
氏는 治績이 茂著할뿐더러 더욱이 敎育上에 熱心하여
境內에 石陽과 三山 二學校를 設立하고 薄況을 傾하
여 損補함으로 一般人士 爭上激勸하여 敎務가 就緖함
에 文風의 振興한 期望이 有하다더라.

19060321 잡보 430 (明敎興況) 忠淸南道 公州府 私立明化學校는 曾於甲辰
年에 南㺚 金永燾 金錫熙 金在勤 金在勉 李□榮 朴晩
緖 諸氏가 皆敎育으로 急務를 삼아 鳩財設校함에 金
錫熙氏 家舍로 權設하고 靑年을 募集하여 僅僅敎授하
더니 昨年 春에 觀察使 李乾夏氏가 校舍가 狹窄하여
學員이 棲屑함을 見하고 山城의 空虛한 公廨一處를
修茸하고 校舍를 移設하였더니 其後 財政이 枯渴하여
支保沒策으로 校長 南㺚氏가 不得已 自退라 其後 金
永燾氏가 代爲校長하고 以上 諸氏가 分掌敎務하고 血
心進就하니 遠近 紳士가 此를 觀感하여 損金贊成함으
로 校舍 修理와 書冊 物品의 準□가 次第就緖하고 學
員이 益進하여 振興한 狀況이 有하다더라.

19060321 잡보 170 (興倅善政) 大興郡守 申成默氏는 莅任以來로 政通人和
하여 結稅에도 不施一杖 而無遺刷納하고 賊警에도 不施一砲
而聞風屛跡하여 一境이 □安함으로 萬口成碑하더라.

19060321 잡보 530 (暴徒情形) 忠南觀察署理 稷山郡守 郭燦氏가 報告內部
하되 定山 等地에 暴徒情形은 已有所仰電而其確報를
據한 즉 該郡 天庄里居 前參判 閔宗植이 治疏發通하
고 募集義兵之際에 卽地詗捉 而幷已逃避하고 該徒 禹
士俊等 五名을 捉囚郡獄하고 銃八柄 木砲一柄 洋鐵製
甲 一件은 閔宗植家에서 押收하고 火藥一負 布製軍服
二十六件은 前郡守 閔廷植家에서 押收하고 銃十柄은
該郡 美堂 各民家에서 收聚이라이오며 現聞 洪州 海美
等地 又有殊常之蹟이라 하옵기 警務補佐員 二人과
巡檢 六人을 另派 前往하여 使之詗捉이라 하였더라.

19060322 잡보 450 (牛商致斃) 公州來人의 傳說을 聞한 즉 陰二月十六日
頃에 該郡 泊雲里 居人이 以菁根出賣次로 大田市에
往하여 賣菁貿牛四隻하고 該洞四人이 同伴하여 오다
가 停車場 附近 新仙里 村隅에서 白晝逢賊하여 三人
은 卽時 致斃하고 一人은 幸免하였는데 日巡查가 卽
地追踵하여도 牛隻과 賊跡을 絶不得見하였다더라.

19060322 잡보 450 (暴徒戡捕) 忠南觀察署理 郭瓚氏가 內部에 報告하였는
데 定山 等地에서 暴徒詗捉과 洪州 等地에 本府警務
補助員與巡檢派遣之由는 已有報告이올견과 該巡檢等
이 當日回告內에 本月十六日에 到于靑陽地하와 得聞
該徒가 屯聚于洪州郡地合川이다 故로 馳往之際에 公
州駐在日憲兵 五人이 亦聞此報이던지 馳馬當前而放砲
則該徒가 四散逃走故로 合力追捕하여 現獲이 爲二十
三名이오 銃三柄 鎗二介 環刀一介 馬二匹 四人轎 一
座 負擔一隻 軍案一件 圖書一顆를 奪取이다이오며 定
山地所捉 五人中 二人은 果無所犯하와 日憲兵이 卽放

하고 其餘二名 合 二十六名을 與日憲兵押待故로 并爲
牢囚이오며 所奪銃鎗等物與軍案은 日憲兵이 一切輸去
이온바 所捉人姓名은 定山 徐德玄 李宗봉 李殷明 洪
州 閔□玉 李□化 禹在明 朴亨鎭 朴溫伊 崔利基 徐善
明 □□三 林相春 李春吉 吳正三 朴文淑 尹澤善 徐景
春 方煥德 姜□業 李斗星 韓平心 朴用達 安丙瓚 朴宰
煥 洪永燮 鄭德西 等이라더라.

19060323 잡보 130 (觀察催送) 公州觀察使署理 郭瓚氏가 內部에 報告하기
를 定山 洪州 等地 暴徒事件은 連有所報而 殆此擾攘
之時하여 其所鎭壓之策이 有不可踈忽이오니 新任觀察
使를 催促하여 不日赴府케 하라 하였다더라.

19060323 잡보 150 (公格請示) 忠南觀察署理 郭瓚氏가 內部에 報告하였는
데 公州駐隊가 其罪獨立이오 該隊中隊長이 亦非司令
이온즉 與各郡守往復에 自可對等照會이온바 該中隊長
이 輒行訓指於各郡하고 如自各郡으로 平等照會 則亦
不□□하와 不無越權之弊이오니 自本郡로 移照軍部하
여 公文規式을 相當確定後에 亟賜指令하와 以爲遵施
하라하였더라.

19060323 잡보 530 (조氏劫運) 洪州來人의 傳說을 聞한 즉 該郡 舟洞居
前參判 趙同熙氏는 該地 義兵에게 脅迫을 被하여 運
粮事務를 擔任으로 同氏는 日憲兵에게 被縛하였고 其
家眷은 不意衝突을 遭하여 □處奔散하였다더라.

19060324 잡보 500 (擬律非當) 禮山居 李俊□氏가 法部에 請願한 內槪에
本人之叔父 鵬林이 以洪州 郵遞主事로 昨年 十一月分
에 聞日人脅約之說하고 主辱臣死之義로 血憤沸中하여
寧欲一死報國하여 以短刀로 橫刺通信屬員 淺井半次郎
之後頸하고 仍卽自刺러니 致斃一夜에 左右救護하여
救得延命이나 以刃刺人이 自有當法하니 以我國法律勘

斷이던 死猶無□이어니와 誤被執於日憲兵而歸之軍律
違反之罪라 하여 處斷以監禁三年하니 公法所在에 初
無越治之權이옵고 行刺論之면 刑法照然이라. 初無加害
於軍用 而勒加罪案하고 遽行直斷이 極涉無理라 具載於
本部繕報이온 故로 玆粘連前狀仰□하오니 照亮하신 卽
爲交涉於統監府與日憲兵所하시와 移付于法司하여 以我
國律로 定案勘處之地를 千萬泣祝이라 하였더라.

19060325 잡보 530 (初無是事) 洪州 舟洞居 前參書 趙同熙氏가 以義兵嫌
疑로 被捉於日憲兵事를 已爲揭載於前報러니 其確實한
情報를 更聞한 즉 趙氏家에 初無是事라고 其叔姪人이
同爲入京하여 說明하였더라.

19060325 잡보 530 (義擾賊警) 洪州郡守 李敎奭氏가 報告內部하되 近邑士
民이 藉以擧義合衆하고 始欲入城라가 旋卽退散하여
聚屯於本郡興口香面合川坊이던지 公州府巡檢與日憲兵
에게 二十餘名이 被捉押去이온 바 於是焉環境附近에
煽訛浮與 而民志□定이 如舟無柁하고 際此賊警이 一
倍□□하여 民難聊生하니 其在分憂에 只切凜悶이라 하
였더라.

19060325 잡보 520 (會員礦弊) 忠南 來人에 傳說을 聞한 즉 一進會員 黃
鍾熙가 靑陽金礦에게 捧稅하는 名色을 圖得하여 下去
하는데 兵丁을 率하며 藍輿를 乘하고 自稱農部委員으
로 官報上 揭載하였다 하고 該郡首書記를 指揮하여
如我高等官이 不可無威儀라하고 使令 四五人과 會員
十餘名을 前後排列하고 威脅行動이 無所不至하니 可
驚可觀之事오 遐方人民들은 兵丁을 見하고 或 隊長이
라하며 藍輿을 見하고 觀察使라 하며 多數會員을 見
하고 或 京會長이라 하여 面面相顧하다가 及其所止
則乃是金礦一箇稅監類인데 目不識丁하고 專事挾雜하
여 不啻礦軍騷擾라. 驚動人民하더라니 此人의 行爲는

年來初有한 奇怪之事어니와 該檢察이란 者에 知人知事치 못함은 可知오 一進會員에 四大綱領目的도 可惜하더라.

19060329 잡보 530 (募兵守城) 保寧 靑蘿洞에서 本月 二十五日에 義兵 二千餘名이 會集하여 襲擊洪州城云故로 自洪州郡으로 □奇于鎭衛隊하야 使之派兵鎭壓케 하며 亦自本郡으로 募兵守城이라 하였더라.

19060329 잡보 130 (責人則明) 前連山郡守 李重哲氏가 往見李內大址鎔氏하고 有何非理請求이던지 李內大가 勃然怒之하여 歷擧李郡守之治績不美하여 一場面責하고 甚至於驅出其席하였다하니 彼李郡守之治績如何는 吾未能詳其顚末이어니와 惟無瑕者라야 可以僇人하나니 李內大之政績은 果能無瑕일지 誤國之不足에 至於賣國하며 廣民之不足에 至於陷民하며 溺職之不足에 至於賣官鬻爵하여 無一事一藝之可稱하며 無一言一行之可觀이오. 日夜所務者 │ 但在於貪饕謟諛와 賭技漁色키로 雖市井賤流와 鄕曲愚民이라도 皆知其一文不直하여 唾之罵之이거늘 今乃藉其權威하고 視李郡守를 如同無物하여 呵叱驅逐에 無所瑕借하니 口雖能言이나 獨無愧於心乎아. 噫라. 幸其所遇者 │ 李郡守也로다. 若使血性男兒로 當之면 這般躁妄의 擧動을 豈肯呑聲順受而無一言搶白이리오. 雖然이나 凡人之受侮가 莫非滄浪白取也라. 彼李郡守者 │ 苟有一分血性이면 必不肯求出於李內大之門이거늘 顧乃踵門納刺하여 區區然搖尾乞憐하니 此所以受其侮辱而不敢相較也라. 以此論之컨대 李郡守之治績不美와 爲人鄙劣을 亦何難知之有哉아.

1906년 4월

19060405 잡보 130 (參政反對) 江陵 洪州 兩郡守가 辭職請願함으로 日前 內部大臣 李址鎔氏가 經義奏免次로 政府會議에 提出 하였더니 參政 朴齊純氏가 反對하여 曰 兩郡守 今此 請免은 計出於遷轉他郡也니 決不可依免이라 하여 姑 爲中止라 하더라.

19060406 잡보 308 (掘塚燒骸) 舒川郡居 洪淳明의 先祖가 已於七年前에 同郡 板山面 山局을 崔德鳳에게 買得하여 淳明의 曾 祖與父塚를 次第繼葬하였는데 乙巳年 五月分에 同郡 居 趙東獻 趙錫九 趙駿九 等이 稱曰此山前主하고 其 時觀察 李乾夏氏에 依勢하여 多發巡檢하고 作黨諸族 三百餘名하여 洪家 兩塚을 白晝勒掘하고 放火壙내하 여 燒□骸骨하니 淳明之室人이 因此驚奔타가 亦致落 胎하니 此는 卽一變怪라 淳明之從祖 前參奉 洪在衡이 抱狀奔訴於京鄕이오나 壓於諸趙之威勢하여 尙未雪冤 하고 呼泣道路한다더라.

19060410 광고 308 忠南 牙山 江淸居 任公斗因任喆宰之訴하여 平理院에 裁判次來待一朔 而喆宰則自知理屈하고 不爲裁判터니 喆宰가 其妻男 崔基西와 同謀하여 內藏院主事 劉彰烈 을 符同하고 官內部訓令을 □得하여 本人 家産執留次 下去云터니 任喆宰가 劉彰烈과 無賴輩를 率하고 今十 日夜에 無主張한 本人家에 突入內庭하여 扶安郡所在 田庄量案及牙山屯土秋收記與諸般文簿冊子와 如干産物 을 搜探盜去하였으니 該量案及秋收記를 設或典質한데 도 內外國人은 切勿見欺함. 任公斗 告白.

19060411 잡보 309 (俾便商權) 忠淸 南道 恩津江鏡浦 居民 金日洙 等이

以該浦居 具洛仲 等이 日本人 川本과 平春을 籍托하고 濟州 旅閣과 平昌島 旅閣은 一向往來商船을 勒執賣買하여 商業에 貽弊한 事로 請願于內部하였는데 自內部로 該道觀察使에게 訓令하되 該旅閣의 自由商權을 侵奪하여 往來商民의 興販不得任便케 하여 勒執賣買하여 貽害極多云하니 到卽具洛仲을 拿致嚴懲하고 所謂兩旅閣의 謬例를 刻卽痛革하여 商權을 任便케 하라 하였더라.

19060412 잡보 308 (藉先奪山) 忠南 大興郡 山默洞 後麓은 自來로 該洞居 趙尹兩姓이 發起하여 以洞山松契之地로 本官立旨와 水營完文이 昭詳自在하여 數百年樵蕘葬埋을 一洞이 公同爲之함은 閭境之所知인 바 不意에 學部主事 尹弘植氏가 挾勢威脅하여 藉稱尹氏先山을 此麓에 失傳이라하고 欲爲勒奪하는지라 其山下居 趙載弘氏가 不勝抑鬱하여 裁判次로 平理院에 呼訴하여 及其裁判之場에 尹弘植氏가 初無此事干涉樣으로 納供하고 歸咎於渠家宗孫하였다더라.

19060415 잡보 520 (洪民慘狀) 南來人에 傳說을 聞한則 內浦 等地에 賊警이 去益甚焉한 중 洪州 境內가 最尤甚하고 該郡 化城面에 一進支會를 設置하고 會員 中 金麟善이가 本是悖類로 藉托會勢하고 許多作弊가 不可形言인바 驛土를 非會員이면 不敢耕作이라 하여 衆民이 失農하고 向日義騷以後에 符同巡哨兵卒하여 無論誰某하고 擇其稍饒之人하여 或稱昌義干與라 家行不美라 靑年會員이라 하고 勒奪錢財及家垈田畓 故로 人心이 嗷嗷에 擧皆渙散하여 一人之弊가 及於一境이나 所謂支會長은 木偶人인지 或稱吾所不知라하고 或有同做弊瘼이며 該郡守는 以字牧□捕之任으로 會員作弊와 賊黨作變을 聽若不聞뿐더러 捉囚之賊도 無端還放하고 身自上京云

하니 洪民之慘狀은 不忍見不忍聞이라더라.

19060417 잡보 240 (勒役無禮) 忠淸南道 溫陽郡 溫泉을 占據한 日本人 망호 등본 兩氏가 稱以宮內府認許基址라하고 溫宮墻垣 外에 標木挿立하더니 漸漸退立以四方十餘里하고 其內 所有는 다 認許基址라 하여 民冤이 漲天中 昨秋에 治 道하는데 自天安郡으로 至溫泉까지 未熱之穀을 刈之 踏之에 損穀이 不可勝數오 私養丘木을 無償作伐하여 用之橋梁木하며 九面民人을 擔負赴役을 不給分錢而使 斫用하고 又於今者에 同兩氏가 率多數日人하고 要求 治道於天安郡則郡守가 不許하니 日人이 以捲烟火로 焦郡守鬚而又打其頰하니 無禮가 莫甚也오 至於溫陽하 여 又以威脅郡守 則郡守가 不得已發令民間하니 各里 人民이 逐戶呈官하고 又訴於京部次로 上京하였다더라.

19060418 잡보 450 (溫郡賊警) 忠南 溫陽郡 一北面 葛山 等地에 自昨秋以 來로 賊警이 大熾하여 村村里里가 無論貧富하고 斗米 鷄畜이라도 每每奪去하매 各里가 結約巡警하더니 今 月旬初에 賊漢 二名이 突入葛山하여 家屋에 衝火하니 一洞이 齊起에 幷力捕捉 則賊漢의 臟物은 竹鎗 一箇 木棒 一箇 大釣 一箇 故로 當場取招 則賊漢言內에 某 某三人으로 共來作賊云故로 押付本郡터니 賊漢所居洞 則牙山黃谷인데 該洞에서 賊한을 發明次로 三次 等訴 하는 中 其狀頭者 則賊漢口招人也라 하니 討捕官人들 이 聞知하면 應當其狀頭를 捕捉할 뜻하다더라.

19060419 잡보 430 (華陽義塾) 忠南 泰安郡居 前主事 李基祿氏가 華陽義 塾을 設立하고 英語와 日語과로 敎授諸生하더니 今에 更히 擴張하여 小學科와 普通科를 設備하고 塾長은 參贊 李商在氏로 薦定하고 高明한 敎師를 延聘하여 聰俊을 敎育하매 進取之望이 恰有하다더라.

19060425 잡보 240 (伊藤行悖) 忠南 瑞山郡守 李年夏氏가 內部에 報告하되 陰曆 一月初에 日人 藤川謙三郞이 挈到日女二名 于郡底하여 買得一舍而同居하여 或賣酒或賣淫爲業하고 且日人伊藤進은 稱以統監之親孫하고 來到本郡하여 僦居酒店房屋하여 以藥商爲名이나 不務其業하고 來往於藤川家하여 每日長醉에 使其酒性하매 人皆縮首하고 又或게散於溪澗瀚濯處하여 對其老婦則勸吸捲烟하고 少婦즉請戱無方하여 婦女之棄其澣具而逃에 聽聞이 日至이더니 今自藤川家로 伊藤進與邑下李忠孫이 因何相詰이든지 毆打李忠孫하여 至於危境이다 故로 使之摘奸 則因此蝟集之民이 至於三四百名이 當場爻象이 殆乎危哉 故로 該伊藤進을 自衆民圍匝之中으로 奪至就待이옵더니 公州府 警視補佐正當久太郞與日憲兵이 來到하여 日人之行打와 我民之被打와 藤川家什物破碎與否를 一一調査後 該伊藤進을 率去于公州郡이라 하였더라.

19060427 잡보 170 (洪倅橫斂) 洪州郡 人民의 來書를 據한 則 當此開明維新之日하여 所謂別卜定과 雜賦役을 這這蠲減이거늘 惟獨本守 金榮鎭氏는 民政을 莫恤하고 吏言을 甘聽하여 雜稅가 尤甚할뿐더러 第一虐政이 六七件事가 있어서 民雜支保이온바 其一은 結稅元卜外에 無作處虛卜과 乞卜을 家家戶戶이 濫執出把하여 不知幾千價을 督捧肥己하며 其二는 獐獵錢이라하고 大洞則百餘兩排定하고 小洞則七八十兩式分排하여 一邑에 幾千金收斂하며 其三은 生雉價라 稱托하고 幾百金을 收납하며 其四는 葛粉價라하고 幾百金收斂하며 其五는 戶籍情錢이라하는 것이 已往에 每戶收斂者가 九錢式徵납이러니 自今春으로 二兩式倍加督捧하며 其六은 使令廳契防錢을 各面各里에 分排徵出이며 其七은 各面各洞에

木印을 自宮造給하여 每面에 幾百金收合하고 其他細鎖弊瘼은 日加時增하여 民恐이 漲大하다더라.

19060428 잡보 315 (懲治通辯) 忠南 禮山郡居 鄭基鳳이가 公州 太田停車場에서 列車搭乘하는 規例를 日人通辯者에게 問할새 該通辨者가 日語로 答하니 右人이 日語를 不解라. 戲辱之說로 認하고 不順히 酬酌한즉 該通辨者가 右人을 毆打하여 衣冠을 裂破한지라, 適其時懷德郡守 兪봉根氏가 過次의 其狀을 見하고 該通辨者를 日巡査處所에 捉送하여 其習을 懲治하였다더라.

19060429 잡보 312 (礦弊甚酷) 忠南 靑陽郡 崔允植이 農部에 請願하되 本人이 以金礦爲弊事로 呈部訴題를 到付之際에 派員 柳敬賢이가 自京下來하여 煽動礦軍曰 崔哥를 若爲仍置則礦所威令을 難施라하고 使礦夫로 暮夜突入于本人家하여 汝家를 卽當衝火오. 人命을 盡爲打殺하겠다하며 卽入房中에 以石子亂打하여 留宿之尹起周가 頭骨破碎하여 死生未分이오니 嚴訓本郡하와 先戢礦夫之作弊하고 柳敬賢을 押上嚴懲하라 하였더라.

1906년 5월

19060506 잡보 530 (義匪橫行) 忠南 藍浦郡에서 稱以義兵者 或二十名 或三十名이 聚黨往來에 討索火砲於各洞이다가 庇仁 鴻山 等地로 發向하였다고 該道觀察署理 郭瓚氏가 內部에 報告하였다더라.

19060508 광고 303 韓山 橋項居 李까동의 父親 □□洙가 權光洙의 換錢區別次 上京하였으니 東大門內 □□□家로 卽來하던

지 若不來어든 水票와 未推錢票을 □急付送하여 損害
擴徵케 勿함. 父 □□洙 告白.

19060508 광고 140 本人이 恩津居 權文玉과 姨從間 信誼로 恩津所在 畓
五石五斗落 田一石十六斗落 家舍四座을 委任看檢타가
今年의 推尋한 즉 文玉이 反以荷杖으로 誣訴漢城府하
여 得訟한 判決書를 要□하여 外國人符同하여 偸賣하
려 하니 內外國人은 切勿見欺함. 閔□植 告白.

19060509 잡보 530 (義擾支離) 忠南觀察署理 郭瓚氏가 內部에 報告하였는
데 洪州郡守署理 大興郡守 辛成默 報告 內開 卽接一
進會員告急 則近日擧義士民이 聚於藍浦等地面 將向洪
州하여 奪據城池이다이온바 聞甚驚駭하여 另飭巡校砲
手하여 把守戒嚴之節 別般團束하오셔 大興郡에도 亦
有流言之煽動하여 遽不得往관洪郡事이다이온바 假義
起擾之徒들이 又復滋蔓에 有此跳跟하여 倡言城池之奪
據하고 以致民志之□騷者 萬萬驚駭라 自公州隊로 業
已派兵하였기 指飭該署理郡守하여 使卽馳赴同郡하여
另駭方略之合力詗壓하여 期無踈虞케 하고 玆先報告하
였더라.

19060510 잡보 130 (公察新任) 忠淸南道觀察使 朱賜冕氏 遞任한 代에는
中樞院副議長 金嘉鎭氏가 被任하였더라.

19060510 잡보 140 (新律無條) 忠南裁判所에서 法部로 報告하되 天安郡居
丁弘燮이 自稱神籬會員하고 與其同類 鄭甲水로 依朴
日汝之指使而言及柳悌根하여 聲罪恐喝에 討錢一百兩
이다가 至於被捉하니 似此悖類는 俱不可尋常治之이옵
기 照律次捉上이러니 丁弘燮은 自該郡見失하고 鄭甲
水는 亦無干涉討錢之事이기 曉飭放送하고 朴日汝段은
□討而未得財는 □□居後요. 以曖昧之賊名으로 做出
醜說하여 汚人名節이 新律에 旣無其條하고 부淺之見

으로 亦難擅自比附하여 係是疑義案件이기 玆에 質稟이라 하였더라.

19060511 잡보 130 (民恐其來) 忠南觀察 朱錫冕氏 遞任한 代에 中樞院副議長 金嘉鎭氏가 被任함은 昨報에 已揭어니와 同氏가 前任 黃海觀察時에 許多貪饕不法等事이 有하고 年前 中樞院議長으로 議官을 多數賣食하고 自來不正行爲가 塗人耳目함으로 忠南諸人士之在京者들이 聞其觀察被任하고 畏惡其來하여 莫不寒心이라고 傳說이 頗多하니 同氏는 悔過自新하여 一省民生의 蘇完을 期圖하며 自己에 前塗를 安保할지어다.

19060511 잡보 430 (明校盛況) 忠南 恩津 論山 明新學校 校長 池光熙 校監 金文淵 補佐員 金喆鉉 諸氏가 敎育에 熱心함으로 學徒四至하고 敎務日盛하여 大進之望이 有하다고 南來人의 確報가 有하더라.

19060511 광고 430 忠南 恩津 論山 明新學校 校長 池光熙 監督 荒井德一 敎師 棚成格郎 校監 金文淵 崔相斌 摠務 申尙均 韓奭敎 事務 李□植 張相翼 會計 李聖根 幹事 丁用西 評議 金永表 許均 朴載賢 朴來會 金喆鉉 崔序敎 金在煥 徐喬勳 朴弘源 金演植 崔鍾泰 方鳳柱 金濟九 明新學校補助員 前監役 金喆鉉 前參奉 金在煥 以上新貨 二十元 / 前議官 金永善 新貨 十五元 / 前參奉 崔序敎 尹弼重 前都事 尹相弼 以上 新貨 十元 / 前參判 尹昌燮 前參領 南廷植 前承旨 趙秉鼎 前主事 許均 等 以上 新貨 五元 / 前主事 李漢鳳 新貨 四元 / 先達 金永表 前五衛將 朴載賢 金文淵 前主事 金聖培 片順三 前議官 李敎文 前參奉 朴致煥 幼學 朴敬武 林敬順 李觀淵 李相老 申炳善 等 以上 新貨 三元 / 前主事 權항 新貨 五元 / 前參奉 朴弘源 申尙均 前五衛將 崔相斌 方鳳柱 朴來會 前營將 李讚儀 前通政 沈希成 幼學 徐

　　　　　　　喬勳 趙敬長 朴士執 金聖旬 以上 新貨 二元 / 前郡守
　　　　　　　閔尙鎬 前主事 宋漢植 幼學 姜致弘 以上 新貨 十元
　　　　　　　五十錢 / 前五衛將 池光熙 先達 張奭煥 前通政 崔起
　　　　　　　甫 前監察 金周鉉 幼學 李興植 朴載龍 林炳善 林文局
　　　　　　　吳性五 李性實 金商文 等 以上 新貨 一元 / 先達 李
　　　　　　　民榮 幼學 金性泰 崔善汝 文學三 田斗圭 崔鍾泰 朴綵
　　　　　　　圭 盧洙逸 等 以上 新貨 五十錢 / 幼學 朴根實 吳敬
　　　　　　　云 張云京 金善義 以上 新貨 三十錢.

19060512 잡보 430 (商助敎費) 恩津 江鏡浦에 私立한 普明學校長 尹致昊氏
　　　　　　　가 農商工部에 請願하기를 本學校設立이 今爲數載에
　　　　　　　學員이 現至九十人이오 敎務가 日就興旺하여 蔚有可
　　　　　　　觀이오나 但恨經費艱絀에 將至廢□之境이더니 本浦父
　　　　　　　老가 見而憫之하여 相與硏究方策하여 各客主所料口文
　　　　　　　중에서 每百頭의 五兩式 儲留□□□用校費할 意로 有
　　　　　　　所自□□□□니 敎育之地의 可見民心□□□이다온 此
　　　　　　　是鳩合義捐이 □□□防碑로되 一則敎育事也오 □□衆
　　　　　　　民所願也라 不可無部認이오니 査照認准하라 하였더라.

19060513 잡보 240 (日人請買) 德山郡守 兪致稷氏가 報告內部하되 本郡
　　　　　　　菲芳面 頓串浦의 傍有十餘把之枝港하고 又有一場墟之
　　　　　　　草筏而日前에 日人 原家一郞이 來到本郡하여 稱以該
　　　　　　　港筏이 輪船往來時에 物負陞降의 有所便利이다 請其
　　　　　　　買得이온바 該人之所用如何는 非所可知오 郡土之賣買
　　　　　　　二字는 初非可論 故로 却而不許이오나 此等請求를 不
　　　　　　　得不報明이라 하였더라.

19060515 잡보 530 (舒川警) 舒川郡에 不知何許輩五十餘名이 各持銃劒하
　　　　　　　고 建旗擊鼓而本月十三日曉頭에 突入郡衙하여 奪取印
　　　　　　　章하고 傳令各里하여 方在募兵□□□郡守하니 該郡守
　　　　　　　李種奭氏가 內部로 電報하였다더라.

19060515 광고 430 公州府 耶蘇敎 私立中興學校 의연금 명단 : 尹聲烈 新貨 七十錢, 朴昌烈 五十錢, 朴準□□ 三十錢, 洪範成 三十錢, 安茂成 三十錢, 朴殷成 二十五錢, 黃仁植 二十錢, 吳海明 二十錢, 姜童伊 二十錢, 河興俊 十五錢, 朱童伊 十五錢, 李用孫 十錢, 閔才봉 十錢, 金八文 十錢, 朴泰봉 十錢, 朴仁봉 十錢, 金의成 十錢, 申泰俊 七錢五里, 卞學交 七錢五里, 李敬德 五元, 朴準夏 五十錢, 白正云 二十九錢, 朴永來 二十錢, 宋喆仁 十錢, 陳斗昊 十錢, 李喜春 十錢, 사목사부인 一元, 허씨부인 三十錢, 곽씨부인 三十錢, 박씨부인 二十錢.

19060516 잡보 530 (義匪鎭壓) 舒川郡 義兵을 鎭壓하기 爲하여 內部에서 軍部로 照會하여 兵丁 二十名을 派送하라 하였다더라.

19060519 잡보 530 (舒經一亂) 舒川郡 義匪를 該道觀察署理가 派兵剿討한 다함은 前報에 已揭어니와 該地可信人의 所報를 據한 즉 陰本月二十日에 所謂義兵百餘名이 不知從何而來하여 該郡衙中에 突入하여 郡守를 威脅하며 錢糧을 督出하는지라 該郡守 李鍾奭氏가 奮然罵之曰 汝等이 不有朝令而恣意弄兵하니 悖義干法이 莫此爲甚이고 此莫重公貨를 敢欲攘取하며 臨民之官을 如是□侮하는 것이 大非臣民之分義라 한 즉 該徒가 見其辭氣凜然하고 稍爲斂兵而退出이나 各公廨與邑底民戶를 遍行搜探하며 又於各村饒民處에 討索錢貨이다가 留二日後에 散去라 하니 近日所謂義兵은 火賊之變名이라 朝家에서 盍爲另行剿討하여 拔其根株이고 蔓然任其猖獗하여 公私俱困케 하는지 咄咄可慨로다.

19060519 잡보 312 (礦軍作弊) 南來人에 傳說을 聞한 즉 木川 南面 加德山場 송坪朝陽 等地에 礦夫 數十名이 自昨冬부터 屯聚開採하여 該等地에 牟田禾畓이 犯入其中者不知其數라 田畓主가 以冤抑之樣으로 哀乞說明則礦軍輩가 言

必稱農商工部訓令이라 하고 或假稱日人하여 作弊無雙이러니 至於近日하여는 礦夫가 比前益熾하여 牟麥之田과 秧座畓水를 任意灌鑿하여 其慘況은 目不忍見이라. 該地人民은 獨被酷禍하여 怨聲이 嗷嗷하다더라.

19060519 잡보 140 (羅氏賊心) 忠南 舒川郡居 □景云은 素以悖類로 非理健訟이 卽一技倆인대 其宗中山麓을 渠與悖族數人으로 年來賣食殆盡한지라. 其門長錫雲이가 慎其所爲하여 餘在一片麓을 同郡居 全明煥에게 捧價 一千兩放賣하였더니 景云이가 該山價中 二百兩을 亦爲奪食하고도 猶爲不足하여 該山麓을 門長錫雲이가 暗地盜賣樣으로 呼訴該郡하다가 奸狀이 綻露한 즉 更히 漢裁에 誣訴하여 健訟不已한다니 此乃全明煥의 家勢稍饒함을 見하고 山價外討索心이 出함이라고 南來人의 傳說이 有하더라

19060520 잡보 530 (舒印自在) 曩日 舒川郡 電報內에 該郡守 印章을 義兵處에 見奪이라함은 前報에 已揭어니와 更聞한 즉 當日 義匪의 威脅이 罔有紀極하여 有印章要奪之勢나 該郡守가 抗□屈不하고 據理責之함으로 義匪 等이 知其不可以非理犯之하고 旋爲退出하여 印章은 不至見奪하였다더라.

19060520 광고 308 本人이 無子하여 堂姪 有錫으로 率養하였더니 有錫이 恣□浮浪하여 田畓家舍를 沒數放賣하고 渠의 養父 居喪과 奉祀等節은 付之夢外하고 悖日益甚故不得已罷養하여 遠近之人은 □知悉하여 一分錢이라도 見欺치 勿함을 顒望. 洪州 烏□面 □村里 朴召史 告白.

19060524 잡보 530 (派送鎭隊) 洪州 等地에 義兵을 鎭壓하기 爲하여 日本軍司令部에서 兵卒 二中隊와 大砲 三座를 派送하여 剿滅한다는지라. 內部大臣과 軍部大臣이 再昨日 屢回

交涉하여 日兵은 停止하고 鎭衛兵으로 鎭壓하기로 作定하여 公州鎭衛隊로 連次 電訓하였다더라.

19060524 잡보 530 (洪城大擾) 南來人의 所說을 聞한 즉 本月 十九日에 所謂 義兵 三百餘名이 洪州城에 入據하고 同日 夕時에 又有四五百名이 增加入城하였는데 其翌二十日朝에 日本憲兵과 火砲를 相交인바 日憲兵의 所持彈藥이 見乏하여 不得已 德山面으로 退却하여 援兵을 請하였다 하니 四方無賴들이 空然聚黨滋擾하여 死地에 自就하며 民情을 紛拏케 하니 實爲可哀可憎이어니와 後報를 更待하여 如何結果를 續揭하겠노라.

19060525 잡보 530 (報請掃匪) 公州觀察使가 內部로 連次電報하기를 義兵 三百餘名이 洪州城內에 奪據하여 派送巡檢을 打殺하고 氣勢가 危凜하니 派兵鎭壓하여 俾免掃蕩하라 하였더라.

19060525 잡보 530 (藍浦義擾) 藍浦郡 公報를 據한 즉 義兵이 本郡衙中에 突入하여 社還米를 沒數奪去하고 郡守 徐相熙氏를 曳出하여 無數威脅하여 銃 十三柄을 奪取하고 各面에 傳令하여 義兵請求를 隨意取用케 하라 하였다더라.

19060526 잡보 420 (廉價賣穀) 忠淸南道 泰安郡居 前郡守 李基奭氏와 前議官 金敬才 兩氏는 自□家勢稍饒하고 心地자善하여 賙貧恤窮之義가 素有하더니 當此歉荒하여 特히 窮民의 情況을 顧念하여 自家所有穀을 放賣하는데 時勢에 對하여 廉價로 放給하니 兩氏의 輕利愛人하는 事實을 人皆稱譽한다더라.

19060526 잡보 530 (義擾猖厥) 洪州城을 義兵이 入據하여 各城郭에 大砲等戰備品准비가 堅確하고 軍令이 戒嚴하여 不可容易退却事로 電報가 軍部에 連至하였다더라.

19060526 잡보 530 (藍倅脫來) 藍浦郡守 徐相熙氏는 義兵에게 印章及軍器

社還米公錢을 沒數見奪하고 被拘하였다더니 脫身上京하였다더라.

19060526 잡보 530 (宣諭兼帶) 洪州郡守 尹始榮氏가 尙未赴任하였는데 政府에 自願하기를 自己로 宣諭使를 命令하면 該義兵을 卽爲歸化케 하겠노라함으로 昨日 午後에 內部大臣이 政府에 發論하고 勅諭書를 製呈하여 尹郡守로 宣諭使를 奏本叙任하였다더라.

19060526 잡보 530 (義擾倡說) 洪州에 義兵이 當初唱起하기를 所謂統監 伊藤이가 新條約을 勒定하여 保護하니 吾等은 □不共戴라 하여 期定□是라 한지라 現各飛□를 據한 즉 慶尙道에는 □□等 各郡 江原道에는 嶺東各郡이 相應蜂起하고 全羅道에는 □□輩가 並起하여 日人을 如□牛解之한다고 聲言하였는데 其勢가 猖厥하다더라.

19060526 잡보 530 (警顧前往) 洪州城內에 占據한 義匪의 猖厥한 急報를 因하여 警務顧問 丸山重俊氏는 再昨日에 巡査 六七人을 傾率하고 該地로 下往하였다더라.

19060527 잡보 130 (忠察到任) 忠淸南道 觀察使 金嘉鎭氏는 本月 二十一日에 到任視務한다더라.

19060527 잡보 140 (捕賊□□) 稷山郡 境內에 賊警이 大熾하더니 該郡 二南面居 □□□□□ 任百成은 謹飭□勇之人□□ 挺身出力하여 强盜 姜順元 金汝實 金聖洙 等을 捕捉以後로 郡內賊警이 稍靖이온즉 任百成之奮勇冒危하고 多數賊黨을 設機□捕하여 一境이 賴安하니 施賞勸奬은 宜有處分이라 하더라.

19060527 잡보 140 (宜速鎭壓) 內道에서 忠淸南道와 慶尙北道 觀察使에게 訓令하기를 假義聚黨에 侵入軍衙하여 據奪軍物하고 肆行村間하여 討索錢財하니 列郡이 騷擾하고 群生이 塗炭이라 勦除方法을 不可少緩이니 卽爲協議于附近鎭

隊하여 派兵鎭壓케 하라 하였다더라.

19060527 잡보 530 (義兵退信) 淸州 鎭衛隊에서 軍部로 電報하기를 官兵이 行入洪州 則所謂義兵이 方退去保寧郡이라한지 軍部에서 電飭하기를 脅從은 使之歸化하고 巨魁는 生捕押上하라 하였더라.

19060527 광고 308 本人이 洪州 合北面 合德三湖兩坪所在畓五十三石十一斗落文券을 持來하와 方欲得債之際에 前判書 閔泳雨 氏가 言하기를 文券을 持來則錢卽□給云 故로 文券與朴泰湖等 保票를 並給於閔氏러니 延施數月에 錢不得급하고 文券保票도 亦不還급하기로 屢屢責出於閔氏則終不還推 故로 方欲□訟하니 設或該文券을 典當得債코져 하여도 內外國人은 切勿見欺함. 忠南 沔川居 畓主 魚允信 告白.

19060529 잡보 530 (政府奏本) 卽聞 洪州 藍浦 等地 多民聚集 藉稱擧義 盤據城邑 勢甚猖厥 新任 洪州郡 守尹始永 宣諭使差下 前往曉諭解散事 奉旨依奏.

19060530 잡보 530 (義擾確報) 洪州通信의 確報를 據한 즉 該郡城內에 占據한 義兵의 賊灸는 五六百名假量이오 所使軍器는 洋銃이 百餘柄이오 舊式 大砲가 六七門이오 守城把門에 隊伍整齊하고 號令嚴命한데 京城에서 下去할 警吏與日憲兵日巡査□鎭衛隊兵 約八十餘□□□□□□後로 □次義兵과 砲火를 相受하였는데 彼此 負傷은 別無하고 于今相持 중인데 □□二十八日까지 義兵은 州城占據하여 態가 愈曾强硬이라더라.

19060531 잡보 530 (洪州消息) 藍浦來信을 據한 즉 再昨日朝에 日兵이 洪州城에 到着할 豫定인데 至于午正하여 砲震이 相聞百里하였으니 洪州城內는 屠戮이 되었을터이라더라.

1906년 6월

19060601 잡보 140 (合有論警) 溫陽郡守 權重憶氏가 內部에 報告하되 陰曆 明月 二十九日 午時에 日本警務補佐官 桐原彦吉과 警務廳 警務官 張宇根 一行이 自京來到하여 本郡에 □禦賊次로 已往受夾한 洋銃與彈丸을 備給하라하기 莫可抵賴하여 銃八柄과 彈丸二百八十五□을 受其領證 後借給이라 하였는데 內部에서 指令하기를 莫重軍物을 私受領證하고 無難借給하였으니 極爲失當이라 終當論警하려니와 該事實을 亦報軍部하라 하였다더라.

19060601 잡보 530 (鎭隊電報) 公州鎭衛隊에서 再昨日 軍部에 電報를 據한즉 義兵은 洪州古城을 占據하여 堅閉不出함으로 姑未鎭壓이라 하였는데 日兵이 克魯白으로 城門을 方行打破할 計劃이라더라.

19060601 잡보 530 (郡守避難) 忠淸南道 □郡에는 義兵□□이 大熾故로 各郡守가 避難하여 公州觀察府로 會同하였다더라.

19060602 잡보 530 (砲擊電報) 洪州에 出張한 總巡 송圭奭 警部 士力源之助 兩氏와 巡査 一名은 去二十八日 義兵에게 被死하였고 三十日에 日兵이 砲擊하여 義兵 中 五十五名은 致□하고 二百餘名은 生擒하였다는데 魁首 閔宗植은 失捕라고 再昨夜電報가 軍部에 來到하였더라.

19060602 광고 308 商民 洪□律에게 有唐木價未報條러니 洞□□同日人福田久□與 通譯李止化하여 本人 家産을 沒數奪去後에 猶爲不足하여 又與日人花哥松으로 本人典執之他人畓 七十斗落 文券을 勒奪持去하여 將欲斥□云하니 內外官民間 切勿見欺和冒를 爲要. 忠南 禮山居 申英均 告白.

19060603 잡보 530 (埋屍及陞敍) 洪州 義兵을 鎭壓次로 下去하였던 警務廳總巡 송圭奭氏와 日本警部 土方源之助氏의 慘殺한 事는 昨報에 已揭했거니와 東署에 視務하는 日本警部 一人은 土方氏의 屍身을 收埋次로 再昨日 該地로 發程하였다 하고 警務廳에서는 송總巡을 警務官으로 陞敍하였다더라.

19060605 잡보 140 (忠察報告) 忠南觀察 金嘉鎭氏가 內部에 報告하기를 去月 二十九日에 日憲兵 將官 室田少尉가 兵丁 八十名을 領率하고 自咸悅郡으로 來到韓山郡이다가 仍向 舒川方面이라 하였다더라.

19060605 잡보 530 (林倅報告) 林川郡守 金甲淳氏가 內部에 報告하되 郡守가 社還米分給次로 五月 二十四日에 本郡 紙谷面 塔里 倉所에 出往分給之際에 不知何許 騎馬 二人이 率徒 數十名하고 突入倉庭하여 傳令三度及差紙三張을 傳납하며 軍丁 幾百名과 火砲 幾十名을 請募하며 擧動乘悖에 甚至於奪印章自作召募之擧 故로 暗聚還民 數十名하여 騎馬者 二名을 先爲縛執則餘皆解散이기 該騎馬人 李思聖 李한龜 等은 牢囚郡獄이라 하였다더라.

19060605 잡보 530 (無至俱焚) 洪州鄕長 李英培氏가 內部에 請願하되 陰曆 本月九日에 各隊兵砲擊東門에 占復城池하매 難分 首倡與脅從 而城門失火에 禍及池漁가 理 所難逭인즉 移照軍部及日本司令部하와 務施安民之方策에 無至玉石俱焚지 歎케 하라 하였더라.

19060606 잡보 130 (促送曠官) 公州觀察使 金嘉鎭氏가 管下 各郡守 중 在京者를 一一申飭하여 罔夜促送하라고 內部에 電報하였더라.

19060606 잡보 530 (宣諭관望) 洪州郡守 尹始永氏가 宣諭使를 自願하고

또 委員 四人을 依請差出하라 하다가 政府에서 不應함으로 不得已 下去하였다더니 洪州 義兵은 日兵이 掃蕩하여 居民이 散四하였다는데 洪州 來信을 據한 즉 尹氏가 有何관망인지 三昨日에도 洪州에서 不現하였다더라.

19060607 잡보 530 (保倅擬罪) 保寧郡守 申奭求氏는 義兵이 來到該郡하여 勒請募兵함에 告示各面에 使之應募케 함이 雖係脅迫이나 該印紙를 終不繳消하고 竟至於外人之拾得하니 論其罪犯에 不可無警이라 하여 內部에서 方在擬罪中이라더라.

19060607 잡보 530 (農夫被殺) 南來人의 傳說을 聞한 즉 洪州城에서 義兵과 日軍이 一場廝殺하다가 義兵이 敗北之際에 野外에서 耘者樵者들이 皆曰 吾輩가 與義兵同死가 可也라 하고 以鎌以鋤으로 拒戰하다가 多數被殺이 되었다더라.

19060608 잡보 530 (宣諭滯溫) 忠淸南道 宣諭使 尹始永氏가 內部에 報告하기를 本月 一日에 來到天安郡하여 欲探洪州情形 則 傳聞이 不一에 無由詳聞이기 乃到溫陽郡하여 適値該邑市日이라 衆民處에 宜布聖諭하와 使勿妄動에 各自安業之意로 曉之이오나 我兵日兵之所過沿路에 以擔軍之勒定으로 民皆魚駭鳥竄하여 邑近數十里에 人烟이 永絶이라하니 如何以招來安接이며 餘黨幾百名이 又據海美城이다한즉 急到洪州後馳往曉諭爲計라 하였더라.

19060610 잡보 150 (宜乎悚惶) 洪州郡守 尹始永氏가 內部에 報告하되 來到本郡하여 周察形便 則城內公廨及民家에 我兵及日兵이 無不駐箚하며 經擾之後에 血流處에 父哭其子하며 妻哭其夫하여 滿目愁慘이오 客舍殿龕이 破碎에 闕牌不在하니 悚惶無地라 하였다더라.

19060612 잡보 530 (公察電報) 洪州 殺傷 實數를 專히 日憲兵이 調査한 것인데 姑未的知하여 方在另査中이라더라.

19060619 잡보 530 (宣諭解任) 洪州郡守 兼 宣諭使 尹始永氏는 義兵과 反 有內應하여 助挽한 証據가 明白하다고 統監府에서 內 部로 公函하고 尹郡守를 免官하라한지라 政府에서 宣 諭使부터 爲先解任하고 更爲査實하여 行將免官한다더 라.

19060620 잡보 520 (符同一進) 連山郡에서 吏屬輩가 一進會를 符同하여 該郡守에게 凌辱惹□한 事가 有한데 其實을 探査次로 該道觀察府 警務署 巡檢 金弼洙가 觀察使의 秘訓을 帶有하고 該郡에 出張하였다고 內部에 報告하였다더 라.

19060621 잡보 530 (假義行盜) 德山郡守 崔致稷氏가 內部에 報告하기를 陰本月初六日에 稱以義兵 五六十名이 各持銃검而突入 本郡하여 破碎櫃子하고 捧留結錢 八百十三兩을 奪取 하고 朝夕酒食肉草가 二百七十兩十五錢을 推於本郡하 라고 直向他處矣라. 不耐店主之呼寃하여 不得已依數 出給 則前後合爲 一千一白二十兩五錢이라 莫重公錢을 有此見失하여 不勝悚悶이라 하였더라.

19060624 잡보 520 (池魚之殃) 忠南來人에 傳說를 聞한 즉 今番 洪州義擾 之餘에 附近 結城 保寧 德山 禮山郡 等地에 鎭衛隊兵 及一進會人이 散在村閭하여 洞中稍饒指名者則無故執 탈하기를 入參義兵이라 하여 縛打無數하고 錢三四千 兩式 百般討索하매 以此로 各郡居民이 盡至離散之境 이라고 聽聞이 浪藉하더라.

19060626 잡보 308 (日兵何關) 忠淸南道 □□□□ 柳英烈氏가 隣居金龜□ □□ 得用債錢合計爲一千八百十七兩六錢 而耕食田畓 合□八斗落을 □□□還退之意로 □□□成給□前後去

來票紙는 □□云故로 □□註明于新券上하고 該土所出
을 自辛丑爲始하여 一一收送于債主하다가 至於昨春하
여 該土를 欲爲還退 則稱有時價高下云 故加給三百五
十兩하고 該文券을 卽爲覓來安帖矣러니 不意龜□之子
永燦이 持七百兩票紙하고 來督該錢이기로 送書詰之于
渠父 則答以相關錢票는 當覓送矣라 云이러니 永燦이
期欲再徵타가 至於官庭對卞에 本色이 綻露하여 考恨
納票하고 逃避不現이기로 □訴本郡하여 □求推票 則
題以妥決明確이 可敵手票하니 不必推覓云故로 置之不
煩矣러니 不幾日에 永燦이 符同日本인 三谷柳崖及通
譯一人 下來하여 突入內庭하여 威脅호대 無奈리曲하
여 無聊而去러니 又符同神籬會하여 多帶會人하고 來
到威脅호대 亦無聊而退러니 又爲上京하여 嗾囑日本인
寺田榮次浪及通譯一인 先到本郡하여 謂以日本辯護士
高橋章之助之事務員하고 使守備隊日兵으로 環圍郡衙
하고 强請秘捉柳英烈하여 不問曲直하고 勒捧三萬六千
三百三十兩手標하고 卽囚郡獄이라가 過三日에 更爲拘
留우金永燦從兄永哲家하고 自此로 柳家諸族을 交代拘
留라가 又過三日에 寺田이 帶同日兵二人 通譯一名 金
哥諸族四人하고 卽到柳家하여 擔銃揮劒에 逢人輒打하
고 突入內房하여 各種文券을 □數搜探하고 且入庫間
하여 租苞及雜種을 沒數奪去하고 且入隣居諸族及他人
家하여 畓券租苞를 □爲奪去하고 柳英烈長子婦는 驚
怯仆倒하여 四朔孕胎를 仍爲半産하고 英烈이 被日兵
毆打하여 流血이 浪藉하고 外他柳門諸族이 無不被傷
이며 勒捧三萬六千三百三十兩을 特爲半減 則不無厚恩
이라 하여 勒捧感謝狀 而非但柳族이라 雖他姓이라도
皆爲着名畵押한지라 柳英烈이 一邊呼訴于平理院하고
一邊呼訴于日本理事廳矣러니 自日本理事廳으로 査實
後에 該作弊日人寺田을 退韓三年告示하고 平理院에서

捉致金英燦次로 嚴發訓令이나 英燦이 隱避於日人家하
여 莫可捉得이기로 照會于日本理事廳하여 使卽越送矣
러니 英燦이 同日本人 志賀日俊하고 來到平理院請爲
質判하여 對卞之場에 又爲落科하여 卽囚平理院하고
該事實을 訓令于本郡하여 使之査報而該郡報告及供招
가 一如平理院供招 故로 自民事로 付于刑事하여 將爲
懲辦이라 하더라.

19060626 잡보 520 (會員行悖) 木川郡 一進支會長 조化□이 素以技酒雜流
로 差得同類金연日爲副會長하여 橫行閭里에 討索錢財
而本郡北面居 李主事를 誣搆淫行하여 多率會員하고
捉致毆打하여 勒討錢米 而李主事가 不勝忿寃하여 以
刀刺喉하여 幾至死境矣라. 會員이 驚散而至于呈郡하
여 自會中治療에 幸而不死나 其他稱而毁會하고 捉恣
良民하여 勒奪財産者坊坊有之하여 一境이 騷擾畏縮이
라 하더라.

19060629 잡보 150 (公案電報) 公州觀察使가 內部로 電報하기를 與指揮官
協議하여 派遣兵巡하였더니 李世永(休職正尉)을 捉到
라 하였더라.

19060629 잡보 420 (救恤報告) 忠南觀察使 金嘉鎭氏가 洪州郡守 尹始永氏
의 報告를 因하여 內部에 報告하기를 洪州에 駐在한
日兵에게 所在미 四十九包를 交涉于日本司令部하여
還集한 餘民에게 分給救恤之意로 直報度支部承認하와
邑下最甚한 貧戶를 從實抄出하고 安商於日憲兵隊及警
視하여 一百九十五戶의 人口 五百七十四口에 每名市
升七升式 合四百一斗八升을 分給하였으나 目下民情이
比若涸轍之魚하여 接濟沒策이온즉 其所顧恤之方을 從
長講究라 하였더라.

19060629 잡보 130 (促送曠官) 公州觀察使가 內部에 報告하되 結城郡守

金善五 平澤郡守 吳흥默 鰲川郡守 李甲承 鴻山郡守 閔泳선을 催促還任之意로 已有仰報而現今地方情形이 旣經擾攘에 民志□定하고 稅政未勘하와 晷刻曠환이 轉益悶隘뿐더러 已督其還에 尙此만환이 揆以事體에 亦所慨然이라 上項 四郡守를 更自本部로 亟行嚴飭하여 幷令罔夜還官이되 如過三數日 而又不登程커든 幷爲上奏免官하고 其代를 特別擇差하여 不日內赴任케 하라 한 고로 內部에서 爲先論□한다더라.

19060629 광고 308 稷山邑 柳參奉 炳斗가 性本浮浪하여 爲挾雜人招□하여 僞造田畓文券與秋收記하고 出沒京鄕하여 □□債用하오니 無論內外國人하고 切勿見欺함. 稷山邑 柳□九 告白.

19060630 잡보 530 (兵殺會員) 公州觀察使가 林川郡報를 據하여 內部로 電報하되 陰曆 本月 初四日에 義兵四五十名 來到該郡 古場店하여 砲殺一進會員一名한 고로 方圖勦捕라 하였더라.

1906년 7월

19060703 잡보 130 (連民訴郡) 連山郡守 朴芝陽氏가 請願解任之意로 上京한 後에 該郡人民이 多數上來하여 同氏의 行政上 八簡實蹟을 擧하여 內部에 請願하고 期於코 該郡守와 共히 回程하기로 決心이더라.

19060707 잡보 140 (朴氏不參) 洪州事變에 被死한 警務官 송奎奭氏 屍體는 已爲出葬이라 하더니 間因相値하여 尙今停止라가 昨日에 發靷하였는데 該廳一般官吏가 會往右家하여

路上致祭하고 隨行至獨立門外送柩하는데 警務使 朴承祖氏는 拘忌하는 事이 有하여 未得同參이라더라.

19060708 잡보 500 結城居 前承旨 李설씨가 上年의 以新條約事로 陳疏被囚라가 放囚歸家라. 後因以憂忿成疾하여 至于閏四月二十九日의 自盡 而易□前三日의 裁疏以遣하니 其疏辭가 如左라. 伏以臣稟質嬴弱攝養失實少 而□病長而抱貞癌之質 至今年纔五旬有餘便問百歲之質□ 長在□茲頓無□界之樂矣. 上年冬陳疏之事 千萬不可已之義也. 雖暗聾跛躄亦皆思奮. 況以世祿之臣託病不起息偃在床也哉 雖未郞承恩批臣子分義則竊幸其少伸矣 未幾見捉於倭巡之手就囚於警務之廳 則賊輩以臣疏辭之太直質 臣特甚使與賊徒同處其困辱辛楚之狀已不可論面 自是一朝之間喫凍짐冷百病交作 自分爲瘦死之鬼而已. 至於臘月晦日放出之事千萬意外之事也 臣雖不肖堂堂聖朝之舊臣也 未知囚之者何人放之者何人 然則一日之生一日之辱也 二日之生二日之辱也. 臣於是羞愧痛冤實無以擧顔對人 是以出獄之日 疾勢轉劇扶曳還家 以痢兼痔上下交攻奇形怪證屢生疊出 殆茲五朔之久 而一線之陽엄엄垂絶行且死矣. 臣生而殘劣 雖未能仗義討賊 死必爲厲鬼殺賊報讎 是臣區區之□ 而列聖在天之靈亦將默佑而從之矣. 伏惟 聖明留神而驗察焉 臣臨絶倚□縱不暇張皇條陳 然以我聖明之至明見聞所及已有所瞭然於聖筭者矣. 伏惟 聖明堅持大志益勵遠圖 勿爲頑鈍無恥之論所撓 勿爲奸細孤媚之計所移 勿爲脅勒恐喝之聲所動 政令施措之間 實心做去 爲吾之所當爲而已則我勢自彼勢□自□功可矯足而待矣 豈不休哉. 臣竊伏念聖質非不聰明矣 聖德非不睿智矣 聖資非不神武矣 自初用之於貨利之上不用於學問之間 是以 卽位四十餘年之間 無一事之可稱無一政之記因循頹惰委靡晦塞 祖宗成憲掃地無餘 而晩暮究境

不過爲今日亡國之主臣常歎焉 嗚呼衛武之好학在於九十
漢帝之悔心在於七十 猶爲賢明之生見稱於後世 此非 聖
明지所當法者乎 苟如是則殷憂啓聖多難興邦 豈不是宗
社지洪福 而如臣不幸지徒 雖死지日猶生지年也 伏惟
聖明念哉戒哉. 臣今□광지境也 犬馬賤忱□加悽切 竊
附古人尸諫지義 書此短章隨機進呈 伏望 聖慈哀憐而一
察焉 傳日鳥지將死其鳴也哀 人지將死其言也善 可不審
哉 臣不勝感憤격烈飮恨長痛지至.

19060710 광고 308 本人이 智島郡 慈恩島居 朴□彦處에 畓四十斗落 □田
二十二落을 買得하더니 木浦□□□往之路에 윤사월이
십칠일칠점에 本文卷二張과 官立旨二□을 遺失故로
日本巡査廳으로 □□하였고 監理署에도 □顔得□하였
으며 館中日韓兩□前에 圖章도 收得이온즉 或有拾得
者하여 典執盜賣라도 內外國僉君子는 切勿見欺함. 恩
津 江鏡居 金公振 告白.

19060711 잡보 450 (頭領非人) 忠淸南道 沔川郡 邑內居 前吏房 兪致悳이
가 癸卯년에 悳山結錢葉一萬兩을 沒喫하고 該邑에 滯
囚한지 三四朔이매 造出凶計하여 使其弟與姪及從兄弟
甥姪婿 等으로 各持銃劍하고 富民家에 夜半突入하여
討錢取財타가 事狀이 綻露되여 其弟 致恪과 甥姪婦
朴祿永은 自郡供招後 押上于觀察府하여 終身懲役하고
其從弟 致尙과 姪 泰文이는 逃躱未捉中이온데 該致悳
이가 本郡守城砲軍頭領을 請囑圖得하였으니 該砲兵月
給도 다 將爲見奪인 故로 久히 扶持치도 못하겠다고
云하되 該郡守는 見欺不知라고 民怨이 藉藉하다더라.

19060711 잡보 140 (洪郡獲安) 洪州郡에 出張하였던 警務廳總巡與權任巡
檢 等 十人과 日本警部巡査 等 十人이 再昨日 撤還하
였는데 該地方은 現今安靖한 貌樣이라더라.

19060719 잡보 430 (兩氏勸獎) 忠南 公州郡府내 耶蘇敎□에서 學校를 業 已設立하고 熱心敎育해온 바 該府鎭衛隊 正尉 李炳殷 氏와 參尉 신난수氏가 본校에 來臨하여 勸獎도하고 或敎□操함으로 學徒가 從以悅服하여 學業日新月盛하 니 該兩氏의 幾次勸勉이 大有啓發之效라고 該□境人 民이 稱頌不已한다더라.

19060722 잡보 420 (恤窮宜襃) 溫陽郡守 權重億氏가 農商工部에 報告하기 를 本郡 前參奉 李奎承과 士人 李周瑞 孫敬基가 各其 正租與白米를 或六十石 八十石을 得債救窮하고 其他 四五石式 擔保出義는 不可人人枚擧이오나 美風善俗이 莫此爲貴니 特爲施賞勸勉케 하라 하였다더라.

19060725 잡보 308 (全金山訟) 日昨 某報에서 中署樓洞 金在鳳의 寄書를 據하여 山訟大擾라고 雜報欄內에 揭載하기를 舒川居 全柄宇가 金箕昌先山 唇前에 勒葬其妻키로 金之族 箕 □이 私掘全塚하고 自現該郡官庭이라하며 全氏가 悖 勢惹鬧하야 一洞殘民들이 不得安接이라고 張皇揭布하 였는데 該事實을 得聞한 즉 當初 全氏之入葬이 金在 喆의 宗孫에게 給價買山하여 百餘步不當禁地에 過葬 함은 前後對質之場에 昭然呈露하여 所以全直金曲으로 郡報府題에 常至落科이거늘 金在喆이가 竟乃越法私掘 而逃亡躱한지라 其族 金箕豊이 官庭에 納供하기를 當 初 在喆이가 暗囑本人日 汝以私掘樣으로 自現하면 給 葉一千五百兩이라하나 貪財陷刑이 萬萬不當인즉 當犯 在喆을 詗捕照律하라 하였으니 在喆之越法私掘□□罪 其族하야는 凶習은 卽此可見이며 且以私掘言之라고 屍體를 惟意齦擲하여 足指가 至於散失하니 據律以論 하면 合置重辟뿐더러 渠若出於爲先之心이면 自現官庭 하여 以俟勘處가 道理當然이거늘 渠則逃躱하고 嫁禍 其族이 節節奸凶이고 且以不當之京居 金在鳳의 □□

로 하여 捏造投嘗於報舘하니 誣人反坐가 卽此人之謂
也라 하더라.

19060729 잡보 140 (爲夫訴寃) 忠南 靑陽郡居 申召史가 法部에 請願하기
를 家夫 崔한翊이 素以讀書之士로 客地隻身이 橫被張
哥賊한之誣招하여 白地惡名을 自知難免하고 借其外家
姓하여 姓名을 改以조俊植納供之境에 其所光景을 更
何言哉아 夫若死於獄中이면 婦不可坐視獨生之義則雖
分碎此身이라도 伸雪此寃乃已니 早決明判하여 俾保人
家生命之地를 伏望이라 하였다더라.

19060731 잡보 130 (吳贓査覈) 충남관찰 李道宰氏가 公州 前郡守 吳鼎善
氏의 貪贓과 獄犯失囚한 根由를 査覈하기 爲하여 文
義郡守 慶必永으로 査官을 定하여 內部로 査報하였다
더라.

1906년 8월

19060801 잡보 500 (雪上加霜) 南來人의 傳說을 聞한 즉 忠淸南道 人民
等이 今番 移民案에 對하여 訛言이 沸騰하니 民心이
大段恐動하여 擧皆渙散之境에 至하며 且一進會가 外
國憲兵을 紹介하여 橫行閭郡하여서 百般으로 威脅하
여 義兵의 干連이 有하다하며 多數히 錢穀을 勒奪하
니 該道情況은 慘不忍言이라 하더라.

19060804 잡보 130 (有勢則免) 藍浦郡守 徐相□氏는 內部大臣 李址鎔氏
妹夫 沈相翊氏의 매부라. 義兵이 突入時에 軍器及公
錢社米 見奪은 世所共地인데 今番 軍器見失 郡守 免
官時에 徐郡守는 初不擧議하였으니 李內大가 매매夫

를 爲하여 不爲請議하였다고 輿論이 大段하다더라.

19060807 잡보 530 (押送馬島) 洪州에서 押上한 義兵을 日憲兵司令部에서 日本 對馬島로 押送한다는데 其義魁 崔益鉉氏와 干連의 金升旻 李應來氏와 義兵召募將 林炳瓚 等도 同島로 押送한다더라.

19060809 잡보 240 (函請保護) 溫陽 溫穿에 日人이 病療廠를 設施하고 영업한다하더니 統監府에서 內部로 公函을 하되 該郡에 訓令하여 保護함을 請하였다더라.

19060810 잡보 430 (鳩山新敎) 忠淸南道 公州郡 維鳩鄕에 有志紳士가 合資設校하여 名曰鳩山學校라 하였는데 發起人은 前參判 李□觀 前秘書丞 吳鼎善 幼學 南星□ 黃文秀 李達寧 諸氏오 校長은 公州觀察使 金嘉鎭氏오 敎師는 □ 相禹氏로 定하고 五月十五日 開學禮式을 行하고 入學生徒는 三十人이오 인次被選者가 三十二人인데 學科는 修身 倫理 國漢文 讀書 作文 歷史 地誌 算術 日語 □□다더라.

19060815 잡보 530 (電答押移) 公州觀察使가 內部로 電報하기를 魯城郡에서 義匪 崔景道 吳俊相을 押上하였기 方欲審査인데 日憲兵曹長이 因該隊長電訓하여 屢請押移하되 不可擅便이니 卽爲賜答하여 俾免葛藤케 하라 하였는데 內部에서 該曹長과 協議押移하라 하였다더라.

19060816 잡보 530 (沔民願留) 沔川郡守 李喬永氏가 洪州義擾時에 附近邑 所有還穀을 多爲勒封 故로 本郡還米를 急急分俵次로 村間四五十里許에 出往하였더니 義兵數百名이 突入郡內하여 搜索軍物인바 銃六柄 藥丸三十餘發을 仍爲見失이나 還米 二百石을 完保하기 爲하여 如干軍物을 被奪함으로 若至免官이면 事係抑寃이라고 該郡人民 等이 擧狀應留한다더라.

19060818 잡보 530 (義兵押交) 忠南 魯城郡에서 義兵 二名을 押上觀察府하여 方欲審査之際에 該地 日憲兵曹長이 押付하라는 事로 交涉事는 已揭前報어니와 該義兵 二名은 卽 洪州居 蔡敬燾와 定州居 吳准相也라. 今月十四日夜에 與其黨四五十名으로 閔宗植及朴昌□의 指揮를 因하여 魯城郡 葛山里 尹滋參가에 前往하여 軍用錢 十萬兩을 討出하다가 事不如意하매 捉其孫 尹佑炳하여 將向全州之路에 入連山富興里 名不知尹氏家하여 暫爲留息타가 該郡駐在日兵에게 被捉하고 餘衆은 各自逃散에 不知何落인데 該二名은 公州駐在日憲所로 押交하였다더라.

19060822 잡보 430 (成歡私立學校) 忠南 稷山군 成歡에 有志紳士들이 靑年社會를 進達키 爲하여 普通學校를 剏設하고 名稱은 興歡學校라 하여 敎師는 名譽로 自願하고 財政은 諸員이 各自 鳩集하여 熱心敎育하는데 學徒가 增進하여 五十餘名에 達하고 程度와 諸般敎務가 漸次就緖하여 承認次로 學部에 請願하였다더라.

19060825 잡보 140 (囚徒聯請) 公州府 警務署 在囚 李成伯 조聖烈 等 七十餘名이 法部에 聯名請願하되 矣等의 罪之有無는 已載斷案하니 今此呼訴가 極涉無嚴이나 矣等之罪名은 曰殺獄 曰强盜 曰掘塚 曰挾雜 曰橫罹 諸般罪犯으로 論之라도 一或犯之면 法無容貸는 雖孩提之童이라도 咸知畏避어늘 矣等則俱以玉石俱焚으로 于今橫罹요 不是故犯이나 多年牢獄에 十生九免之如縷殘喘을 奏達天陛하여 更汰王化에 各歸本土하여 俾免囹圄之魂케 하라 하였더라.

19060829 잡보 530 (義兵事件에 處辦) 日本憲兵司令部에서 從來捉人處辦이 第一次는 洪州 義兵事件에 崔益鉉氏等 案件 二次에 義兵 內應事件에 金升旻氏等 案件 三次에는 聖聰壅蔽

事件 閔炳桓氏 案件인데 崔氏等 事는 已爲判決押去한
지라 第二次 金升旻等을 次第審判하는 中이라더라.

19060831 잡보 530 (自願就囚) 洪州居 崔相夏氏가 十年 受학교 洪州居 前
大司成 鄭商惠氏라. 向者 閔宗植擧義入洪州後에 商惠
氏가 欲與同殉 故同氏가 判命從往이러니 今於商惠氏
平理院自就囚□命之地의 同氏가 義不可獨安이라 하여
同時自願就囚하였더라.

19060831 잡보 130 (兩氏辭職) 石城郡守 嚴柱完氏와 智島郡守 洪世永氏는
材不能字牧이라하고 內部에 辭職請願하였다더라.

19060831 잡보 130 (公倅圖遷) 公州郡守 金甲淳氏는 公州 前奴令屬으로
目不識丁하고 暗昧政務인데 前公州觀察使 李乾夏氏의
愛妾姪이라 李氏가 其姪 내상에게 萬端公誦하여 公州
郡守를 叙任하였더니 金郡守가 及其到任□ 官屬이 決
心日 □曰此世나 板無□前奴令을 何稱案前乎아 하고
一不現形하여 公事를 不得하고 日昨上京하였는데 他
郡으로 轉任하기를 運動한다더라.

1906년 9월

19060902 잡보 210 (果難作宰) 懷德郡에는 警務顧問補佐官 岡崎豊治氏가
巡査 五人을 領率하고 該郡에 出張하였는데 民刑事上
訴訟推捉은 尙矣勿論하고 雖結戶錢督納次로 率待之各
作人도 一一干涉에 左之右之하여 郡守는 不得行一政
케 하니 以若郡守로는 莫可抗拒어니와 警務補佐官의
指揮를 承准하라는 上部指令이 旣無한 故로 玆以報告
하니 査照處辦하라 하였다더라.

19060906 잡보 420 (南路永災) 南路通信을 據한 則 上月潦雨에 各處損害가 夥多한데 公州郡 妙論洞은 暮夜水至에 全村二十戶가 盡爲漂去하고 人命이 亦爲渰死라 하며 全義邑官舍 與如干公廨外에 邑下民屋은 沒數浮沈에 變作丘墟하고 人命은 韓人一名과 日人一名이 渰死하였다더라.

19060907 잡보 530 (日人亦稱義士) 忠淸南道 藍浦郡 尹錫봉氏가 洪州義兵 중에 赴하였다가 日兵의 被執되여 洪州獄에 拘囚하였다가 京城司令部에 押入하여 首尾 四十五日에 解放하였는데 洪州에 再次招辭와 日軍司令部 拘留한 後 三次 招辭하였는데 據實詳陳하여 無一毫隱諱하고 言辭 直切하며 氣容이 正肅하여 小不挫折하고 其間晨夕에 每誦經典中義理文字하고 更多吟咏中數三首를 傳送하니 (이하 중략-편자) 日人이 或稱賢人 或稱學者 或稱 人才라하고 且或有書示者曰 公等은 忠臣義士 | 니 可敬服이라하니 彼此人心秉彛之同을 可見이라 하더라.

19060912 잡보 530 (義擾餘燼) 陰曆 本月初九日 井邑郡台谷里에 稱以義兵者 十餘名이 持銃突入하여 討食酒飯以하고 同十二日 朝에 義兵 三十名이 來到하여 討食酒飯에 索其火砲與 冠網宕巾等物後 向往于寒橋等地하고 同日午時量에 公州黃議官爲名人이 稱以義兵率二十三名하고 騎馬來到하여 午飯을 討喫한 後 所着軍服을 以唐木으로 一新 製呈하되 服裝背後에 繡刻義字하라고 星火督促하다가 乃以軍服代錢으로 三千兩을 駄往于古了峙路라 하고 同郡 西一面 丹谷里에 該徒 三十餘名이 各持砲劍에 各着平凉笠 騎馬二匹하고 突入하여 該洞防守器械砲四 柄及如干火藥竹弓等屬을 沒數奪取한 後 當夜에 □火 向往于古阜等地이다. 全北觀察使 韓鎭昌氏가 內部로 報告하여 期圖勦戢之方이라 하였더라.

19060915 잡보 302 (島民呼寃) 鰲川郡 安眠島는 皇室의 所有基址로 累百

年森林禁養之地인데 今年春에 派監 徐相贊氏가 松楸 七百餘株를 斫伐放賣하고 私營防築하여 欲爲起耕하며 毁破鹽井하여 自己의 所有를 擅作한則 鹽井收稅 一百五十金의 自然革罷는 不言可想이오. 鰲川郡守 李甲承氏가 松楸斫伐을 摘奸時에 相詰之事가 有하여 徐氏가 浮費 二百金을 辦用하였다 하고 本島 山直과 人民處에 隨其貧富하여 排歛勒捧함으로 島民이 難支하여 怨聲이 嗷嗷하고 沃溝港에 居留日人이 二次來到하여 松楸를 調査하고 盡爲斫伐輸去하되 所謂派監은 都無一番報告于經理院하니 其肥己之慾은 可歎可악이라고 島民의 呼冤이 藉藉하다더라.

19060919 잡보 240 (日人行凶) 恩津郡 花技山面 論山에 居留하는 日人 立石種松等 二名이 渠家에서 有所失物이든지 常常□住하는 姓不知百祿兒를 致疑하여 乘其來訪而縛其手足에 係坐於柱□하고 惟意亂打에 勒捧賊招함애 該兒不耐酷刑하여 與其同遊兒 金奉己로 同謀竊去라 한즉 該金兒를 亦爲捉來縛打하며 도去物品의 何處藏置를 示하라 杖問하나 初無竊取之物에 焉有藏置之處乎아. 金兒는 埋怨禦百祿兒之誣招하고 百祿兒는 苦苦辦明하다가 畢竟百祿아는 當下致命하고 金奉己는 方在死生未□ 중인데 該郡에서 該日人等을 捉執하고 如例檢驗한 後 正犯 日人 立石種松 二名을 江鏡浦 駐在日本巡査가 押去하였다하니 惡彼日人을 將何以處刑일지 文明國法律에 必無枉法이라하더라.

19060920 잡보 170 (靑倅初政) 忠南來人에 傳說을 聞한 즉 靑陽郡守 閔泳悋氏가 赴任한 後에 窮부民情에 收歛을 矜憫하여 刷馬錢 五百兩을 蕩減하니 幾百年民瘼을 一朝에 革罷한 故로 民心이 感頌하며 結錢之民未納이 爲四萬兩之과多이거늘 爲念窮節하여 不施一杖하고 排日督納하니

頌聲이 溢境이라더라.

19060920 잡보 420 (公州濟患) 公州郡守 金甲淳氏가 今月十二日 暴雨에 牟隅院 二十餘戶와 □亭店 五十餘家가 漂頹無餘하고 人命致死가 至於多數하여 衆情이 慘惻遑汲하더니 本郡守가 載持米肉하고 躬檢家戶하여 死者을 優給恤金하며 每漂戶에 米五斗 肉二斤을 周施하여 爲□慰撫하며 其結搆奠居之方을 與民一心措劃하여 不惜屢萬之資金하고 自擔財政하여 隨其大小에 適當計劃할 次로 □民不日起役하니 遭災之民이 賴以支保라 하였더라.

19060922 잡보 170 (禮倅肆貪) 禮山郡守 李範緖氏는 莅任以後에 行政肆貪이 去益甚焉하는데 犯逋私鑄한 罪로 押囚하였다가 逃躱한 奸吏 兪鍾禹를 締結하여 每結에 十兩式 加歛分食하고 稱以窩技하고 討食條 二千兩이오 庖稅及皮漢處勒討條가 千五十兩 搆民陷罪하고 討索錢이 千餘兩인 故로 民間이 蕭索하여 呼冤이 沸鬱하다더라.

19060922 잡보 420 (慰諭災民) 今番 大潦에 忠淸南北道가 偏被其害하여 家合漂額와 人命淆死가 不知其數에 萬目슈慘한지라 政府에서 奏本하여 忠淸南道 慰諭使는 洪州郡守 劉猛氏로 北道 慰諭使는 鎭川郡守 李澤應氏로 奏差하였다더라.

19060923 잡보 140 (現無立算) 靑陽郡에 派駐한 警務顧問分派所를 以該郡 書記廳으로 定하고 警務補助員 由土實房이 修理費 四十圓支出하기를 屢次懇求함애 該郡守는 內部에 청撥하였는데 內部는 該郡經費以外에 地方土木工費가 現無立算하니 莫可遽議라 하였다더라.

19060926 잡보 302 (安眠不安) 오川郡 安眠島事는 前報에 已揭어니와 該島는 皇室所有基址로 累百年森林禁養之地인데 今年春의 派監 徐相贊氏가 松楸七百株을 斫伐放賣하고 私爲

防策하여 欲爲起耕하고 毁破鹽井하여 自己에 所有을 擅作한則 鹽井收稅 一萬五千金이 自然革罷는 不言可想이오. 오川郡守 李甲承氏가 松楸斫伐을 摘奸時에 相詰之事가 有하여 徐氏가 上京浮費 三萬金을 用하였다하고 本島 山直과 人民處에 隨其貧富하여 排歛勒捧하되 上戶에 二十兩과 中戶에 十兩과 下戶에 七兩五錢式이오 七十餘名 山直에게는 一百二十兩式 不日督捧함으로 島民이 難支하여 怨聲이 嗷嗷하고 沃溝港의 居留日人이 二次到來하여 松楸을 調査하고 將欲斫伐輸去하되 所謂派監은 都無一番報告于經理院하니 其肥己之慾은 可歎可악이라고 該島民이 連次來信하더라.

19060926 광고 400 前參奉 張奭煥 奭字 斗字 還爲 更正. 保寧郡 張參奉 斗煥 告白.

19060927 잡보 420 (湖北慰諭) 忠清南北道 水災를 徧被한 각郡에 慰諭使를 差遣한 事는 已揭어니와 全羅北道 幾處에도 亦被水害하여 政府에서 鎭川郡守 李澤應氏로 兼行慰諭케 하라고 昨日 內部로 照會하였다더라.

19060928 잡보 130 (振郡慰諭) 洪州郡守 劉猛氏을 政府에서 奏差하여 忠清南道 慰諭使를 被命하여 今日發程하거니와 振威郡에도 徧被水災하여 百餘戶가 漂頹하였다하는지라 政府에서 劉氏에게 並訓하여 振威에도 前往慰諭하라 하였더라.

19060928 잡보 170 (六郡移付) 忠清南道管下 文義郡은 同北道로 付屬하고 全羅南道管下 興德 茂長 高敞郡은 同北道로 付屬하고 全羅北道 管下 求禮郡은 同南道로 付屬하고 江原道 管下 鬱島郡은 慶尚남道로 付屬하였다더라.

19060929 잡보 313 (築橋請願) 忠南 全義郡邑內 五洞人民等이 內部에 請願하되 本郡은 卽依山挾水 而現今鐵道가 東西橫ㅌ하

고 公廨民戶는 俱在路北이온 東西대 兩川에 鐵道梁橋
之設置가 不過一二間 則潦水취□에 安得不橫流乎아
去番之水災에 邑下各洞이 沒入水中하여 韓人三名과
日人一名이 渰死하고 家屋漂流가 二十七戶요 其餘는
擧皆浸沒에 便成魚鼈之窟이온즉 該鐵道가 亦隨潰缺이
라 際此隨毁改築之時하여 宜有變通 而日人則 猶未慣
山川形勢之如何故로 居民이 說盡利害而要請設橋에 拒
而不聽하니 卽爲交涉于統監府하와 東西兩川一橋를 各
加一間하고 牛岡下及長芝洞四處의 亦各新設一橋하여
以爲民邑支保케 하라 하였더라.

1906년 10월

19061004 잡보 313 (築橋交涉) 全義郡 邑下 民人等이 去番요水에 家屋漂
頹와 인命傷害가 鐵道橋梁의 狹隘之故라 하여 橋梁之
四處를 使之加設케 하라는 事로 內部에 呼訴한 事는
已揭어니와 內部에서는 農商工部로 照會하여 該加設
橋梁四處를 統監府에 交涉妥辦케 하라 하였다더라.

19061005 잡보 430 (三山試驗) 忠南 石城郡 三山面 小下里 私立三山學校
는 本洞居 趙斗顯氏가 自家에 設한 것인데 今年 正月
二十日에 開학하니 학員이 五十餘名이라 科目은 倫理
國文及漢文數學地誌歷史法律經濟理化圖書日語體操로
定하고 敎師는 四人인데 諸般漢文科는 自己가 敎授하
고 日語算術 名譽敎師 趙載갑 理化圖書 名譽敎師 日
本 玉井용행 體操 名譽敎師 白鳳基 諸氏가 熱心敎育
하여 今年 夏期 시험에 甲班優等 조載乙 及第 李宗珪
李時雨 乙班及第 李黔崇 조判得 조直顯 丙班 조載丙

1906년(光武 10년) 111

諸氏요 償給은 紙筆墨 諸種이라더라.

19061009 잡보 420 (早霜損害) 公州來人의 傳說을 據한 즉 陰曆 本月 十八日 夜에 大霜이 飛降하여 晚稻는 半實이 되고 荳太木麥 等 田穀은 損害尤甚하여 水災之餘에 民情이 嗷嗷하다더라.

19061010 잡보 130 (金環乾沒) 藍浦郡居 李某가 秘書丞을 圖得하기 爲하여 金指環을 品으로 製造하여 園洞 某大臣別室에게 납하였더니 此月彼月 秘書丞은 되지않고 金指環만 乾沒하였다더라.

19061011 잡보 550 (安島破荒) 安民島는 極히 僻陋한 天荒之地라 所管 官吏의 侵어와 近陸豪族에 武斷으로 數百年을 壓制牢圈 □生長하여 甚히 可憐하더니 近日有志幾箇人이 民議所를 創設하였는데 其議諦는 國家를 愛戴하고 生命을 保護키 爲함이라 居民이 頗히 安堵樂業하는 興況이 有하고 兼히 小学校를 設立하여 幼年을 敎育한다하니 可謂天荒이 一破라 此는 前承旨 金炳年氏가 林下經濟에 時局을 膽察한 效力이라더라.

19061012 잡보 302 (安島事實) 安民島 人民의 來函을 據한則 本島가 以皇室基址로 設置派監하여 島內事務을 專管聽理之本意는 曾自鰲川郡으로 稱以本郡地方하고 作弊多端에 民莫支保 而島將空虛 故爲防其弊端而保護島民者이오나 恒自鰲川郡으로 視此島民을 認若茶飯에 無事不葛藤이온바 今年 四月에 오川郡守 李甲承氏가 稱曰松楸摘奸이라하고 多率官隷 四十餘名하고 越權入島에 無數作梗하고 搆날虛無하여 誣報京府의 陷人不測故로 鄙等이 說明呼冤次 四十餘人이 裹足上京하여 呼訴於主管之經理院하여 雖爲卞白이나 路需客費가 至爲千金之餘 故自各里로 有所收歛之擧이온바 至於本派監 徐相贊氏하

여는 毫無干涉於其間이고 言乎派監之視務하면 稅代爲
至於貧民에 賑貸寬督하고 上納則自當先납하며 進上燒
木一萬負先運上납이 卽一島之巨役而不煩不撓하고 風
高前令已畢납하여 柴松守護則別立科條而種植禁養하여
前日童濯之山坂이 蔚然成林하였는데 松楸之斫伐放賣
事와 私營防築事와 毁破鹽井事와 浮費勒徵事와 沃溝
港日人來到調査松楸斫伐輸去云者는 無據之說이라 하
였더라.

19061014 잡보 240 (賊殺日人) 公州電을 據한 즉 去十一日 夜에 賊漢이
光州 利仁市場에 居住하는 日本人家에 突入하여 小兒
一名을 殺害하고 二人은 重傷을 負한지라 金品을 掠
奪하고 公州方面으로 逃走하였다더라.

19061017 잡보 430 (湖中二士) 公州府 李顯周氏는 英儀英才로 國家의 大
志를 抱有하고 十八歲에 日本에 遊學하여 大學卒業을
自期하더니 祖國情形이 岌業함으로 悲憤慷慨한 思想
이 奮發하여 自己學業成就는 箇人의 事業이오 學校를
廣設하고 英俊을 교육함이 共濟의 急務라 하여 今春
에 歸國하여 鉅財를 연出하여 育英學校를 創設하고
民智開發과 靑年교육을 自己一身上의 着任하였으며
前議官의 徐漢輔氏는 寬厚長者로 居家接物에 人稱其
德하더니 時代의 變遷함을 見하고 新學의 留心하여
廣置書籍하여 日以自治하며 公山學校의 熱心贊成하여
發達치 못할가 慮하여 諸學員을 諄諄勸勉하며 誠意로
人을 開導하기에 專務하니 人皆感化하여 養成之效가
蔚然可觀함을 可히 立待하리라더라.

19061018 잡보 140 (徐氏怙勢) 舒川居 梁主事 在翼氏가 沃溝港에 移接할
次로 本港居 徐主事 基冕氏에게 家舍 三間을 給准價
買居하였는데 家契를 終不出給이라 探問즉 徐氏가 家
를 已典於他處하고 가舍를 欺賣한지라 梁氏가 不得已

呈訴於該港府尹하였더니 徐氏가 元來該港前主事로 挾
勢行悖도하거니와 徐氏에 伯氏가 法大 李夏榮氏에 狎
客으로 法大가留連하는 故로 兄弟相應하여 勢力이 莫
敢誰何라 何樣周旋하였던지 府尹府에서 梁氏에 訴狀
도 出給지 아니한다니 府尹 李懋榮氏가 徐氏에 誣囑
을 姑未明察함은 可惜이어니와 徐氏에 怙勢行悖는 該
港 人民이 莫不憤寃이라 하더라.

19061019 잡보 308 (索頭無路) 木川郡에 何許人 親山을 賊漢이 乘夜破掘
하고 頭骨割去하였는데 塚主가 四處搜覓하여 賊漢捕
得하여 爲先痛恨之餘에 未及索頭하고 亂打납官하여
着枷下獄하였더니 其夜에 因爲致斃한지라 該郡守가
使塚主로 賊尸를 掩埋하였다는데 其父頭骨은 永無推
覓處라하더라.

19061019 잡보 530 (賊漢假義) 南來人의 傳說을 據한 則 舒川 木川 韓山
地에 賊黨이 數十名式成群하여 輒稱義兵餘黨하고 突
入村家하여 錢財를 討索하는 故로 稍饒한 人들은 不
堪討索하여 港口와 邑底로 移接하는 者 多數하다더라.

19061023 광고 308 本人所有 韓山郡 上北面 軍間前坪染字十斗落畓券과
同郡月令前坪□字七斗落畓券과 其他細音文蹟去來掌記
를 本月十五日 逢賊見失이오니 內外國人은 切勿見欺
함. 韓山 □下 와洞居 權會洙 告白.

19061024 잡보 440 (夫人伏劒) 公州 山內面 口完田里居 姜錫鳳氏 夫人이
年今十九歲인데 賊漢 七名이 乘夜突入하여 該夫人을
强奸하였는데 該夫人이 卽地伏劒而死헀다더라.

19061024 잡보 420 (更令實報) 庇仁郡守 姜元魯氏가 該郡에 牛疫이 流行
한다고 內部에 報告하여 日本人 獸醫 一名을 派送하
여 牛疫을 豫防케 하라 하였는데 內部顧問室에서 牛
疫有無를 從岐取調한 즉 姜郡守에 報告가 未免虛報라

하여 獸醫는 派送하지않고 擧實更報하라고 指令하였다더라.

19061025 잡보 430 (溫郡創校) 溫陽郡 私立大同學校長 權重億氏와 副校長 李奎承氏와 贊成員 李源老 趙鍾緖 조鍾律 諸氏가 各項經用을 出捐할뿐 아니라 校舍修理 等節과 其他 些少事라도 親自執務하고 諄諄勸諭하여 學生이 日益增加하여 現今出席이 五六十名에 達하였다더라.

19061028 광고 308 本人子 相悳의 字는 潤원이 年幼沒覺之致로 爲人종용하여 如干田畓을 蕩敗□餘하고 今又伴人上京 圖得債錢云 內外國人僉員은 切勿見欺하시옴. 洪州 俗隱里 進士 李漢雄 告白.

19061031 잡보 308 (借居者위契) 沃溝港監理署 前主事 徐基冕氏가 群港京浦에 在한 自己家舍를 舒川居 梁主事 在鴻에게 放賣하고 官契撥給할터인데 其間借居者 李順京이가 曾已 符同署屬하여 暗出官契하여 該港總巡河天泓氏處에 二百兩錢을 典用하고 撤還上京하였은則 該署로 官契를 不爲撥給하니 梁氏가 該署에 呈訴하되 有何曲折인지 官契不出함으로 平理院에 呼訴까지 有하였다하니 該官契를 撥給한 然後에 事必安定이라고 한더라.

19061101 잡보 302 (忠察困難) 忠南觀察使 金嘉鎭氏는 其妻남 洪鍾헌氏로 該道庖肆都派員을 差定한 故로 洪氏가 幾千兩式先捧하고 各郡派員을 差出矣러니 經理員에서 庖稅를 各該郡守가 수납하라 하여 訓令한 故로 日補佐官이 先受金을 督納하는지라 洪派員은 逃身上京하였는데 該錢 幾萬兩을 金觀察이 辦出하기로 日人이 火督한다더라.

19061101 잡보 170 (郡報不公) 泰安郡 鄕長 金益模는 多年 逋吏로 □□而 □□□하여 病民蠹邑터니 今該郡主事薦報에 排衆을 하고 挾□□□한 故로 一郡物議가 □□하다고 하더라.

1906년 11월

19061111 잡보 430 (勞動助學) 客夏七月에 韓國 忠淸道 留學生 一人이 日本 東京에 往하였는데 露海부에서 居留하는 韓國人民 男女 三十七人이 勞動雇錢을 出義鳩合하여 同氏의 學資를 贊助하였으니 實로 稀罕의 事라 하겠더라.

19061111 잡보 301 (慰使報告) 忠南慰諭使 劉猛氏가 忠南各郡을 慰諭한 後에 今年 水災를 當한 田畓結 八千七百九十九□八十 負九束과 戶 四千二拾戶를 度支部에 보고하였다더라.

19061113 잡보 130 (郡主紛競) 懷德郡守 洪祐淳氏가 該郡主事 薦報할 時에 儒鄕을 聚會하여 從其望薦하여 崔雲錫으로 擧報하였더니 文義郡居 金英漢씨가 何樣周旋하였던지 內部에서 崔雲錫報告를 繳還하고 金氏로 冒報케 하였다는데 該郡人民이 內部에 呼訴한다더라.

19061113 잡보 240 (日人行臆) 舒川郡 龍堂浦居 李主事 □溪가 多率資生이 無路하□ □浦沙工基地를 得債二千元□邊하여 買得爲業터니 李主事가 日人 長谷川者가 李氏基業을 勒奪之時에 毆打行悖하며 擔銃威脅하고 如干船價所捧을 日日沒□奪去하니 李氏家率은 方至轉壑之境이고 □□無路하여 債主□困辱□無雙하여 仰天呼泣한다더라.

19061114 잡보 430 (金氏興學) 鴻山 務중里 金議官 相斗氏가 私塾을 設하고 敎師를 雇聘하고 學員을 募集하여 熱心으로 勸學하니 一郡人士가 觀感한다더라

19061116 잡보 301 (舒郡催稅) 舒川郡에서 陰八月 □□□□하고 結錢을 不日督納□□□로 民情이 困□하다더라.

19061116 잡보 430 (懷校情況) 忠淸南道 懷德郡 太田大雅學校는 前監察

송헌범씨가 敎育上熱心으로 素以至貧之地에 捐金設校
하고 校舍를 卒難變通 故로 自己家屋에 舍廊數十間을
附與學校하고 聰俊子弟를 曾集하고 敎育하는데 其송
氏의 至貧한 家勢로도 敎育上熱心함을 京城新門外居
하는 金學奎氏효감하여 名譽로 自願하고 學員에게 日
語敎師를 한지라 一年이 已過하고 漢文敎師는 該郡居
송錫台氏인데 名譽로 一郡에 藉藉하나 愚昧한 所謂
有資本한 某某人이 視若尋常하고 一分補助를 아니하
고 牟利만 從事하는 中 境內 某某有志君子가 補助를
하였는데 其無知愚氓資本家는 是를 指笑하기로 學校
에 財政이 窘絀하여 將至廢止之境인데 校監 송헌범氏
와 敎師 金學奎 송錫台 三氏가 學員을 曾集하고 大韓
에 形便을 演說하며 不學이면 難覓强土하리니 各其自
己家屋을 蕩賣할지라도 此學校를 維持하여 敎育을 熱
心으로 하자하며 其學校에 興旺치 못함을 憤惜키 여
기고 學員을 對하여 一場痛哭하며 其興旺하기를 指天
告禱하였다더라.

19061117 잡보 170 (校卒討索) 南來人의 傳說을 聞한 즉 忠南列郡校卒은
傳來舊習으로 人民에게 對하여 侵虐하는 弊瘼이 尙存
하여 或有因事推捉이면 稱以例錢하고 討索이 無雙하
더니 沔川郡에 前參奉 崔柄稷家가 有하되 伊時兼官은
卽禮山이라 去月分에 禮山郡 巡校 金哥와 使令 金鳳
云이가 來到該家하여 稱以押上府訓하고 該家雇傭人를
捉去할 際에 例錢이라 稱하고 葉五百兩을 勒索하고
主人 송鐵用이가 雇人食價外에 又爲討索二百六兩四錢
五分하고 其後日에 獄鎖掌 姜聖德과 朴容石 兩漢이
又來하여 留宿外舍러니 其翌日에 破碎壁藏하고 收取
什物而去하니 此乃崔參奉이 上京不在家時也라 乘其無
主하여 恣意掠奪하니 世豈有如許强盜之習乎아 現今更

張之後에 不得有足償는 章程이거늘 又況如是行悖는 古亦未聞 故로 方欲裁判推尋할터이라더라.

19061120 잡보 301 (寬限請願) 洪州郡 書記 韓永崙 等이 度支部에 請願하였으되 今年에 隱結을 陞摠하면 餓死를 未免이오니 特爲寬限하와 明年度爲始하여 陞摠하여달라 하였더라.

19061121 잡보 500 (六忠建祠) 忠南 木川郡 士林 等이 昨年에 殉節한 趙閔宋洪李金六公의 忠義를 欽慕하여 永久紀念코자 本郡 伏龜亭에 忠正祠를 建築하는데 各自出財하여 始役過半이다가 財力이 不贍하여 不得已 중지하였다더라.

19061122 잡보 301 (災結區處) 公州稅務官 李種玉氏가 度支部에 報告하되 忠南 各郡에 今年 水災結을 慰諭使 劉猛에 所報로 施行하올지 災結을 沒數收捧後에 待本部指令하와 出給 民間하올지 指一區分하라 하였다더라.

19061122 잡보 550 (忠友設會) 靑山居 송某가 忠友會를 設하기로 忠淸南北道에 發通하였다더라.

19061123 잡보 301 (訴民逗留) 忠南來人의 傳說을 聞한 즉 公州郡에 □水處는 可謂桑田碧海라 □民情□□ 極爲嗷嗷하여 呈郡呈府에 已爲報部에 事係上部하여 四十餘人이 裹足上來하여 度지에 呼訴하고 待其蒙題하여 曠日滯留한다더라.

19061123 잡보 430 (報請俸給) 忠南觀察使 金嘉鎭氏가 學部에 報告하였으되 公州公立普通學校 敎官俸給을 只以十五圓 支撥이 反居副敎員之下하니 其於事體에 恐涉未妥라 該敎員俸給을 確定豫算하여 准給施行하라 하였다더라.

19061124 잡보 450 (連山賊驚) 連山 來人의 傳說을 捧한 즉 鎭岑 連山 等地 賊警이 大熾하여 白晝路上에 成群橫行하여 行人錢

財를 掠奪 故로 該等地에 行路가 阻絶하겠다더라.

19061124 잡보 240 (日習日惡) 南來人의 傳說을 據한 즉 公州 間田 等地에 日人幾名이 田畓을 耕作하는데 渠의 畓水는 雖盈盈하나 작水라도 韓人畓에 不得灌漑케 하고 渠의 畓水가 旱氣할 地境이면 韓人畓水를 自意決灌하며 全義場市에서는 日本商民이 韓國商民을 對하여 小有不合意하면 無難亂打에 威脅恐喝하며 天安 古赤里 等地에서는 日人 幾戶가 來往하는데 赤身으로 韓人家 內□에 突入起臥하여 無禮莫甚한 故로 其隣人들이 不得已 棄家반移한다니 日人到處에 壓制行悖가 去益甚焉한 故로 韓人은 支保無路라더라.

19061124 잡보 305 (兩郡水災) 公州郡 今年 水災에 渰死한 男이 四十一名이오 女가 四十二名이오 壓死한 男 二十一名이오 女가 十一名이오 漂戶가 三百三戶요 頹戶가 五百二十七戶요 半頹戶가 十戶요 成川結이 千六結二十二십負七束요 浦落結이 三十四結十七負요 覆沙結이 五百四十五結八十九負一束이며 洪州郡에서 今年 水災에 渰死한 男이 三名이오 頹戶가 五十一戶요 成川結이 五拾三結八拾四負三束이요 浦落結이 四拾四負三束이오 覆沙결이 七拾五結四拾九□□束이오 水沈한 결이 二百九拾五결八拾一負二束이라더라.

19061125 잡보 305 (被害人戶) 忠南 各郡에 今年 水災의 致死한 人口가 二百八十四名이오 漂去及頹戶가 四千二十戶라하더라.

19061125 광고 308 本人이 本郡 金洞面 甖谷伏任畓 三十三斗落을 年前放賣於京美洞 金參判家而□賭耕作은 一洞共知라 舍弟泰魯字仲天者 性本浮浪에 爲狹雜所誘 僞造文券으로 賣於日人한다고 出沒邑村하니 內外國人 切勿見欺함. 洪州 □谷 李莊魯 告白.

19061127 잡보 130 (難免其責) 鴻山郡守 李仲鉉氏가 度支部에 報告하는데 踏印치 아니한지라 事甚疎忽이라하여 譴責을 當하든지 減俸을 當하든지 하겠다더라.

19061127 잡보 520 (伎倆所使) 忠察 尹吉炳氏가 本以一進會頭領으로 進興會을 熱心興旺코자하여 敎育會員을 一幷捉囚하고 又囑日巡査하여 遍行列郡에 脅之捉之하는 故로 敎育會員은 渙散失業에 擧皆請願自退하였다더라.

19061128 잡보 530 (劉論當然) 洪州郡守 劉猛氏가 內大 李址鎔氏 私邸의 來言하되 洪州城內에 留住하는 日警部가 義兵 餘黨을 一一搜覓한다고 晝夜로 拔劒恐□하고 且日警部가 村間에 潛往하여 良民을 捕捉하여 執奪□□하고 無□惡刑하니 玉石이 俱焚하여 民情이 騷擾하니 所謂郡守名色으로 不忍坐視其慘狀이요 亦無禁止之道하니 徒費國祿에 未免尸位인즉 誓不還任할 것이니 卽爲免官하여 달라 하였다더라.

19061128 잡보 306 (年豊穀貴) 忠南 內浦 等地 來人의 傳說을 聞한 즉 今年 農形은 比前豐登하였으나 群港 等地에서 日人이 貿穀함을 因緣하여 穀價가 高踴한 故로 貧人은 支保가 無路라 하더라.

19061130 잡보 301 (水災減結) 忠淸南北道 今年 水災에 成川漂落한 結은 一年 稅감을 全減하고 覆沙한 結은 半減하고 水沈結은 三分一을 減하기로 政府에 請議한다더라.

19061130 잡보 301 (減結請願) 天安郡 人民 等이 今年 水災結을 該邑吏가 如前히 收捧하니 從速히 政府에 請議하여 水災減結을 官報에 揭載하여 달라고 度支部에 請願한다더라.

1906년 12월

19061201 잡보 130 (運動何多) 忠南觀察使 金嘉鎭氏가 遞任된다는 說이 喧藉함애 運動者 多數하다더라.

19061201 잡보 140 (懲丁訴部) 公州警務廳에 在囚한 懲丁 李承伯 等이 法部에 請願하되 在囚 七十餘名이 滯囚經年이오니 好生之德으로 赦典에 特爲放送하여 달라하였다더라.

19061202 잡보 240 (公倅圖遞) 公州來人에 傳說을 據한 則 該郡大小事를 日人이 無不參涉하여 客反爲主한 故로 本郡守 金甲淳氏가 期於圖遞할 次 日間 上京한다더라.

19061204 광고 308 連山 隱洞居 金義洙字昌汝悖類也 先塋位土偽券盜賣 宗族難保 故玆以廣告 內外國人切勿見欺. 連山 白岩洞 金晩洙 告白.

19061206 잡보 140 (義將押上) 忠淸南道裁判所 判事 金嘉鎭氏가 法部에 報告하되 逮捕하온 내犯罪人 前參判 閔宗植 李容珪 朴潤植 金德鎭 郭漢一 黃永秀를 本道 警務補佐官과 協議하와 一幷押上于平理院하고 該案에 對한 隱匿罪人 前參判李南珪 成佑永은 幷送該家하와 姑爲保管이라 하였더라.

19061208 잡보 130 (一遵約束) 近日에 洪州郡守 劉猛氏가 請願하고 義州府尹 李民溥氏는 民訴로 押上하고 谷山郡守 李偕承氏도 民訴로 押上하고 尙州郡守 吉永洙氏도 民訴를 因하여 押上한다 하고 甑山은 已爲見窠하였는데 獵官者流가 內大署理 閔泳綺氏에게 郡守圖得하기를 緊密히 請囑한데 該氏答曰 原任內大 李址鎔氏가 發程時에 雖有時急한 郡守奏本이라고 延拖不奏하고 自己還國하기를 企待하라 하였은즉 吾則踐約乃已할 것이니 第待李

址鎔氏歸國하여 更爲運動하라 하였다더라.

19061208 잡보 450 (鎭岑賊警) 忠淸南道 鎭岑郡 北面 注里岩 崔參奉家에 賊黨이 突入하여 家産奪取하였던 事實은 前報에 記載하였거니와 또 日前에 賊黨數十餘名이 各持銃劒하고 乘昏突入하여 無數亂打하고 家産汁物를 沒數奪去하는데 甚至於 寢席 等物과 食器匙箸 等物를 奪去하였고 同郡木洞店基無人地境에서 少年草笠 一人를 亂刺卽殺하였는데 賊黨인즉 全州 安平山과 連山 場谷과 鎭岑 南面 等地에 根居하여 如是作경한다더라.

19061209 잡보 130 (公察轉任說) 公州觀察使 金嘉鎭氏는 京畿觀察使로 轉任한다더라.

19061209 잡보 240 (日弊層生) 公州居 梁季勳과 羣港居 □洪斗 兩人이 群港居留하는 日人 八田이란 者를 符同挾勢하여 商業會社를 私設하고 林川 韓山 兩郡 等地에 排置하여 營業浦民處에 稱以股金하고 每人에게 紙貨 數十元式 勒捧하되 股金을 若不肯出하면 營業을 廢止하라 하매 兩郡 營業人들이 渙散失業하여 寃聲이 藉藉하더라.

19061209 잡보 420 (慘哉役夫) 忠淸道居 金元明이가 偶然上京하여 幾日間 逗留하는 간에 동서 馬頭山 大韓醫院 建築처에서 土木負役에 雇傭하더니 忽地에 石塊가 墮落하여 當場의 兩각이 절□하매 幾至死境이라 즉□濟衆院으로 昇送하였다더라.

19061211 잡보 450 (湖西賊警) 湖西來人의 傳說을 據한 즉 近日 內浦 等地에 火賊이 大熾하여 銃釖을 持하고 財産을 掠奪하며 墳墓를 掘去하며 婦女를 劫奸하는 故로 民情이 嗷嗷하다더라.

19061211 광고 303 瑞山居 朴明三이가 仁港客主 沈能德處 推次 當坪三千兩票를 서失하였으니 誰某拾得이든지 休紙施行함. 朴

明三 告白.

19061213 잡보 130 (雪窓茶話) 洪州郡守 劉猛氏가 內部地方局長으로 薦任하였으니 內部에 □有人하니 頹波砥柱를 隻手로 能障할가.

19061214 잡보 530 (義徒放送) 洪州義兵件으로 日司令部에 逮捕되어 四箇月 監禁에 處하였던 高石鎭 채敬齋 等 三氏는 滿期되어 昨日에 放送하였다더라.

19061214 잡보 430 (南方有人) 南來人의 傳說을 聞한 즉 牙山郡 屯浦 普成學校 任員 前郡守 李贊熙氏는 素是慷慨高士ㅣ라 年今六旬인데 敎育의 時急切迫함을 恨하여 日 今日所謂 自己家産妻子가 非我物이라 公益을 講究하여 進步함이 國民의 義務라 하고 自己親山丘木을 斫伐하여 敎堂을 新建하며 將次賣土賣家하여 敎育을 大擴張한다 하며 溫陽郡 普成學校 任員 前參判 趙鍾緖氏와 其舍弟 前議官 조鍾律氏와 前府使 리源老氏는 設校後 前後經費를 專力維持케 하고 將次 巨額을 措辦하여 校況을 盛美할 周旋이라하니 如此熱心有義한 人士는 全國에 榮耀를 呈할 大名譽家라하더라.

19061215 잡보 170 (致死守法) 南來人에 傳說을 聞한 즉 公州郡 雙樹山城은 仁祖大王駐蹕之所요 公州府重要保障之地라 其所重이 與他廻別한 處인데 日本人 高木이가 該山城版圖를 占奪할 計도 韓人의 代名으로 前氷庫基地를 營業次建屋하라고 公府에 請願한 즉 觀察使 金嘉鎭氏가 早知其奸譎하고 嚴題不許하고 山城에 告示까지 하였더니 해日人 等이 農商工部에 請願한 즉 緣何主義로 無難認許하였던지 해 許認公文을 本府에 到付하고 或懇걸도 하며 或恐喝도 한 즉 觀察使 金嘉鎭氏가 曰 我는 國法을 遵奉함이니 政府訓令이 有하나 國法에 比하면

輕한 바라 하고 一場戰光을 釀하였더니 해 日人이 許多日人과 符同하여 관찰부에 來督한즉 金嘉鎭氏 曰 我는 死로써 國法을 守할터이니 汝等은 我를 殺하고 山城을 占奪하라 하였더니 해 日人 等이 椒然而歸하였다더라.

19061216 잡보 170 (郡吏燒板) 洪州來人의 傳說을 據한 즉 該郡吏屬輩가 今番稅務更張과 郡吏除減에 失志앙앙하여 三日을 大會設宴한 後에 該郡吏廳 각懸板을 盡爲撤破火燒하고 仍爲飛逃하였다더라.

19061218 잡보 420 (恤金內下) 忠淸南北道와 京畿各郡의 水災 被한 實數를 政府에서 上奏하였더니 恤金二千圓을 內下하옵셨다더라.

19061218 잡보 130 (兩氏轉任說) 內部地方局長 劉猛氏는 公州觀察使를 被任하고 學部文書課長 鄭喬氏는 江華郡守를 被任한다는 說이 有하더라.

19061219 잡보 530 (義徒放還) 洪州義兵事件에 對하여 日憲兵司令部 幾個月監禁에 處하여 牢囚하였던 前郡守 閔泳熙氏는 滿期되여 昨日에 放釋되였다더라.

19061219 잡보 530 (今餘六人) 洪州義兵에 關하여 日司令部에 滯囚된 人員이 夏間인則 百餘名에 至하더니 現今에 漸次放釋되고 不過六名인데 此六人도 幾乎滿期되여 今年內는 沒數放釋되리라더라.

19061220 잡보 610 (老宰負鼓) 靑陽郡居 前判書李容元氏가 該郡士林에게 發論하여 曰 現今時務가 新學問을 不可不學이라 하고 明倫堂內에 學校를 設하기로 會同한 席에 리태가 日語를 敎授하자하니 儒生 等이 憤怒하여 리태에게 鳴鼓之罰을 加하였다더라.

19061220 잡보 530 (義領移囚) 向日 公州顧問支部에 逮捕된 義兵中軍將 鄭在□氏를 再昨日 警務廳에 押到하여 審問한 즉 關係가 多數함으로 更히 裁判次로 平理院에 移囚하였다더라.

19061220 광고 400 本人族人 有源者 性本浮浪 敢生譎計 陷吞其宗族等事 做意莫測 內外國人勿爲見欺. 連山 德谷 韓甲東 告白.

19061223 잡보 140 (南至把樽) 洪州에 出勤한 일警部가 某郡守를 捉來하여 笞罰을 施하려다가 傍人이 挽止하였다니 일警部는 法官을 兼帶하였는지.

19061229 잡보 430 (泰守創校) 泰安郡守 李基奭氏가 經費를 全當하여 學校를 創設한지 不過數朔에 學員이 七拾餘名에 達하였다더라.

1907년(光武 11년, 隆熙 元年)[16]

1907년 1월

19070105 잡보 440 (刺妻奪資) 忠南觀察使 金嘉鎭氏의 子 重漢氏는 故參判 리冕相氏의 婿郞인데 金重漢氏가 鴉片을 吸하기로 終事하야 其室內에 資粧汁物을 放賣吸烟하더니 日前에 又賣資粧한 事로 爭詰하는데 該氏가 以小刀로 刺其室內之項하다가 幸被橫자하여 不卽殞命하였으나 流血이 淋리하여 方在死境中이라더라.

19070106 잡보 530 (義兵蜂屯) 扶餘郡居 前承旨 兪鎭玉씨 家에 義徒 數三人이 每夜來到하여 무슨 密議가 有하던지 該氏가 心甚厭苦하여 密通于該郡來駐日警視한데 警視 數三人이 潛伏於該家라니 義徒 五人이 又爲來到하거늘 三人은 捕捉하고 二人은 逃走한지라 三人을 濡囚郡獄하였더니 其翌日에 義徒 七百餘名이 嘯聚하여 打破郡獄하여 三人은 放釋하고 日警視는 見機逃避하였고 兪씨 家舍는 一並毀破하고 해 郡境內에 屯聚하였는데 義兵이

---

16) 8월 4일부터 隆熙 元年

日益增加하는 貌撲이라고 해 郡來人에 傳說이 有하더라.

19070106 잡보 440 (忘恩背義) 公州府下居하는 朴召史가 早寡하여 寡居子婦와 穉孫만 在하여 不堪居生함으로 金永植을 收養子로 同居하다가 及其成長하여 反生不測지心하여 其子婦를 誘引同居하면서 지孫 点白이를 其母에게 紹介하여 僅僅資生하는 畓土幾斗落을 外國人에게 賣渡코자 한다더라.

19070108 잡보 450 (南州賊警) 南來人의 傳說을 據한 즉 魯城 連山 等地에 賊黨이 大熾하여 掠奪財産과 牽去牛隻之患이 無日無之하여 行旅와 居民이 不得安寢한다더라.

19070108 잡보 420 (兩氏慈善) 南來人의 傳說을 聞한 즉 忠淸南道 魯城 論山 前議官 吳孟善 前議官 尹相郁 兩氏가 丐乞孤兒十餘人을 募集하여 衣食을 自當하야 今冬極寒에 凍死를 免케 하고 私立孤兒學校를 設立하려 하니 其慈善之心을 人皆欽歎하더라.

19070109 잡보 307 (全土歸日) 全義來人의 傳說을 據한 즉 日人이 韓人浮浪悖類의 僞造한 田畓文券을 典執하고 原畓主庄土를 勒奪하는 弊가 比比有之하여 新聞上廣告도 例件으로 視지하니 境內饒民이 支保無路라하더라.

19070109 잡보 303 (藉銀騙財) 忠淸南道 恩津郡 江景浦居하는 徐基文爲名人은 本以本郡吏屬으로 奸計가 無雙한 人이라 近日에 又出一大凶計하여 稱設農工銀行하고 近邑富人 尹滋三 尹敬重 洪淳模 鄭東和 其他十餘名을 誘引하여 日 내가 上京周旋하여 度支部에 百萬兩을 借款하였으니 資本金을 各出하라한 즉 已上諸人이 半信半疑하여 不肯出付 而數日前에 自京으로 調査委員이 下來한 즉 徐씨가 無計可施던지 江景浦居하는 淸國人 蕭某許의 先

給不當邊利하고 八千圓을 三日爲限하고 貸來하여 但欺調査員지當場所見하며 且農商工銀行지目的이 農事지改良과 工業지振興이거늘 初不聞此等事하고 但田畓與穀物을 典執然後에야 一分錢이라도 放債하니 此等銀行은 世界지所無也라 且調査員은 自何出來인지 徐씨와 連腸接肚의 貸略來往커나 又或見欺於徐씨奸計인지 鄕谷愚昧지人은 惑於徐씨지風說利害하여 必至於亡身敗家乃已니 徐씨지狼心譎計는 人所不忍이라고 巷說이 紛紜하더라.

19070112 잡보 240 (日人無法) 忠南 燕岐郡 東一面居하는 리萬秀는 本是持操之人이라 今月二十四日에 文義蓉浦居하는 日人 石匠津三郞 同居日人 名不知一名이 無端히 該家內庭에 突入하여 七十老夫人을 一場毆打에 麈辱罔測하였다더라.

19070113 잡보 170 (石守仁政) 南來人의 傳說을 聞한 즉 石城郡守 金憲洙氏가 莅任之初에 作其勸學文 而告示民間하여 熱心敎育하며 官屬을 依規減額하여 革舊刷新에 風을 從하여 民不見吏하고 奴令輩가 各面에 依例推尋하는 秋契防租數百石을 一切革罷하니 겸歲人民이 減曰樂稅라하고 訟斷有理에 頌聲이 浪藉하더라.

19070113 잡보 450 (大興賊警) 陰本月 二十二日에 大興郡 山默里居 尹善瑞家에 賊漢 十五名이 突入하여 錢財를 計索하다가 尹氏를 打殺하고 隣居 尹익成家는 打破家産하고 조載斗家에서는 錢一百三十兩을 掠奪以去하여 該前村酒店에서 一夜를 留連飮樂하였다더라.

19070115 잡보 170 (公察上京) 忠南觀察使 金嘉鎭氏가 무슨 運動事가 有한지 請由上京한다더라.

19070117 잡보 301 (豐儉一例) 天安郡 北一面 等地 所在驛土가 今年 水災

에 成川浦落處가 多하여 各作人 等이 永無西成之望이
라 秋收時에 收租官 劉秉興氏가 派員을 下送定賭하는
데 災減執賭以去하더니 劉씨가 再送派員하여 檢査虛
實한즉 果如前派員所報라 作人 等 依例히 減賭할줄로
知하였더니 不意收租官이 依庚子年豊例納賭하라 하는
지라 該作人들이 收租官에게 來見呼冤즉 劉氏所答에
災年의 依豊例收賭가 雖甚抑울이나 非吾擅便이오 依
經理院指揮라 하거늘 作人들이 白地應도가 不勝抑울
하여 經理院卿 高永喜씨께 再三等訴한즉 題給하되 公
納은 無豊儉例하니 依前納도하라고 退斥하는 故로 該
作人 等이 呼訴無處에 彷徨道路한다더라.

19070118 광고 303 本人 桂동居 米塵하는 리景化處 當錢 一萬兩 陰至月
二十五日 推次於音一片 路中遺失 故廣告하오니 誰某
拾得이라도 休紙施行함. 洪州 금동居 尹養翊 告白.

19070121 잡보 430 (李門設校) 忠南 韓山郡居 리家 某某人이 學校를 設始
하고 子弟를 敎育하기로 창論하여 該宗契錢 葉五千兩
과 宗畓賭租 三十石을 捐出하여 校費와 敎師 月銀을
支用케 하고 校舍는 리氏門中墓幕邊에 一樓閣이 有한
데 因爲設校하고 勿煩新搆한다더라.

19070123 잡보 430 (德郡設校) 忠南 德山郡에 前進士 金東旭氏가 敎育上
에 熱心하여 明新학교를 設立하고 前後事項을 一切擔
當하고 盡誠敎授하니 附近학문上有志者가 日益增加하
여 大有進就之望이라더라.

19070123 잡보 430 (鳩校復興) 忠南 公州 維鳩鄕 鳩山學校는 本道 觀察使
金嘉鎭氏와 參判 李容觀 承旨 李圭桓 幼學 李達寧 諸
氏가 世界의 普通과 時宜에 急務됨을 撼覺하여 熱心
敎育하더니 本以窘拙한 財政으로 七月水災를 偏被한
後 無奈停學한지라 生徒 等이 以學問上進就할 實力으

로 有始而無終함을 歎惜하여 月謝金을 自願판出이되 永遠히 維持할 方針이 無하더니 本道 參書官 □麟溶 氏가 其內容을 得聞하고 百般援助하며 一層贊成하여 該校의 維持할 方針이 確有하다더라.

19070130 광고 303　本人이 崔弘錫許 丙午 五月 晦日 推次於音 當錢二萬五千兩票一張과 同人許 葉錢四百五十兩票 一張과 保人鄭文鍾許 推次葉錢 一萬五千二百兩을 以米代推之意로 契約한 手票 一張과 忠南收租官이 德山 朴宜永許 租 七十四石과 德山 李化增許租 九十二石과 德山 柳學洙租 一百九石 出給事로 告示三張을 南門停車場에서 遺失하였사오니 誰某拾得하여도 休紙施行함. 沔川 前承旨 金鍾烈 告白.

19070131 잡보 430　(一破天荒) 忠淸南道 泰安郡 安民島는 本以一隅荒僻之地이러니 近日有志幾인이 慨然發起하여 私塾을 創設하고 名之曰廣英新塾이라하여 一般青年을 교육하는데 設立未幾에 生徒가 三十人에 達하여 塾況이 頗히 興旺한다니 可謂僻破天荒이라더라.

19070131 광고 303　忠南 江景浦 農工銀行 設立所 各株主 辨明書 每日申報 第四百十三號 藉銀騙財欄內 徐基文을 以無據之事로 巷說이 紛紛하다는 事에 對하여 據實辨明하노니 其曰 徐氏가 淸人許에 得債하여 但欺調查委員之當場所見이라 하였으니 調查委員이 自京下來하여 俱探本社之虛實할 時에 若有見欺면 其於設立組織에 必無循私之理也요 又曰農工銀行之目的이 農事之改良과 工業之振興이거늘 初不聞此等事하고 但田畓穀物을 典執然後에야 一分錢이라도 放債한다 하였으니 本社가 方將組織에 尙未開業이거늘 何暇에 典執放債이며 又曰 鄕谷愚昧之人이 惑於徐씨지風說利害하여 必至於亡身敗家라하였시니 鄙等이 一心國體하여 將欲就共同利益이

요 確然無聽人慾유이거늘 豈可謂藉銀騙財리요 又曰 徐基文은 本郡吏屬으로 奸計無雙한 人이라 하였시니 徐基文지本郡儒族은 世所共知요 其文雅聲譽를 人所仰望이라 設或其人지根本이 微賤이라도 其於共同事業上에 有何妨礙이오 大抵 投書人之희徐主意가 爲公乎아 爲私乎아 莫測其不良지心腸이로다 壞損名譽와 謗害社會를 將有採探歸正이견과 先此擧實辨明함. 尹滋三 尹敬重 洪淳模 鄭東夏 等 告白.

19070131 광고 308 本人家에 寄備者 南石이가 本以悖類로 本郡等地所在 田畓家券을 沒數盜取하고 因逃于上京하여 付同雜輩에 變名曰 完石이란 兒가 欲爲典執及興賣코져하오니 京鄕間內外國人은 切勿見欺하시와 以免白失함. 洪州郡 古毛里 崔榮泰 告白.

19070131 광고 303 本人이 崔弘錫許 丙午 五月晦日推次於音 當錢二萬五千兩票 一張과 同人許葉錢四百五十兩票 一張과 保人 鄭文鍾許推次 葉錢一萬五千二百兩을 以米代推之意로 契約한 手票一張과 忠南收租官이 德山 朴宜永許租 七十四石과 德山 李化增許租 九十二石과 德山 柳學洙租 一百九石 出給事로 告示 三張을 南門停車場에서 遺失하였사오니 誰某拾得하여도 休紙施行함. 沔川 前承旨 金鍾烈 告白.

1907년 2월

19070201 잡보 170 (持鴉乞日) 公州郡守 金甲淳氏가 該邑底에 來留하는 何許日人과 頻數交涉하여 交誼가 親密한데 해 日人의 所請을 準施하여 該郡雙樹山城을 許與할 줄로 公文은

繕付하였더니 해 日人이 其公文을 帶持하고 農商工部
에 請願하여 認許을 得去하여 해 地에 家舍를 建築코
져하는지라 해 道觀察使 金嘉鎭氏가 强硬히 反對하여
農商工部 認許를 不准하고 該郡守 金甲淳氏를 論責하
여 日人所請을 拒絶한則 日人이 賠償金을 徵出코져
하는지라 金甲순씨가 鴉烟을 買持하고 日人에게 無數
懇請하여 賠償金 數十萬兩을 徵給하고 無事安帖하였
다는데 該觀察使 金嘉鎭씨의 强硬正直함을 莫不稱頌
한다더라.

19070201 잡보 450 (水賊下陸) 忠南 內浦 沿海郡 唐津 沔川 等地에서 水
賊이 十餘名式 成群下陸하여 各持銃劒하고 橫行村閭
에 掠奪財産하는 故로 或場市를 撒罷도 하며 居民이
安堵無路라 하다더라.

19070201 잡보 170 (災結替納) 公州郡守 金甲淳氏가 稅務官을 對하여 日
本郡 災結은 自己가 替納할터이니 稅務官은 相關치
말라 하였다더라.

19070202 잡보 430 (局長報部) 學務局長 俞星濬씨가 公州 淸州 忠州 等地
學校를 視察하고 學校新建築할 基地에 票木을 揷立하
고 該基地를 圖形하여 學部로 報告하였다더라.

19070203 잡보 309 (市民呼寃) 連山郡 南面 仁川場市 收稅는 該面에서 可
堪之人으로 望報差出하여 該稅를 收捧하여 本面無亡
結十結과 砲軍藥丸費와 橋梁修築費로 年年補弊矣러니
至於今秋하여는 閔陰城鎭호氏家 差人 申主事爲名人이
自農部로 該場市都長을 圖差下來하여 稱以京人하고
挾勢弄奸하여 該稅를 濫捧하고 行悖無雙하여 衆人交
易지場에 寃聲이 載路라고 該市人民이 農部에 呼訴한
다더라.

19070205 잡보 170 (錦察還任) 忠南觀察使 金嘉鎭氏가 今番嘉禮時에 參賀

1907년(光武 11년, 隆熙 元年)

하기 爲하여 上京하였다가 昨日에 還任하였다더라.

19070207 잡보 140 (越權犯禁) 洪州分署 總巡 최建호씨가 民刑事를 一幷 受理하는데 有無罪를 勿論하고 濫刑犯禁하기로 民訴가 逐日遝至한다고 忠南裁判所 檢事 權丙勳氏가 免官懲戒하라고 法部에 報告하였다더라.

19070207 잡보 500 (通文과報) 鴻山 稅務官 金寬濟氏가 度支部에 報告하되 林川郡民人과 恩津郡民人 等이 무슨 事件인지 會集公議하기로 通文을 輪示한다는데 해 通文을 幷爲과 報하였다더라.

19070208 잡보 450 (并牛奪去) 南來人의 傳說을 聞한 則 連山 魯城 等地에 賊黨이 大熾하여 村民의 財産을 奪去하되 牛隻이 有한 家에는 主人을 結縛置之하고 汁物을 沒數搜探하여 牛背에 駄去한다더라.

19070208 광고 130 林川郡居 柳寅夏는 以富豪之人으로 郡主事를 圖得하기 爲하여 上京幾朔納賂幾千兩於某家인지 若以此人敍任 則非徒一鄕士論이라 隣邑이 沸騰하기 玆以廣告함. 林春根 告白.

19070212 잡보 130 (四守依免) 牙山郡守 리冕永氏와 寶城郡守 윤錫祺氏와 延安郡守 리容九氏와 懷仁郡守 洪祐純氏는 依願免官하였다더라.

19070212 잡보 140 (先囚後報) 忠南裁判所에서 法部로 報告하되 洪州總巡 최建호를 爲先囚禁하였으니 別般嚴治하라 하였더라.

19070212 잡보 130 (辛閔將判) 靑陽郡守 閔泳恪氏가 學校를 藉稱하고 勒歛한 事도 有하고 民財를 貪虐한 事도 有하다하야 해 郡民人이 內部에 來言하거늘 內部에서 大興郡守 辛成默氏에게 秘訓하여 靑陽郡守의 行政不美를 査實報來하라하였더니 辛成默氏가 郡主事를 靑陽郡에 替送하

여 審査를 不公하여 何樣誣報가 有하였던지 閔泳恪氏가 已爲遞任하매 大興郡主事의 誣報를 因緣하여 遞任되였다하고 辛成默氏와 裁判한다는데 辛氏가 郡主事로 替送함은 格例에 大違함이라고 巷說이 有하더라.

19070212 잡보 450 (銀市賊警) 忠南 扶餘郡 銀山場市는 峽中大市인데 해 場市日에 賊黨 數百名이 各持銃敏하고 突入橫行하여 錢財를 沒數奪去하는데 市人 三四名이 被害하였고 當日場市가 撤罷하였다더라.

19070217 잡보 130 (新年新話) 靑陽郡守 閔泳恪氏와 康영郡守 民泳恪氏가 今番殿最에 居下遞任하였으니 恪字爲名에 居不恪하였던지 兩恪이 不吉이로고.

19070217 잡보 450 (處役奪券) 全義郡守 송병和氏는 日人에게 負債가 葉萬餘兩인데 該債를 淸帳하기 爲하여 首書記와 暗做謀計하여 悖類 柳致祚爲名人과 符同하여 壹百六十餘石 秋收하는 田土를 立案成給하여 上京典執하고 柳致祚는 八百兩만 給하고 該郡守와 首書記가 分用하기로 周旋하다가 實跡이 綻露하여 柳致祚가 警務廳에 被捉되여 役幾年에 處하고 該郡守의 立案문蹟을 奪取하였다더라.

19070220 잡보 130 (洪守化仙) 洪州郡守 孫永吉氏가 日前에 身故하였다더라.

19070222 광고 430 本郡守 張鳳煥氏가 莅政未幾에 聖廟에 地衣無함을 憂하여 捐廩二百金하여 一新하고 彩雲橋가 潦水에 頹圮하여 來往人이 利涉키 難함으로 出二百修築하고 五浦에 年年官納하는 鹽代金 四百八十兩을 革罷하고 蘭芝島에 歲納鹽가 爲二十負 而亦勿施하고 學校를 新設하는데 爲先補助 六百餘金하여 學舍를 修建하고 聽訟必公하고 見弊輒祛하여 頌聲聳動터니 有何事端인지 棄

官結歸하기로 民人 等이 一邊으로 解衣遮路長嘆曰 保此嬰兒하여 無至失哺이어다하며 衆民이 內部에 願留次로 呼訴하기로 曠告함. 唐津郡 儒生 等 成壽根 리台永 金在禧.

19070223 잡보 301 (海守責日) 德山郡에 來留하여 捧稅하는 日人이 海美郡守 리洵奎氏를 招請하여 該郡稅納의 遲滯됨을 詰責하거늘 리洵奎씨가 抗言하여 日 本郡守의 所職은 治民하는 權限에 止할 따름이오 至於稅納하여는 稅務官과 稅務主事가 自在하니 若本人의 職務를 失墜함을 詰責하면 自當僕僕이니와 今에 所管한 以外事를 詰責함은 甚是無理함이오 又 本人도 亦大한의 官人이라. 一個日本人이면 大한 官人을 任意로 呼來斥去함이 是何蠻習고하여 强硬히 詰駁한데 該日人이 果是失數라고 屢謝不已하였다더라.

19070223 잡보 450 (南方賊警) 일전에 火賊 六十名이 鎭岑郡衙에 突入하여 郡守 정崙永씨를 結縛毆打하여 錢 一千兩을 奪去한 事는 已爲報道하였거니와 又入該郡注里岩 崔參奉家하여 최씨 內外를 毆打하고 錢 一千五百兩을 奪去하였는데 郡守와 최씨는 重傷하여 幾至死境이오. 일전에 火賊이 又入連山 銅峴 김庇仁家하여 錢 數千兩을 奪去하고 仍入豆溪市하여 酒店과 商民에게 錢 數百兩을 奪去하였는데 重傷한 人이 四人이오. 衝火가 一處라 하는데 火賊의 根據地는 連山 場谷이라더라.

19070224 잡보 420 (恤금經議) 忠淸南北道에 昨年 水災 渰死人 恤金 一萬二千圓을 經議支出하였다더라.

19070224 잡보 140 (役丁化仙) 忠淸南道 裁判所에 懲役終身罪人 김平仲이가 本月 四일에 病斃하였다더라.

19070226 잡보 530 (南方義擾) 南來人의 傳說을 據한 즉 忠南 鴻山 靑陽

等地에 賊黨이 稱以義兵하고 晝則屯據一處하고 夜則
解散各處하여 村民에 財産을 掠奪한다더라.

19070226 잡보 510 (夫人愛國) 牙山郡居하는 一夫人이 帝國新聞社에 寄函
이 知左하니 본人이 現自鄕第로 來覲親庭이옵다가 貴
新聞을 奉讀하오매 憂國하시는 僉君子께서 國償報償
에 對하여 勸諭同胞하와 募集義金하시는 盛擧가 有하
오니 본인이 雖是一箇閨中女子즉 彛性所發에 感淚自
零이오나 家計淸貧에 力不逮誠하와 僅將 韓貨 二十圓
하여 仰呈于貴社하오니 鑒此微忱하여서 考納하심을
伏望하옵나이다 하였는데 해 夫人은 主殿院경 梁性煥
씨의 令孃으로 牙山 白岩居 리씨宅에 出嫁하여 早寡
餘生으로 二子를 敎養하여 至於成立하니 懿行夙著하
고 大義에 素明한 이라더라.

1907년 3월

19070301 잡보 130 (田氏壽職) 靑陽 士林 田永坤씨가 年今百歲인데 宮大
沈相薰씨가 奏稟하여 從一品을 持下하셨더라.

19070301 잡보 140 (全守報部) 全義郡守 宋秉和씨가 法部에 報告하되 本
郡 首書記 黃敏植이 自前等以後로 因任擧行이온바 凡
於公事上에 或有錯誤之端이오되 邑殘料薄之致로 前日
吏額이 擧皆退去하여 初無可堪之人하와 因循到今이옵
더니 噫彼黃敏植이 身爲首書記하여 擧行之善不善은 且
置勿論하옵고 僞造印信하여 成出官立旨하여 稱以田畓
文券하고 典執於外國人而得債가 不知幾處이온 故로 捉
囚査問之境에 現納僞造木印하와 綻露奸狀하오니 如許
蔑法之漢은 不可自郡懲治오 合處當律이온 故로 爲先

捉囚郡獄하옵고 擧報于本道裁判所라 하였더라.

19070302 잡보 301 (公錢買土) 藍浦居 리致範이가 興德郡 上納錢 二千元을 挪換하여 盡爲買土한 事로 內部에서 忠南觀察 道警務署에 訓令하되 卽發巡檢하여 該漢을 捉囚하고 嚴懲督捧하라 하였더라.

19070302 잡보 301 (稅主稱頌) 南來人의 傳說을 據한 즉 鴻山 稅務官 김寬濟氏가 結民의 稅錢을 隨其徵納收捧하여 初無嚴督之弊하고 所管各郡 稅務所에 輪回巡視하여 稅務主事의 視務함을 實心勸告하는 故로 該管列郡民人이 莫不稱頌한다더라.

19070302 광고 303 開店廣告: 當行은 自本年 二月二十二日로 忠南 公州府에 開店하오니 動産及不動産을 擔當債給하고 預金貸越及約束荷物爲替手形割引 等을 極히 低利로 相議하여 各地에 送하는 物品과 貸金之授取 等을 些小之手料로써 各店請求를 應하여 諸預金은 如左한 集合하고 其他銀行一般之業務는 確實이 親切함을 主張하며 大段便利를 取扱하겠삽기 玆에 廣告하오니 僉君子는 勿慮하옵시고 來臨相議于本銀行支配人하심을 企望함. ○ 預金利息割合 : 定期預金(百圓利息은 一箇年의 八圓), (六箇月의 七圓), (三箇月의 六圓) 當坐預金 百圓利息은 一日의 壹錢一厘 小額當坐預金 百圓利息은 一日의 壹錢五厘 株式會社 公州 農工銀行 銀行長 尹滋三 支配人 小阪耕三.

19070303 잡보 170 (書記見習) 瑞山郡守 박承俊씨가 法部에 報告하되 本郡 訓令을 奉承하온바 土地家屋證明簿를 卽當實施之不暇이오되 書記減額後에 各自渙散하여 擧行이 末由하고 昧例新式하와 各樣細則을 見習次로 本郡 書記 송慶憲을 玆以起送하오니 分付于主務課하시와 使之解

覺하여 以便郡務케 하라하였더라.

19070303 광고 170 公州 □泉偶居 前定山 梁회수氏는 本以寬厚公正하여 隣里救濟를 如自己之事而嫌其人心不古하여 不意의 還故砥平 故로 各동 人民이 無所依托하와 數百名이 齊聲等訴官庭 則題內의 公正寬厚聞甚好辭 然而至撤移事는 官不可强挽事이온 若不强挽이면 民無支保하겠으니 僉君子는 照亮하시옴. 面長 申태俊 柳機魯 李海承 박洛元 尹정赫 조병淵 최潤吉 최德輔 김純濟 리根植 權用國 김仁濟 리舜模 김在順 박衡善 郭漢九 박在興 윤종赫 白樂善 柳相철 告白.

19070306 잡보 450 (日商致斃) 林川郡守 리用珪氏가 內部에 報告하되 陰正月 初八日 夜에 賊漢 十七名이 突入本郡 內項里 羅興三家하여 毆打周牢하고 米商 日人 中尾는 中砲卽斃하고 貿米錢 二千餘兩을 奪去하였라더라.

19070306 광고 308 京居 閔承旨廣植氏의 田庄이 在於忠南 稷山 二北面 安陽里인데 燕岐居 洪在기가 假稱畓主의 外戚이라하고 圖章을 僞造하여 秋收를 放賣하며 又稷山郡 郡主事를 符同하여 畓券을 僞造典執하였으니 內外國人은 照亮하와 休紙施行함. 平澤 西亭里 閔泳克 告白.

19070309 잡보 307 (閔庄賣日) 南來人의 傳說을 據한 즉 懷德 柳川 等地의 閔忠正家畓 四十五石落과 田 八十五石落이 有한 바 該地居 南廷觀 南廷晋 兄弟가 以閔忠正家切戚人으로 十年舍音을 主管하더니 其間濁亂도 測量없거니와 當此 本家放賣之日하여 南氏가 갑을 十一萬兩에 作定하고 本國人願買處는 무슨 凶計로 一併退却하고 日人에게 暗買하였다니 此家庄土를 日人에게 許賣하는 것도 義理에 대關하거니와 該地 居民 千餘戶가 農業에 失望할 뿐더러 渙散할 地境에 當한 故로 장차 政府에

請願한다더라.

19070309 잡보 500 (철粥尤奇) 牙山郡 屯浦居 前郡守 李贊熙氏에 寄函을 據한즉 本人이 蟄伏鄕谷한지 十三有年에 歲月이 荏苒하고 世事蹉跎하여 不忠賣國之徒가 墮於謠中하여 森林浦港을 典執借款하여 三千里疆土가 漸盡無餘 則二千萬同胞가 將爲彼輩之奴隷라. 每切漆室之憂더니 何幸一二諸公이 特出爲國之方策하여 斷烟草脫國債가 不勝感泣 故先招迷兒愚僕하여 計以斷烟則所剩이 不過四五十金이라 又入內室하여 與老妻炊娥로 相議 則三朝喫粥이면 所剩이 幾倍斷烟 故로 一家內外와 上下老少가 欣欣相告하여 斷烟喫粥爲約하고 舊貨 一百元으로 以助泰山之一궤하오니 期圖實效에 復振國勢하심을 千萬誦祝이라 하였더라.

19070310 광고 308 本人의 庶叔母가 方今 寡居이고 所生者는 年今 八歲이오. 外無主張이러니 今月分에 姻戚間挾雜輩가 觀其無主하고 本郡 南面 松坪里 所在 畓 三十五斗落과 淸州 修時面 嚴政里 間柳洞 兩洞 所在 畓 十三石落과 全義 東面 太牛洞 所在 畓 五斗落 合四十八石 五斗落 文券을 僞造하여 方今 內外國人處에 放賣云云이오니 內外人은 見欺치마심을 望함. 木川 南面 加德里 柳寅澤 告白.

19070312 잡보 306 (民島斫松) 忠南 오川郡 安民島 森林은 元來 國有物로 屢百年 禁護하는 바인데 該嶋派監 리涉씨가 到任後로 稱以養松하고 松추枝葉을 無數작伐하는 中大松 二百餘株를 작賣하고 凡事가 無非眩荒하여 島民이 不能安堵라고 南來人의 傳說이 浪藉하더라.

19070313 광고 610 泰安郡主事 以吏三報見退 則該郡守 又以退吏金병善 望外添入하고 士人 김병善이라 購報內部한 故該郡儒

林等訴內部二次退却하였사오니 京鄕儒林은 以此照亮.
泰安郡 儒林 리時春 等 告白.

19070316 잡보 170 (舒守不還) 舒川郡守 호根錫씨가 到任한지 不過三四朔에 上京하여 尙不還任에 邑事民情을 頓不顧念할뿐더러 該郡에서 月前에 殺獄이 起하여 他邑 檢査官이 來到하여 作弊가 無雙하여 民情이 嗷嗷하되 本郡守는 本第에 安臥하여 還官할 思想이 無하다고 南來人의 傳說이 狼藉하더라.

19070317 잡보 530 (賊走砲遺) 公州郡에서 假稱義兵이라하고 民家에 突入하여 討財하는 賊徒 十六名을 該警務署에서 聞知하고 四處로 逐捕함에 賊黨은 一幷逃避山中하는데 六穴砲 一介와 紙貨 三十圓에 遺棄物이 一駄인데 경무廳에 報告하였다러라.

19070317 광고 400 忠南 懷德 一道面 당山居하는 曹寡의 親家는 昌寧 曹世賢지女오. 시家는 박五衛將元柬의 子 恭孫의 妻라. 寡가 十六歲에 出嫁하여 舅姑에게 孝誠이 甘旨起居가 至極하옵기로 鄕黨이 稱하더니 千萬意外에 恭孫을 永訣하고 遺腹子를 産하니 一鄕黨稱道하되 孝誠餘慶이 있다하더니 彼蒼者天이여 曷其有極고 遺腹이 七歲에 枾木에 落傷되여 卽地永訣하니 금石같은 肝腸인들 豈不變哉리오마는 시舅에게 孝誠이 如初하여 還爲시舅慰勞하며 老舅孀婦 혈혈相居하되 人不敢間言하오며 親家에서 哀其無子孤居하여 意欲嫁지호되 小無動念하고 矢言曰禽獸지行을 吾不爲지라하며 孝事老舅를 去益善言하여 以終餘年하니 舅가 享年이 八十有餘라 曹寡哀痛曰舅主의 血脈全無하니 孰能袁毁리오하고 泣血三年하니 以若草野農婦로서 豈不孝烈乎 古有烈女러니 今有烈孝지婦하니 可惜可歎이로다. 歲月如流하여 召史年當四十有五라. 養子를 六寸子前主事明석하여 孫兒繞膝

하고 家産稍饒하니 豈非孝烈所感에 天道有眷乎. 一鄕
一道가 發論제起하여 出天孝烈이라하여 天聽表旌한다
더라. 前參奉 리建九 告白.

19070317 잡보 500 (湖西國債報償期成義務社趣旨書 한山 金商익 等) (내용
은 생략-편자).

19070319 잡보 500 (湖西國債報償期成義務社趣旨書 續 한山 金商익 等)
(내용은 생략-편자) 發起人 韓山郡 派駐主事 金商翊
同鄕 士人 盧明호 同郡 郡主事 盧載民 同鄕 前主事
洪준裕 完.

19070320 잡보 500 (鄭氏獎勸) 德山郡 紳士 諸氏의 國債報상會를 發起함
은 別項에 記載하였거니와 鄭委員 寅英氏는 素以淸貧
한 家業으로 開明上有志한 人이라. 家勢를 不顧하고
多數捐義하여서 郡人을 獎勸하였다니 該氏의 熱誠이
甚可嘉尙이라고 南來人의 頌聲이 有하더라.

19070320 잡보 500 (國債報償義金募集趣旨書) 忠南 懷德郡 有志한 리斗馥
도 鐘灝 리斗宰 리봉求 紳士 諸氏가 國債報償會를 發
起하고 時勢의 不可不然과 義務의 不容不爾함을 懇惻
說明함애 附近人士가 莫不雷應하여 當日所募한 金額
이 三百元에 已達하였으니 該鄕同胞의 愛國熱誠이 可
謂湖西列郡의 先進이라 吾儕가 大庸贊祝하거니와 其
函布한 全文이 如左.

19070323 잡보 170 (錦察運動) 公州郡守 金甲淳氏는 鄕任中 挾雜輩를 符
同하여 萬人傘을 新製하고 該費는 每戶에 葉 五錢式
收斂하는데 該守가 □內大 리址鎔氏로 相通하여 現今
錦察를 運動하는지라 繡傘價餘額은 해 運動費로 補用
한다더라.

19070323 광고 309 沃溝府와 舒川郡與오川郡 前岸諸島中 開也島 竹島 兩
處에 海物陸産口文이 本以均役稅外 沈議政宅買有導掌

인 바 陸海物賣買를 曾自沈宅이 例定主人하여 看檢이더니 內外國商民이 所載物品을 私自暗賣한 즉 非徒主人之失業뿐더러 許多弊瘼이 層生於私自賣買之間하여 商販이 非便하기로 度支部에 請願하였더니 題飭內開 也島竹島는 旣有完文施行이견과 所謂陸海物與船主人은 係是稅則所在니 往訴于各該稅務所일 事라 하였다더라. 京漢洞 五十八統 四戶 朴景會 告白.

19070324 잡보 460 (果是烏有) 本報 第三百十五號 雜報欄內에 鴻山 稅務主事 某氏가 泥醉忘形하여 突入該郡吏屬內房이다가 見逐하였다는 事를 更聞한 즉 其時稅務主事는 歲初歸家지時인즉 此等行爲는 果是烏有라고 하더라.

19070327 잡보 140 (興守違錯) 大興 前郡守 辛成默氏가 靑陽 前郡守 閔泳恪氏에 對하여 査報不實한 所以로 閔郡守가 漢裁에 請願하여 屢次質판한다더니 辛수之報部違錯이 自有明証인 故로 刑法大全 第二百十五條 上司에 申報하는데 錯誤한 者 律에 照하여 笞四十에 宣告하였다더라.

19070327 광고 170 忠南 恩津郡이 多年 曠官에 百弊層延하여 民難支保러니 本郡守 李尙萬氏 下車以後에 視民如傷하고 窮行村閭하여 勸勉學校하며 周察農民視泧하여 官民相得하니 一郡이 病蘇기로 玆以廣告함. 金文淵 告白.

19070328 잡보 430 (李氏設校) 南來人의 傳說을 確聞한 즉 牙山郡 屯浦 私立普成學校에서 去陰曆 正月 望間에 開學하였는데 不過數旬의 現今入學學員이 三十餘名이오. 今番 千秋慶節의 該校諸任員과 一鄕有志人事가 會同하여 慶祝會를 開設하고 諸學員이 愛國歌를 唱和하는데 觀光者 雲屯하여 盛祝을 騰하였는데 該校는 前郡守 李贊熙氏가 數萬金을 捐補하여 校舍를 創搆하고 各項費用을 專當하여 靑年子弟를 期於히 敎育成就코져하는 故로

　　　　　　　　　遠近人士가 莫不稱頌한다더라.
19070328 잡보 500 (褓商捐義) 忠南 芋山八邑 褓商 數千名이 국債報償에
　　　　　　　　　對하여 一齊收聚하여 銀行에 任置次로 日間上京한다
　　　　　　　　　더라.

1907년 4월

19070403 잡보 450 (以牛換砲) 連山 魯城 等地에 賊黨이 大熾하여 村間農
　　　　　　　　　牛를 隨處牽去하여 郡港外國人에게 六穴炮와 相換한
　　　　　　　　　다더라.

19070403 잡보 307 (紙上波瀾) 稷山郡居 金敎昌爲名人은 日人에게 土地를
　　　　　　　　　居間賣渡하기 爲하여 田土文券을 多數收去하였다니
　　　　　　　　　金哥의 牟利之習은 足히 人道로써 責할것이 無하거니
　　　　　　　　　와 該地人民들은 昇天入地라할는지.

19070403 광고 303 本人의 從弟 南哲의 字 士彦인데 性本浮浪하여 僞造
　　　　　　　　　文券하여 京鄕出沒하여 欲爲得債하오니 勿論京鄕間
　　　　　　　　　內外國人하고 勿爲給債見失함. 舒川 外東部面 牙浦
　　　　　　　　　白南杓 告白.

19070404 광고 308 本人의 庄土가 在於全羅北道 臨陂北一面居 尺里亭 子
　　　　　　　　　山堯동 大谷 月浦聖동 安亭동 合十九石 十八斗落이
　　　　　　　　　新舊文記와 量案이 自在이거늘 從兄 前敎員 仁雨氏가
　　　　　　　　　符同雜類하여 偸賣지意로 舊文記를 火賊에게 失이라
　　　　　　　　　稱하고 昨年 五月分에 臨陂署 沃溝守에게 誣訴하여
　　　　　　　　　新畓案을 圖得하였다니 內外국人은 切勿見欺하시오.
　　　　　　　　　忠淸南道 藍浦 佛恩面 束谷里 리昇雨 告白.

19070405 잡보 500 (張童出연) 洪州 松枝谷 松亭居하는 童蒙 張鳳春은 年

今十三인데 국債報事를 聞하고 舊貨 三圓을 期成會로 傳納하였더라.

19070405 잡보 450 (幸人不幸) 連山 鎭岑 魯城 等地에 賊黨이 大熾하여 以牛換炮한다는 說은 已爲報道거니와 該地에서 日巡査와 巡檢이 賊漢 五六名을 詞捉訊問한즉 賊漢 口招에 農牛 一隻을 牽去하여 論江 等地 日人에게 六穴炮 一介式 相換한다는데 日人들이 牛隻을 買得하기 爲해 六穴炮를 買置하고 賊漢到來하기를 苦待하는데 等地 農民들은 擧皆 失牛하여 廢農할 地境인데 人情이 大段 嗷嗷하더라.

19070406 광고 500 (國債報償義捐金收入廣告) 恩津 論山 耶蘇敎會 合二十七圓七拾錢.

19070406 광고 500 (國債報償義捐金收入廣告) (牙山 敦義面 城동) · 지석범 壹圓 · 池東範 池功유 각오拾전 · 池성植 四拾전 · 池龍림 池성준 池성모 各三十전 · 윤啓炳 車相은 池성닌 各二十전 · 池은範 三十전 · 池公림 池以範 池定範 각二十전 · 池성建 金닌植 윤성학 池盛님 각拾오전 · 池성信 拾전 박성安 拾오전 장성有 지닌福 임相喜 지성彩 배建성 지順림 지正範 윤福성 각拾전 合六圓四拾五錢.

19070407 광고 500 (國債報償義捐金收入廣告) (홍州城 校面 下梧里) · 前議官 임鶴來 貳圓 · 이종連 문봉舜 高斗參 송榮규 김治西 각二拾錢 · 임병元 四拾錢 · 이성호 이正行 이준言 송春範 김닌敦 각拾錢 合三圓九拾錢.

19070409 잡보 500 (溫郡義金) 溫陽 邑內面 左部里 前府使 리源老씨가 發起하여 新貨 一百二十圓七十錢을 期成會로 送致하였는데 其中 時함悅郡守 리胄相씨가 五十圓을 出捐하였더라.

19070410 잡보 500 (五門出捐) 南來人의 傳說을 據한 즉 忠南 大姓家 懷德 송씨와 連山 金씨 魯城 윤씨 한山 이씨 林川 조씨 等 諸氏家에서는 國債報償金을 각기 門中으로 收合하여 京城總合所에 來納하기로 決議하여 多少間 隨其力 연出한다더라.

19070410 광고 308 忠南 稷山郡 三西面 農村坪舊保字號에 천字畓 八斗落 新契券과 地字畓八斗落과 同字畓七斗落新契券 佳東坪 也字畓二斗落新契券 合三장을 陰二月 二十三日 路中 遺失하였사오니 勿論某人하고 拾得하거든 休紙施行함. 이庸來 告白.

19070411 잡보 430 (麒校贊成) 한山 麒山學校에 有志諸氏가 贊成補助한다는데 前贊政 리容植씨는 新貨 四拾圓 前參判 리商在 前參判 리廷珪 掌禮院卿副卿 리明직 三씨는 各拾圓 前協判 金重煥 陸軍參將 리병武 成均館 任善準 前承旨 리庚직 進士 金星斗 五氏는 各五圓 內部主事 리홍규씨는 三圓을 寄付하였다더라.

19070412 잡보 500 (出義可尙) 稷山군 侍洞 조議官仁원씨家 廊底에 거留하는 老嫗 임召史는 年今 七十에 無夫無子한데 國債 義金募集한다는 說을 聞하고 二十전을 募金所로 送納하였다더라.

19070413 광고 500 (國債報償義捐金收入廣告) (忠南 溫陽郡 一北面 可巢地) 合拾貳圓二貳拾五錢.

19070416 잡보 170 (洪刕圖治) 洪州郡守 金祥演氏가 一百二十餘圓의 月俸을 受하고 京城 各學校에서 從事하다가 四十一圓薄祿에 不過하는 洪州郡守를 被任하여 到任함은 其所학한 政治學을 實地에 應用하여 地方政治를 刷新코자 함이거늘 人民이 其本意를 不知하는 故로 각地揭示하고 有知鑑한 父老를 會集하여 地方自治行政의 方針을 說

明하고 舊式의 訴訟節次를 改良하여 自治制度의 基本을 立할터인데 如此하다가 其意見대로 成치 못하고 一向前習을 未改하여 改名한 政治를 行키 不能하면 辭職上京하겠다고 其親友에게 書簡하였다더라.

19070416 광고 500 (國債報償義捐金收入廣告) (洪州 上田면 山水동) 合貳圓五拾錢.

19070407 광고 500 (國債報償義捐金收入廣告) (牙山 屯浦) 合拾貳圓六拾五錢.

19070407 광고 500 (國債報償義捐金收入廣告) (懷德郡 山內면 瓦旨) 合拾七圓.

19070417 잡보 140 (待令執行) 忠淸南道裁判所 判事 김嘉鎭씨가 法部에 報告하되 박光三 案件을 檢事公訴에 由하와 審理한즉 被告가 겁掠재물하고 하고 突入人家에 至有殺越지變한 其事實은 被告가 陳供自服의 証하여 明白하옵기 强盜가 竊盜를 行할 時에 人을 被한 者는 首從을 不分律에 照하여 絞에 處할 意로 宣告經期하였기 待指令 執行차로 해供案을 謄本上送이라 하였더라.

19070418 잡보 140 (掩護崔氏) 洪州分署 巡警 崔健鎬氏는 擅自越權과 非理討索한 事로 該道 檢事 權丙勳氏가 法部에 報告하고 최總巡을 萬端掩護하는 人이 多하더라.

19070419 광고 500 (國債報償義捐金收入廣告) (忠淸南道 木川郡 一東面 반溪) 合 新貨 九圓拾錢.

19070419 광고 500 (國債報償義捐金收入廣告) (忠淸南道 木川 二東面 三閒) 合 新貨 五圓拾錢.

19070419 광고 500 (國債報償義捐金收入廣告) (忠淸南道 木川郡 一東面 花山) 合 新貨 九圓三十錢.

19070419 광고 500 (國債報償義捐金收入廣告) (木川郡 二東面 梅勻) 合 新

貨 壹圓.

19070419 광고 500 (國債報償義捐金收入廣告) (木川郡 葛田面 勉實) 合 新貨 壹圓九拾錢.

19070419 광고 500 (國債報償義捐金收入廣告) (木川郡 北面 坪里) 合 新貨 壹圓六拾錢.

19070419 광고 500 (國債報償義捐金收入廣告) (沔川 泛川面 孔浦 義同會) 合 二十四圓 三十二錢五厘.

19070420 광고 500 (國債報償義捐金收入廣告) (大興郡 遠東面 新榮 全州이氏) 合 貳拾圓.

19070421 잡보 140 (徐리更裁) 韓山 이氏와 達成 徐氏 兩家山 訟事는 平理院에서 屢度裁判하여 決判이 못되였더니 再昨日 平理院에서 또 裁判을 開하였는데 리隻이 徐氏를 對하여 曰 旣云賜牌之地 則賜牌文跡을 出示하라 한데 判事曰 賜牌地로 言하면 刑事所關이오 非民事所關인즉 不可處決이라하고 裁判을 停止하였는데 二十四日에 更히 裁判한다더라.

19070421 잡보 308 (蔑弱奪山) 忠淸南道 海美郡居 童蒙 박학근의 先祖拾餘代墳墓에 屢百年禁養하는 山板을 瑞山郡居 이基牧 兄弟가 藉其豪强하고 蔑視박童屛弱하여 欲爲勒奪하는 故로 박學根이가 屢呈道郡에 終未伸鬱하여 平理院에 呼訴가 有하다더라.

19070421 잡보 170 (巡弊益甚) 恩津來人의 傳說을 據한 즉 該郡巡檢이 村閭에 出沒하여 稱以雜技禁斷하고 屢年前雜技하던 人을 任意捉囚하고 錢財를 討索하는 故로 如干僬稍한 平民이 安接無路라하더라.

19070421 잡보 140 (忠察報部) 忠南觀察使 金嘉鎭氏가 內部에 報告하되 全義郡守 송병화를 自本道裁判所로 有罪思量하와 證

據書類를 道致平理院해온즉 案件은 業有報告이온바 現承부指令內開에 해수는 當時重警할지니 事實에 前後肯게를 更加詳察하여 報來이되 證據書類幷押收物을 自해所로 業經搜索하옵고 一切送致于平理院하옵고 關係罪人을 現囚해所하니 公格所在에 弗可强請其移交이올 뿐더러 해郡守 송병화가 亦在京中하와 詰探이 難이온즉 始竢사平理院審加하와 已爲措處함이 何如하올지 玆以報告하였더라.

19070421 광고 500 (國債報償義捐金收入廣告) (牙山郡 敦義 應峴) 合 三拾七圓貳拾전.

19070424 잡보 500 (特異義捐) 德山 內面 鳳東居 童蒙 이관求는 年今 十二歲인데 開會日新貨 五十錢을 納上하였고 內面 侍동居 任召史는 年今 六十餘歲인데 無依無托한 單獨一身으로 新貨 二十錢을 納上하였고 侍東 雇傭人 童蒙 金在華는 年이 十五인데 新貨 五十錢을 納上하였고 侍東 雇傭人 童蒙 洪九奉은 年今 十三歲인데 新貨 三十錢을 納上하였고 侍東 雇傭人 權鐘式 年 六十餘歲인데 신貨 六십錢을 納上하였고 本會有司 張載甲은 素以至貧之人으로 聞此義擧하고 忠義之心이 激發하여 會中所在를 自請하고 新貨 二圓을 納上하였고 七器店 寡居 朴召史은 年今 七십의 又兼至貧인데 二십錢을 納上하였고 土긔店 雇傭鰥 金致文은 年 六十歲인데 二십錢을 納下하였고 二月 初二日 卽 본郡 大川市場인데 自본所로 趣旨를 演說于衆人之後 有一喪人入座曰 罪生은 居于仁川港沓동 해은리 기鼎인바 義연 一朔金은 已納仁川본會所이나 適過此地라가 今聞貴會所演說본意 則均是同胞臣民으로 不可越視而過去 故一期金二십錢을 又玆납上이라 하였더라.

19070424 광고 303 本人이 昨年 秋分에 京畓打租 壹百七十二石九斗를 置

積于本人家하고 領受票를 卽爲出給이옵더니 今 三月 八日에 該畓主가 稱以失票하고 更促出票하옵기로 本人이 昏迷中에 又爲成票出票하였사옵니 勿論內外國人하고 以前失票를 拾得이라도 勿爲行票爲要. 天安 興德面 □장堰 舍音 劉善元.

19070425 광고 308 本人이 天安 可樂里 前後坪 扇紎 兩字畓 三十斗落을 牙山 石采 박泰瑞氏에게 永永放賣而三十斗落舊文記內에 六斗落舊記만 出給하고 其他舊記는 中間遺失하와 未能出給하옵기로 玆以廣告하오니 日後에 雖某間若有 拾得이라도 永爲休紙함. 忠南 新창供串 張潤玉 告白.

19070425 광고 308 本人 先영이 在於始興西面加里峰 而洪州宗人 김龍漢 以不良지心으로 位답 五斗落田四일耕을 欲爲偸賣하오니 內外國人은 見欺치 勿하시옴. 김佐漢 告白.

19070426 잡보 140 (邊氏急難) 溫陽 금谷里 玄岐東氏가 家勢가 貧寒하고 只意慈母居生하더니 京都에 學校景況을 觀覽코저 하여 入성幾日에 汽車로 還鄕하는데 車票를 誤賣하여 警務廳에 被捉한지 十九日에 笞刑에 處하고 放釋이 되었으나 手無分銅에 贖錢을 難판하여 呼泣방황하더니 罷朝橋居하는 邊鐘漢씨가 裁判所在囚諸員으로 發論하여 七元錢을 收給하였다더라.

19070427 잡보 500 (恩津국債報상義금募集趣旨書) 人이 有爲君而死者하여 有爲國而死者하니 忠義所激에 死且不避거든 況연財而 保國者乎아 我한이 專尙禮義하고 不事富強이 五百餘年矣라 自外國通商으로 財未擴장에 用反호大하여 至有 昨年借款之事하니 噫라 我國이 地不過三千里오 人不過二千萬이라 量入計出에 一年經費가 常患不足이어든 意以何자로 償此壹千參百萬圓지巨額乎 若此불報면 難保國家이오 國家을 未保면 嗟我同胞가 身將安寄오

生等이 心寒骨冷하여 死難瞑目더니 何幸報償議論이 唱自嶺南하여 聲聞所及에 莫不影從하여 或有婦女針工으로 補연과 至於人力車引手와 幼兒乞人지捐補하니 此是再生지秋요 重明지日이라 不揆越참하고 設此국債報償義務所於論山場데하여 一體연補에 俾勘外채하면 國民지義務를 可盡이오. 宗社之運祚가 振興일가하오니 有志同胞는 受取限內에 速速來捐하시길 仰望함. 김영善 김永極 等.

1907년 5월

19070501 잡보 130 (挽止請願) 公州觀察使 김嘉鎭氏가 遞任함에 해 道 인民들이 內部에 願留次로 上京하기로 公議中인데 해 氏가 發言하되 觀察之去留 在於政府用인이오 인民 請願에 不在한 則近日願留가 不過例件이라하여 該民인 等을 挽止하였더라.

19070501 잡보 140 (訓促報來) 法部에서 忠南裁判所 檢事에게 訓令하되 頃因內部照會하여 홍州郡 分署總巡 최建호를 處판放送할 意로 發訓이 已過一望에 尙無如何所報하니 殊涉訝感이라 到卽該案불報지委折을 火速馳報하라 하였더라.

19070502 잡보 140 (秋水劍歌) 忠南觀察道에서 罪人一名을 捉致訊問할 際에 本道留駐하는 日본인 丸山虎之助가 有何事件이던지 突入公庭하여 施以暴威에 該罪人을 無難奪去에 擧措가 駭망하였다니 日인이 韓인을 壓迫하는 行動은 已無可論이어니와 至於法庭에서 訊問하는 罪人을 自意奪去하니 韓國은 法官도 無用이오 觀察郡守도 無用

이로다.

19070503 잡보 140 (法訓忠裁) 法部에서 忠南檢事에게 指令하되 報辭는 閱悉이견과 重犯疑案之掩延旬時하여 以究비폐之意는 貴檢事所論이 不無所見이되 窄圄充滿에 以生珍氣하여 易致受病이니 盖念恤囚지義오 凡於輕囚는 同夜審査疏決하고 重犯疑案도 불日審覈하여 俾盡蹉鬱지方하라 하였더라.

19070503 잡보 500 (筆商義捐) 懷덕郡居 前主事 김選默씨는 身世가 窮貧하여 筆商爲業하더니 국債報償에 對하여 太田義成社에 五元을 出義하였고 五元五十錢을 본사에 又爲來納하여 筆 五柄을 본사에 補助하니 該氏의 義務는 令人感歎하라더라.

19070505 잡보 140 (主事被囚) 公州觀察使 金嘉鎭氏가 日補佐官 某氏와 有何相關이든지 該道 自辟主事가 경務署에 幾日間牢囚을 當하였다라.

19070505 잡보 310 (結稅再徵) 忠南 鴻山郡 稅務官 管下 各郡은 郡守與吏서輩가 結民에게 實給을 多數히 先捧以食하고 虛結을 修正文書하여 稅務所로 越交한 故로 自稅務所로 結民에게 稅納을 推捧한 今結民言內에 已納稅于前官이거늘 有何督納고 하여 呼訴가 遝至하는지라 稅務官은 民情을 顧念하여 再徵치 못하고 各郡守와 吏서輩에게 督捧한 즉 郡守와 吏서輩는 結民을 威脅하여 虛結을 勒徵코자 하는 故로 民情이 嗷嗷한다더라.

19070505 잡보 310 (立碑可憎) 忠南稅務官 金寬제氏가 稅政에 對하여 不緩不急하여 民情을 撫循하는 故로 列邦境內에 木碑를 多數히 竪立한지라 該氏가 巡邑지路에 所看木碑는 一一히 拔去하였다더라.

19070505 잡보 500 (斷飮出捐) 忠南 海美 二道面 牛峴里居 李道제氏는 孤

獨至貧으로 性本愛酒러니 今番義捐을 聞하고 喜不自勝하여 卒然斷飮의 舊貨 壹圓을 出捐하고 李道濟從氏 民濟도 年將六拾에 無依無托으로 舊貨 八拾錢을 出연하였더라.

19070508 잡보 500 (尹門出捐) 忠南 木川郡 □□面 번溪里 三間居 尹符稷 尹泰□ 尹行義 尹命鉉 尹行주 等 諸人 發起하여 其門族中에 國債報償에 義金을 募集하여 本社에 持來하였더라.

19070506 잡보 420 (茶로筆話) 扶餘郡 縣內面은 昨年 水災에 酷被其害하여 野無靑草에 一望黃塵이라 該洞人民들이 當此窮春하여 麥根을 採食하더니 不過數朔에 餓死者 三人이오 丏乞者 二十餘家인데 該稅務主事가 餓死者 三人에게 葬費 四圜式 捐助하였는데 觀察郡守는 視若路人하니 其在職責에 能無自愧할는지.

19070509 잡보 130 (非成則璜) 公州觀察使는 前判事 李圭桓씨나 度支部 司稅局長 李健榮 兩氏 中에 被任한다는데 就中 李健榮씨가 斷定被任하다는 說이 有하더라.

19070510 잡보 140 (巡弊藉甚) 南來人의 傳說을 聞한 즉 慶北 高靈郡 巡檢과 忠南 恩津郡 巡檢이 山訟債訟에 無不幹涉하여 稱以警察하고 村閭에 周行하여 班常間無罪平民을 虐待壓制하되 該郡守가 不能抑制 故로 村民이 支保無路라 하더라.

19070511 잡보 450 (避盜上京) 忠南 公州 鴻山 舒川 等地에 近日 竊發之患이 大熾하여 財産을 掠奪하는 故로 該等地富僥家들이 避身上京者 多數하다더라.

19070511 잡보 312 (民訴礦弊) 忠南 礦弊는 已爲屢報어니와 該礦民弊가 去益滋蔓하여 農民이 擧皆渙散之境에 至한 故로 農部에 呼寃次로 該地居民 等이 上京하였다더라.

19070511 잡보 500 (名士寄函) 鴻山郡 論峙리居 韓公錫 李台燮씨 等이 本
社에 寄函이 如左하니 報館之有輔於國民이 卽警夜之
鍾이오 導昏之燭也라 僕湖陬에 執在窮巷하여 □□蒙
□하고 見聞固陋하여 與世相忘터니 自閱貴報로 多荷
節友之補導하여 粗知歐亞之形便과 輿情之向背하니 偉
哉貴報之功이며 盛矣貴報之賜也여 現下國債報償之論
이 出自嶺南而遍于全國하여 雖閭巷婦孺와 壹隸雇傭이
라도 出義納金을 惟恐後人하니 天道祚宋과 民心思漢
을 於此可見이라 僕亦化囿中一物노 敢表犬馬之效하여
演助隣近同胞에 收集金額이 爲新貨 四十圓 五十錢 故
로 各人姓名을 附錄上送하오니 貴社는 卽鼓발民心之
機關也라 幸須揭布廣告하여 庶使嗣後同胞로 入入志願
에 家家奮발則積塵成山과 細流就海를 拜手頂祝

19070512 잡보 500 (泰郡義捐) 泰安郡居 前郡守 李基奭씨가 慷慨志氣로
忠義感發하여 一百圓을 先出義捐하고 該郡華陽義塾과
協議하여 發起鳩聚함에 本塾學員인 一齊히 斷烟하고
爭先出義하여 收金이 二十三圓六十五錢인데 同郡郡面
貴實里居 李炳玉氏家에서도 亦爲발論함에 該洞人民이
須臾間에 收合한 金이 十四圓十전이라 此金도 本社에
來寄인 바 總金 壹百四十八圓十五錢에 達하였더라.

19070512 잡보 140 (越權禁獄) 洪州 總巡 崔建鎬 越權한 事로 禁獄 九箇
月照律하였더라.

19070512 광고 303 本人의 弟 福來는 沒覺至痴한 年少라 適往太田러니
金景八이가 騙財하는 手段으로 誘引하여 雜技로 賭負
數萬兩하고 勒捧福來手標하여 債錢을 得用次로 周旋
한다니 世豈有如許怪悖之賊心乎 內外國人은 勿爲見欺
함. 懷德 周岸面 沙城居 朴英來 告白.

19070512 광고 308 牙山 遠南面 黃谷 大西 前坪 黎字畓 七斗落 十夜味와

大靜谷坪 壹字畓 七斗落 十二夜味를 以宗畓傳來而位土은 從孫 泰龜 耕食奉祝이든지 支孫 泰元이 本以浮浪悖類로 欲爲暗賣以食하여 京鄕出沒將爲謀事하니 內外國人은 勿爲見欺함. 尹光植 告白.

19070514 잡보 301 (請願繳還) 韓山郡 稅務官 김相麟씨가 度支部에 請願하였는데 該氏의 公正視務함을 該部 一般官吏가 大臣 閔泳綺씨에게 公訟하되 如此公正人은 依免하는 것이 不可한다하여 該請願書를 繰還한다더라.

19070514 광고 500 (國債報償義捐金收入廣告) (忠南 燕岐郡 北二面 典동) 合六圓.

19070516 잡보 130 (更望庇護) 新任 公州觀察 李健榮氏가 再昨日 度支部에 仕進한즉 該部 顧問室 日人曰 何事入來乎아한데 李健榮氏曰 伊來公의 顧護之力을 多受하여 今日까지 扶持하였으니 感謝하거니와 公州로 赴任한 後에 該道 警務補佐에게 另托하여 無事過去하기를 希望한다 하였다더라.

19070518 잡보 450 (賊魁約長) 南來人의 傳說을 據한 즉 連 鎭 錦 珍山 公州 等地에 年來로 賊警이 大熾하여 民不安居하는데 鎭山郡守 李한익氏가 賊黨을 防禦하기 爲하여 鄕約契를 設始하고 砲軍 幾十名을 設置하여 該郡求禮坪居 崔龍俊으로 都約長을 差定하고 每戶二兩式 收斂하여 砲軍의 日費를 支給케 하였는데 該崔龍俊은 卽前居連山郡時에 賊魁崔南出爲名者로 變名龍俊者也 得此權柄함에 稱以戢捕하고 率砲軍橫行村閭하였고 大小事를 無不干涉하여 구誣於白白하고 覓疵於昭昭하여 賊警은 如前益熾하고 平民은 難以支保라 하더라.

19070521 잡보 140 (全슈押上) 全義郡守 宋秉和氏가 該郡 首書記와 符同하여 人民에 有主有文劵한 田土를 成出官立旨한 事가

綻露하여 首書記는 業以押上하여 監獄署에 牢囚하고 郡守 宋秉和氏는 現又平理院에서 押上하였다더라.

19070521 잡보 140 (全昧體例) 忠南檢事 權丙勳氏가 該道 總巡 崔建鎬氏로 互相詰亂하여 權檢事가 崔總巡을 搆誣報部한 事는 前報에 已爲揭載하였거니와 該事件에 對하여 權檢事로 內部立臣에게 卽接으로 該事實을 照會하였는지라 以若檢事로 大臣에게 直接照會함이 官人의 資格을 損傷하였다고 該郡警務局長의 名下로 回答하였더니 該檢事가 內部에 再次照會한 故로 警務局長이 回答하기를 檢事與總巡間에 有何事端이던지 於本部에 都無相關이기 該書類興照會를 激還이라 하였더니 日昨에 更히 警務局長에게 照會하되 檢事가 大臣에게 有何拘礙하여 直接照會가 不可하다하며 崔建鎬 一人을 爲하여 數千生靈의 도炭을 不顧하니 貴大臣之所事를 於此可知라 하였더라.

19070522 잡보 500 (公州郡 國債報償趣旨書 前議官 李根中 等) 僕이 病蟄遐鄕人九年에 所見은 惟高山流水當靜當動이오 所習은 止四書五經舊學舊聞이라 날위退縮에 愈固且陋하여 凡於朝野大小事에 不惟不敢言이라 亦無由得聞하니 養成不病之病하여 久作非聲之聲矣러니 ○迺者木年王春之初에 有萬口一聲이 出自達成하여 初不用揚桴筒이로대 旬月之間에 遍聞於三千餘里 万万谷谷하고 洋溢于海外列方하니 僕之兩耳가 雖八九年牢聾이나 安得不針破ㅣ리오 始與腦包觸柱하고 若藥이명眩하더니 久乃惺然危坐而聽之하고 試自問曰此聲이 無烟火口氣라 謂之仙佛妄탄聲이 可耶아 又曰此是志士義人報國救民之心에 熱沸□澎발이ㅣ라 謂之憤鬱聲아 可耶아. ○又曰鰥寡孤獨丐乞發疾者ㅣ 莫不響應하니 謂之困苦聲이 可耶아 因自解曰皆隻也ㅣ라 凡我二千餘萬如兄弟若姊妹者를 天

誘其衷하여 不謀同辭하니 其발也ㅣ自不能不轟壯홍動이나 然夷者其中則和平正直에 各盡其道之意也ㅣ라 夫豐與困苦憤鬱安탄等聲의 所可同年語哉아 聲乎聲乎에 其必大而遠이로다. ○律中太簇하니(正月律)無迺是氣陽大漢하여 洗潔積陰하고 (辰日律)賓友嘉會 (午月律) 卽次第事也ㅣ라 何待張遑이리오마는 又從而注解曰 夫律者는 聰律音律之□稱也ㅣ라 師曠之法으로도 不以律呂ㅣ면 不能定五音이니 苟無條理方法이면 何以成許多大事ㅣ리오. ○先於此報債一事에 條設方法호되 若十二律呂가 損益相□하여 自寸分至毫絲히 莫不吻合於黃鍾實數케 하여 瞭然無疑然後에 節其長短하고 高其辨하며 檢其之以淸濁이면 雖愚婦나 夫와 飛鳥走獸ㅣ라도 不能自己其興起도舞ㅣ오 設或有變通於其間이라도 是는 變宮變徵不盡數之扞格也ㅣ라. ○又何難於歸正이리오마는 所病은 天下古今에 知音이 盖鮮矣라 調絃得音에 或不能無疑於十二宮中 四百二十音之排포 何雖金石革水이김列於前이라도 正變이 凌秩하고 扞格이 層疊하여 無以善其終條理하리니 深願各會中幹事諸公은 亟使貳千萬耳目으로 瞭然於此債此償之始終條理하소서 竊付愚見於左右方하노니 潤色而用之면 此事善終이 斷然無疑하리니 請又質之컨대 (未完)

19070522 잡보 170 (人傘人散) 公州郡守 金甲淳氏의 萬人傘 製造한 事는 前報에 已揭어니와 當初萬人傘을 製造하는 時에 該郡守가 浮雜之輩를 措囑하여 境內指名家姓名을 투書한지라 該製傘費를 郡內에 二十六面에 每面葉壹百兩式 排렵할애 郡民이 一齊히 反對不徵하는 故로 各面長이 獨徵할터이데 面長을 呼訴無處라더라.

19070522 잡보 130 (각우절화) 新任公州觀察使 李健榮씨가 三昨日에 內大龍山江亭에서 內相을 爲하여 一卓宴을 開設하고 妓生

六名을 招하여 迭宕히 遊戱하는데 무삼 風波가 小起
하여 名花가 相猜하였다니 芳草江사에나 一時風波가
滋味옵고.

19070523 잡보 500 (公州郡 國債報償趣旨書 前議官 李根中 等 續) 洪範七
稽□에 曰 龜시從取士從庶民從身□子孫吉이라 今此之
謀ㅣ下自庶民卿士로 上達于 六皇帝陛下께서도 從歟아
違歟아 又至於外國人히 莫贊助하니 是는 天地神明이
所以假鳴此義聲於吾民之口也ㅣ라 何待시龜ㅣ리오.○
皇帝從하시고 卿士從庶民從뿐 不啻라 以至於外人히
揚之贊之하니 今又加之以始條理之金聲과 終條理之玉
振 則斷無疑三字는 猶屬歇后ㅣ오 善終之後에는 大而
遠할 聲敎를 槪量하면 二千萬昧慣을 一變하고 六洲世
界에 文明을 共濟하는 時에는 陳錫洪範時代보담 聖德
大功이 行將倍사矣라. 禮악文物 許多大事 維新할 기
礎가 在此一事하니 曷敢不權衡古人하여 密察而深處之
리오. 國債云者는 四書五經之未曾見이오. 斷烟義聲은
二帝三皇時未曾聞이어늘 今始卒倡하여 其異於國是者
ㅣ無幾하니 揆以舊見舊聞컨대 今人胥動이 類若鬼魔하
여 怕惚難測이라하며 此는 腐儒의 膠習이라 固哉固哉
로다.○古今은 有限하고 事變은 無窮하니 苟非博古通
今에 明禮適用者ㅣ면 烏得與論於此一리오. 和風이 滿
地하고 窓日이 遲遲한데 斂膝書空하는 心眼先開人의
好思想이 乘此機會하여 豈無復國權於一挽하고 措國勢
於萬全乎아 尙未免寥寥는 何歟오 盖有之矣어늘 僕이
未及聞耶아.○魯論에 曰 斯民也는 三代所以直道而行
이라 하시니 今我國民이 欲各盡其道하여 發此和平正
直聲하니 世果有鬼魔ㅣ면 第當感服하여 革面從之하더
니 僕則以謂凡我人民이 終必服魔ㅣ라 하노라. 雖然이
나 鄒經에 曰 待文王以後에 興者는 凡民也ㅣ니 若夫

豪傑之士則雖無文王이라도 興이라 하시니○今我二千萬이 其盡豪傑也歟아 盖有四千載仁賢之本이 蘊蓄五百年扶植之深하여 協洽乎 四十年仁慈雨露之中하여 勃然活動하니 夫豈徒然이리오. 詩序에 曰 人生而靜이라하고 又曰 感於物而動이라하시니 人心非由라 焉能常靜이며 人心非水라 焉能常動이리오.○無졈而靜에 靜非其病이오. 有感而動에 不能無言이오. 言所不盡은 發於녕歎하여 音響節奏를 擬之以國債報償始終條理하오니 此所以謂黃鐘이 爲萬事根本이라. 靜而有常한 仁者 一見之면 謂之仁이오. 動而不括한 智者ㅣ見之면 謂之智오. 雖曰用不知하든 百姓이라도 並使知之케 함은 其在報館筆舌乎ㅣ저 完.

19070523 잡보 450 (佛不禦盜) 公州 東鶴寺 僧侶가 皆是富饒하여 □其秋收穀包를 作□□□하였더니 陰曆 □月 初二日에 賊黨數十名이 外貌가 英妙하고 衣冠도 鮮明한데 稱以遊山客하고 濟濟히 來到하여 綠陰에 詠詩도 하는 체하며 古殿에 玩佛도 하는 체하매 僧侶들이 泰然無心하여 以詩客接待하더니 夜深人定之際에 該賊黨이 僧侶를 次第結縛하고 錢財數萬兩을 沒數奪去하였다더라.

19070523 광고 500 (國債報償義捐金收入廣告) (忠南 石城郡 盖尺里) 合三十一圓.

19070523 광고 500 (國債報償義捐金收入廣告) (忠南 保寧 吾三田面 鳴대) 合三拾三圓八拾五錢.

19070523 광고 500 (國債報償義捐金收入廣告) (洪州 高南面 紙谷里).

19070524 잡보 170 (公察宴待) 公州觀察使 李健榮씨가 再昨日 明月館에서 宴會를 開設하고 度支部 一般官人과 其他賓客을 請邀宴待하였다더라.

19070524 잡보 520 (一進示威) 충청 전라 양도 일진회원 수천명이 황주

등지에 前往하여 시위운동하고 回路에 京城으로 入來한다더라.

19070524 잡보 500 (懷德郡 國債報償趣旨書) 夫有國然後에 有民은 乃天經地緯之常理也여 날今我大韓國의 有國民危難之大機關事하니 卽國債□千□百萬圓底事也니 以□□由 大皇帝陛下께옵서 有宵간之憂□□□□廷□臣이 束手無策하니 □□□□□□至하고 國事日非□□□□孰不痛恨血熱이리요. □見每日申報 大邱居 金光濟 徐相敦 兩氏 公函 則以國債報償事 仗忠尙義之辭意가 今人感淚이고 其鳩財之方略의 日 就使二千萬人衆 限三箇月 廢止南草吸烟 其以代金每名下每朔의 二十錢式 徵收槩算 庶可爲一千三百萬圓이니 復願大韓臣民은 轉相警告期於實施 上以答聖明下以維特疆土云云하니 兩氏之一幅公函이 可作大韓國昏衢明燭이니 孰不喚醒而肯從哉 玆廣告하니 惟願本境內同胞는 上念國勢之危急하고 下察民人之存亡하여 各出義金하여 以了國債하고 以復國權하여 以至國泰民安之地千萬옹祝

19070524 광고 500 (國債報償義捐金收入廣告) (牙山郡 三北面 屯浦洞 中) 合三十四圓卅五전.

19070525 잡보 170 (一曲劒歌) 新任公州觀察使 李健榮氏는 明月館에서 一卓을 大設하고 妓樂이 迭宕하였고 又 第四回大卓을 又設하였다니 該씨는 親察新任以後로 宴會에만 골沒하고 赴任할 組覺은 無한지.

19070525 잡보 500 (木神獻身) 恩津郡 葛麻面 木谷里거 李敬天氏가 本社에 寄書하되 本人所居村前에 有一老大槐樹하니 以來 幾年에 根露枝枯에 便成死木矣러니 去三月旣望夜에 本人이 夢見一老人이 皓素衣冠으로 扶杖而來하여 立於前曰 我는 村前枯木之神이라 生於我國之士하여 需

我國雨澤之澤者가 百餘年矣 國勢가 此境에 至함에 雖
此植物이라도 神之所棲에 어찌 憤恨心이 無하리오.
際此全國人民이 奮發於國債報償之日하여 幽明之感이
亦無間焉이라. 願君은 將此枯朽之物하여 爲之放賣하
면 雖拾전反錢이라도 勿以爲少하고 傳致報償所하라고
飄然而去하는지라 翌日에 將其夢中所覿하여 言明于村
中後에 該木을 賣却한 즉 三十錢이기로 玆以送呈이라
하는데 言雖近誕이 其人이 十分明確言之이기로 爲之
揭載하노라.

19070526 잡보 450 (火賊放火) 昨日 公州郡 大橋場市日에 火賊 八十餘名
이 白晝에 突入于場市하여 商買物品을 沒數奪取하고
仍以放火하여 五家가 沒燒하였다더라.

19070528 잡보 306 (雨雹如卵) 南來人의 傳說을 聞한 즉 則忠南 忠州 烏
致院 等地에 去陰 十四日에 雨雹이 降하여 大如鷄卵
이라 牟麥은 盡皆蹂린 無餘하고 秧苗도 亦皆被傷하여
該地는 一朝赫地가 되었다더라.

19070528 잡보 450 (貧民有冤) 南來人의 傳說을 聞한 則 舒川郡 境內 富
饒客幾許人이 賊漢을 防禦하기 爲하여 砲軍을 設置하
기 協議하고 境內居民每戶에 無論貧富하고 租三斗와
葉錢□□兩式 排歛함에 不肯□給한則 公州隊兵丁 一
人을 請借하여 貧民의게 逐戶勒徵하는 고로 民冤이
狼藉하다더라.

19070528 잡보 500 (初無是事) 溫陽郡守 權重億씨가 內部로 報告하되 郡
到付하온 訓令內開를 承准해온 바 郡守之排日演說의
人民之貼付文字는 初無此等行爲이오며 演說事는 國債
報償事로 人民이 開事務所于市中 故로 郡守가 數次出
往該所 則事務員이 以勸勉 等說로 演說于市上이옵기
郡守도 亦在傍聽之이옵고 貼付文字□初無聞知이오며

現今韓日兩國人民이 交際親睦之地에 有何排日等事乎
잇가 必是有嫌者搆誣所爲也明矣니 不勝悚歎이라하였
더라.

19070528 잡보 240 (溫泉減縮) 溫陽郡守 權重億씨가 內部로 報告하되 本
郡 溫泉里에 日本人이 建築陸軍病院之由는 已有一萬
五千圓坪形許給이신 訓令을 承準이온 바 今者建舍爲
四處에 如干田土가 入于基址而價文은 准給云이옵고
御財表石과 人民의 墳墓數拾餘處 入于同圍木柵中이오
며 □行□墻垣外西便□槐坦側에 二層洋屋을 建築이오
며 沐湯兩處□ 각有韓日之別이온데 本國湯屋外西側에
又爲拙坑建屋하여 稱爲陸軍沐湯 而原湯은水源減縮하
여 將至廢正之境이라하였더라.

19070528 잡보 500 (德郡義捐) 德山郡 支收所長 趙鍾瀗 副所長 李智憲 監
督 李붕求 李斗宰 四氏가 國債義金新貨 六百五十一圓
二十八錢五厘를 該郡各面에 募集하여 趙鍾호氏와 財
務 劉仲鉉氏가 每日申報社內總合所로 來納하고 同郡
夫人 義김 九圓二拾五錢을 付納하였다더라.

19070529 잡보 130 (催送公察) 伊藤統監이 日昨에 공주관찰사 이건영씨를
請邀하여 曰 地方□務가 不可曠職일뿐더러 外人의 교
섭할 사건이 허다하니 不日間 赴任視務케 하라 하였
다더라.

19070529 잡보 130 (內大鼻笑) 公州觀察使 이健榮씨가 再昨日發程하기로
預定하고 再昨日에 內部大臣 任善準씨를 該部사進時
에 訪問하고 伊藤씨가 催促赴任하던 說을 槩陳하고
日間發程하겠다한데 內相 任善準씨가 鼻應而已러니
이健榮씨가 秘書課로 暫往하였더니 內相 任善準씨가
鼻笑하여 曰 統監의 言을 於吾에 威脅하는 樣이니 아
즉 發程치 말고 退待指揮하라고 使人傳布하였다더라.

19070529 광고 308 公州寺爲面花田里居 印致章이 性本浮浪하와 入山爲僧 寺叔母如干田土를 僞造文券하여 四方出債코자하오니 內外國人間切勿見欺함. 僧 無常 白.

19070530 잡보 130 (酒後劍歌) 公州觀察使 李健榮氏는 將次發程赴任할터 인데 以若觀察使의 薄俸으로는 經濟上 困難을 難免할 것이오 其薄俸外에는 無他道理라하고 新貨 一千圓을 携帶下往한다니 該氏는 經濟는 무슨 事件인지 知치못 하거니와 帶錢赴任은 過恭이 非禮로고.

19070531 잡보 430 (賣土設校) 忠南 오川郡居 朴聖來 趙태天 兩씨가 靑年 을 敎育하기 爲하여 自己田畓을 放賣하여 學校를 設 立하고 學徒를 募集하는 中인데 該씨의 熱心은 莫不 稱誦한다더라.

19070531 잡보 308 (尹氏奪耕) 노城郡 后塘居 洪석杓씨가 自己 畓 十五斗 落이 在於堤堰邊이더니 年前에 內藏院 調査時에 已爲 割付하고 永久耕作之意로 呈訴于經理院하여 已有許題 하여 收租官에게 付屬하고 無慮耕作하더니 公州 素橋 東村居 尹斗炳씨가 蔑視洪씨之殘劣하고 欲爲奪耕하여 該畓을 任自分排于渠之族中行悖者四人하여 使之奪耕 하고 又聚鄰동人 四五十名하여 出苗之秧坂을 踏盡無 餘하였다고 該郡來人에 傳說이 有하더라.

1907년 6월

19070601 잡보 130 (公察□□) 公州觀察使 李健榮씨 再昨日에 前觀察使 金嘉鎭씨를 訪問하였는데 金嘉鎭씨가 이觀察의 前後 不正한 行爲를 一場詰責함에 이씨가 默默無言한다는

데 其詰問한 理由인 즉 金嘉鎭씨가 公察在任時에 이 健榮씨가 稅務視察로 回還한 後 김씨를 誣搆하여 政府에 毁言한 所以라더라.

19070601 잡보 500 (忠烈兼至) 忠南 扶餘郡 蒙도면 石橋居한 이英稷씨의 妻 閔씨는 泳설씨가 女也라. 이씨가 早年구疾하니 시의登山築壇하고 夜첩도天할새 有虎來護러라. 疾篤의 할股肉以食之하니 乃유라가 三十五日에 復發意天하니 일鄕이 稱烈이라 近日의 國債出義를 聞하고 씨가 賃織貫봉하야 銅貨 三圓을 艱辦付送하였더라.

19070601 잡보 170 (泰슈困難) 泰安郡 梨院面居 金澈濟氏가 自來家勢富饒한데 去甲午東擾時에 東徒 李柱遠爲名人이 牧牛 一隻을 □□하여 東徒數百名을 宰殺鎬饋하기를 請要하거늘 金澈濟氏가 東徒의 기熖을 畏劫하여 宰牛厚饋하였더니 不意今年에 李柱遠이가 該郡 冊室을 符同하고 金澈濟氏에게 牛 十七隻과 租 三百餘石을 當捧이라고 誣訴하여 本郡守 趙□□씨가 金氏를 捉囚勒捧코자 하거늘 金氏가 卽爲許納하고 各處賭牛 十七隻을 東軒에 牽入하고 租 三百餘石은 書票以給한 後 該郡守에게 更히 呼訴하되 牛與租를 李柱遠訴대로 依官令하여 這這徵給하였거니와 民이 甲午年 東擾時 財産도 多數히 被奪하였고 舍季이 一人이 被害까지 한 것이 皆是 李柱遠의 徒黨所爲즉 亡弟의 雪寃과 被奪財産을 依民願決處하였주되 若不然이면 京部까지 裁判하겠다하는 故로 冊客은 卽爲逃走하고 該郡守 趙□浚씨가 方在困難中이라더라.

19070602 광고 308 本人에 시姪 朴在衡이가 性本浮浪하여 京鄕出沒의 雜類輩로 追逐하여 본인의 田畓을 僞造文記하와 欲爲得債하오니 內外國人은 切勿見欺白失하시옵. 禮山 鶩目동 趙召史 告白.

19070602 광고 308 本人이 昨冬에 石城 月境居 崔元景 吳順七에게 被打 病重根因은 郡府洞 知어니와 今陰 □月 十壹日의 崔吳暴動을 再被한 바 拾六歲 生庭弟 秉勳을 恐動하여 本人所有土地券 十六石拾四斗□升落을 誘奪하고 稱云 其庶弟七歲兒를 爲하여 若是녁奪이라 하고 該土를 囑兒母放賣코자 하니 內外國人은 切勿見欺함. 石城 谷村 徐一勳 在京城病院 告白.

19070604 잡보 500 (支所送金) 忠南 洪州郡 義金□收所에서 京城總合所로 義金 四百二十五圓拾七錢사圓을 郵便付送하였는데 新聞價 九十전까지 幷付하였더라.

19070605 잡보 140 (李씨處役) 忠南 礦業者 李基淳이가 해 道各郡에 民有田畓價文도 出給지 아니하고 自意로 開礦採金하고 行悖가 比比有之하여 民怨이 狼藉함에 該道裁判所 檢事 權丙勳씨가 探問捉囚矣러니 外國人도 李基淳을 顧護之人이 多하고 農商工部에서 放送訓令하라고 法部에 照會도 有하였다는데 이基淳이 藉其勢力하고 眼下에 無人하여 捉치裁庭에 該檢事를 對하여 言하기를 余는 奉勅하고 단이거니와 令監은 무슨 名色으로 坐하는야 한데 該檢事 權丙勳씨가 이기淳을 依律하면 絞에 處할 만하되 特減一等하여 役終身에 處하였다고 法部에 報告하였다더라.

19070605 잡보 130 (擲地金聲) 李健榮氏는 忠南觀察使을 被任以後로 度支部 官人이 同僚에 悵別之情을 不勝하여 悵別宴을 設하고 遞內大를 爲하여 龍山江亭의 餞宴을 更設하고 自己私邸에서 別宴이 跌宕하던이 畢竟은 赴任도 못하고 忽地에 遞任되였으니 悵別宴이 섭섭지 않겠고.

19070605 광고 500 (國債報償義捐金收入廣告) (忠南 木川郡 西면 長평) 合九圓二십전.

19070607 잡보 500 (洪州郡 番川면 國債報償期成會趣旨書) 夫人之所以爲人이 莫大於五倫이오 倫莫大於君父하니 非父면 無生이오 非君이면 無食이라 尺地尺土도 莫非君賜也며 一膚一髮도 莫非父賜也則生非自生이오 食非自食이니 民之於君에 敢不盡忠리오 子之於君에 敢不盡孝리오 竭力之謂孝며 盡己之謂忠이니. ○其於臣子爲君爲父之地에 雖萬死라도 猶有所不避어든 況力所及之事乎 財之與死는 其輕重이 不啻霄壤之殊矣니 父지有債를 子何以不報며 君지有債를 民何以不報리오. 噫我東이 素以最爾小邦으로 更張以後에 許多支撥에 經用이 不足하여 不知中 國債가 至於一千三百萬圓지多矣라. 以若不振지勢로 萬無國報지計則國步艱難이 不啻累卵이라. 實是存亡安危지機關 而方在顚倒中이러니 何幸嶠南徐김兩公이 以先知先覺지高明思想으로 熱心於忠愛지目的하여 特擧斷烟報債지議 則聲氣攸向의 孰不影□고 □女街童과 行旅유乞도 或領탁或傾囊하여 或脫環解刀에 如子趨父하여 惟恐居后하니 是誰지使오 豈非天乎諺曰 人心이 卽天心云者 正謂今日語로다. 嗚呼徐김兩公지 一言이 庶幾興邦하니 可謂二千萬人中一人이오. 五百年後一事로다. 惟我二千萬同胞各以兩公지心으로 爲心이면 其於他日國民지富強에 何有哉리오. 愧我一鄕이 尙此寥寥하니 果何國지士며 何君지民歟아 徐김兩公은 果何人이며 我等은 亦何人也오. 雖有知覺지不同이나 相應腔子則一般也니 到此境遇에 孰敢秦越지視리오. 伏以鄙等이 雖未免□얘飯囊이나 亦莫非化育中物也니 其在興起感발지地에 敢不盡平生지方而圖報昇平지萬一也리오. 況復名門巨室는 一國지所慕也라 其忠義思想이 不啻倍사矣리니 幸須勉지勉지에 垂念於生三事一之訓하야 以事親之心으로 事君則庶乎萬一於臣民之道云爾. 發起人 幼學 주태煥 前進士 黃允秀.

19070607 광고 308 本人의 子 漢錫 桂錫 兄弟가 酒色雜技에 犯하여 不顧父母하고 물외輩와 符同하여 財産을 蕩敗하고 家人이 餓死之境인데 改過를 못하고 其庶祖母無血育한 七십老人의 田土를 僞造文書하여 得債코자하니 內外國人은 勿以見欺. 天安 蔡奎완 告白.

19070607 광고 308 忠南 定山郡 場面 伊火川居 우明俊 性本浮浪하여 付同雜類出沒港市 十餘代傳來位土 僞造文券 暗賣於李秉玉權一善 故로 自宗中呈訴安帖 然如此쾌類後慮不無故玆以廣告內外國人 切勿見欺함. 우泰命 告白.

19070608 광고 400 本人지弟 秉直 字 元章 性本浮浪 將欲得債出沒京鄕 內外國人切勿見欺. 木川 伏龜亭 崔秉奎 告白.

19070609 잡보 530 (義徒發配) 忠淸南道 裁判所에 義兵으로 被囚하였든 李鍾台 李商鉉 兩人을 流拾年으로 智島郡 古群山으로 發配한다더라.

19070609 잡보 140 (期於逮捕) 法部에서 忠南監獄署에서 逃走한 罪囚 中 未捉한 事에 對하여 未獲 三名을 期於追捕하라고 該所檢事에게 電飭하였다더라.

19070611 잡보 450 (賊黨滋蔓) 忠南來人의 傳說을 據한 즉 公州 連山 鎭岑 珍山 等地에 賊警이 尤甚하기는 賊黨 巨魁 김□律 爲名人이 公州 孺城市 近處□□□에 留連하는 故인데 該人이 本來 恩津郡 居生人으로 別號는 杓束이라 稱하고 術數는 天文地理를 能□한다하여 該近指名家年少輩가 □惑投黨者 多數하다더라.

19070614 광고 500 (國債報償義捐金收入廣告) 石城 定止面 仙石 魯城 光石面 二山 兩郡民等 合二拾六圓三십칠전오厘.

19070614 광고 500 (國債報償義捐金收入廣告) 公州府 中興學校 合拾六圓 七十전.

19070615 광고 500 忠南 洪州郡 支收所 第一回來納 金四百貳拾五圓八錢
과 大韓每日申報社 支收所 第四回來納 金四千五百圓
合四千九百二十五圓十八□를 電氣會社內 銀行에 貯置
한 事. 國債報償志願金總合所.

19070618 광고 500 (國債報償義捐金收入廣告) (懷德 內南面 宋村里) 合五
拾七圓四拾전.

19070619 잡보 170 (柳氏質言) 公州郡居 柳冀禎氏가 該郡守 金甲淳氏의
貪虐贓錢을 臚列하여 內部에 請願하되 該郡守를 照律
懲辦하여 若無實事면 柳氏가 反坐律을 受하기로 質言
하였더라.

19070625 잡보 140 (檢事減俸) 法部에서 忠淸南道 裁判所 檢事 權丙勳씨
가 內部大臣에게 照會한 辭意가 頗涉乖當하니 不可無
懲戒라하여 二週日 減俸에 處하였다더라.

19070627 잡보 140 (獄費橫徵) 保寧郡 昭洞居 金光夏氏가 農牛 一隻을 四
年의 養하더니 今初八日에 隱峴居 申漢卿이 率壹女人
하고 突入于金氏之內庭하여 牽牛出門하기 一動이 齊
會하여 期不見奪이오되 申氏女가 限死牽去뿐더러 隱
峴居人 七八名이 各持棒杖하고 來集喧譁할 際에 本面
砲軍이 適在近地而入來 則隱峴來人中申士吉이 急步逃
走어늘 砲軍이 欲問理由하여 以施威脅計로 向空放銃
하고 執袂詳問 則申氏가 哀乞曰 初知我牛라가 今始覺
非라하며 謝□乞和이옵기 金氏가 拘顔忍性하여 未卽
起訴 而申氏가 以酒價 四十金으로 自請和平于砲軍하
니 砲軍이 要以加二十金이오나 初無一分授受하고 只
此說去矣러니 不意申氏가 背和好之約하고 誣搆入訴하
여 以致砲軍之屢日滯囚하니 前何乞和며 後何起鬧인지
可謂荷杖之擧라 至若砲軍之行爲는 放砲施威가 出於愚
蠢所致이거늘 自本郡으로 牢囚砲軍이 已至多日에 獄

費를 徵出於김광하家함에 已至傾家之境이라 하더라.

19070627 잡보 500 (德郡義捐) 德山郡 國債報償金募集所에서 第二回收金 新貨 五拾一圓八拾錢을 總合所로 來納하였다더라.

19070629 잡보 520 (一進遊說) 一進會長 이용구氏以下 總務員과 評議員 二十名이 京畿 忠淸 全羅 慶尙 각도의 유설하기 爲하여 數日間에 發程한다더라.

19070630 잡보 170 (夫木立석) 洪州郡守 金祥演씨가 內部로 報告하되 上年 五月頃 本郡 義擾時에 政府에서 派遣하신 本國警務官 宋圭□ 總巡 南雲善과 日本警視 土方源之助 巡查部長 질橋善丸 等 四人이 被執遇害하온지라 伊後復城之初에 本郡 警務分署에서 紀念碑를 以木削立於本郡城內南松田이옵더니 今에 內部 警務顧問部에서 發起하고 大東南生人에게 委託하여 曾前木碑建立하였던 附近地에 築臺治道하고 該紀念碑를 更以석碑削立할 次로 現方起工하옵기 玆에 報告라 하였더라.

1907년 7월

19070702 잡보 400 (孝哉金씨) 禮山居 前議官 金炳佐씨가 拾餘年前에 上京하여 一美人作妾하여 因以沈惑하여 千餘石田土를 放賣蕩盡하고 樂而忘返하고 其子 두圭씨가 上京覲親하면 空然疾責하여 視若仇讐하고 不欲對面하더니 日前에 該씨가 身病이 沈重함에 其別室이 家舍□ 放賣하고 同씨를 驅逐한 則 不得已 旅館의 吟病하더니 其子 두규씨가 上京侍湯하다가 其父親의 病勢危急함을 見하고 無名指를 以刀裂破하여 指血을 入口하다가 猶

爲不足하여 再破入口함에 病勢가 少愈한지라 其父親
을 교子에 擔□하고 卽爲下鄕하였다더라.

19070704 잡보 430 (저稅補校) 韓山郡 麒山學校가 夾窄하고 學徒는 日加
□增하여 容接無路라. 校舍를 一層擴張條理할 役費와
또 諸般經用도 窘조莫甚한데 該郡 新場은 元來 苧産
七邑中最大市場인 故로 該場市에서 賣買하는 태저 一
束에 一전 生저 一疋에 貳전五分 鍊저 一疋에 □分式
收稅하여 該校費를 補用하여 영구維持하기로 該郡 署
理 鴻山郡守 李中鉉氏가 學部에 報告하였다더라.

19070704 광고 500 (國債報償義捐金收入廣告) (忠南 홍州郡 烏史面 華田
里) 合八圓사拾錢.

19070705 광고 500 (國債報償義捐金收入廣告) (忠南 洪州郡 얼方面 大也
面) 合六十圓二전五리.

19070706 잡보 140 (朴寃未伸) 大興郡守 朴진氏가 何等抑寃한 事가 有하
던지 上京數朔에 乞□寄宿하며 法部에 呼訴하는데 補
佐員이 沮戲하여 自己痛寃之情을 未伸케한다고 呼泣
道路에 向人說明한다더라.

19070707 잡보 500 (趙氏憂國) 德山郡 來信을 據한 則 支收所長 조종호氏
가 總合所로 國債金을 連絡來納한 後로 不應하던 該
郡 羅朴面長 이在龍氏가 更히 國債事를 熱心으로 日
夜勸勉하여 收入金額이 多數取合하였다더라.

19070707 잡보 520 (兩察大卓) 公州觀察使 양在翼氏와 光州觀察使 金奎창
氏가 再昨日에 一進會 本部에서 觀察使卓으로 盃盤을
盛設하여 該會員을 宴待하였다더라.

19070707 잡보 306 (虫災兼旱) 南來人의 傳說을 聞한 즉 公州 扶餘 鴻山
림川 等地에 黑虫이 滿山遍野하여 乾畓秧묘와 百草를
無不잠食하며 雨澤이 不均하여 秧묘를 未揷處도 太半

이오 先種處는 枯갈하여 民情이 嗷嗷하다더라.

19070710 잡보 650 (敎會擴張) 大韓監理敎會에서 三南 等地에 該敎會를 擴張하기 爲하여 該敎會 每年 總會에서 決定하기를 公州는 근據地를 삼고 米國 宣敎師 徐元輔씨 等 十餘 人을 일前에 該地에 派送하였다더라.

19070712 잡보 306 (旱兼虫災) 南來人의 傳說을 聞한 즉 日前雨澤이 天安 稷山에는 浥塵도 不足하여 虫災와 旱毒이 去益甚焉하 여 民情이 嗷嗷하다더라.

19070713 잡보 240 (連郡日戶) 內部에서 連山郡에 居留하는 日人戶口을 調査報來하라고 該郡에 訓令하였더니 該郡에서 依訓 報來하였는데 京城 西署 大□동居 이容喜에 本郡 所 在畓土를 債權者 京城 南門外蓮洞 居留 日人 川□準 作이가 光武 十一年 四月 一日에 漢城裁判所 首班判 事 이秉和의 訓令을 持하고 下來하여 取得畓土가 七 十九斗落이오 夫人處□馬口坪에 新設小林農場하고 農 場監督과 農場□을 置하였는데 男合이 二拾九요 女合 이 八이오 瓦家가 拾戶요 草家가 十사戶이라고 報하 였다더라.

19070713 광고 500 (國債報償義捐金收入廣告) (忠南 石城郡 定止面 定止 里) 合 八圜五十錢.

19070718 잡보 430 (南山設校) 恩津郡 金洛喆 孫 弼규와 前五衛長 정東□ 前參奉 柳元근 宋喆熙 손창鎭 임福鉉 손益相 諸氏가 靑年子弟를 敎育하기 爲하여 該郡 南山洞 孫濟弼氏 門中 講堂에 學校를 設始하였는데 學徒가 日加月增하 여 擴張之境에 漸進하였고 該郡守 李尙萬氏로 贊成長 을 推薦하였다더라.

19070718 잡보 306 (田畓調査) 南來人의 傳說을 聞한 즉 忠南 각郡에 一 郡境內田답 總合石數와 각 作人의 多少石數斗數를 一

　　　　　　一調査한다더라.

19070721 잡보 430 (金씨專力) 洪州 芳谷居 前課長 김秉穆씨는 現今 敎育 時代인줄 感覽하여 湖西一鄕의 僻闇함을 慨歎히 여겨 同郡居 조重獻 金始元 兩씨로 더불어 本郡 月峴地에 洪明학校를 設立하고 內外國 高明하신 敎師를 重幣雇聘하며 附近地 多數靑年을 勸勉募集하여 尋常高等兩科로 分四班敎授하는데 조重獻씨는 金五十圓을 捐助하고 金始元씨는 自己 家舍를 寄付하였는데 尙且永久히 維持할 方針이 尙不完全하다더라.

19070724 잡보 500 (公民不穩) 公州地方은 昨日부터 人民들이 門戶를 閉鎖하고 각處로 會集하여 情態가 甚히 不穩하다더라.

1907년 8월[17]

19070801 잡보 306 (燕□虫災) 燕岐郡에는 自五月로 無名毒虫이 發生하여 田穀畓秧을 擧皆括食하여 所存者가 只是경幹이라고 該郡守 趙用熙씨가 內部로 보고하였다더라.

19070809 잡보 450 (盜兒討財) 忠南來人에 傳說을 聞한 즉 恩津 扶餘 石城 등지에 賊黨이 大치하여 掘塚偸骨하되 塚主가 或 不覓去하는 故 現今은 富家幼兒를 盜去하여 錢財를 多數討索한다더라.

19070810 광고 309 漢城共同倉庫株式會社 電話五四四番 仁川各國居留地 五号同出張所 忠淸南道江景浦同出張所 平澤停車場前同出張所.

---

17) 8월 4일부터 年號가 光武에서 隆熙로 변경

19070811 잡보 430 (洪明新校) 홍주군 西面月峴 洪明普通學校는 該郡 거하는 김炳穆 尹滋鼎 김始元 趙종獻 諸氏가 發起設立한 바인데 김始元씨는 自己家屋을 校舍로 空給하고 尹滋鼎 金炯穆씨는 學資金 巨額을 自擔하여 熱心敎育하는데 敎師 二人에 敎課는 法律外史經濟學 등이요 學徒 六十餘名에 달하였고 諸氏 敎務熱心을 無不敬服하더라.

19070815 잡보 450 (리家賊警) 陰 去月 二십 六日 덕산군 大德面 面長 리一魯家에 賊黨이 突入하여 結錢 二百七拾二兩과 戶稅전 五拾□兩을 奪去하였다더라.

19070816 잡보 530 (지방경보) 拾日에 洪州鎭衛대는 雖爲解散하였으나 徒黨이 蜂起하여 鹿島를 占據하여 募兵擧事한다하며 江華脫營兵이 通津에 來到하여선 放空銃하고 良民을 위협하며 同地分派所에 保管한 銃 십挺과 彈藥을 沒數히 奪去하였고.

19070817 잡보 530 (處處義兵) 洪州地方에서는 應聲動擾하□ 邑東三十里許 □里에서 民徒 五十名이 出沒하더니 十四 午後 三時에 一輩이 大起하여 洪州邑을 襲擊하였고.

19070820 잡보 301 (不奪不厭) 公州來人 傳說을 聞한 즉 남포郡守 徐相熹씨가 乙巳條結錢을 該郡 재임시에 □郡 主事 장錫태와 首書記 최창균을 換□할 時에 每百頭五兩式 頭錢을 정하고 出□하였다가 謂以過限未淸이라 하여 更以甲頭錢□兩式달라하고 處張文目하고 또 自己의 還給錢이 장최 兩人의 □二□□인데 □條은 追後報給□□ □□金□洙로 呈訴公州府하여 □押上한 후 金□洙는 □□□ 정하고 張崔 兩人□□二拾餘日滯囚한바 □□ □□狀을 □呈하여도 不□한다더라.

19070823 잡보 150 (一逃一押) 軍部에서 內部로 照會하되 洪州鎭衛隊 解

散時에 該隊正校 高完吉 叅校 김영儀가 兵丁을 暴動할 兆朕이 有한 故로 卽時捕捉하려함에 高完吉은 知機逃躱하여 未得捕捉하고 金영儀는 押上케 하고 在逃 高完吉을 該郡에 訓칙하여 詗探押上케 하라 하였더라.

19070823 광고 450 본인이 昨冬에 喪夫하고 只與시叔 鄭公述로 相依온바 시叔은 性本端雅하여 在家讀書러니 本洞居悖類 崔致永 韓相一 韓昌先 等이 百方誘引하여 出沒京鄕에 畜券을 僞造하여 內外國人에 債錢을 多數得用하여 勒徵於本人計料故과 足上來하와 玆以廣告하오니 內外國人은 愼勿見欺함. 온양군 西面 實玉洞 李召史 告白.

19070824 잡보 430 (連校興旺) 연산군 培養學校의 創立됨은 前報에 已爲 揭載어니와 前監□ 姜泰根씨가 每年에 一百圓式例助하기로 擔任함으로 一般有志가 각자 義捐하여 기금이 □立하고 學徒가 惟日來集하는데 自洪陵으로 香炭需 餘剩條도 영付該校하여 以助其學資費故로 該郡 多少 土民이 莫不感戴하여 倍加熱心함으로 大有進就之望이라 하더라.

19070827 잡보 308 (山訟不公) 舒川郡守 扈根錫씨가 該郡居 洪在衡 趙東獻 兩氏 山訟事件에 대하여 今番殿最에 居下가 되었다더라.

19070827 의병 530 (義兵氣勢) 덕산군에서 日巡査가 民家를 搜索하다 □ 村民에게 二名이 負傷하였다 함.

19070827 의병 530 (義兵氣勢) 拾九日의 德山邑內에서 義兵 二百餘名이 蜂起하여 警務分派所를 襲擊하였는데 補佐官 二名이 重傷하여 全身의 塗血하였다더라.

19070830 잡보 630 (지방정보) 公州府에 설립한 天道敎는 會員 近百名이 되더니 二十三日에 門標를 撤廢하고 解散하였다.

19070831 잡보 140 (無故被捉) 公州 弓院 거하는 前 郵遞司長 崔鳳植씨와 廣亭 거하는 前 承旨에 沈相說씨를 該部에 派駐한 日憲兵이 無故히 捉去하였다는데 其被捉한 根因인즉 崔씨가 春間上京하여 數朔留連하다가 其七耋慈親病報를 聞하고 음 六月望間에 下去하였더니 附近洞知舊들이 京毛를 來問하거늘 崔씨 侍湯無暇에 別無間談하고 新聞을 出示하고 七大臣의 行事를 評論하였더니 此를 義士亂類라 稱하여 被捉하였고 沈씨도 亦無所犯이라 더라.

1907년 9월

19070904 광고 308 본인이 京釜鉄道用地 賠償金領受할 것이 不少하온데 去月에 不知何許 四五人이 全義邑에 來留하고 地假價를 出給云이오나 裏許를 不知하와 不爲領受矣러니 陰七月 二十日에 再次 來到于 全義德坪面 面長 李恒魯 家하여 云以德坪面地假價하고 一千五百二十一圓五十一錢七里五夕을 出給于 李恒魯 該受 李恒魯 領收標하고 卽去于 全義邑云故 本人地段費條는 不爲領受하고 卽往全義邑三四次 相違木逢未得對質 故玆廣告하오며 本人地段價 決不領受矣러니 本人地段價條를 還爲推去를 申望함. 全義 德坪面 堂里 金壽敬 金甲龍 告白.

19070905 잡보 130 (九守奏免) 洪州郡守 金祥演 德山郡守 洪愛觀 舒川郡守 扈根錫 鎭岑郡守 鄭崙永 連山郡守 리鍾國 藍浦郡守 閔泳殷 全義郡守 宋秉和 鰲川郡守 丁相燮 諸氏를 奏免하라고 충남관찰사가 내부로 報告하였다더라.

19070905 잡보 140 (藍守挾私) 忠南 藍浦郡守 某氏의 不美한 事件은 前報

에 揭載하였거니와 該郡守가 김재일 處에 捧賂하고 郡主事 張錫태더러 請願하라 한데 張씨가 答하되 무슨 事件으로 請願하라는지 我는 請願할 事가 無하니 惟意爲之하라 하였더니 該郡守가 張씨의 請願書를 不待하고 自書暗報하였다더라.

19070906 잡보 130 (郡主試取) 충남관찰사 梁在翼씨가 管下 各郡主事를 二三人式을 本道로 招集하여 試取後에 文算이 不足한 者는 一齊 免官하였다더라.

19070907 잡보 410 (筆重千斤) 충남관찰사 梁在翼씨가 一般居民에게 斷髮을 實施코져 하여 卽時에 笠商宕巾商 綱巾商의 製造機具를 일일이 收入하였다가 民情이 拂鬱함으로 該機具를 □爲出給하고 斷髮은 中止하였다니 此所謂 三日公事로고.

19070911 잡보 170 (泰守上京) 泰安郡守 趙東潗씨가 身病으로 視務치 못하였다고 該道觀察使에게 辭狀하고 不待回題而上京하였다더라.

19070913 잡보 150 (農牛被奪) 남래인의 전설을 聞한 즉 淸州 木川 鎭川 等地에서 日兵所過處에는 村□農牛를 奪取하여 軍物等屬을 駄去하되 雇價는 姑捨하고 牛隻까지 歇價放賣하여 時擾가 雖爲鎭錚하더라도 今年 秋牟耕種과 禾穀駄入이 全然無路라더라.

19070915 잡보 170 (兒童詬罵) 충남관찰사 梁在翼씨는 大皇帝陛下卽位日에 慶祝을 擧行後에 演說하다가 使酒失措하였던지 兒童輩에게 詬罵을 當하였다는 說이 有하더라.

19070915 광고 500 (國債報償義捐金收入廣告) 禮山郡商務所 合 六十一圓.

19070917 잡보 170 (郡會被埋) 충남관찰사 梁在翼씨가 今夏에 該道各郡守와 稅務官吏와 地方委員과 日警視와 財政顧問을 該府

로 會同하여 諸般規則을 議成한 後 其道會議案을 該 각군에 頒布하고 使各郡守로 郡會를 起成하여 該議案 件을 實施하라 하였는데 列邑人民은 該議案을 見하고 各其郡會를 顧하되 郡守가 擧皆郡會를 不肯한 故로 郡會가 尙無한다더라.

19070917 광고 500 (國債報償義捐金收入廣告) 忠南 沔川 菲芳串面 島里 合二十圓

19070918 잡보 530 (溫陽□) 온양군에서 去十四日에 義兵과 日兵이 數時間을 交戰하여 □傷이 多하다더라.

19070918 잡보 530 (각지소식) 本月 七日에 懷德郡衙 門柱에 左開격文을 貼付하였는데 民心이 煽動하고 出兵을 督促한다 하는데: (懷德 郡守 親展) 吾今將出世之意가 有한데 士卒이 不多하여 行陣에 困難이 甚한 故로 玆에 貴郡下에 通告하노니 砲卒 二百名을 지체말고 行陣을 探知하여 비밀히 起送하라 若不如意즉 失望이 심할지라 來月一二日에는 入郡爲計하노니 疑慮치 말고 注意注意하라 臨時하여 後悔가 無토록 시행할지어다 此事를 秘密勿泄하라 丁未 七月 二十五日 在淸州 義兵 盟主 孟永俊 起督 徐敬夏라 하였고.

19070918 잡보 240 (秋燈琴語) 천안군에 地假價을 日人이 半額만 出給함으로 人民이 嗷嗷하더니 該郡守가 該地段價額□覓하여 人民에게 定日分給□다니 該日人이 奸計莫售하니 狼狽거 大段하겠고.

19070919 잡보 170 (公守還官) 公州郡守 金甲淳씨가 何事를 因하여 上京하였던지 再昨日 該道 觀察使 梁在翼씨가 金씨에게 電報하되 當地地方騷擾之時하여 不可一日曠官이니 卽爲下來하라 한 故로 昨日發程還官하였다더라.

19070919 잡보 240 (地方消息) 溫陽 溫泉里에는 時態가 愈愈危急하고 人

心이 恟恟하여 該近에 在留한 日人은 目下에 溫陽舘으로 避難하였다 함.

19070920 잡보 450 (잡보) 충남 公州 □灘居金應七氏의 說函 : 日前에 본인이 鎭岑郡 邑內 新대 거하는 崔聖坤씨를 訪問하려고 公州 柳城市로 從하여 鎭岑으로 來하다가 路上에서 日暮하였는데 鎭岑郡 巡檢 李河亨 金鎭錫 등이 稱以巡行爲로 泥醉昏倒하여 脚步를 不定하고 □氣揚揚하며 平民을 捕繩으로 結縛하여 前導하고 來하다가 本人을 見하고 人事를 請하기에 老兄은 太平하시며 爲民警察에 매우 熱心하시니 感謝하외다 한 즉 巡檢等이 以手打頰하며 不問曲直하고 蹴蹴驅打하며 以捕繩으로 緊緊結縛하여 曰 汝是平民으로 巡檢은 警察官吏인데 何不進賜라 稱하고 無難이 老兄이라 하느냐 하며 以軍力背로 本人에 左右肩部를 亂打하기로 本人이 言하되 無辜之民을 如是驅打하며 老兄之稱이 何關劣待인데 如是打之乎아 哀乞不已하여도 終不聽施하고 打頰蹴蹴하기로 不勝痛結하여 昏倒仆地한 즉 巡檢은 各歸處所하였고 本人은 不省人事하고 達夜昏倒하였으니 如是虐打할 時에 該區域內人民은 必不得生이온 此 巡檢輩가 本是 該邑吏屬이오 本人도 公州常民인 즉 彼此常漢이 何尊誰卑乎아 一朝巡檢에 忽生士大夫之心하여 昨日 同類는 食肉吮血하랴 한 즉 만일 警務官을 하면 末由之境□은 且置하고 于先 境內人民이 將至盡滅이오 巡檢行爲를 略論하면 飮酒行悖와 資其服裝之勢力하고 打討民財와 平民에게 馹□强制는 □筆難記오 到處行惡이 甚於火賊이온 則伏乞□爲揭載하여 使我政府로 入□是政케 하시기를 伏望함.

19070920 잡보 130 (懷民願留) 회덕군 人民 등이 該郡守 柳鳳根씨를 내부에 願留請願次로 多數上京하였다더라.

19070920 잡보 530 (地方情形) 新昌 溫陽 附近을 襲擊하던 義兵이 牙山을 經하여 天安 成歡間에 駐屯하였다함.

19070920 잡보 530 (地方情形) 本月 貳日 洪州 □方 拾里許城前에 約 二百名 義兵이 駐屯하여 洪川邑을 襲擊한다 聲言한다더라.

19070920 잡보 530 (梧村恐懼) 木川郡 北面 梧桐村에 義兵이 過去하였는데 其後에 日兵이 來到하여 該洞民을 對하여 言하되 日後에 義兵 更來此村하는 地境이면 一洞을 燒盡할 터이라 하는 故로 該洞民 等이 大段恐懼한다더라.

19070921 잡보 314 (新道開通) 충청남도 太田으로부터 全羅北道 錦山에 至하는 道路에는 馬達嶺이 險함이 有하니 郵便遞送과 行旅交通上에 安全하기 爲하여 胎峯山을 經由하는 대로 新路를 開하기로 統監府에서 內部로 交涉하여 該處에 新路를 開한다더라.

19070921 잡보 140 (天安兵火) 天安 稅務官 趙漢璧씨가 度支部로 報告하되 該郡 遠一麻대 距里民家 □九戶를 日兵이 衝火沒燒라 하였다더라.

19070922 광고 430 忠淸南道 洪州郡 西谷面 月峴里 私立洪明普通學校 發起員 前叅書官 김炳穆 壹千五百圓 前叅奉 趙重獻 壹千五百圓 前叅奉 김始元 四十間家舍 前營將 尹滋鼎 貳百圓 前注書 鄭寅五 貳拾圓 校長 前議장 김嘉鎭 副校長 前承旨 리정植 校監 김始元 總務 김□穆 評議長 尹滋鼎 贊成長 前郡守 金祥演 會計 鄭寅五 敎師 리康演 리若雨.

19070924 잡보 530 (洪校春試) 忠南 洪州郡 月峴 洪明學校에서 春學期試驗을 經하였는데 優等生은 鄭稷謨 趙東□ 諸氏요 及第는 尹炳烈씨인데 多擊할 賞品을 施與하였다더라.

1907년(光武 11년, 隆熙 元年)

19070924 잡보 530 (靑守被害說) 靑陽郡守 黃祐瓚씨가 義兵에게 被害하였다는 電信이 該氏本第에 到達하였다더라.

19070924 잡보 430 (沔守興學) 沔川郡守 朴芝陽씨는 境內 有志紳士와 협의하여 帽山學校를 設始하고 銅貨 二百元을 捐助함에 境內紳士에 吳復善 柳錫祿 南震熙 姜仁基 金東旭 李敎性 辛興敎 姜魯述 具然彪 李鍾祥 諸氏가 열심찬성하여 漢文敎師 洪慶裕씨요 語學敎師 洪鍾寬씨로 延聘하였는데 出席學徒가 二十餘名에 달하여 興旺할 端緖가 有하다더라.

19070924 잡보 530 (地方消息) 同日(22일) 全義地方에서 軍隊輸送하는 臨時汽車發行時오 拾二三歲된 小兒가 投石하여 哨子窓이 破碎하였다 함.

19070925 잡보 460 (更待確報) 靑陽郡守 黃祐瓚씨의 被害說은 頗多한 □ 聞을 因하여 揭載인 바 該氏本第에서 來言하는 바를 據한즉 初無電信之來到云하니 必是風說인 듯 하나 該 事實의 有無를 確知하신 이는 更히 詳傳하여 破惑케 하기를 切望함.

19070925 잡보 530 (地方情形) 去 十五日에 義兵 約 六十名이 新昌郡 分派所를 襲擊하는데 日補助員 一名은 頭部 三處가 受傷하였고 義兵은 西方山谷으로 退陣함에 補助員 一行은 溫泉里로 逃身하고 日兵一隊는 溫陽方面으로 出向하고 義兵 二三十名은 牙山을 經하여 天安 成歡間의 鐵路를 橫斷하고 東南으로 向한다 함.

19070925 잡보 530 (地方情形) 二十一日 沙場里 太田間에서 義兵 三十餘名이 侵入하여 日人 眞淵寬及日女와 韓人 二名을 捕하였다함.

19070925 잡보 530 (地方情形) 二十二日에 忠淸南道 稷山郡 報得院에서 火繩銃을 携持한 義兵 約 四十名이 襲來하여 日人家

屋을 放火하고 後方山腹에서 日本軍隊와 遭遇하여 數時間을 交戰하였고 同院에 在留하던 日本人五拾名은 三谷里로 逃身하고 또 日本人 十名은 暫時間 山上으로 避身하였다가 成歡으로 逃走하였다함.

19070925 광고 130 本人이 藍浦郡 主事로 薦報된 것은 本郡守가 公薦으로 한 것인데 何許人이 本郡守에게 納賂圖得한 樣으로 構誣成說하여 申報에 揭載되었으니 此乃初無之事이온데 橫遭此謗이기로 玆에 辨明함. 藍浦 金在一 告白.

19070926 잡보 430 (德校有望) 충남 덕산군 道谷明新學校는 乙巳年에 進士 金東旭씨가 出義設立하여 漢文 宗敎와 本國 地誌 歷史 等科를 熱心敎育하고 去年春에 語學敎師를 延聯하여다가 時擾를 因하여 廢止하였더니 去年秋에 更設하여 學徒를 募集하여 二十餘名에 달하였는데 右科程을 講習한다더라.

19070927 잡보 150 (軍器收去) 禮山郡 軍器를 洪州 分派署 日人이 持去하였다고 該郡守署理 大興郡守 金允秀씨가 內部로 보고하였다더라.

1907년 10월

19071001 잡보 520 (一進擧火) 公州郡 一進支會長 金公彬가 自稱義兵하고 該郡 朴雲里 四十餘戶를 衝火沒燒하고 家屋什物을 沒數盜去하엿다더라.

19071002 잡보 120 (□迎接) 學部次官 俵孫一씨가 去日曜日 下午 二時量에 入城하였다는 說은 昨報에 已揭하였거니와 當日

學部大臣 李載崑씨가 仁川港宴會에 前往하였다가 下
午 三時量에 南門外 정거장에 還着하여 桃洞 李根秀
씨家에 前往慰問하고 該停車場에 出來하여 俵孫一씨
를 留待하는데 太田停車場에서 電話가 來到하되 輪車
가 破傷하였으니 火輪車를 更히 下送하라 하였거늘
他火輪車를 卽爲下送하여 俵孫一씨가 搭來하였는데
學部大臣과 該部官吏中 某某씨가 迎接入城한 즉 於焉
間 下午 十二時量에 至하였다더라.

19071002 잡보 530 (何故被禍) 예산군 거하는 前叅判 李南珪씨는 原來 博
學能文하고 淸節直聲이 一代士林의 選流라 年來 屛跡
谷塗하고 杜門讀書하더니 무슨 事端으로 日兵에게 捕
捉되여 씨는 乘轎하고 其子는 徒步隨從하더니 溫陽
畏岩洞前에 至하여 父子가 一時에 殺害를 當하였다고
남래인의 傳說이 有하더라.

19071002 잡보 530 (地方消息) 二十一日 太田驛에서 義兵 三十名이 襲來
하여 居留日人 二名과 其隣居 韓人 二名을 捉去함에
日警官과 憲兵과 日兵 等은 公州로 往하여 搜索하나
尙今行衛가 不明이라하고 또 義兵이 懷仁方面으로부
터 酒巖面의 襲來하여 日人家屋을 破碎하였는데 公州
로서 來하는 日本偵探隊 一小隊를 遭遇交戰하였다함.

19071002 잡보 530 (燕市悲歌) 公州 甘城市長에서 義徒가 暫留發行하였는
데 日兵이 市人을 義兵으로 知하고 連放幾砲에 四五
人은 被死하고 五六人은 重傷하였다니 日兵이 無辜良
民을 義兵으로 錯認하고 殺害가 多數하니 日兵眼中에
는 八公山草木이 總是疑兵이로고.

19071003 잡보 130 (二十七郡守) 內部에서 郡守 二十七窠를 修定하여 內
閣에 請議하였다 함은 己報어니와 昨日에 裁下가 되
었다는데 其氏名則 慶興 金榮鎭 安城 郭찬 林川 金應

圭 全義 金東完 杆城 金仁植 三嘉 趙載鳳 吉州 趙聖
根 慈仁 秦永濂 三陟 朴來榮 長興 朴永大 通川 李東
根 淸州 尹泰興 富寧 李根陽 呂州 金璟鎭 稷山 金箕
憲 利川 李喆榮 安州 李仁治 祥原 林鶴來 龍潭 吳景
麟 谷城 李鎬百 襄陽 李海德 砥平 閔泰植 蔚山 鄭海
八 載寧 金孝益 德山 徐丙韶 北靑 崔達斌 結成 李承
輔 諸氏더라.

19071003 잡보 170 (宣諭報告) 忠淸南北道 宣諭使 李舜夏씨는 去二十八日 公州郡에 到着하여 府下父老를 會集宣諭하였고 慶尙北道 宣諭使 金重煥씨는 大邱府에 到着하여 民人을 會集宣諭하였다고 內部로 보고하였더라.

19071009 광고 308 본인의 五代祖 統使公位土가 在於忠南 天安郡 紗羅里이온 바 牙山 배암밧 族人 奎冕 奎행 兄弟가 性本浮梁하여 將欲暗賣이온즉 內外國人은 切勿見欺함. 北署玉동 李奎진 告白.

19071011 잡보 500 (雜類牟利) 남래인의 전설을 聞한 즉 大興郡 斷烟義捐金收斂時에 領收員 金寧圭씨가 窮春貧蔀에 盡心竭力하여 ㅡㅡ收捧 則恰爲一千拾圓이라 付給總務 沈相駿씨하고 卽致新聞社之意로 屢屢言托이러니 五百圓은 已付皇城新聞社하고 其餘五百拾圓中에 三百圓은 留置京中이라하고 二百十圓은 該郡主事 李起完이가 以其錢으로 殖利하고 至今不送이라하니 義捐金이 何等 重大이관데 當初 郡主事도 以錢圖得하더니 斷烟金으로 謀利하는지 民心이 鬱涕하다 하고 沈相駿씨는 國債償總務를 資하여 大有所希하던지 至今無益於已라 하여 京中所留錢도 還爲覓來하여 漢文學校를 設立한다 하는 故로 領收員 金寧圭씨가 萬萬不可라고 反對한 故로 大興衙中에서 一場風波가 起하였다더라.

19071012 잡보 170 (宣使曉喩) 忠淸南北道 宣諭使는 去六日 下午 二時 忠州郡에 到着하여 該郡 二十四面頭民을 召集曉喩하였다더라.

19071015 잡보 400 (雪上加霜) 남래인의 전설을 聞한 즉 忠淸道와 慶尙道 지방에는 日兵과 義兵所到之處에 閭里가 俱空하고 烟火가 蕭條한 중에 加之火賊이 乘時作亂하여 겁탈을 자행하되 官民間 禁戢之策이 全無하니 可謂雪上加霜이라고 하더라.

19071019 잡보 302 (一稅兩爭) 結成郡 廣州場市에서 米穀賣買時에 所謂監官名色이 自來素有한 바 近日 一進會員은 該會로 附屬하여 收稅하기로 公文을 圖得한다 하고 義親王宮에서는 本宮에 附屬하여 收稅하기로 文蹟을 成出하였다 하여 互相分爭中인데 何處에서 收稅할넌지 未知하겠다더라.

19071019 잡보 450 (郭氏橫厄) 稷山郡守 鄭瓚씨의 水原本家에 暴徒가 突入하여 其子 漢鎔씨를 捉去하여 蹤跡이 杳無한데 其事實인즉 稷山郡 所在 洋統 十八柄을 空官時에 日本軍隊가 收去하였는데 郡守가 出給할 줄로 執頉하여 橫厄을 當하였다는 說이 有하다더라.

19071020 잡보 530 (籌燈漫許) 충청남도 木川郡 東面 等地에서 何許人이 營葬하는데 多人이 會集한지라 日兵이 過去하다가 義兵이 屯聚하였는가 疑訝하여 放銃突入함에 中丸致命者가 二名이요 被傷者가 一名이라고 各報에 揭載하였으니 日人所過에는 觸處疑兵이로고.

19071023 잡보 170 (郡守促送) 忠淸南北道 宣諭使가 曠官郡守를 催促下送하라고 內部에 報告하였더라.

19071023 잡보 530 (公州兵火) 公州郡 新都內에서 義兵과 日兵이 交戰하다가 義兵이 退却함에 日兵이 衝火하여 數十戶가 沒

燒하였다더라.

19071023 잡보 530 (洪州兵火) 洪州郡에 義兵과 日兵에게 燒火를 當한 戶數가 一百十八戶라더라.

19071025 광고 430 德山 外面 明新學校는 時擾를 當하여 不可屹立村港 故로 方移去次로 斥賣인데 校舍는 大韓國宗敎聖道敎 人이 賣渡하여 敎堂을 作하여 學徒를 選擇하여 宗敎 를 講習하며 涵養을 主力하며 蠶業을 經始하오니 內 外國人은 以此照亮함 金時元 李寅承 告白.

19071026 잡보 530 (地方消息) 二十一日 夜 天安郡에서 義兵이 日兵과 交 戰하다가 義兵은 該郡 東方으로 逃走하였다 함.

19071026 광고 400 公州 弓院 崔氏之人某 生年則甲戌也 其兒名白鶴也 十 六歲出家上京 被養於貞洞金五衛將家 成人之後 托籍於 聖敎 或出入於金銀房云 故仰禀于廣告 有或知其跟跡者 寄信于西部昌禮동 李順天宅講齋함. 洪秉敎 告白.

19071027 잡보 530 (安城經擾後聞) 二十四日에는 午前 十一時에 木川義兵 이라 하는 四十餘名은 燦燦衣服을 着하였는데 場里酒 店에 入來하여 頭民을 招하여 전 二千元과 唐木百疋 을 出하라 할 時에 또 原州義兵이라 하는 八拾餘名이 남루한 의복을 着하고 주점에 來在하여 木川義兵이 頭民들에게 討索함을 聞하고 原州義兵이 木川義兵이 라는 者를 捉하여 義兵이 아니오 賊漢이라하며 동民 을 對하여 幾漢을 殺하고 其殘餘에 銃을 奪하여 唐木 十七疋을 持去함.

19071029 잡보 430 (育英移附) 私立公州育英學校 經費를 該校長 이殷喆씨 가 自備擔任하는데 無他補助에 勢殫力綿하여 塗抹無 策에 維持末由하여 不得已廢校하고 學徒는 移入于該 郡普通學校하였다더라.

19071030 잡보 430 (開校式追擧) 公州공립보통학교를 창립이래로 개교식을 거행치 못하였는데 新校舍에 이전을 因하여 同欠典을 補行하여 일반인사의 교육심을 환기함을 기하고자 右式費 金三十圓만 補給하라고 該校長 沈驥燮씨가 學部에 報告하였다더라.

19071031 잡보 130 (四倅발程) 직산군수 김기헌 光州郡守 趙聖根 양씨는 三拾一日에 부임차로 출발하고 安州郡守 리寅洽씨는 二拾日에 출발하였고 載寧郡守 金孝益씨는 二拾八日에 출발하였다더라.

19071031 잡보 170 (三守請免) 忠淸南北道 宣諭使 리舜夏씨가 내부에 보고하되 충주군수 金在殷은 帶印逃走하였고 진천군수 신기수는 暴徒入境에 携印脫身하여 使一邑之民으로 隨而渙散하고 公히 與民家六拾餘戶가 一時被燒케 하였고 제천군수 趙重翊은 喫刦上京하여 使一邑之民으로 至於消蕩之境케 하였으니 三郡守는 爲先秦免하고 有名譽之人으로 擇差下送하라 하였다더라.

1907년 11월

19071103 잡보 120 (權씨歸鄕) 前叅將 權重奭씨가 경성을 永永辭退할 次로 眷率을 帶同하고 鴻山鄕第로 昨日에 京釜鐵道로 下去하였다더라.

19071103 잡보 650 (劒士秋懷) 목천군에서 日兵이 耶蘇敎堂 十五間을 衝火沒燒하였다고 □報가 有하다하니 其裏由는 詳□치 못하나 池魚之殃이 아닌가.

19071108 잡보 530 (地方消息) 五日 은진군 分派所에 義兵 約 百名이 來

襲함에 補助員 등이 防戰中에 急報를 接하고 江景守備隊에서 若干兵을 急派할 意로 群山警務署에서 電報가 有하다 함.

19071108 잡보 530 (地方消息) 稷山은 日間에 不穩한 狀況이 有하여 淸安間에 聯絡하였다 함.

19071112 잡보 170 (公察請由) 公州관찰사가 내부로 전보하되 博覽會에서 又有請牒하여 장차 上京하오니 限五日許由하라 하였다더라.

19071112 잡보 170 (宣使報告) 충청남북도 宣諭使 李舜夏씨가 내부에 보고하되 제천군 상황은 慘不忍言인 바 民無庇身之所하여 呼哭道路하오며 時候는 漸冷하온데 凍餒之患을 不得免焉이온즉 僅保殘戶는 晝不營業하고 夜不成寢하와 擧將渙散이온바 道主事 睦源學이 以該郡守署理로 馳往該郡하와 官舍는 旣燒無餘故로 寄於邊外民家하여 不殫勞苦하고 躬行村間에 慘恤殘民하여 姑爲奠接케 하온즉 若非郡守署理之誠心이면 邑將無邑이요 似此持異之效勞는 宜□褒賞之擧이오니 爲先本郡之守로 叙任하여 一境濱死之民을 施恤케 하심이 安當이라 하였더라.

19071112 잡보 520 (自衛派團) 一進會에서 지방을 鎭撫할 방침으로 협의하였다는 설은 前報에 게재하였거니와 該會에서 自衛團을 設始하여 각 지방으로 派送하는데 京畿道와 江原道에는 李희惠 金澤鉉 元世基씨로 忠淸北道와 慶尙北道에는 崔廷德 尹正植씨로 忠淸南道에는 尹始炳씨로 全羅南道에는 兪鶴柱씨로 黃海道와 平安南道에는 洪允祖씨로 派送한다더라.

19071112 잡보 530 公州발電을 거한 즉 義兵 百名이 恩津 分派所를 襲擊함에 防戰하기 爲하여 巡査 五名이 急行하였다더라.

19071112 광고 303 본인이 西小門外 盤石坊 米廛下契盖井洞 五十統四戶 崔禹鉉處에 當錢 二萬五千兩 推尋할 魚驗을 手袋中에 藏置하였다가 陰十月初 三日에 遺失하와 玆以廣告하오니 誰某가 盜得하였던지 休紙施行할 事. 忠淸南道 鎭岑 上南面 水內居 李齊衡 告白.

19071112 잡보 400 본인의 從姪 周鎔이가 以□젼素狂으로 如何狂說於街路上이던지 被捉於日本司令部하여 以義徒樣으로 狂招本人與李燦等하여 被囚月餘에 以無瑕得放이나 自顧狂人之行爲컨대 本人則自有狂姪之責이어니와 他人이 何罪오 慮復有後弊하여 玆以告白하오니 內外國人은 照亮함. 木川加德里居 李載洪 告白.

19071114 잡보 530 (義兵防穀) 恩津 魯城 等地 穀포를 無論公私穀하고 義兵이 齊히 出浦運船함을 禁止한다더라.

19071116 잡보 170 (公察上京) 忠南觀察使 梁在翼씨는 有何事故하여 昨日 上京하였다더라.

19071116 잡보 520 (屯土着味) 忠南 各郡 一進支會員들이 聲言하되 京會員만 宦路에 出脚하고 鄕會員은 一無收用하니 從今以後로 會員을 自退하겠다 하는지라. 該道 觀察使 梁在翼氏가 該會員을 曉喩하되 鄕會員은 각 地方 驛屯土舍音을 圖給한다 한 즉 該會員들이 自退하는 者 無하다더라.

19071116 잡보 530 (地方情形) 沔川郡에 義兵이 蜂起하여 同郡居 兪致衡氏를 義兵이 捉去하여 錢幾萬兩을 辦出하라 하는 故로 該氏가 其壓迫함을 堪耐치 못하여 幾日後에 辦出하마 하고 還家하였다 하고.

19071117 잡보 530 (三郡義擾) 忠南來人의 傳說에 據한 즉 林川 扶餘 石城 等地에 稱以義兵하고 幾十名式 村間에 橫行하여 銃代錢을 居民에게 勒討한다더라.

19071119 잡보 520 (十一部派團) 일진회에서 自衛團 設始함은 前報와 같이 該團 十一部를 設하여 각지방으로 파송한다는데.... 第六部에는 尹始炳 元世基 李元植 兪鎭秀 徐耕稙 安翼洙 金龜性 金日洙 李在夏 明建東 朴性澤 十一氏니 始興 安山 南陽 牙山 沔川 德山 靑陽 石城 恩津 礪山 高山 珍山 沃川 靑山 化寧場 咸昌 聞慶 延豊 槐山 淸安 鎭川 安城 振威로 派送하고.

19071119 잡보 530 (地方情形) 拾六日發烏致院電을 據한 즉 昨日 午後 三時에 義兵 約 百餘名이 牙山郡 分파所를 襲擊하였는데 郵便所員 及 巡査의 行衛가 不明하다고.

19071121 잡보 302 (勒奪舍音) 南來人의 傳說을 聞한 즉 덕산군에 在한 驛土를 今月分에 金委員爲名人이 稱以新舍音하고 多率下隷하여 各作人處에 威脅收賭하는 中 或愆納作人이 有하면 縛之打之에 不留時刻이더니 及其收賭에 莫重公穀을 任自擅賣이기로 舊舍音 金化先이가 據理責之하여 一向脅迫하여 作人 等이 擧訴本郡한 즉 公穀은 爲先執留이고 已賣穀은 自該洞으로 擔任케 하고 未賣穀은 待上部訓飭하여 出給하라 得題이오나 所謂 新舍音의 행위가 難測하여 舊舍音이 經理院에 擧實呈訴次로 上京하였다더라.

19071121 광고 400 閔東一爲名漢이 本人의 姓名圖章을 僞造하여 所親處에 請債한 事 有하여 舊章은 勿施하고 新章을 製造하오니 勿論內外國人은 以此照亮하시압. 瑞山 朴準用 告白.

19071122 잡보 170 (書類被燒) 恩津郡守 李尙萬氏가 學部에 하는 報告書를 修置하였다가 本月 五日 夜에 義徒가 該郡을 襲擊하여 書類燒燼 中에 右報告가 幷入하여 □子가 遲滯라고 學部에 報告하였더라.

19071123 잡보 170 (土豪□習) 南來人의 傳說을 聞한 즉 懷德郡 地方委員 宋泳肅氏가 本來 土豪手段으로 각면 面長을 符同하여 挾雜이 無雙한 故로 窮部殘民이 支保無路라 하더라.

19071124 잡보 530 (地方消息) 本月 拾八日 藍浦郡內에 義兵이 通文을 回 傳함으로 同郡이 不穩하다 하고.

19071128 잡보 530 (殺義警報) 沔川 唐津 分派所 巡査 四名이 沔川 一西 面에 義徒를 募集하는 者가 有함을 認하고 本月 拾八 日 該面에 出張하여 召集하던 該郡 昇仙面 桂才同居 年三拾된 都仲三을 捕縛取調한 즉 拾月十六日에 義徒 가 溫陽居 李敬七의 紹介로 該徒 中軍將 鄭定鉉의 部 下가 되어 各地로 橫行타가 沔川使令에게 逮捕되어 錢四圓을 納賂하고 放釋 後에 鄭定鉉의 通文을 持하 고 召集 中이라 하는 故로 卽時 該郡 分派所로 押送 할 際에 捕縛을 絶斷하고 對抗하는 故로 以釖斬殺하 였다고 洪州警署에서 內部로 報告하였더라.

19071130 잡보 530 (地方消息) 牙山邑을 襲擊하던 義兵이 漸次 增加하여 數爻가 二百餘名假量인데 現今 水原郡外也串面晩溝를 根據地로 삼아 該地와 內嶋間에 彷徨하여 該徒가 奪 取한 日本木船이 拾隻假量인 故로 水上商業이 杜絶하 고 過去하는 漁船을 破碎하였다하고.

19071130 잡보 530 (地方消息) 二十七日 燕岐郡 南面戶동에 義兵 四五拾 名이 來襲할 際에 該郡警部가 急往하여 擊退하였는데 村民 二名이 中丸致死하였고 其後에 義兵이 該洞을 습擊한 模樣이라 하고.

19071130 잡보 530 (地方消息) 洪州邑距 二十里許 南倉동에 義兵 約 二百 名이 集團하였다는 報를 同郡 日守備隊에서 接하고 日守備兵이 集合地에 前往하여 交戰하였다고.

1907년 12월

19071203 잡보 530 (內浦初擾) 南來人의 傳說을 聞한 則 忠南 內浦 等郡에 義兵이 各坊曲에 榜文을 揭付하되 勿論 某郡하고 結錢을 稅務所로 收納하는 者가 有하면 爲先該郡稅務所를 襲碎한다 한 故로 今年 結錢을 姑不收刷한다더라.

19071206 잡보 317 (無俸不傳) 魯城郡 郵遞主事 梁柱興氏는 該郡 各處에 來하는 郵付書札과 新聞을 遠近間에 分傳치 아니하고 案上에 積置하매 此事에 對하여 質問하면 答하기를 郵便局에는 月給이 無하여 如斯한다 하니 他郡 郵便局에는 月給이 有하여 到卽分傳하는지 未知하겠다고 該郡來人의 傳說이 有하더라.

19071207 잡보 530 (地方消息) 禮山郡 近處에 義兵 數百名이 駐屯하였다는 報를 龍安部分派所에서 接하고 日兵에게 通寄하여 義兵을 追擊하라하였고.

19071207 잡보 460 (可人可人) 舒川郡居 宋榮秀씨는 現方靑年으로 吸新空氣하며 注目新聞하며 逢□則勸之勉之에 期圖□覽케하고 時務의 嫺熟하여 臨事不苟라고 該郡來人이 稱道하더라.

19071208 잡보 170 (無效宜歸) 木川郡守 南啓錫씨가 內部로 請願하되 位任三載에 一無施措하고 徒竊俸祿이 極涉愧悚하니 卽爲奏免하라하였다더라.

19071208 잡보 170 (五守褒報) 忠南觀察使 梁在翼씨가 該管下 各郡守 中 治蹟이 最著한 郡守를 內部에 褒報하였는데 庇仁郡守 姜元魯 定山郡守 李寅用 恩津郡守 李尙萬 公州郡守 金甲淳 瑞山郡守 朴承俊 諸씨라더라.

19071208 잡보 530 (間於齊楚) 懷德郡 宋村 宋陰城家에 義兵이 通文을 來示하거늘 宋氏가 托以老聲無知로 退送하였더니 其翌日에 太田停車場 日憲兵分派所에서 宋□家에 傳言하되 日後에 若有義兵이 來到하거든 停車場으로 卽爲通知케 하라 하였다더라.

19071210 잡보 530 (山門被燒) 南來人의 傳說을 聞한 즉 定山郡 定惠寺에 義兵이 留連하였던지 日兵이 到來하여 該寺를 衝火沒燒하였다더라.

19071211 잡보 430 (懷郡設校) 懷德郡 大□ 前主事 任□淳 前敎員 이□ 兩씨가 該地居留하는 日本人의 戶數가 不過 七八百戶이로대 公立學校를 設立하고 兒童을 敎育하는데 本國人의 戶數는 數千戶에 達하되 學校가 無함을 痛嘆하여 普通學校를 設立하는데 校址는 前內大 李乾夏氏 畓 □斗落을 借하고 校舍는 前參奉 閔丙義氏가 自□하고 또 運動場基址으로 自己畓 三斗落을 寄付하는 故로 兩氏가 閔씨의 敎育上 熱心을 感歎하여 學校를 設立하고 학도를 募集하는데 □進之□이 有하다더라.

19071211 잡보 302 (宮租調査) 忠南觀察使 梁在翼氏가 管下各郡에 訓令하여 각宮庄秋收를 調査하여 捧留表를 領受하였다더라.

19071211 잡보 450 (任錢見奪) 連山居 金監役 某氏가 畓土를 放賣하여 錢 一萬五千兩을 其査家 閔成七씨 處에 留置하였더니 賊漢이 金氏家에 突入하여 전財를 討索하는데 將有危險之境이라 金氏가 不得已하여 閔氏家에 留置전 中 五千兩을 取貸하는 樣으로 持來하더니 賊漢이 其多數히 留置함을 知하고 閔氏를 威脅하여 一萬五千兩을 沒數 奪去하였다더라.

19071211 잡보 530 (兩郡初擾) 公州 靑陽 定山 等地에서 稱以義兵하고 數拾名式 來往하는 者가 黑周衣를 着하였거나 斷髮한

人을 逢着하면 不問曲直하고 先爲砲殺한다더라.

19071211 잡보 530 (地方消息) 天安郡 附近 鷄龍山에서 今八日에 義兵數百名이 日兵과 大戰하였다하고.

19071211 잡보 530 (地方消息) 公州郡 丹坪 東方 高地에 日兵이 駐屯하여 義兵의 駐處를 探知하고 不意 出兵하여 攻擊한 則 義兵이 暗夜를 乘하여 他處로 退却하였다하고.

19071212 잡보 520 (一移一修) 公州郡 取扱所를 他處로 移設하고 前取扱所에는 一進支會部를 設始하고 一新修理한다더라.

19071212 잡보 450 (南方賊警) 忠南 各郡에 近內 賊警이 無處無□하나 惟獨 鎭岑 連山 等地에 尤甚하여 如干稍饒한 人은 擧皆 移去後에 勿論有無하고 面徵里徵으로 其千兩式 在在 討索하는 故로 該地居民이 破産捿屑하여 奠接無路라 더라.

19071213 잡보 140 (告發嘉尙) 忠南監獄署 第二間在囚 未決囚强盜 蔣泰根이 與同時被捉之强盜 金泰京 金昌仁 崔元奎 等으로 符同設計하고 本月 壹日 下午 七時에 欲爲逃脫할려고 暗穿房돌이다가 至有穿坼聲 而第壹間在囚 役拾五年 强盜從犯 裵宗述이가 先聞叱責하고 卽爲告發하여 行免不虞變하였으니 該裵之聞聲告發이 極庸嘉尙이니 恐合相當處分이라고 該裁判所 檢事 洪祐夒씨가 法部로 報告하였더라.

19071213 잡보 400 (蕩子悖習) 木川 修身面 洪鍾燦이 京師에 來留한지 數年에 妾에게 被惑하여 其妻子는 仇讐같이 嫉視하더니 數月前에 該妾과 並力하여 妻子를 揮劍亂打하여 死生이 未辦하고 其父가 下去한지 數年이 되었으되 一不往見함에 其父는 鍾燦에 不孝를 悲嘆하고 更爲上京한 後에 不出門外하고 掩淚送歲月하니 所見이 矜惻하다고 人人唾言이 藉藉하다더라.

19071214 잡보 530 (地方消息) 公州分派所 警視報告를 據한 즉 本月 六日에 馬峙에 義兵 三拾名이 聚屯하였다는 風說를 聞하고 所員及巡檢巡查가 偵探하기 爲하여 急行하는 途中 沙面店山上에서 突然히 義兵 數拾名을 遭遇하여 交戰하였다하고.

19071214 잡보 140 (恩露願被) 海美郡居 韓胤□ 等 八拾名이 法部에 請願하였는데 其先祖右相 韓孝純씨가 穆陵有勢之臣으로 光海朝不幸之時를 當하여 點昧罪名을 未雪하였으니 今□恩需之下에 率□均霑하니 事狀을 陳達하여 亟擧 復爵之典을 千萬泣祝이라 하였더라.

19071218 잡보 302 (一土兩稅) 忠南 沔川 九萬 等地에 宣禧宮賜牌結을 至 庚午年하여 忽爲革罷하고 屬於宮結矣러니 至於辛未年에 自導掌宮으로 稱以內需司結稅하고 勒捧以去라가 又於壬寅年에 稱以內藏院所管하고 勒捧結稅以去하니 是는 一土兩稅也라 該處人이 民至於流散에 不勝抑寃하여 國存財産調査所에 等訴하였다더라.

19071221 잡보 130 (拘於事勢) 韓山郡 稅務主事 金相翼氏가 該郡守를 圖得할 次로 各面長에게 望薦을 懇請하는데 各面長들은 稅政에 拘碍하여 不能恝却하고 金氏가 郡守資格이 可合할줄로 薦報한다더라.

19071221 잡보 170 (公守請免) 忠南觀察使 梁在翼氏가 內部로 報告하되 公州郡守 金甲淳의 事實은 面會盤詰하온즉 受賂一款은 未有確據에 雖似默昧이오나 刑事被告를 中路接語하여 有所敎唆는 難逃其責이오니 上奏免官하라하였더라.

19071221 잡보 303 (雪窓茶話) 度支部에서 洪州 禮山 瑞山 唐津 海美 泰安 等郡에 金融組合을 設立하고 委員을 選定한다하니 湖西에 枯渴하던 金融이 인제는 融通이 될는지.

19071222 잡보 140 (兩囚永眠) 충남경무서에 在囚 役終身罪人 崔敬三 及 미결수 池永甫 二名이 본월 十八日에 俱以病斃하였다더라

19071225 잡보 170 (公守願留) 公州郡民人等이 該郡守 金甲淳氏를 願留次로 昨日內部門前에 답至하였다더라.

19071228 잡보 170 (衛團電留) 公州郡守 金甲淳氏 願留를 該郡自衛團에서 내부로 電報를 送呈하였다더라.

19071228 잡보 317 (郵書浮沈) 溫陽來人의 傳說을 聞한 즉 該郡 郵遞局事務主幹하는 鄭碩鎬氏가 郵便書信을 往往愆滯不傳하며 其或傳致하는 것은 十餘日式 遲延한 然後에 其家人 金虎狼으로 傳하는데 金貨 二十錢式 討索하고 其討索을 不酬應하면 書簡을 更持而歸하니 此가 郵遞新規式인가하고 該地人의 批評이 大端하다더라.

19071228 광고 170 惟我公州郡守 金甲淳氏는 莅茲踰年에 大興德化하여 散財以恤漂하고 捐廩而減布하며 執災均俵하고 不米調窮하며 講新式而誨愚民하고 涉外交而活生命하와 창攘餘生이 庶望支에터니 忽於現今로 以何事體로 獲遭奏兒之氣하여 將有遞歸之漸하오니 言念民情에 豈不切迫可慕乎잇가 卽爲齊訴于本道즉 題旨內開에 姑俟上部處分이라하오기 裏足齊훕于內部大臣閣下이오나 姑未蒙題旨이고 留연京師이오나 俾我郡守를 還蒙察任之命즉 萬命再造鼓舞塡街하겠기 內外國僉君子는 照亮伏望. 忠南 公州郡居民 劉秉珏 金商潤 告白.

19071229 광고 308 昨年 陰拾二月 二十六日 夜에 賊漢이 突入放火하와 損失夥多하온 中 本人 所居地 在畓 壹石拾五斗落畓券도 亦永閪失하였사오니 內外國人은 切勿見欺함. 忠南 唐津 下大面 瑟項里 河萬秀 告白.

19071231 잡보 530 公州郡 定川場市에 義兵 五拾餘名이 來到하여 市民을

曾集演說曰 大禍가 迫在時刻하니 惟吾同胞가 束手待死가 可乎아한데 市人曰 豈可坐而待死리오 하거늘 義兵曰 若然則市廛物品과 酒食等物을 毫無所犯할것이니 置之避身하라 한데 市民들은 一齊히 山谷으로 隱避하고 義兵이 市民樣으로 廛物을 開市하고 酒食도 放賣하는 체하는데 日兵 約 貳十餘名이 追到하여 義兵을 偵探하거늘 義兵이 答曰 皆入山谷中이라 하거늘 日兵이 療飢次로 置銃放心之際에 義兵이 一心激起함에 日兵 一人은 拔劍同擊하여 義兵 二名을 被殺한 後 脫身逃走하였다더라.

1908년(隆熙 2년)

1908년 1월

19080105 잡보 530 (兩所被燒) 定山邑을 義兵이 衝火하였다는 說은 更히 確報를 據한 즉 陰曆 去月 二十六日 夜에 義兵 一百 餘名이 忽地來到하여 郵便取扱所와 警察署만 衝火하고 義兵이 民戶를 保護하여 一不延燒케 하고 日人遞傳夫男女와 其他 一人은 被殺하고 二名은 重傷을 被하였는데 義兵은 當夜에 不知去處라더라.

19080107 잡보 301 (結錢幻弄) 懷德郡 각 面長들이 今年 考卜時에 每結頭에 一兩式 加捧하고 또 三卜式 增俸하여 與吏輩分食하며 或은 先捧結錢으로 殖利하는 人도 有한 故로 結民은 支保無路라더라.

19080108 잡보 450 (日語奪財) 懷德郡 沙城里에 住居하는 日人이 義兵에게 被殺한 事는 已揭前報어니와 其後 太田日巡査가 該동을 調査할 時에 日語하는 巡檢이 富民을 威脅曰 將有後탈이라하여 錢財를 多數히 討食하였다더라.

19080108 잡보 420 (不如設校) 連山 豆溪居 이鼎九氏는 傾其家産하여 自

己先祖十餘代位土를 這這買納하여 以爲香火之需하고 其餘田畓은 並爲分給於貧窮族戚하고 自家則片土가 無餘하니 鄕隣父老들이 贊誦不已한다더라.

19080110 잡보 420 (果則善政) 全義郡 來人의 所傳을 確據한 則 該郡巡檢 宋益憲씨가 生命財産에 保護警察을 實心公正하여 雜技局을 探得하여 □軍을 結縛하고 局전을 搜索하였다가 還爲解縛給錢曰 今雖容恕나 後若更捉이면 難免重罪이라함에 雜技人이 自然感服하여 不禁而自禁하고 該郡場市에 米穀이 稀貴하여 貧民이 困難莫甚하더니 宋씨가 米商을 都聚하여 米價는 自己가 擔保하고 初場에 白米 幾斗式分給이고 罷場에 價文을 這這收捧以給하여 米商과 市民을 俱爲便利케 하는 故로 境內咸稱曰 地方巡檢이 擧皆若是면 鄕民이 稍可安堵라한다더라.

19080111 잡보 530 (地方消息) 八日 公州 錦江左 恩津附近에서 義兵 一百五拾名이 日守備隊와 交戰하였다하고.

19080114 잡보 130 (七十四守) 再昨日 內部에서 郡守奏本을 上奏하얏는데 平山 南宮억 楊洲 申載永 堤川 睦源學 杆城 李어翼 陽城 李源喆 平康 甲澤永 興海 朴齊範 醴泉 李益采 求禮 李淵會 永平 崔斗榮 陽德 鄭秉岐 孟山 洪祐亨 新溪 徐相八 安東 安德용 洪州 尹泌 오川 徐相惠 延豊 金碩桓 永春 趙興元 聞慶 辛龍鎭 漣川 李宜珊 高陽 □恒錫 南陽 金寬鉉 龍宮 兪鳳煥 靑松 康기昇 平海 李命健 金城 吳維泳 麟蹄 姜昌희 楊口 李克烈 鳳山 申佐均 谷山 李承七 長城 金潤昌 原州 李宅珪 永興 李秉和 慶州 李琦 茂山 魯秉默 高原 李康植 南海 이鍾協 咸安 이紹鍾 寧邊 梁鳳濟 嘉山 梁在萬 咸陽 이章용 □州 權重瓚 山淸 이臣穆 梁山 이元鎬 金浦 趙東善 忠州 徐晦輔 永同 林淵相 槐山 沈奎□ 舒川

姜元魯 金溝 洪鐘懋 殷山 柳基泳 陜川 玄濟復 海南
이海盛 鎭安 朴準成 淳昌 姜華錫 江西 姜鴻大 居昌
梁在謇 鎭南 高義駿 延日 任昌宰 金山 朴一陽 淸道
梁弘默 金海 鄭鎰鎔 朔寧 文台源 珍島 徐丙潤 同福
이思弼 韓山 이思轍 錦山 金宇植 영山 이瓚永 懷德
丁大有 密陽 金重演 晋州 柳成烈 陽川 洪在箕 昌源
申錫麟 龍川 兪□哲 諸氏더라.

19080116 광고 400 忠南 洪州郡 興口香面 玄岩居 吳壽永之圖章 去八月逢賊時見失 故玆以廣告내外國人照亮함. 吳壽永 告白.

19080118 잡보 530 (南方義擾) 南來人의 傳說을 聞한즉 大興 靑台山과 溫陽 五兄弟峴에 義兵이 多數 會集하여 行路가 不便하다더라.

19080118 잡보 530 (地方消息) 九日 大興郡 巡査 駐在所에 義兵이 來襲하여 巡査의 軍刀及帽子外套를 奪取한 後 郡내에 侵入하여 郡守及郡主事를 捕縛毆打한다는 報를 洪州巡査 分遺所에서 接하고 巡査四名及憲兵이 前往하는 路中에서 義兵遭遇하여 三十分間은 交戰하였다더라.

19080118 광고 400 本人의 四寸 前正尉奎翼은 二十餘寸乳兒率養으로 性本浮浪하여 家訓을 不遵하고 沈於技色하여 蕩敗家産하고 全家衣食을 委任本人이 已有多年이어늘 至昨年하여 爲先宗土를 僞券偸賣하고 猶爲不足하여 本人에 家舍를 注囑日人하여 以爲執行하다가 知有證明하고 還爲置之하고 本人에 舍弟 年少 奎承을 威脅無雙하여 勒討八百餘圓手標하여 期欲徵出하니 내外國人은 切勿相關見欺함. 忠南 公州 元堂里 이奎韶 告白.

19080118 광고 510 本人等이 畿湖興學會를 新門外普成學校(前天然亭)을 來日曜日 一月 十九日(陰十二月 拾六日) 下午 一時에 設立會를 開하겠삽기 玆에 仰布하오니 照亮하신 後

有志同胞는 屆期光臨하심을 敬要. 再 各位前 特別通
知는 廢止함. 畿湖興學會 發起會 告白.

19080119 잡보 510 (畿湖興學) 有志諸氏가 畿湖興학회를 組織코자하여 今
日 下午 一時에 新門外普成學校 天然亭으로 開會하고
有志同胞에게 廣告로 請邀하였다더라.

19080119 잡보 312 (礦權被奪) 稷山郡 二西面 栗加里 金礦主務人 文士成
氏 寄書를 據한 즉 本人이 鑛業에 注意하와 稷山郡
二西面 栗加里 金鑛區를 採掘次로 稷山郡 日人 金鑛
會社 出張主務人 葛原益吉에게 今年 陰曆 三月에 契
約하되 限陰曆 明年 拾二月까지 定期하고 三月 二十
日에 起工하여 家屋을 建築하고 器械를 設備하옵는데
二千三百餘圓을 消費하고 六個月을 虛度하여 及其採
掘에 産出이 稀少하여 自夏至秋에 負債山積이거늘 今
者 葛原이 忽地背約하고 以陽曆 一月爲始하여 渠自採
掘하기로 無理生臆하오니 約條로 言하여도 期限이 自
在하니 不可進退뿐더러 況此本人의 損害가 不少하온
대 有此無理之擧하니 事極憤寃이온바 且於日前의 葛
原이 何如히 美國人을 締結하였던지 美人이 鑛夫를
多率하고 鑛區에 忽到하여 前已採掘한 金石과 鑛內에
數拾日採掘을 懸在金石及家屋等物을 沒數창奪하오니
右由를 洞察하시와 見奪한 礦物을 一一推給하고 原契
約限年을 依하여 繼續 採掘케 하심을 伏望이라 하였
더라.

19080119 잡보 530 (地方消息) 八日 鴻山警察署 日巡査 一名이 죄수를 押
去하는 道中에서 의병 約百二十名을 遭遇하여 전투
중에 공주 금강 渡船場에 주재한 일병이 來助戰鬪하
였다 하고.

19080119 잡보 530 (八面奇聞) 自公州로 日騎兵 九十二名이 出發하였는데

近日에는 二十名假量만 巡行하고 報恩 等地에 散在한 日軍隊가 千餘名이더니 近日에는 四百名假量이라 馬陵에 감竈計인지 兵家秘機를 知者有誰오. 此는 日兵에 一奇事오.

19080119 잡보 510 (畿湖興學會趣旨書) 惟我畿湖는 東都□北之鄕이라 國家□所倚비오. 人民之所標準이니 溯惟厥初에 人物之盛이 燦然可觀이로다. 論道經邦하여 黼黻□皇猷者도 于是焉出하며 樓阿□□하여 矜式世道者도 于是焉萃하니 由是而國有庠鄕有序하여 家以絃尸以誦하니 號稱士論之國이 良有以也라. 循是以往하여 進化不已면 必無今日之現狀이어늘 積久□弊에 馴至有此하며 究其原因에 誰任□咎오. 不農不商하고 坐暖閣倚畵屛하여 珍寶 ㅣ 燦盈箱하고 田園이 遍八域者ㅣ非畿湖人歟아. ○不學無術하고 歷金門上玉□하여 遍身綺羅에 灸手可熱者ㅣ非畿湖人歟아. 出而虐民攘財하고 入而欺君弄權者ㅣ非畿湖人歟아. 近而黨比姻아하고 遠而□待遐方□ㅣ非기湖人歟아. 倚藉勢力에 武斷鄕曲者ㅣ非기湖人歟아. 不敎子弟에 倩人文筆者ㅣ非기湖人歟아. ○六洲之位置如何는 且置勿論하고 自國之距離廣狹을 茫然不知其方向하며 萬國之歷□如何는 且置勿論하고 自國之開國元年을 당然不記甲子하며 農業은 至精至微之학이어늘 一任至愚至蠢之氓하여 不加硏究하며 工業은 勸之獎之然後에 可進이어늘 一有精妙奇巧之製하면 乃反誅求無已하여 商業은 融之通之然後에 可旺이어늘 以賀遷貨居之物로 官家는 有支定하고 豪者는 以外上하니 此皆기湖人之罪也라. 靜言思之에 始焉惢然이로다. ○吾人之罪는 吾人이 當오. 吾人之惡은 吾人이 改之니 安有別人이 替當其罪하며 替改其惡者歟아. 嗟吾兄弟여. 嗟吾兄弟여. 盟天誓地하여 悔改旣往之罪惡이니 改之

如何오. 曰 奮發也와 革新也니 繼自今으로 愛國家爲
命脉하며 愛同胞如肢體하여 知有公益하고 不知有私利
하여 以道德으로 爲可貴하고 財産으로 爲可輕즉 書籍
을 可以廣播오. 學校를 可以廣設이오. 實業을 可以興
이오. 智識을 可以闢이니 以新精神으로 □新思想하여
愛□特性이 打成一團하면 曾□彌天大罪를 以免以贖하
여 報答我全國同胞할지니 惟我畿湖人은 蹶起哉어다.
猛省哉어다. 歐人之施教育에 有一학이면 卽有一會하
여 학校가 振之於彼하고 學會가 成之於此하니 所以文
明進步에 雄飛大陸이라. ○今夫我韓에 有國家思想者
ㅣ 莫不痛恨於海陸軍의 無以禦侮와 鐵路汽車의 □以
利用과 金銀鐵鑛의 無以厚生이나 孰知其所絶無者와
最可愛者가 惟학問一事리오. 苟有是也면 百工技藝가
自可就緖하여 網擧目張하고 迎刃破竹이라. 吾東風氣
에 西北兩道가 最先進明은 所共認知라. 近復創爲學會
하여 設立學校하며 派送遊학하며 其奮発이 如河決伏
流하고 其勇進이 如大刀瀾斧하니 此는 吾人所以引領
拭目에 喜不能寐者라. 畿湖人士는 長夜昏夢을 覺歟아
未歟아. ○公議所발에 異口同辭하여 庸設本會에 名之
以畿湖興學會하고 擬欲建設학校에 養成俊乂하여 派遣
十三道하여 敎育全國靑年하노니 凡我生斯長斯者ㅣ皆
是自家事라 玉樹蘭芳의 爲人奴隸와 良田美土의 歸人
囊橐은 想普通人情之所不願이니 戮力獻身에 一切擔負
하여 □國脉於綴旒하고 邀幸福於盤泰를 切盼至祝함.
발起人 鄭永澤 李禹珪.

19080119 광고 510 本人等이 畿湖興學會를 新門外普成學校(前天然亭)을
來日曜日 一月 十九日(陰十二月 拾六日) 下午 一時에
設立會를 開하겠사기 玆에 仰布하오니 照亮하신 後
有志同胞는 屆期光臨하심을 敬要. 再 各位前特別通知

는 廢止함. 畿湖興學會 發起會 告白.

19080121 잡보 170 (委員餞別) 忠淸南北道 宣諭委員 宋綺用 崔炳憲 兩氏가 日間 발程할터인 故로 昨夜 貞동敎堂에서 敎會 中 諸氏가 會集하여 餞別會를 開하였다더라.

19080122 잡보 510 (畿湖興學會盛況) 畿湖有志諸씨가 畿湖興學會를 設立함은 已揭한 바이니와 □昨日 下午 一時에 天然亭 普成학교내에 設立會를 開하고 出席한 會員이 數百名인데 이鍾一氏가 臨時會長으로 呼選되고 鄭永澤氏가 該會趣旨를 說明한 後에 이膺鍾氏는 趣旨書를 朗讀하고 徐相浩씨는 規則을 通過하고 任員을 投票選定하는데 이容稙氏는 會長으로 池錫永氏는 副會長으로 鄭永澤氏는 總務員으로 被選되고 評議員은 二十人을 選定할 터인데 拾名만 爲先選任하고 西北학회會員 姜윤희氏가 祝辭로 演說하고 臨時事務所는 北署 松峴 이鍾一씨家로 定하고 來日曜日에 桂동桂산學校내로 總會를 開하여 諸般方針을 打決하기로 하고 六時에 閉會하였는데 畿湖는 元來文化之鄕으로 恬嬉成性하여 進就에 無意하다고 全邦人士의 居常齋嗟하던 바러니 此中人士가 果雖奮발聳動하여 精神을 喚醒하니 俱於進步에 頗自庶幾之□이라 吾儕는 韓國前途를 爲하여 大聲贊賀하노라.

19080122 잡보 140 (여守放釋) 忠南警察署에 被囚하였던 여山郡守 이相天氏는 本月 二十日에 無事蒙放하였다더라.

19080122 잡보 520 (當避衛團) 洪州郡 來人의 傳說을 據한 즉 結成 等郡에 自衛團에서 該郡에 有風力한 者로 團長을 差出하여 削髮하라고 勸告도 하며 入團金 幾十兩式 徵出하라 함으로 避身上京한 者 多하다더라.

19080122 잡보 530 (內浦風塵) 南來人의 傳說을 據한 則 忠南 內浦 各郡

에 義擾와 日兵의 騷擾가 近日益甚하여 居民이 安堵無路라하더라.

19080122 잡보 430 (洪校試驗) 洪州 月峴 私立洪明학교에서 第一回卒業試驗式을 經하였는데 卒業生은 趙東元 鄭稷謨 諸씨오. 進級生은 乙班에 沈斗基 朴重彬 諸氏는 甲班으로 丙班에 金在鳳 이孝植 諸氏는 乙班으로 丁班에 김後甲 김晚同 諸씨는 丙班으로 進級하였는데 該校 발起員 김炳穆 학監 金始元氏는 靑年을 熱心이 敎育하는데 附近農民樵童이 其熱心에 感服하여 一齊 夜학을 創立하였는데 김始元씨가 爲先國文을 敎授하고 將次漢文과 算術을 敎授할터이라더라.

19080123 잡보 460 (處處此弊) 石城 本報 購覽員에 公函을 據한 則 本報之購覽이 將至數朔이온대 遲滯遺漏가 居多 故로 詳探裏許 則該郡郵遞主事가 以無料로 使該面主人分送하는데 該主人輩가 如有所幹이면 看事次來往時送給하고 不然則數十日遲滯하여 視若茶飯하기로 屢次勸告于該主事 則雖曰別般措束云矣나 今其觀此報紙之來 則一如前習하니 以邑郵遞로는 末由購覽이라 云하였으니 近日新聞遲滯는 郡郵主事의 例習인지 不知하겠다더라.

19080123 광고 420 忠南 恩津(郡) 花枝山面 論山居 前參奉 崔序敎씨가 本以儒雅之姿로 性行이 溫良하고 處事의 寬厚는 素稱隣境인 바 當此改革時代하여 舊日事爲는 今世의 不宜한 줄로 確知하고 飜然開悟하여 先從以敎育으로 爲急務하는데 勢本赤立이나 誠心所到에 募債六百圓하여 買得論山學校校舍瓦家 三□餘間에 使學徒로 居接有處하며 熱心勸勉하고 三次捐助於校費가 又爲五十圓 □多하니 因此而學徒가 日益增加에 感服其心하니 校樣을 改觀이오. 論山浦는 以數千人家로 韓淸日三國人이 交隣居生인데 於外每人交接之際에 氏가 築底說明하여

事事妥當하니 外人도 咸服其公正하여 使數萬生靈으로 當此危險之日하여 皆爲安堵뿐 不啻라 且於本年陰十一月八日論山場市에서 日巡査가 有何事端이던지 大邱府 居하는 金昌錫과 無家行商의 李近用 車判乭 三人을 捕縛砲刑之際에 氏가 挺身拒砲說明하여 此三人을 擔保하고 一言辯明의 三人이 得生하니 其慈善之心과 愛人之惠는 泰山이 猶輕이오. 且論山之民이 今年에 偏被災하여 今秋戶布를 當此歲窮토록 辦納이 無路하여 將至渙散乃已矣러니 矜惻이 生覺하고 氏가 捐出百圓之財하여 擔納千餘戶之戶布전하니 人皆稱其德而萬口成碑라. 氏의 熱心於敎育하여 소財勸勉과 交涉於外人하여 生民安業과 挺身一言에 救命 三人과 擔納戶전에 渙民이 復安하니 此四件事에 對하여 氏의 爲國熱誠은 敎育子弟가 是也오. 同胞愛情은 소財拯民이 是也라. 如是優異한 實行은 亘古所無이기로 自本洞으로 爲先堅立木비하고 繼將立石頌德하옵거니와 惟我大韓二千萬同胞에게 氏의 普通慈善을 敬告하오며 使我韓資本家로 喚醒舊夢하고 奮발興起하시기로 爲하여 廣佈함. 忠南 恩津 花枝山面 論山 金永表 許훈 張奭煥 池光熙 李興植.

19080124 잡보 301 (罰金加捧) 懷德郡 面長들이 結錢을 收刷하되 若排日을 過限不納하면 每兩頭菓 一兩式 罰金으로 加捧하며 已刷結錢으로는 或稱以民未攸하고 放邊殖利하여 面長의 作弊가 無雙하여 民難支保라더라.

19080124 잡보 430 (意在偸金) 太田停車場 等地에서 挾雜輩가 日巡査를 符同하여 學校를 設始한다하고 該附近人民의 補助金을 偸食하고 設校는 杳然하더니 近日 또 학교 設立한다하고 該近稍饒人에게 義捐金을 勒奪한다더라.

19080124 잡보 510 (畿湖總會) 畿湖興學會에서 來土曜日(一月 二十五日)

上午 十二時에 鍾路 後 靑年會館에서 總會를 開하고 一般會員及有志同胞를 會集하고 該會發展할 方針을 硏究한다더라.

19080124 광고 308 懷德 九萬里居 宋美中은 本是浮浪悖類로 日債 三千兩 得用하고 徵出於其堂姪後 猶爲不足하여 僞造畓券而四處請債하여 其堂姪를 佩瓢할 心傷이오니 內外國人間 切勿見欺함. 김應五 告白.

19080125 잡보 170 (鰲川鰐毒) 南來人의 傳說을 據한 즉 鰲川郡 郡主事 崔柱榮氏가 方今該郡守署理를 帶하고 行爲不正하여 或村民의 山地를 勒奪하여 埋葬其親屬하고 其山主가 呼訴한즉 山價는 姑捨하고 杖之囚之하며 或無辜之民은 稱以奸淫하고 捉囚數月에 浮費가 數百金에 達한데 至於발명之日에 浮費를 呼訴한 즉 歸之狂夫而歐出하며 自己의 姪로 戶籍色을 差出하여 民間에 告示하고 他郡보다 倍나 葉□兩式 星火督捧하는 故로 民情이 嗷嗷하다더라.

19080125 잡보 550 (南方靑校) 忠南 洪州 鎭岑 等郡에서 自衛團의 壓制를 反對하여 靑年會를 設始하고 入敎하는 人이 多數하다더라.

19080125 잡보 240 (日人地土調査) 忠南 各郡에 日本人 所有土地財産을 調査하여 內部로 報來했는데 如左하니 公州 田 拾斗落 畓 六百四拾斗七升落 基地 一萬三千八坪 陳畓 四石五升落 價金 五千九百二拾一圓二拾九錢 戶 三拾五戶 日人 壹百三拾七口 淸人이 四拾□口 米人이 二口 오 法人 一口오. 沔川 畓 五十五石落 價金 九千圓 林川 畓 八拾三斗落 價金 一千五百五十一圓 洪州戶 六戶 價 三百三拾四圓 日人 拾九口 瑞山 五戶 價 二百二拾五圓 日人 十六口 淸人 二拾三口 舒川 畓 拾石五

斗落 價 七百七拾六圓四拾七전五厘 田 拾壹斗落 價金 五拾二圓 家 壹戶 八百九拾圓 平澤 田 拾日耕 畓 一百拾一石八斗落 價格 五千五百三拾圓五拾각 산坂 二座 八千七百四拾坪 日人 家 二戶 稷山 田 三十四日耕 畓 一百拾一石八斗落 日人家 六十九戶 인 一百九拾壹口 全義 畓 二石落 價 壹百五拾圓 日人 家 三十戶 人 壹百九十九口 燕岐 畓 壹百六拾五斗落 價 三千三百八拾二圓 日人家 六拾戶 人 二백九拾三口 天安 畓 三百六拾五斗落 田 一百七拾八斗落 價格 四千二百八拾五錢 家 二拾三戶 價格 三百八拾圓 日人 五拾二口 牙山 田 二日耕畓 二拾壹斗落 價格 壹百二圓□拾錢 日人 九戶 二拾五口 淸人 十六戶 十六口 法人 一戶 一口 魯城 田 拾七日耕 價格 一千七拾圓 家 二戶 拾一口 鎭岑 畓 二千四백六十七斗落 田 三斗락 價 三千四백圓 連山 畓 七拾九斗落 價 五百□拾圓 家 三拾四戶 日人 三十□口 扶餘 田 一千六拾四斗落 畓 二百三十九斗落 價金 五千七백七拾七圓 家 拾戶 日人 九拾五口 鴻山 畓 백三十六斗落 價 二千五百六拾일圓 家 五戶 日人 二拾二口 禮山 田 二百八斗락 畓 二十칠斗락 價 六백拾九圓五拾전 家 三戶 日人 三拾삼口 懷德 畓 一千六百六十八斗落 田 二千八百四斗落 價 二萬八千三百二拾一圓 山板 四拾一萬五千三百坪 日人 家 二百四十二戶 人口 一千一百八拾一口 恩津 畓 壹千四百三十三斗落 田 二十六日耕 價格 壹萬九千四拾六圓 日人 家 壹百七拾壹戶 人口 三百九拾八口 淸人 家 二十四戶 人口 壹百拾壹口라더라.

19080125 광고 400 前主事 成觀永 以普永으로 改定하오니 知舊人員은 以此照亮하심을 伏望. 公州邑內 成普永□ 告白.

19080125 광고 400 李宣傳敎恒氏大人泰安公 陰十一月 初二日別世 京鄕族

戚知舊間 未能詳知其所住處 則未得一一計告하시옵.
忠南 남浦 環里 護喪所 告白.

19080126 잡보 301 (卜債更施) 公州稅務官 李鍾玉氏가 結民에게 勿施한
考卜債를 更히 如前收捧하는 故로 民怨이 不無하다더
라.

19080126 광고 430 太田서 有志紳士 李康浩 任悳淳 兩氏가 學校를 발起
設立하는데 補助人員이 如左함. ·李康浩 三拾圓·任
悳淳 三拾圓·李乾夏 畓四斗락·閔丙羲 一百圓·永宣
君 五拾圓·宋錫奎 二拾圓·金顯一 五圓·洪淳周 拾
圓·劉秉徹 二拾圓·權鶴采 拾圓·白一欽 五圓·任斗
燮 拾圓·宋憲大 五圓·宋憲明 姜履洪 十圓·宋鳳老
金憲經 閔泳禧 十圓·韓□裕 拾圓·김基泰 八圓·尹
錫冕 拾圓·吳泰泳 五圓·宋仁憲 南廷晉 韓致浩 김光
洙 各一拾원. 具滋용 告白.

19080128 잡보 510 (興學會盛況) 畿湖興學會에서 土曜日 上午 十二時에
臨時總會를 鍾路 靑年會館에 開하였는데 會長 이容稙
氏와 副會長 池錫泳氏가 出席하였고 其他 出席會員이
三百餘人인데 會長이 開會大旨를 說明하고 會務를 處
理한 後 某某諸氏가 激切한 辭意로 演說하고 會員에
閔泳采 이우珪 兩氏가 典家賣庄하여 各 金一千圓式
寄附하였고 南村 竹동 匠木廛雇軍 이德善 延聖化 兩
씨가 勞動金 各 七拾錢式寄付하고 此雖殘金이나 諸公
의 敎育事業을 經營함에 □□를 補하라함에 滿場會員
이 莫不稱頌하였다더라.

19080129 잡보 309 (鹽商呼冤 續) 凡人이 呼訴無地하면 必訴蒼天이기로
年前에 博恭王께서 韓國宗親府에 駐御하시기로 鹽價
를 呼訴하려다가 法司에 捉囚하였더니 今年分에 日本
皇太子께옵서 渡御하실 時에 또 呼冤할 念慮가 있다

하여 警視廳에 數十日 捉囚하였다가 皇太子歸國 後에 放送하였으니 此何罪名乎잇가. ○人民은 公法에 依하여 生하고 隣國은 信義로 以하여 交하나니 日本商船이 洪州郡 長古島 岩石에 觸破한 船價를 我政府가 岩石主人이라고 其損害賠償 二千圓을 我政府에 徵推한 事實이 的確하오며 公州郡에 來住하던 貴商民 寬辰太郎이가 我國軍人과 爭鬪하다가 被打受傷하였다 稱託하고 其治療費 五千圓을 我政府에 勒懲하였으니 貴國人의 損害는 我政府에 督推하면서 我國人의 白失은 貴政府에서 視若秦瘠하니 此는 但知日人이오 不知有韓人이라 此豈兩國平和之道乎잇가. ○然則我政府에 對하여 督迫行用하던 節例대로 할진대 生鹽價를 九年에 九倍를 計하면 五萬一千九百拾九圓이오니 貴政府에서 生에게 不日出給하셔야 長古島 岩石에 不愧오 寬辰太郎에 治療懲費가 其心에 沒廉치한 일일 것이오. 公法에도 當然하고 信義에도 分明할 것을 어찌 一個人 金斗源의 劣弱만 凌蔑하여 因循推諉하는 것이 的是開明上義務乎잇가. 金斗源은 此事件에 對하여 非但 韓日兩國人習知라. 抑天下列國人所共傳聞者也니 其事情之至寃極痛은 孰有不諒者哉아. 玆에 九抱血書하와 以供崇覽하오니 동燭後에 右陳鹽價를 貴政府로 準數懲給하시와 使一個 金斗源으로 得伸□古所無之血寃 則東洋平和를 可以從此維持오. 日本의 公法과 信義를 韓國이 可以感動矣리니 ○生이 不勝血祝之至라 하였는데 金氏가 該鹽價를 推尋치 못하니 渡海하여 日本政府와 民權黨에게 血淚를 洒하려고 方在束裝中이라 더라(完).

19080129 잡보 430 (論校經試) 忠南 恩津 論山 學校에서 冬期試驗을 經하였는데 高等科 優等生의 許황 方北龍 諸씨요. 尋常科

優等生의 金龍鎭 金今俊 諸씨인데 該校長 李尙萬씨와 校監 許손씨와 □監 崔序敎씨가 演說勸勉하고 賞品을 分給하였다더라.

19080129 광고 510 本會 臨時事務所는 北署 松峴 三十四統 三戶 李載益 氏家로 權定함. 畿湖興學會.

19080130 잡보 140 (七罪化仙) 忠南警察署에 在囚한 役終身罪人 朴春西는 本月 六日에 終身罪人 이成玉과 役十五年 이甫京은 本月 八日에 役拾五年 林正烈은 本月 九日에 役終身 朴興돌 金必洛 金又謙은 本月 拾日에 俱以身病으로 幷爲致死하였다더라.

19080131 잡보 450 (殃及池魚) 恩津 銅山居 梁漢錫은 年今二十에 奉老耕 讀하여 以孝로 聞於鄕里이러니 十月 初 同郡 論山居 鄭万奉이 以日人商店 雇用하는 悖類로 日人錢五拾圓 을 從中挪取하여 消融於技場하고 不堪困督함에 暗生 凶計하여 脫其冠網하여 暗投於梁家後竹林中하고 仍往 日人處하여 渠之妻家에서 得債還路에 逢賊被奪이라하 고 與日巡査로 偕往梁家附近하여 佯爲搜探타가 於竹 林中에 手出其冠網曰 賊臟이 在此라 한 즉 日巡査는 言語不通하여 不語裏許하고 橫捉梁漢錫而去하여 終夜 惡刑이되 不服其誣 則及其明日에 還到梁家近地하여 圍立漢錫하고 以刀亂刺에 意致非命하고 猶爲不足하여 又捉漢錫之兄 而無數牢刑타가 僅得脫危하였다고 南來 人의 傳說이 有하더라.

1908년 2월

19080207 잡보 510 (興學總會) 畿湖興學會에서 本月 九日(日曜)에 定期總

會를 磚동 普成學校로 開하고 興學할 方針을 硏究하며 高明한 紳士 諸氏가 來하여 演說하는데 傍聽도 許한다더라.

19080207 광고 510 本會에서 定期總會를 本月 九日(日曜) 下午 一時에 磚洞 普成學校內로 開하겠사오니 一般會員과 有志同胞는 趁期枉臨하시옵. 畿湖興學會 告白.

19080208 잡보 650 (傳道委托) 貞洞 耶蘇敎會 牧師 崔炳憲氏가 忠南宣諭委員으로 再昨日 發程하였는데 該敎中傳道一款은 玄楯氏에게 委任하고 其外諸般事務는 채奎興氏에게 委托하였다더라.

19080211 잡보 170 (傳道委托) 貞洞 敎會 牧師 崔炳憲氏가 忠南南道 宣諭委員으로 本月 六日에 발程할 時에 該敎堂 傳道一款은 玄楯氏에게 委托하고 一切敎中事務는 채奎興氏에게 委任하였다더라.

19080211 광고 308 忠南 靑陽居하는 明聖順이가 本是悖類로 沒覺한 尹好榮을 誘引하여 其累代宗土를 僞造文券하여 欲爲盜賣하오니 內外國人은 勿爲見欺하시옵. 靑陽居 海平 尹氏宗中 告白.

19080212 잡보 510 (演會將設) 畿湖興學會에서 日間演說會를 設하고 城내 有志人은 會集하여 敎育에 關한 事件으로 一場演說한다더라.

19080212 잡보 140 (罪囚病斃) 忠南裁判所에 被囚한 一般罪人이 一月 以내에 病斃한 者가 合爲二十名이라고 法部로 報告하였는데 該郡에서 발訓하기를 從今以後로는 罪囚의 衛生上에 格別注意하였다더라.

19080215 잡보 303 (僞貨屬公) 太田서 貨幣僞造者 朴右弼 等 拾名이 被捉한 說은 已揭이니와 該僞造貨 五拾一圓二拾錢과 機械

等物를 忠南裁判所에서 屬公하얏다더라.

19080216 잡보 530 (木郡無事) 木川郡守 南啓錫氏는 昨年 七八月 以後로 義兵과 日兵을 善爲交涉하야 民自安業하고 官亦無事라고 南來人의 傳說이 有하더라.

19080216 잡보 520 (山林何罪) 傳說을 據한 즉 公州郡 一進支會長이 該道內에 山林學者라 稱道하는 人의 씨名을 本道 觀察使에게 錄呈指囑하기를 此等人이 現今間은 別無關係이나 必有後慮하리니 措處하라 하얏더니 該觀察使가 其 姓名列錄을 警視에게 出示한 즉 山林學者라 하는 人을 捉囚하얏다는데 困難莫甚하다더라.

19080219 잡보 510 (演說壹請借) 畿湖興학會에서 來土曜日에 獨立館에 會集하여 演說할터인데 該館을 暫爲借與하라고 一進會에 請求하얏다더라.

19080219 광고 420 忠南 恩津郡 論山浦居 前主事 金聖培氏가 陰歲末에 本浦勞動者의 情況을 矜惻이 여겨 義捐拾五圓을 하여 使此客地孤踪으로 過歲에 無呼飢寒之歎케 하니 非但 該人等이 頌德이라 隣境에서도 該氏慈善之心을 無不感謝 故로 廣布함. 池□相 等 告白.

19080220 잡보 301 (結民施刑) 天安稅務官 趙漢璧氏는 結民을 壓制하며 笞刑을 施한다고 該郡來人에 說이 有하더라.

19080221 광고 400 忠淸南道 保寧郡 睦忠面 竹동 居하는 趙敎官 重厚氏 大人 咸平公 璋熙氏께서 以宿患으로 陰 戊申 正月 十二日 寅時에 別世하얏삽기 玆에 廣告하오니 京鄕族戚 與知舊間 照亮하기옵. 從子 重範 子 葵鎬 寧鎬 從孫 聖鎬 外孫 이鍾寅 이寬浩 告白.

19080222 잡보 301 (戶錢加斂) 大興郡 來人에 傳說을 據한 즉 該郡 戶布 數가 二千六百餘戶內에 困窮戶數를 度支部로 報告하

여 六百戶를 已爲觸減하고 原戶上納이 只二千三百戶인데 該郡 稅務主事 尹헌求씨가 四窮原減한 戶와 添加戶를 洞中排徵하는 故로 該郡守가 相持하여도 尹씨는 督捧하라는 고로 民怨이 有하다더라.

19080223 잡보 170 (以文哭慰) 舒川郡 地方委員 具昌濟氏가 地方事務에 嫻熟하더니 不幸히 身死한지라 鴻山稅務官 金完濟氏와 財務官 黑田達氏와 該近地方委員諸氏가 具씨의 妙年長眠함을 嘆惜하여 葬費를 優數히 捐補하고 祭文까지 製送하였다더라.

19080225 잡보 140 (行路不便) 南來人의 傳說을 據한 즉 恩津 魯城 公州 等地에는 日兵이 道路에 把守하여 遞傳夫를 保護하고 來往人의 踪跡을 一一調査訊問한다더라.

19080226 잡보 317 (郡主溺職) 懷德郡主事 尹榮德氏는 本以該郡巡檢으로 郡主事를 圖得하여 視務數月에 郵遞事務를 兼帶하여 郵夫에 月給을 盜食하고 不給이던지 郵□를 傳之轉便타가 □□遺失하여 人民의 損害가 不少하다고 該郡來人의 傳說이 有하더라.

19080226 잡보 450 (賊漢被捉) 天安郡 等地에서 日人 賊漢 二名이 銃劍을 각持하고 村閭에 橫行하여 錢財와 酒食을 討索하다가 一名은 憲兵隊에 被捉하였다더라.

19080228 잡보 130 (錦察云辭) 忠南觀察使 梁在翼氏는 誰某의 勸告인지 日間辭職疏를 奉呈한다더라.

19080228 잡보 530 (義縛面長) 洪州郡 植松 等地에 義兵이 來到하여 該地 面長을 縛去하였다더라.

19080228 잡보 510 (畿湖開會) 畿湖興學會에서 懇親하기 爲하여 任員會를 來二拾九日 土曜日에 該會장 이容稙氏 私邸로 開會한다더라.

19080228 광고 308 本人이 本郡 □民里 居하는 鄭漢朝의 五字畓 八斗落 文券을 昨年 六月分에 典執이온 바 今月 二拾日에 該 券을 賊漢에게 見失하였기 玆에 廣告하오니 內外國人 은 切勿見欺하시옵. 懷德 太田居 李鳳永 告.

1908년 3월

19080303 광고 308 本人에 辰字畓賭 拾一石十斗地가 在忠南 公州 九則面 인데 該文券 二張을 見失하였으니 誰某拾得이던지 休 紙施行함. 稷山居 閔升鉉 白.

19080305 잡보 510 (評議開會) 畿湖興學會 松峴 臨時事務所에서 昨日 下 午 七時에 評議員會를 開하였다더라.

19080305 잡보 450 (賊魁藉義) 南來人의 傳說을 據한 즉 鷄龍山下居 賊魁 宋今福이가 藉義行暴하여 附近居民이 支保無路터니 今則該義魁가 高山 大屯山下로 移居하여 각處에 橫行 掠奪한다더라.

19080306 잡보 510 (會券頒給) 畿湖興學會에서 會券을 今番總會부터 會員 에게 頒給한다는데 入會金을 出한 會員에게만 爲先頒 給한다더라.

19080306 잡보 510 (學會總會) 畿湖興學會에서 本月 八日 日曜 下午 一時 에 前訓鍊院에 定期總會를 開하고 事務를 處理한 後 에 辯護士 諸氏가 演說한다더라.

19080306 잡보 430 (瑞山義士) 忠淸南道 瑞山郡에 有志人士 韓□昇 沈在 憲 尹承五 趙東淵 李鍾渝 吳世泳 李顯敎 諸씨가 학校 를 設立하여 漢文과 英文을 敎授한다고 人皆稱頌한다 더라.

19080307 잡보 240 (日人禁報) 南來人의 傳說을 聞한 즉 天安附近에 住在하는 日人들이 韓國人民이 本報 閱覽함을 見하면 無端히 驅逐或毆打하는 故로 該地人民이 敢히 本報를 公衆에 現露치 못한다더라.

19080307 잡보 150 (悖行如此) 京畿報를 據한 즉 去 一月 □九日에 日兵 三派가 鴻山內 □面으로 來하는데 各洞 동장을 命하여 彈丸駄를 負擔以運케 하되 駄價는 一分도 不給하고 氣勢가 大段하여 人不敢仰視하고 路上 行人을 隨現輒打하고 日兵 一派는 至治里로 往하고 二派는 麻田里로 往하니 合拾七名이라 其中一進會人이 半數나 되는데 使金문郁 宋參奉 鄭書房으로 火를 擧하고 동리로 周行하며 鷄 十四首를 捉取하고 家家에 入하기를 自家와 如히 搜索하며 或鷄卵이나 乾柹 等物이 有하면 持去하고 或其婦女를 打하며 其翌日은 鄭書房家 婦人은 炊飯을 遲緩히 한다고 猛打하였고 飯價는 一分도 不給한지라 一夜間浮費가 拾圓假量인데 洞內 六十四戶에 分排한則 每戶에 一兩五전式이 되었는지라 該等이 言하기를 所謂開明國兵丁이 如此히 悖惡한 行爲를 하는고나 하며 怨恨이 漲天하다더라

19080313 광고 430 忠남 公州郡 益口谷面 敬天里居 朴병鎭 金秉濟 金祥文 三氏가 現今 頹敗民俗과 疲業時局을 挽回하려면 靑年子弟를 敎育하는 것이 第一急先務로 覺得하고 同志를 糾合하여 該洞에 元明學校를 設立하고 靑年 三十餘人을 募集하여 李昌周 申鉉九 兩氏가 名譽敎師로 熱心敎授함으로 校況이 日益前進하여 來頭之望이 頗有하오며 經費는 有志人士가 極力義捐할뿐더러 該近婦人까지 一二十錢式이라도 爭先捐助하였습기 玆에 左開廣佈함. 金鍾鎭 金秉濟 徐언學 金商文 梁柱成 尹相郁 朴병鎭 申鉉九 各三圓 禹利岩 五圓 金悳鉉 金辰

泰 각二圓 徐炳哲 朴永哲 각一圓三十錢 金順泰 우鍾
濬 각一圓五拾전 尹滋聖 尹漢重 辛鳳煥 宋鍾哲 金明
叔 金鍾鉉 李世榮 이正西 朴奇東 金應七 金在□ 陸氏
월나 金氏살노미 各一圓 金商泳 白鶴鳳 이鍾善 각七
十전 千炳基 이近德 權泰善 각六十전 裵東植 金聖培
權鍾우 楊泰赫 林云京 이云璣 姜聖德 宋致甲 權致京
최淳星 이亨七 朴東善 崔聖善 이滋三 金德春 金容濟
金학洙 김顯岐 朴洛鎭 李敎文 김종學 徐一煥母親 각
五拾전 鄭云執 四十錢 金元幷 李興植 金奉洙 許贊和
韓奭敎 姜信榮 박在寅 이根培 曹秉巨 채承淳 金輔熙
朴濟相 鄭時永 金庚洙 朴병鎭夫人 各三十전 金商학
김敎逸 吳性善 尹滋학 尹朝炳 朴時鎬 김泰鉉 張云京
박正賢 金弘燮 白執 金和洙 金錫柱 林性圭 盧順天 洪
宗八 白南化 魚良善夫人 宋氏학실 金氏윤어시 車德和
從妹 이씨우리바 金氏이샤버 各二十錢 元明학校 告白.

19080313 광고 400 唐津 黃谷居 前參奉 沈能秀氏家에 今年 陰正月 七日
夜에 匪徒 數拾名이 각持銃劍하고 突入該家하여 威之
脅之에 討索전穀 而無由酬應 故로 據理責諭 則卒然放
銃하여 因卽長逝矣 前日知舊間에 訃告矣나 未詳其동
名하와 玆以佈告하오니 本人生時知舊僉位는 以此照亮
함. 沈圭澤 告白.

19080314 잡보 650 (宣諭已畢) 忠南 宣諭委員 최炳憲氏 一行이 內浦 각郡
에 巡行하여 宣諭할새 日本守備隊에서 敎人이 禮拜堂
에 會集함을 忌하여 禁止코자하거늘 최씨가 善爲交涉
하여 無碍傳道케 하고 事務를 畢하고 天安地方에 到
達하여 日間上京한다더라.

19080314 잡보 510 (會舍請借) 畿湖興會에서 請砲兵隊營舍이나 前陸軍衛
生院이나 前被服廠이나 三處 중 □處를 會舍로 借給
하라고 該會長 이容植氏가 度支部로 請願하였다더라.

19080314 잡보 510 (兩會親睦) 畿湖興학회에 西北學會가 親睦하기 爲하여 明日 下午 一時에 磚동 普成館내에 懇親會를 開催한다더라.

19080314 잡보 530 (地方消息) 昨年 拾一月二拾二日間에 日兵이 鴻山方面에 入來하여 人民을 對하여 義兵의 去處를 指示하라고 軍刀로 無數毆打하고 其後에 日騎兵 七名이 入來하여 生淸一升 □蜂箇□箇를 勒奪持去하고 方生一面은 鷄與鷄卵을 搜取함으로 絶種할 貌樣이오 甚至於 鷄商이 負去하는 鷄라도 每首에 當一兩에 勒買하는 故로 村民이 畏劫한다하고.

19080314 광고 510 本兩學會에서 本月 拾五日(日曜) 下午 壹時에 磚洞 普成專門學校內로 懇親會를 開催하오니 兩會會長以下一般任員諸氏는 屆期 光臨하심을 敬要. 畿湖興學會·西北學會.

19080315 광고 308 本人의 田畓 五拾餘斗落이 在於木川 南面 馬山□峙이온 바 本人의 再堂叔 寅昇氏가 以僞造文券 欲爲偸賣이오니 內外國人은 切勿見欺함. 木川 남면 石川居 柳榮烈 告白.

19080318 잡보 130 (拾三郡守) 日前 내각에서 郡守 十三窠를 奏裁하였는데 氏名이 如左하니 蔚珍에 開城府尹 劉□容 開城에 安岳郡守 沈鍾舜 남浦에 鎭川郡守 申祺秀 鎭川에 忠北事務官 宋熙完 高城에 義州府尹 鄭海雲 尙州에 定山郡守 이寅用 宜寧에 彦陽郡守 이啓弼 陰城에 陰竹郡守 朴周憲 金化에 公州郡守 金甲順 公州에 前郡守 權泰容 劦谷에 前參書官 洪鍾澣 洪原에 前議官 鄭冕鎭 平昌에 前正尉 이愚경 諸氏더라.

19080318 잡보 130 (宋氏錢閣) 忠淸道 懷德郡居 紳士 宋龍在氏가 二萬兩을 納하여 直閣一啣을 圖得하였다니 懷德之宋은 世稱

湖中名族인데 此時代를 當하여 猶是淸宦을 貪慕하여 金錢을 使用한 事가 有하니 令人噴飯하거니와 大抵湖中에 士族과 富豪들이 至今까지 國家와 人民을 爲하여 公益事業에 注意함은 全然無聞하고 如彼히 仕宦界에 鄙陋한 行爲만 有한 것은 一般輿論이 慨惜不已하는 바라더라.

19080318 잡보 420 (沔郡海溢) 沔川 頓串浦에서 海溢이 되어 該近 三동 人民 數千人이 陷沒之境이더니 波濤가 卽退하여 死傷은 無하였다더라.

19080318 잡보 530 (地方消息) 連山郡 仁川面 五山里에 義兵이 潛伏한 消息을 聞하고 全州郡 駐在한 騎兵 二十名과 全州 高山 兩郡에 苾한 一進會 討伐隊長 이仲燮이가 率兵 五十餘名하고 該村을 包圍揚言日 若有逃走者 盡殺無餘라 한데 居民이 潛伏하는지라 義兵 二十一名을 砲殺하고 義將은 高山居 盧主事인데 亦爲捕縛하여 擧義한 本意를 問한즉 答曰 吾之擧義는 卽欲掃盡日人之計矣러니 不幸被捉하니 有死而已오. 但恨早未殺汝輩라한데 日兵이 押去하였다하고.

19080319 잡보 450 (三郡賊擾) 南來人의 傳說을 聞한 則 懷德 鎭岑 連山 等地에 賊黨이 大熾하여 饒民을 捉去하고 錢財를 討索하는 弊가 無日無之하여 居民이 安保無路라더라.

19080319 광고 314 太田運輸會社 事務를 自今爲始하여는 本人이 主管하오니 僉君子는 照亮하시옴. 大韓運輸會社員 宋秉鶴 告白.

19080321 잡보 301 (享結當推) 公州郡守 李範旭氏 等이 度支部에 請願하되 該郡 雞龍山 肅明齋 享祀費가 該郡中四拾結인데 該郡吏屬輩가 三拾八結은 偸食하고 每年 一結七拾二負만 支給하는 故로 春秋享費가 每多窘拙하니 該郡으

로 訓飭하여 推給케 하라 하여 該部에서 該道觀察使에게 訓令하였다더라.

19080325 잡보 301 (班常異結) 公州稅務官 이鉉玉씨가 民間에 結錢을 加斂하되 班結에는 每結頭에 三卜式 加捧하고 民結에는 五卜式 加捧하며 皮漢에게는 七卜式 加捧함에 民怨이 載路하여 該郡民人 等이 度支部에 呼訴하였다더라.

19080325 잡보 170 (鄕廳請付) 洪州군 所在 鄕廳一區를 該郡稅務署에 訓飭하여 還付 해郡하여 以便公務케 하라고 內部에서 度支部로 照會하였다더라.

19080326 잡보 301 (加卜呼訴) 公州稅務官 李種玉씨의 結전 加捧事는 更聞한즉 該郡已罷한 書員加卜 葉二萬餘金을 更爲勒斂 故로 呼訴于度支部次로 該郡民人 等이 上京하였다더라.

19080327 잡보 400 (소衣傷命) 懷德郡居 前郡守 金炳夔씨가 自家後麓에 登臨하여 남艸를 吸하려고 燐寸을 起火하다가 山艸에 延소하여 撲滅之際에 火及周衣하여 因爲致斃하였다더라.

19080328 잡보 440 (이씨孤節) 木川 東面 序德里居 이씨夫人은 卽該洞 이興默씨 親妹也라. 時年十七에 出嫁于溫陽郡 吳씨矣러니 越二年에 其夫가 不幸한 즉 從□□□로 誓心絶食한데 老舅가 哀諭挽止日 予今無他子姪하고 爾亦無血育이라 爾今從去 則其於老我에 何오하여 孝奉一年에 其舅亦亡하니 又爲絶食幾殞이러니 本兄 興默씨가 聞計往救하여 同誼生活을 以針春之資로 欲終餘年矣러니 去甲午東擾時에 或이 勸以再嫁하되 終不改意하고 卽斷其髮하여 以示不嫁之意러니 今月初에 遇疾卒逝矣라 一동이 感哀한다더라.

19080328 잡보 430 (培雄新校) 禮山郡守 이範緖氏가 培雄小학校를 設立하고 學徒를 募集하여 熱心敎授한다더라.

1908년(隆熙 2년) 219

19080328 잡보 530 (地方消息) 本月 拾五日 午後 三時에 義兵 約四拾名이
韓山鄕 附近에서 江景浦 守備隊와 交戰하였다 하고
□ 本月 十七日 海州 西北方 約五里地에서 義徒 二百
□拾餘名과 日守備隊와 交戰하였다하고.

19080328 잡보 430 (太田興校) 太田居 有志紳士 前主事 任悳淳 前敎員 이
唐浩 兩氏는 敎育에 注意하더니 時局의 岌業과 敎育
의 急先務됨을 覺知하고 各其資本金을 捐出하여 普通
學校를 設立하는데 校舍는 太田附近 大東里 宋憲範家
八十餘間을 買하여 一層洋制로 改築하여 校務를 擴張
하는데 閔丙義 等 諸氏가 捐助贊成함에 靑年生徒가
勸勉하며 携手入學하는 故로 前進之望이 大有하다더
라.

19080331 잡보 301 (帶巡督捧) 南來人의 所傳을 據한 즉 舒川郡 稅務主事
가 結錢을 收刷하되 巡査를 帶同하고 民間에 躬行督
納하는 故로 民情이 嗷嗷하다더라.

1908년 4월

19080401 잡보 430 (晋明進明) 忠淸南道 禮山郡居 이尙珪氏가 靑年敎育에
熱心하여 該郡 西面에 晋明學校를 創立하고 同氏가
校長 敎師를 兼帶하였는데 學徒가 四拾餘名에 達하였
다고 南來人이 稱道한다더라.

19080401 잡보 530 (魯城義擾) 魯城來人의 所傳을 據한 즉 義兵이 該郡境
內에 橫行하여 각면 面長을 指揮하여 結錢을 收刷치
못하는데 面長 二人은 牢刑을 當하고 二人은 家屋을
全燒하였다더라.

19080402 잡보 530 (定山義擾) 南來人의 傳說을 據한 즉 陰去月 二拾四日 夜에 稱以義兵하고 三拾餘名이 각持銃劍하고 定山郡 木面 오山里에 來到하여 面長 禹顯泰와 其族人을 結縛牢刑에 結稅錢 葉五百兩을 勒討하고 幾天兩은 來初 五日로 追後備給之意로 手標를 勒捧한 後 轉往芝谷里 槐山家하여 이괴山의 孫子 十三歲兒를 結縛威脅에 葉 四百兩을 討去하였는데 該黨이 同郡 七甲山에 根據地 를 定하였다더라.

19080404 잡보 430 (兩氏熱心) 忠南 公州郡 火川面 孝洞居 尹滋和 김重泰 兩氏가 敎育에 熱心하여 尹씨는 自己 대田 壹石落을 학교에 寄付하고 김씨는 自己 家屋 八間을 校室로 定 하고 학徒를 募集하여 四拾餘名에 達하였는데 兩씨를 人皆稱頌한다더라.

19080404 잡보 460 (傳者之誤) 本報 第七百六十三號 雜報欄內 班常異結이 란 題下에 公州稅務官 이鉉玉氏의 結錢加斂한 事와 其翌日雜報欄에 이種玉氏의 結錢을 加捧하였다는 事 는 更聞한 則 初無한 事이라더라.

19080404 광고 130 忠南 公州遞郡守 金甲淳氏가 水旱兩災에 漂戶飢民을 捐廩救活하고 散財賑恤하여 可謂千家活佛이오 百里陽 春으로 一境之民이 賴而安居러니 不意遞任 故로 該郡 民人이 願留次로 內部에 呼訴하였으니 伏念□閣下適 當銓座하와 黜陟遷轉은 都關爲民이오니 執此矜情하시 와 懇奏 天陛至인 聖念하사 合有變通하시면 合副衆願 하와 上以補天聰이오며 下以活民命을 伏望함. 公州郡 民人等 林학洙 白.

19080408 잡보 430 (石守獎학) 石城郡 私立石陽學校는 幾箇 有志人의 創 立함으로 三年于玆에 財政이 窘拙하여 幾乎廢止矣러 니 該郡守 姜泰顯氏가 赴任以後에 熱心勸獎하고 又捐

残俸하여 校費를 補用함에 該郡人士들이 自然感발하여 田답을 捐付하고 錢財를 補用하여 校況이 漸進하고 학徒가 日增한다더라.

19080408 잡보 530 (地方消息) 六日 天安발電을 據한 즉 二日 午後 七時에 定山郡 □面 村上里에서 義兵 六拾名과 日本派遣所 憲兵 五名과 衝突하여 三拾分間을 交戰하였다더라.

19080409 잡보 510 (畿湖興學會에서 畿湖人士에게 발送한 全문이 如左하니) 國家의 存亡과 民族의 盛衰는 社會의 國體成否에 在하니 今日吾人이 生存競爭과 優勝劣敗한 世界를 當하여 大而國家와 小而身家에 自保自存할 策을 講究하면 我同胞靑年의 敎育을 開導勉勵하여 人才를 養成하며 衆智를 啓발함이 實로 國權을 恢復하고 人權을 伸張하는 基礎라. 然이나 此重大한 事業은 반듯이 公衆의 團體力을 資한 後에야 可히 振起擴張할지니 此는 今日畿湖興學會의 設立한 所以라. 畿湖는 國家의 楨幹이오 人物의 府庫니 名門巨族이 蔚然相望하여 屢千年又學之區也로대 尙或膠守舊見者도 有之하고 저笑新학者도 有之하여 桃花源裏에 春夢이 方酣하고 寶符津頭에 利涉이 無望하니 興言及此에 寧不慨歎이리오. 古語에 云 敎育이 不興이면 生存을 不得이라 하고 且曰 養子不敎는 父母之罪라 하니 噫라 智識은 敎育의 効果며 勢力은 生存의 原素라 今吾國民이 値此時代하여 所處地位가 果何如耶아. 以若智識과 以若勢力으로는 作人奴隷와 供人犧牲이 卽目前倘來者이니 苟有靈覺之性이면 豈不惕然以警이며 奮然以作이리오. 凡我畿湖人士의 爲人父兄者는 試壹思之어다. 自己身世는 生長於舊習固陋之中하여 腦髓가 已痼하고 歲月을 難追하니 從事新학하고 開發新知가 尙屬無望이어니와 忍令其子若孫으로 怠惰不學하여 無識無才로 重陷於此

等地位하여 奴隸於他人하고 희牲於他人而已耶아 到此
地頭하여 尙認以過去歲月하고 罔念將來禍福하여 不肯
注意於子弟敎育者는 非但國家之罪人이오 抑亦子孫之
罪人이니 寧不可歎哉아 今玆本學會를 組織함은 公衆
의 力量을 聯合하여 □□의 好果를 欲得함이니 位置
를 京城에 定함은 文明의 中心點을 作하고 鼓動扱引
하는 機關을 備하여 其他方面으로 流通貫注하여 □脈
一氣와 衆流一源으로 壹個의 團體를 成立함이 壹大希
望이니 惟我同胞諸公은 互相感발하고 互相勸勵하여
각其區域내에 明日에 設壹支會하고 又明日에 建壹학
校하여 叅互新舊하고 講磨德義하여 鞏結地方團體하여
以作全國進步之起點이면 將於後日에 我韓人士가 握手
相賀曰 國權回復도 畿湖團體之力이오 人權伸張도 畿
湖敎育之功이라하리니 此奚但畿湖人士之幸이리오 抑
亦爲全國同胞之幸也니 豈不美哉며 豈不避哉아 幸望會
同境내人士하여 亟圖實施之方하시와 一以作團體之標
準하고 一以爲興學之先導케 하심을 爲要.

19080409 잡보 170 (運松生怨) 公州觀察使 梁在翼氏가 梁主事在萬氏를 懷
德郡에 派送하여 該郡 山내面 封山 風落松을 伐賣하
는데 生松 千餘株를 濫斫하여 該山下居民 三百名을
勒役으로 雇價一分도 不給하고 板材等屬을 運輸하는
故로 民怨이 浪藉하다더라.

19080409 잡보 510 (定期開會) 畿湖興學會 事務所를 前陸軍衛生院으로 移
接하고 來日曜日에 定期總會를 開催한다더라.

19080409 광고 440 本人의 與新任 □化郡守 김甲淳氏를 同居한지 八年인
데 挽近氏之於本人이 向意가 漸之疎虞러니 氏가 公州
本鄕에 率妾한 後 數年以來로 去益尤甚한지라 本人에
無依無托하고 不少不老한 哀此身勢가 若是져오한 □
□를 托身終歲할 길이 □無하기로 從□以後□ □□를

永爲斷緣하고 擇□托身하여 欲以穩終餘年하오니 知舊
間照亮. 北署 碧동 최召史 告白.

19080410 잡보 170 (濁酒觀察) 公州觀察使 梁在翼氏가 曾往에 該道稗將으
로 在할 時에 該府底酒家를 壹壹히 詳知하는 故로 現
今 觀察使로 短杖을 携持하고 酒家를 尋訪하여 昏醉
無常한다더라.

19080410 잡보 450 (四郡賊警) 公州 懷德 連山 鎭岑 四郡境내에는 賊黨이
三三五五히 擔銃橫行하여 饒戶는 道道搜索하는데 貧
民도 壹般驚劫하여 安堵無路라더라.

19080410 광고 510 本會에서 本月 十二日(日曜) 下午 壹時에 通常總會를
前工曹後동 言立英語학校내로 開하오니 壹般會員及有
志同胞는 屆期來臨하시옴. 畿湖興學會 告白.

19080415 잡보 130 (兩守依免) 唐津郡守 이啓泰 寧遠郡守 정희悅 兩씨는
辭職請願하여 依免하였다더라.

19080416 잡보 520 (削何避何) 數月前에 何許一進會員이 忠南觀察使 梁在
翼氏에게 某某학자들이 倡義하려 陰謀한다고 嗾囑하
여 田艮齋를 捉囚하였더니 終無事實한지라 放送할 際
에 梁氏가 言호대 此輩를 仍置하여서는 畢竟에 禍胎
를 構成하리라 하여 削髮放送코자 하거늘 田山林及其
門弟子의 倉皇히 會集하였던 者 數百名이 寧死언정
髮不可斷이라고 抵死反抗하여 僅得無事하였는데 田氏
는 近日에 不知去處라고 남來人의 傳說이 有하더라.

19080417 광고 308 本人이 이澤珪에게 本郡 東下面 新厚坪 所在 羔讚二
字畓 문券을 典執債給하였다가 錢則當限推捧하였으나
文券을 閪失하여 還給치 못하고 官證을 成出하겠기
玆에 廣告하오니 誰某拾得 休紙施行함. 韓山 東下面
下桂동 申鉉重 告白.

19080421 잡보 510 (畿會出捐) 畿湖興학會를 擴張할 方針으로 南北村大官

들이 前徽文義塾내에 會同하여 각其補助금을 義捐하
는데 永宣君 이준鎔씨는 五百圓을 捐助하였다더라.

19080422 잡보 430 (僻鄕頑習) 泰安郡 紳士 李基祿씨가 해 郡에 華陽義塾
을 設立하고 三四年間에 八千餘圓을 費入하여 소학課
程에 國漢文及英語科를 加設하고 僻鄕의 陋俗을 丕變
하여 문명旨趣를 知得케 하려고 熱心을 費盡하되 해
地 頑固物들이 漢문을 專主치 아니함을 厭忌하여 한문
私塾을 數處에 設立하고 入校하였던 학원을 誘引退出
케 한다니 吾輩는 이씨의 徒勞無効함은 不恤하거니와
해地 靑年의 前道를 爲하여 慨惜함을 不勝하노라.

19080422 잡보 530 (地方消息) 去□七日 舒川郡 北方 山中에서 義兵 約五
十名이 日騎兵斥侯를 遭遇하여 交戰하였다하고.

19080425 잡보 430 (沔守奬학) 沔川郡守 朴芝陽씨는 敎育에 熱心하여 自
今年으로 本邑 菲芳面 小合德에 玫瑰학校長으로 本校
학생과 及靑年을 曉諭하고 又近日本邑鄕校에 學校를
設立하여 民人을 勸奬함에 一邑 人民이 莫不喜悅한다
더라.

19080428 잡보 550 (畿會總會) 畿湖興학會에서 總務會를 來五月 二日 下
午 壹時에 開하고 進就之方針을 爛商硏究한다더라.

19080430 잡보 530 (地方消息) 本月 貳十六日 午前 拾壹時 三十分에 天安
郡 東方 約貳里地에서 六十餘名의 義兵과 日憲兵과
交戰하였는데 多少死傷이 有하다하고.

1908년 5월

19080501 광고 420 懷德郡 炭동面 내동 前主事 柳寅희씨 五兄弟는 如干

世業을 貧族窮交에 永永許給救濟하니 如此慈善은 所
罕有옵기 廣佈함. 朴魯璇 告白.

19080502 잡보 530 (地方消息) 連山郡 東代谷에 居하는 義徒魁首 이元□
은 良民을 捉去하여 押囚하였다는 情報를 해 地 分遣
所에서 接하고 倉富中尉以下 十名이 憲兵을 率하고
同地에 出張하여 卽時射擊하고 被囚하였던 韓人을 解
放하였다하고.

19080503 잡보 308 (完문難信) 連山郡居 金監役 喆鉉氏에 六七拾萬兩價値
二十石落畓券을 該氏에 三從孫 金轍洙씨가 癸卯年에
僞造하여 典祀 嚴柱承씨에게 偸매하였는 故로 김監役
이 該僞造券 推覔次로 該氏 從孫 金完洙씨를 起送上
京하여 前郡守 申석孝氏를 紹介하고 嚴氏에게 葉五萬
兩을 給與하고 該券을 覔推 則受錢後 憑票만 書給하
고 此日彼日하여 延拖屢月後에 該券은 宮中失火時에
入于回祿하였다 하고 英親王宮 完문 □張를 成給하매
持來下鄕한則 김喆鉉씨에 姪婿 林某가 該宮 完문을
先受下來하여 김朴 兩가 彼此僞造라고 互相起訟하여
于今五六年이러니 김씨가 嚴씨의 左右로 奪財한 錢을
推尋次로 漢裁에 告訴하였다더라.

19080503 잡보 530 (地方消息) 去月 二十八日 公州郡 維鳩에서 義兵 二十
餘名은 天安郡에 駐在한 日憲兵과 衝突하여 多少死傷
이 有하였고하고.

19080503 광고 510 本會 開會日에 雨戱를 因하여 來五日(火曜) 下午 三時
로 退定하고 處所는 안洞 대東寄宿館으로 定하였사오
니 贊務員 諸氏는 照亮後 屆期 來臨하심을 望함. 畿
湖學會 贊務會 告白.

19080505 잡보 510 (會員未備) 畿湖興학會에서 去土曜日 下午 一時에 贊
務員 總會를 開하였는데 出席員의 總數가 四拾名에

不過한 故로 開會치 못하고 本日 下午 三時로 更히 退定하였다더라.

19080505 잡보 530 (地方消息) 去月 三拾日 溫陽郡 남方 三里地에서 二百餘名 義徒는 該郡 日守備隊와 數時間을 攻擊하였는데 多少死傷이 有하였다 하고.

19080507 잡보 450 (畓價見失) 天안郡 前參奉 姜설씨가 畓土가 太田 等地에 在한 二拾石落을 日人許에 壹萬圓에 매渡하여 八千圓은 推去하고 二千圓은 該氏의 子 봉周씨가 推尋하여 太田 酒幕에 留宿하다가 逢賊見失하였다더라.

19080507 잡보 510 (畿湖總會) 畿湖興學會에서 再昨日 下午 三時에 贊務員 總會를 安東 大東寄宿館에 開하였는데 出席員이 壹百五十名假量인데 當日 捐助金 總額이 壹千圓에 達하였다더라.

19080507 잡보 510 (會館月貰) 畿湖興學會 會館에서 前陸軍衛生院을 每間 十五전식 月貰로 的定하여 居接한다더라.

19080507 광고 400 本人에 堂叔 炳承씨가 上京한지 四朔이 되도록 還家치 아니할 뿐더러 家내에 緊急한 事故가 有하여 찾아 왔더니 居住를 不知하오니 廣告보시는 日로 내需司내 박靑彬가로 枉臨하심을 望함. 洪州 성枝面 上杜里居 이載奭 告白.

19080509 잡보 430 (輔校有望) 魯성郡 장久동面 久洞 尹正重씨는 數拾間 巨舍와 二拾圓 新貨를 自願捐助함으로 輔인학校를 賴以設立하여 將有來望이라고 郡來人이 稱頌하더라.

19080509 잡보 510 (爲請捐金) 畿湖興學會에서 事務所를 前陸軍衛生院으로 移設하고 再昨日 下午 八時에 評議會를 開하였는데 其內容인즉 日昨 贊務員 總會時 來參한 各贊務員에게 捐助金을 請求하기 爲하여 委員 拾五人을 選定

하였다더라.

19080509 광고 510 本會 事務所를 建春門越便 前陸軍衛生院으로 移接하였사오며 本月 拾日(日曜) 下午 壹時에 通常總會를 本事務所내에서 開하오니 壹般會員과 有志同胞는 以此 照亮하신 後 屆期 來臨하심을 望함. 畿湖興學會 告白.

19080510 잡보 640 (玫校落成) 沔川 비방 小合德 天主堂의 佛國宣敎師 慶元善氏는 乙巳年 分에 渡韓하여 不但天主敎에 熱心이라 自昨年으로 해 村의 玫瑰학교를 設立하여 生徒가 六十名에 達함에 校舍가 狹窄하여 三月에 一학교를 宏壯히 設創하고 本月 晦日에 落成式을 擧行하는데 校長은 該郡守 朴芝陽氏인대 학徒의 開明前道를 壹場 演說함에 衆皆喝采하여 盛況을 呈하였다고 該郡來人이 稱頌하더라.

19080510 광고 400 韓山 下面 大上里居 申命求는 吉求로 字의 汝道는 藹叔으로 改正하오니 知舊間 以此照諒함. 申吉求 告白.

19080514 광고 400 本人이 姓名圖章을 路中에 闖失 故로 玆以廣告하오니 誰某拾得이라도 勿用함. 公州 新上面 維鳩 倉村居 閔龍植.

19080515 광고 400 忠南 藍浦 線洞 前參奉 金東穆의 名을 以간元으로 改定하였기 知舊間照亮하시옵. 金간元 告白.

19080517 잡보 530 (洪郡義擾) 本月 七日에 義兵 壹百五拾名이 洪州郡 □面 華□城 場市에서 驛屯穀을 出給하라고 相持하다가 該面에 執留한 面長을 砲殺하고 該場市에 衝火하여 二十七戶가 沒燒하는데 女人 壹名이 被燒하였다더라.

19080517 잡보 430 (感荷義捐) 連山郡 培養학교에서 本社에 金壹圓을 捐助하였기 感謝를 表하노라.

19080521 잡보 140 (獄中化仙) 忠南裁判所의 在囚私欺推財罪人 남창희가

　　　　　　　　　　日昨에 病斃하였다더라.

19080522 광고 130　遞郡守 이寅用氏가 下車後多有惠政터니 令當見遞하여
　　　　　　　　　　衆民이 未免渙散之境 故로 本人 等이 一郡 代表로 內
　　　　　　　　　　部 請願還任할 次 上京하여 數次 呈單하되 尙未蒙處
　　　　　　　　　　判이오나 還任前에는 期不空還이옵기로 仰布함. 定山
　　　　　　　　　　郡民 代表 權丙鑽 等 告白.

19080523 잡보 420　(天然痘流行) 全州 公州에 天然痘가 盛行하였는데 전
　　　　　　　　　　州에 罹病者가 男이 九名이오 女가 七名이오 公州에
　　　　　　　　　　罹病者는 男이 三人이오 女가 三人이라다더라.

19080524 잡보 420　(扶風天痘) 扶餘郡 方生面에 天然痘가 大熾하여 現今
　　　　　　　　　　罹病者가 男女並하여 十五名이라더라.

19080524 잡보 400　(化城火變) 洪州郡 化성面에서 民家 二十三戶가 燒燼
　　　　　　　　　　하였고 該面長 趙光熙씨가 被害하였다고 該郡守 尹泌
　　　　　　　　　　씨가 내부로 報告하였다더라.

19080524 잡보 530　(地方消息) 靑陽 東北方 三十里地에서 義兵 約 八十名
　　　　　　　　　　이 해郡 駐在 憲兵隊와 交戰하였다하고.

19080524 잡보 430　(宗財補校) 남來人의 傳說을 聞한 즉 忠南 韓山 私立
　　　　　　　　　　麒山학校를 創立한지 不過 一年之內에 生徒가 日加月
　　　　　　　　　　增하여 校舍가 難以容接키로 一層擴張하는데 韓山 이
　　　　　　　　　　氏 宗中에서도 先山 邱木放매錢 五百餘圓을 存本殖利
　　　　　　　　　　하여 每年 補用케 하여 永爲維持하겠다고 一境이 莫
　　　　　　　　　　不稱頌한다더라.

19080526 광고 510　本會 事務所를 中部 校洞 前法語學校로 移接하였사오
　　　　　　　　　　니 以此照亮하시옵. 隆熙 貳年 五月 貳拾六日 畿湖興
　　　　　　　　　　學會 告白.

19080527 광고 309　本人 等이 保寧郡 □岩浦에 商運會社를 설립하고 物
　　　　　　　　　　品販賣에 迅速酬應하겠사오니 勿論內外國商船하옵고

來訪하심을 爲要. 商運會社 社長 全在殷 權轍洙 全석
範 告白.

19080528 잡보 400 (火起無根) 內浦來人의 傳說을 據한 즉 結成 洪州 海
美 鴻山 等郡에는 近日에 無根之火가 人民家屋積藁上
에 忽起하여 損害者가 多하다더라.

19080528 광고 308 本人의 畓土相持事는 無事安貼이 已有年所인바 今見
本年 陰四月 四日 八日 大韓每日申報 雜報欄內 즉 所
謂 金完洙가 稱以本人의 從孫으로 本人이 上送이라
하고 至於漢裁에 告訴裁判이라 하니 豈有如許無據之
事乎아. 完洙는 初非本人의 從孫이오. 只是同姓而已뿐
더러 亦無起送之事인데 做出中間奸許하여 行此不法하
니 雖或得訟이라도 乃是挾雜也라. 內外國法司는 以此
照亮하시와 切勿聽理하심을 切望함. 連山 夫人面 阿
湖監役 김喆鉉 告白.

19080530 잡보 530 (地方消息) 京성新聞을 據한 즉 去月 晦間에 日本 馬
兵 七名이 藍浦地境 山谷中으로 過去하다가 義兵에게
六名은 被害하고 壹名은 逃走하였으며 또 馬兵 拾名
이 藍浦地境에 巡行하는데 義兵 探報軍이 지게를 지
고 樵夫貌樣으로 偵探하다가 日本 馬兵에게 被捉遇害
하였다 하고 本月 拾貳日夜의 義兵 十餘名이 韓山郡
邑內에 突入하여 巡查廳을 破碎하고 服장 三件과 軍
刀 三柄과 洋銃 壹柄과 火繩銃 貳柄을 收取以去하였
다더라.

19080531 광고 510 本會에서 特別總會를 六月 一日(月曜) 下午 三時에 校
洞 本會館內에 개하오니 壹般會員及有志同胞는 屆期
光臨하시옵. 畿湖興學會 告白.

1908년 6월

19080603 잡보 510 (學會程度) 畿湖興학회에서 再昨日 下午 壹時에 臨時 總會를 開하고 학교설립事件을 爛商議決하였다는데 학교程度는 師範으로 定하여 本科 速成 兩科로 區別하고 本科에는 卒業期限을 滿三個年으로 定하고 速成科에는 卒業期限을 壹個年半으로 定하였는데 학徒는 爲先 限壹百名하고 募集한다더라.

19080603 광고 510 (學員募集廣告) 本學會에서 畿湖學校를 設立하고 師範科 學員을 爲先募集하니 願學僉員은 本月 拾四日내로 請願書에 履歷書를 帖聯하여 校洞 本會館내로 提呈하고 同月 十五日 月曜 上午 十時에 本館으로 來하여 應試할 事. 但 試驗紙는 本會館에 來求할 事 / 一 試驗科目은 國한文 讀書 作文 내國地誌 歷史問對 算術 四則이내 / 但 官公私立學校의 普通科以上卒業證書가 有한 人은 年齡이 相當하면 免試許入함. / 一 資格은 年齡이 貳十歲以上 身體健康하고 品行이 端正한 者 / 一 修業年限은 本科에는 三個年으로 特別科에는 拾八個月로 定함. / 一 學校位置는 建春門外 前會館 (前陸軍衛生院) 畿湖興學會.

19080605 잡보 530 (地方消息) 五月 二十八日 藍浦 東北方 約三里地에서 義兵 七拾名이 日憲兵 數名과 交戰하였다하고.

19080606 잡보 430 (大壯尤壯) 公州郡 益口谷面 大壯里에 大壯學校를 復設하였는데 校舍는 宗谷 鄭寅億氏家로 定하고 校長은 本郡守 權泰容氏로 推擧함에 生徒가 四十名에 達하여 頗有將進之望이라고 南來人의 傳說이 有하더라.

19080606 잡보 430 (錦校繼續) 忠南觀察使署理 事務官 崔麟溶씨가 公州郡

　　　　　　　　守 報告를 等因하여 學部에 報告하되 曾往에 本郡私
　　　　　　　　立公山학교가 財政이 窘拙하여 廢校하였는데 該郡 有
　　　　　　　　志人士가 該校를 繼續設立하고 校名은 私立錦성학교
　　　　　　　　라 하였다더라.

19080606 잡보 170 (躬行曉喩) 韓山郡守 이思喆씨가 書記 二名과 通引 壹
　　　　　　　　名과 使令 壹名을 帶同하고 각 面村에 徒步周行하여
　　　　　　　　人民을 曉喩하되 農者는 農하고 織者는 織하고 商者
　　　　　　　　는 商하여 각安其業하라고 家諭戶說한다더라.

19080606 잡보 530 (草殯禁止) 忠南來人의 傳說을 據한 즉 내浦 等地에서
　　　　　　　　草殯을 虛設隱身하였다가 日兵을 砲擊하였더니 壹自
　　　　　　　　其後로 該地方郡守가 각면에 訓飭하여 北邙山下의 草
　　　　　　　　殯을 壹齊히 埋置하라 하였다더라.

19080606 잡보 430 (岐山校況) 德山郡 高山面 咸平 □氏 宗中에서 以其宗
　　　　　　　　財로 設立學校於該洞岐山之下하고 因名以岐山학교하
　　　　　　　　고 課程은 新舊학問을 俱備하여 壹境子弟를 敎育하는
　　　　　　　　데 生徒가 旣至 六拾餘名이고 去月 貳拾五日에 開校
　　　　　　　　式을 擧行하였는데 來賓은 該郡 紳士와 鄰境 敎堂 西
　　　　　　　　洋敎師가 來參하니 數百人이 盛會하여 敎育事務로 演
　　　　　　　　說하고 該郡守 徐丙韶씨가 해 校를 熱心贊助하여 三
　　　　　　　　百金을 補助함에 該校 進步前頭가 無量하다고 人皆稱
　　　　　　　　頌한다더라.

19080609 광고 420 平澤 北面長 李炳佐氏가 任行拾餘年에 管下가 無事하
　　　　　　　　여 木碑가 如林하고 民頌이 載路하며 而況歉餘麥嶺에
　　　　　　　　以其淸貧之勢로 得債 二萬五千兩하여 壹面種子를 備
　　　　　　　　給이 有差하고 躬行撫恤하오니 壹面人民의 再生之恩
　　　　　　　　은 如山山海옵기 擧實廣告함. 忠남 平澤郡 北面 人民
　　　　　　　　等 告白.

19080610 잡보 430 (花山新校) 魯성과 石성 兩郡 中間에 私立학교를 創設

하고 花山학교라 名稱하나 凋殘한 村落에 財政이 無
路하여 如干補助를 細細히 鳩合하여 草草히 設立하고
발起人中 尹殷重 이종漢 諸씨가 □相捐□하고 以其外
舍數間을 略爲修補하여 爲先開學한다고 해 郡來人의
傳說이 有하더라.

19080611 잡보 510 (畿湖開會) 畿湖興學會에서 通常總會를 本月 拾四日
下午 壹時에 校洞 該會館내에서 開하고 壹般事務를
處理한다더라.

19080611 광고 510 本會 通常總會를 本月 拾四日(日曜) 下午 壹時에 校洞
本會館內에서 開하오니 壹般會員과 有志人士는 屆期
來臨하심을 望함. 畿湖興學會 告白.

19080617 광고 170 泰安郡主事 金炳善氏는 本郡守遞任周年의 行政甚明하
여 壹境無事이기 該씨를 贊誦하기 爲하여 玆以廣布함.
李順九 告白.

19080618 잡보 430 (閔家設校) 稷山郡 西里居 閔載祺씨가 自家의 私塾을
設立하고 聰俊子弟를 選集하고 敎師를 延聘하여 誠心
敎導함에 生徒가 日增한다고 해 郡來人의 傳說이 有
하더라.

19080620 잡보 530 (食費收斂) 韓山來人의 傳說을 得聞한 즉 該郡에 日兵
二拾五名이 義擾를 鎭壓次로 來駐하는데 其支供等節
은 각면면長이 五日式 輪回支供하고 該費額은 民間에
收斂한다더라.

19080620 잡보 530 (地方消息) 本月 십四日 太田驛에서 義兵 六십名이 聞
慶郡 日守備兵과 交戰하였다 하고.

19080621 잡보 430 (扶風新校) 扶餘郡 窺巖里 寓居 前判尹 權重奭씨가 靑
年敎育에 熱心하여 營設학교한 즉 壹境이 風從한지라
三百五십兩을 先爲捐出하여 普通학교를 設立하고 趣

旨書를 발행함에 境內 紳士가 爭出義捐하여 五千五拾
兩에 至하였고 陰四月五日에 開校式을 擧行하는데 四
方來賓이 雲集한지라 茶果로 接待하고 同九日에 開學
하는데 學生이 五十名에 達한지라 權重奭씨는 敎長을
擔任하고 勸勉趣旨로 一場說明하였고 副校장 兪致亨
씨와 摠務 趙인元씨와 漢文敎師 李翔薰씨가 熱心敎導
함으로 學徒가 日增하여 八十餘名에 達하였다고 南來
人이 稱頌하더라.

19080621 잡보 530 (地方消息) 本月 拾三日 扶餘郡 公泊里에서 義兵 十名
이 해郡 分遣所 憲兵과 衝突하였다 하고.

19080623 잡보 510 (學資講究) 畿湖興學會에 김容鎭씨는 三千圓 김嘉鎭氏
는 壹千圓을 出義한 後로 諸大官及資産家 諸씨가 右
兩氏의 家勢不瞻한 處地로 巨額을 出捐한 事에 感動
하여 該會創立金 五萬圓을 協議立算하기로 頻數히 會
集講究한다더라.

19080623 잡보 510 (部長新任) 畿湖興學會에서 敎育部長은 金嘉鎭씨로 財
務部長은 李舜夏씨로 選定하였는데 該兩氏가 諸般事
務를 熱心整理한다더라.

19080623 광고 430 (稷山郡 成歡義成學校 捐助金 廣告) 本校에서 本月 拾
九日 開校式을 設行하였더니 任員及來賓諸씨의 捐助
金이 如左하였기로 感謝함을 表하기 爲하여 玆에 廣
告 ·韓應履 五十圓 ·閔玉鉉 崔斗卿 洪載華 葛夏圭
김鳳珏 각 五十圓 ·方德俊 拾二圓 ·姜始馨 徐相憲
김東圭 趙尙振 각 十圓 ·李琮稙 吳鉉福 吳錫 尹□絢
鄭又敎 김鍊集 김孝珏 任東鎬 鄭喆圭 葛夏淳 葛夏弘
宋基潤 駐韓日守備隊 각 五圓 ·李順道 八圓 ·李학
水 四圓 ·劉永조 三圓 ·宋在協 元競潤 李鍾華 閔泰
榮 李思謙 박昶회 李鷹稙 崔漢思 尹縣鵬 김貞培 宋召

史 各 二圓 ·金炳薰 李석珪 柳錫雨 李종九 徐廷佑 李仁圭 李章來 김喬振 南石佑 卞永植 김在奎 鄭龍和 洪思默 許泳 각 壹圓 ·趙鐘식 壹圓五拾錢 ·嚴岐商店 二圓 ·荒木樣 千綿峯吉 小谷龜十郎 각 壹圓 ·嚴思효 一十錢.

19080625 잡보 306 (起墾非所) 南來人의 傳說을 聞한 즉 忠南 沔川 合德 防築은 湖中巨浸이요 韓舊物로 千餘年來로 貯水灌漑하여 其防築下數千石落畓을 灌漑耕作하는데 其防築下는 無壹点生水處하여 以其防築貯水를 兼爲食水矣러니 近日에 不知何許人이 其防築內에 起墾하라고 農商工部에 請願하였다고 해 近築民 數萬口가 不勝憤寃하여 會同議決하기를 萬若其防築內의 起墾하는 人이 有한 境遇에는 吾等의 命脈은 從此永絶할 터이니 起墾하는 人은 無論何樣人하고 期於코 齊起하여 別擧措를 生하기로 內□하였는데 現此亢旱에 民心이 大端騷動된다더라.

19080626 잡보 130 (難끝何多) 公州觀察使 崔廷德氏는 赴任하기 前에 郡守 囑托에 難끝處가 近百名이라더라.

19080626 잡보 306 (湖中雨洽) 南來人의 傳說을 聞한 즉 陽城 公州 禮山 等郡에는 近日雨水가 洽注하여 人心이 如蘇라더라.

19080627 잡보 510 (□□□□) 前議官 李□□氏가 田畓 壹百斗落을 畿湖興學會에 寄附한 公函全文이 如左하니: 夫國家의 隆替와 民族의 勝敗는 社會上 敎育如何로 以하나니 彼世界列强을 觀하건대 社會의 發展이 何如며 敎育의 進就가 何如오 至若我韓하여는 社會의 腐敗가 何如며 敎育의 衰頹가 何如오 若是하고야 國家의 維持와 民族의 生存을 何可望也리오 然則今日敎育義務는 卽吾國을 維持하는 基礎오 吾族의 生存하는 方針이니 苟

其動物의 영覺이 有한 者면 어찌 敎育事業에 對하여
袖手傍觀의 態度를 作하고 竭力幇助의 思想이 無하고
況我畿湖는 世臣巨室과 大姓名族이 磊落相望하니 於
國家에 休戚與共하는 分義가 有하고 於國民에 標準을
著示하는 責任이 有한지라. ○今日畿湖興學會의 발起
는 卽我大韓의 敎育機關이니 孰不同情이며 孰不贊成
哉아 本人도 畿湖中 壹個人으로 本會에 對하여 贊成
할 義務가 他人의 責任이 아닌 故로 堤川所有畓百斗
落庫즐 爲之寄付하오니 幸領此鄙忱하여 以爲學校經費
之助를 是望이오며 抑區區貢慮가 有不能自己者이오니
惟 僉君子는 부諒之어다 盖本會之發起也에 壹種月評
이 有하여 日 我畿湖人은 黨派의 缺裂이 最劇하고 性
質의 腐敗가 最甚하여 眞實做去의 思想과 活潑進就의
氣像이 缺乏하니 本會目的을 到達키 無望이라하니 本
人도 此等批評에 對하여 實로 憋憤을 不勝이오니 仰
惟僉君子는 十分猛省하고 壹層奮勵하여 敎育事業이
日益發展하여 局外批評을 □洗하고 完全鞏固한 文明
基礎를 成立하시기를 千萬이라 하였더라.

19080628 잡보 530 (地方消息) 鴻山郡 芙蓉村에 義兵이 衝火한 後에 해
郡駐在日兵이 保護次로 往來하는데 陰五月 십二日에
해郡 同面 石橋里에 過去하다가 每戶에 突入하여 婦
女를 겁奸코져 함에 婦女가 渙散한 즉 抱卵鷄를 捉去
하였고 同郡內塘 李万元氏家에 突入하여 三日新嫁婦
를 겁奸하는데 軍刀를 拔持하고 萬端威脅하는데 衣服
이 裂破하고 全身이 被傷하였으니 其時光景은 壹口難
說이오 畢竟軍刀를 房내에 遺置而去하다가 送人覓去
하였으니 開明國人도 어찌 此等行爲가 有하리오 同里
百姓들이 其事狀을 目擊하고 滿心沸鬱하여 壹齊히 等
訴하는데 適爲空官이라 署理郡守가 日兵隊長에게 照

會한 즉 日兵을 卽送調査함에 事是的實한지라 어이없어 百姓을 對하여 아니할 말을 하였다고 抑勒으로 다짐을 勒捧하니 署理郡守도 亦是 發忿하여 日兵隊長과 同往調査한 즉 겁간한 日兵이 自服하는지라 署理郡守가 日兵隊長을 對하여 曰 軍物을 遺置以去한 事와 暴行으로 겁간함이 法律上의 何如하뇨 日兵隊長 曰 貳個月의 處罰이 合當하나 自下私和하는 것이 甚好라 함에 郡守 曰 官人이 犯罪人을 對하여 私和하라 하는 것이 經緯의 安當乎아 하니 百姓들이 此言을 聞하고 忿心이 復발하여 壹齊히 木棒을 持하고 겁간한 日兵을 卽時打殺코자 하거늘 해 日兵은 蒼黃逃走하는지라 郡守가 百姓을 挽□□□ 緣由를 上部에 報한 後 依法調處함이고 曉諭한 故로 姑爲寢息되였다고 京鄕新聞에 揭載하였더라.

1908년 7월

19080703 잡보 430 (論校復旺) 忠南 恩津郡 私立論山學校가 設立한지 三四年에 校務가 凋殘하여 振興無期터니 自今年 二月로 해 洞 有志人士 金弼鉉 崔相斌 諸씨가 校務를 熱誠周旋하고 敎授에 盡力하여 壹層擴張함으로 학徒가 壹百五十名에 達하였다더라.

19080703 잡보 450 (鎭民將訴) 鎭岑郡 主事와 地方委員이 面長을 爲하여 每戶에 麥租 壹斗式 收斂한다는 說은 昨報에 已揭어니와 人民을 會同演說한 時에 申敎永氏가 反對하여 曰 面長이 結錢 每兩頭에 有五分貫錢하고 且有二分例給 則壹萬兩頭錢이 合爲七百兩이거늘 有何收斂補助리

오 하고 壹場說明하였고 此該郡人民들이 해 主事之猾吏餘習과 委員之奸鄕遺弊를 痛憤하여 將次京都에 來訴한다더라.

19080703 광고 460 本人의 安眠島 派監文簿所貯手佋를 千汶坤이 抑奪手佋하여 暗往該島라 함은 本無是事뿐더러 朴禎陽爲名人이 或稱主事 或稱進士하여 남북奔走에 萬腸叵忌之心하여 改稱本人姓名하고 白白無하한 千氏를 本報 第八百四拾四戶 廣告欄내에 謀陷揭□하옵기 爲先正誤이며 如此無法人은 從法懲治次 正誤함. 保寧郡居 李吉鎬 謹白.

19080704 잡보 530 (地方消息) 去月 二拾七日 沔川郡 東北 四十里地에서 義兵 約 五□名이 日分遣隊와 衝突하였다 하고.

19080704 광고 308 本人의 所有 溫陽郡 東□面 山谷峙에 在한 長字畓 壹石七斗落과 田 壹斗落과 同郡 壹北面 梅谷前坪에 在한 母字답 八斗落과 懷字답 六斗落과 同面 如恩동 前坪에 在한 造字畓 十斗落□□□五拾斗落證明券을 平理院에서 本人에게 還出給하기로 受持하고 未及下階에 茶동居 金然鶴爲名人이 無賴輩를 多率하고 本人의 手를 口咬하고 右証明券을 창奪以去하였으니 金然鶴이 若以此證券으로 盜賣하거든 內外國人은 見欺치 勿함. 溫陽郡 郡內面 松峴居 趙伯演 白.

19080705 잡보 130 (兩察發程) 忠南觀察使 崔廷德씨는 昨日에 발程하고 咸남觀察使 李範來씨는 再昨日에 발程하여 振威鄕第에 暫爲歷入旋發하였다더라.

19080705 잡보 303 (收金逃走) 鎭岑郡 地方委員 趙東鎭씨와 公州 金융組合所員 李圭應씨가 金융組合 股金收合을 不分貧富勒捧하여 該組合所에는 壹分도 納入지 아니하고 李金兩씨가 分食한 後 李圭應씨는 不知去處라더라.

19080705 잡보 301 (得衆可知) 連山郡 豆磨面 面長이 公納收刷時에 公전은 壹分도 犯用치 아니하였으나 因公負債가 不少한 故로 該財務署主事 柳志默씨가 壹郡衆民에게 公負債를 脫免하기로 每戶의 壹兩式 收斂할 事를 說明함에 衆民이 應諾하여 脫償하여 주었다더라.

19080705 잡보 430 (興校復起) 稷山郡 成歡의 興歡학校를 設立하고 閔□鉉 崔斗卿 諸씨의 熱心으로 進就의 望이 有하다가 財政의 窘塞을 因하여 暫時 廢校하였더니 發起諸씨의 熱心으로 該校를 擴張코자 하여 校名을 義成이라 改稱하고 교장은 韓□履씨로 推擧하고 敎師는 全준基씨로 延聘하여 熱心敎授할새 不過幾日에 學員이 五拾餘名에 達한지라 本月 十九日에 開校式을 擧行하고 壹大盛況을 呈하였다더라.

19080707 잡보 510 (不過九十) 畿湖興학會에서 請願한 학員이 數百人인데 漢文에 不熟한 人은 擧皆落第하고 被選한 學員이 九拾人에 不過하다더라.

19080707 광고 308 溫陽居 趙伯演이가 癸卯 五月分에 渠之田畓文券을 典執하고 三萬□千兩을 以三分邊貸去이다가 乙巳 九月分에 同田畓을 放賣于茶동居 金祐錫處이라 하고 右債錢을 俱邊來報矣러니 丁未 四月分에 金祐錫이 對本人 非理起訟하여 屢次鬪訟타가 平理院判決내 金然鶴之已捧錢은 無壹分還給之理나 其□交隣□誼에 該田畓을 指尋이 爲可云 故眼同金祐錫家人하여 往探□在處 則 趙伯演言내에 丙午 四月分에 該畓을 疊賣他處하였으나 寧□□金前□盜언정 疊賣處에 又爲盜賊은 決不可爲라 하고 終□指示하고 渠之所有田답 五拾斗落을 爲先以代土로 推去云 故無限爭詰타가 該田畓을 以貳萬兩折價하여 卽成新文記後 仍出証明하여 以呈平理院이옵더니 金祐석이가 乃至申訴法部하여 本人이 竟歸落

科에 卽爲更訴法部 而伸寃矣러니 未免法部之□退하여
勢不得已徵給該畓價後安帖인바 本人이 已徵畓價□□
証明書는 本人이 當然推來인데 趙漢이 何如誣告平理
院이던지 自平理院으로 該證明券을 出給趙伯演하시고
汝自措處하라 하시옵기 本人이 欲推則趙伯演이 非□
生臆으로 不肯出給하오니 本人□ 該답價 七萬餘兩 巨
額을 寃徵하고 此証明券도 又未推來하면 世豈有如許
經緯乎아 事勢如右□로 該証明券을 奪□이옵더니 趙
漢이 以荷杖之賊習으로 無□廣告于申報하오니 此非盲
賊之頑悖乎아 □甚痛駭이□ 玆에 辦明하오니 僉位照
亮勿欺함. 京茶동居 金然鶴 白.

19080708 잡보 550 (花樹佳會) 韓山 李氏 宗中에서 花樹會를 발기하였다
는 說은 前報에 已爲報道하였거니와 幾日前에 摠會를
開하고 會長은 李商□씨로 副會長은 李容稙氏로 摠務
는 李膺稙씨로 評議員은 李長稙 諸氏로 選定하였는데
來日曜日에 平동 華東學校내로 摠會를 又開한다더라.

19080708 잡보 430 (李氏設校) 忠남 溫陽郡 左部居 前郡守 이胄相씨는 敎
育에 熱心하여 自己洞里에 學校를 建築하고 靑年子弟
를 敎導한다고 해 郡來人이 稱頌하더라.

19080709 잡보 450 (符日敗常) 溫陽郡居 趙兎山의 女婿 李億伯氏가 趙密
陽의 弟 汝允씨와 日人을 符同하여 債給錢이 有하다
稱하고 其兄과 妻父를 威脅毆打하면서 錢財幾萬兩式
을 徵出하는데 趙兎山家에서는 婦女까지 毆打를 當하
였다고 怨聲이 載路하다더라.

19080710 잡보 510 (定期總會) 畿湖興學會에서 諸般事務를 處理하기 爲하
여 本月 拾二日(日曜) 下午 壹時에 定期總會를 開한다
더라.

19080711 잡보 430 (執心不壹) 天安郡 居하는 元응섭씨가 □今十七歲이라

는데 本月 六日에 上京하여 相當한 學校에 入學할 次
로 西門外 客主家에서 留宿하는데 近衛隊兵丁 李夏根
爲名者가 該元씨와 初面不知客인데 元씨에게 言하기
를 학교에 入学하는 것이 別無新奇인즉 近衛隊兵丁에
나 參入하라고 勸告함에 該元씨가 應諾하고 李夏根과
作伴하여 近衛隊에 入去試取할 時에 李夏根이가 元씨
의 所有新貨 二十三圓을 竊取逃走하였다더라.

19080711 광고 510 本會 通常總會를 本月 十二日(日曜) 下午 一時에 校洞
本會館內에서 개하오니 壹般회員과 有志人士는 屆期
來臨하심을 望함. 畿湖興學會 告白.

19080715 잡보 430 (全倅施賞) 全義郡 大同학교에서 夏期시험을 經하였는
데 高等小学課 優등생 李奭종 林종億 등 七人이오 及
第生 朴四重 朴有慶 등 五人이오 尋常課 優等生 朴禮
敦 李載範 兩人이오 及第生 朴泰照 朴夏慶 五人인데
該郡守 張寅源씨가 空冊 鉛筆 石筆 等 多數한 賞品을
授與하고 勸勉的으로 壹場演說하니 학徒와 來賓이 叩
掌欣悅하여 無不稱頌하였다더라.

19080716 잡보 430 (論校試蹟) 恩津郡 論山浦 論산학교에서 學務를 壹層
擴張하고 熱心敎育하여 第壹□학期試驗을 經하였는데
最優等 林允七 朴昌根 등 三人이오 壹等 朴正圭 趙종
雷 등 十人이오 二등 方化益 朴準鎬 等 拾人이오 三
등 梁在得 金昌제 등 六人인대 多數賞品을 施與하였
다더라.

19080716 잡보 430 (永明設立) 連山郡 官동居 申相奎씨가 該동□ 耶蘇敎
堂을 建築하고 해 敎堂내에 永明學校를 設立하고 학
員을 募集하여 英語 算術 地誌 歷史 法学 修身 衛生
漢文 體操 等課를 敎授하는데 漢文敎師는 白南浩씨가
名譽로 自擔하고 敎長은 禹利嚴牧師로 議定하고 校監

은 해郡地方委員 이玄浩씨로 議員 徐炳哲 都相八 李 德純 諸씨인데 校況이 漸進한다더라.

19080717 잡보 430 (新民頗新) 新昌郡 有志人士 諸씨가 新民學校를 設立 하고 紳士 韓喬씨를 敎師로 延聘하여 血心敎育함으로 學徒가 百五拾餘名에 達하였다는데 該校에 旺盛함이 頗著하다더라.

19080717 잡보 430 (恩校現況) 恩津郡守 李尙萬씨가 該郡 鄕校에 학교를 設立하고 普通科目을 熱誠敎育하는데 設校兩載에 晝 夜 生徒가 八拾餘名에 達하였고 願학入校者가 日增月 加하여 庠舍가 不能容이라더라.

19080721 광고 308 本人의 庶母 金召史가 本人에 家産與洪州靑陽緖城所 在畓文券을 搜奪하여 公州地로 出往하였으니 內外國 人은 照亮하시와 切勿見欺하시옵. 洪州 酉谷面 俗隱 居 尹相吉 告白.

19080722 잡보 170 (內部告示) 內部에서 官報上에 告示하기를 公州郡 小 井里間에 道路用地에 收用을 畢了하기까지 公州郡 東 部面 要堂面 正安面과 全義郡 大西面 德坪面과 天安 郡 遠二面內에 在한 土地家屋賣買交換讓與貸與及典當 함을 禁止하였다더라.

19080722 잡보 308 (□□困厄) 前警務使 朴承祖 季氏 박承靖씨가 公州居 崔洪植씨의 畓券을 典執하고 錢□萬兩을 出給하여 互 相興利하다가 有何層折인지 未知하거니와 崔洪植씨는 置之하고 其弟 崔昌植씨를 何樣誣囑하였던지 十餘日 를 中部警察署에 捉囚하였다가 警視廳으로 押付하여 現今 監獄署에 滯留하는데 崔昌植씨의 無罪困厄은 慘 不忍見이라너라.

19080723 광고 400 本人이 年才五歲에 入爲族叔機張公諱滋鼎之繼子하니 其時에 所后家先親이 內外俱存하고 上有祖母하여 諸

族孫中에 祖母가 本人을 特愛하는 故로 先親이 乃率以爲己子하여 祖母와 先妣께 極受撫養을 無加於親孫與己出이러니 本人이 拾歲時에 遭祖母喪하여 爲朞服人하고 十壹歲時에 先妣患候가 危急함으로 本人에 婚姻을 不卜日過行하는데 聞訃於卺席하여 本人內外가 馳赴發喪하여 三霜을 仍過혔으니 孫行子職에 粗盡情文이고 先親이 仍卽卜姓하여 幸有已出相呂하여 兄兄弟弟가 初無間言터니 又遭庶母喪하여 本人이 爲服其服하고 先親이 又爲卜姓하니 卽今本人에 庶母而其性行則有不敢斥言이나 庶母入門之不過五六朔에 本人에게 貝錦之讒이 無所不至者가 有難枚擧하여 入后無愆者拾六年之久 而壹朝見黜하니 自古異母義子之間에 每不相容하여 爲義子者無故遭誣者 盖亦何限 而先親이 本人內外를 送之生庭曰 姑爲退待하면 將有以善處이신 故로 雨露霜雪을 莫敢恩怨하고 以待處分者瞬過八年에 先親이 欲爲率還者 非止再三이나 庶母가 從中力沮하여 竟不能行하고 至昨年拾月初九日에 先親이 見背而 本人을 率來發喪之意로 有遺敎이시나 又此隱秘하고 本人이 侍湯去路에 得承諱音하고 馳赴尸側하여 自手祖括 則庶母가 大聲橫出하여 手攫披髮하고 毆之拍之에 性命이 立判일새 私自成服하고 以待死滅터니 庶母가 先使未거之相呂로 起訴하고 又使芝炳으로 紛訴府郡하여 至於本郡審査之場에 本郡城主가 題飭于얼方酉谷兩面長하여 率致尹門門長及兩家主管人하여 至于再査者 節節明白 而又於官庭에 原被告를 對頭審査하여 本人에 依章程入后□ 斷不可已하겠기 判決書를 繕給故로 事當宜卽奉几筵 而庶母가 卽自撤几筵하니 世豈有如許怪擧乎 大抵喪家魂魄이 葬時造主하여 題主於墓庭하고 魂魄을 埋安은 禮經 故로 本人이 仍卽造主하고 題主於先親墓庭하여 陰六月 拾二日에 奉安于先親

舊弟하고 祗奉几筵하였으니 僉君子는 照亮하시오. 洪州 酉谷面 俗隱居 尹相吉 告白.

19080724 잡보 530 (三郡難保) 南來人의 傳說을 據한 즉 保寧 藍浦 靑陽 等地에 義兵과 日兵이 互相踵至하여 其酬應交涉之節에 實難支保라하더라.

19080724 잡보 530 (地方消息) 去月 三拾日 瑞山郡 東方 拾五里地에서 義兵 三拾名이 禮山郡 日守備隊와 交戰하였다더라.

19080726 잡보 170 (三察勳章) 前忠南觀察使 梁在翼 全南觀察使 金奎昌 咸南觀察使 韓남奎 諸氏의 敍勳敍章件을 表勳院에서 修定하여 內閣에 送交하였다더라.

19080730 잡보 430 (天興可興) 林川郡 私立天興學校 校監 趙重九씨가 校務를 擴張하며 學徒를 熱心勸導하고 敎師 林圭商씨는 晝夜를 不分하고 熱心敎授함으로 學徒들이 大端感服한다더라.

19080731 잡보 430 (天興校試蹟) 林川郡 私立天興學校에서 本月 拾五日에 夏期試驗을 經하였는데 中學科 一年級 優等生에 朴璋煥 李用石 等 拾人이오 及第生에 林鳳善 等 四人이오 尋常科 壹年級 甲班 優等生에 金鍾甲 趙贊九 等 四人이오 及第生은 趙齡九 等 七人이오 乙班 優等生은 尹重甲 金翔培 等 七人이오 及第生은 金顯斗라더라.

19080731 잡보 530 (地方消息) 本月 拾九日 鴻山郡內에서 義兵 約 三拾名이 該郡 日分遣隊와 交戰하였다더라.

1908년 8월

19080801 잡보 430 (鴻校盛況) 홍산군 翰興學徒 夏期運動을 端午日에 행

하였는데 운동절차는 旗取旗送 高蹈廣蹈箏取와 壹人 壹脚 二人三脚 提燈競走인데 生徒의 爭走氣慨와 傍觀의 拍掌喝釆는 人山人海를 成하였고 運動費는 財務官 金寬濟씨와 郡主事 金一圭씨가 出捐擔當하였다더라.

19080802 잡보 430 (天興校況) 임천군 長湖 私立天興學校 校長 該郡守 金應圭씨와 副校長 該郡 主事 趙東翊씨와 監督財務署長 金商翊씨가 열심 교육함으로 開學한지 七八朔에 學徒가 70여명이요 勞働夜學徒 40여명에 달하였다고 該郡 來人에 傳說이 有하다더라.

19080802 잡보 430 (並校試驗) 목천군 私立並進學校에서 陰 6月 30日에 제 1회 夏期試驗을 經하였는데 高等科 甲班 及第는 姜昌元 韓晩洙요 乙班 優等은 洪承億 陳仁成이요 及第는 李宗慶 李相□ 등 5人이요 尋常科 甲班 優等은 李達俊 李元鎔 등 3人이요 及第는 孫容範 柳昌□ 등 5人이요 乙班 及第는 吳奇得 柳徐慶 등인데 賞品을 優數히 施與한 후 校長 該郡守 南啓錫씨 講師 李廷來 學監 韓禹錫 學友會 總務 尹重燮 諸氏가 학문의 진취를 勸勉的으로 일장 설명하였다더라.

19080805 잡보 430 (岐山校試蹟) 덕산군 岐山學校는 該郡 紳士 李智憲 리敏斗 諸氏가 英俊을 교육하기 위하여 本年春에 설립한 후 該郡守 徐丙韶씨와 교사 韓準敎 李啓榮 諸氏가 성심 교육하여 학도가 70餘名에 달한지라 금번 夏期試驗을 경하였는데 甲班 優等은 리啓升 리啓鳳 등 5人이요 乙班 優等은 리啓聲 박靈奎씨 등 5人이요 丙班 優等은 李啓祐 리聖萬 등 4人인데 리啓舜씨는 該敎 生徒 등의 열심 做工함을 찬양하고 鉛筆 紙板 등으로 褒賞하였다더라.

19080806 잡보 530 (地方消息) 本月間에 청양군에서 義兵 30名이 該郡 日

分遣隊 憲兵 3名과 補助員 3名을 遭遇 交戰하였다더라.

19080806 광고 400 온양 邑內 居하는 趙兎山鍾설의 제2子 영元이가 性本 浮浪함으로 亂類輩를 締結하여 百計得債코져하니 內 外國人은 切勿見欺하시오. 趙鍾설.

19080807 잡보 510 (定期開會) 畿湖興學會에서 通常 總會를 本月 9日 日曜 下午 1時에 該會館內에 개하고 사무를 처리할 터인데 다수 회원이 來叅하기를 희망한다더라.

19080808 잡보 130 (何由勸告) 아산군수 鄭翰朝씨에게 該道事務官이 送函하되 觀察使 指敎가 有하니 辭職請願한다는 고로 該郡守가 訝惑하여 若有過즉 免官할 것인데 有何事端으로 辭職勸告하는 것을 未知하니 詳示하라고 答函하였다더라.

19080811 잡보 130 (勸告拾貳) 충남관찰사 崔廷德씨가 管下 郡守 中에 辭職請願하라고 勸告한 자가 拾貳郡守라는 설이 有하더라.

19080811 잡보 130 (壹上壹否) 충남관찰사 崔廷德씨는 道事務官을 敎唆하여 관하 각 군수에게 送函하여 勸告辭職함은 別項과 如하거니와 海美郡守는 卽爲 上京하고 大興郡守는 訝惑이 萬端하여 該事由를 本第로 通知하였다는 說이 喧藉하다더라.

19080811 잡보 130 (富客雲集) 충남 來人의 所傳을 거한 즉 該道內 富客들이 郡守를 圖得次로 近日에 일제히 公州郡 邑底에 逗遛한다더라.

19080811 잡보 510 (興學會任員變更) 畿湖興學會에서 去 土曜日에 평의회를 개하고 회장 李容稙씨가 辭免한 代에 前 軍部大臣 尹雄烈씨가 被選되고 평의원 李冕宇 李載益씨가 辭免한 代에 李회直 李春世 兩氏가 被選되었다더라.

19080811 잡보 510 (朴氏贊務) 畿湖興學會 贊務部長 尹雄烈씨가 회장으로 推選함은 別項과 如하거니와 그 代에는 中樞院 顧問 朴齊純씨가 피선되었다더라.

19080812 잡보 500 (朴氏公函) 國債報償總合所事務員 李康鎬 安重植 李淳祐 鄭志永 四氏가 該所財務監督 朴容圭씨를 以財政處理에 不美之端이 有하다 하여 警視廳에 擧訴한 事에 대하여 朴容圭씨가 該所評議長 趙存禹씨에게 逐條辨明하여 公函한 全文이 如左하니 : 敬啓者 本所 收入 志願金 中 順天 德山 兩郡 義金條를 姑未貯置銀行한 理由와 本所 所有 鐵櫃를 移置於每日新報社長 萬咸하온 事實을 逐條說明하여 左에 仰佈하오니 査照하심을 爲要. 隆熙二年八月拾日 本所財務監督 朴容圭 (이하, 본문 생략).

19080812 잡보 530 (地方消息) 本月 5日 公州郡內에서 義兵 20名이 該郡 서북방 維鳩 駐在 日分遣所 憲兵 2名과 補助員 3名으로 交戰하였는데 日憲兵上等 1名이 의병에게 狙擊을 被하여 死傷하였다더라.

19080813 잡보 530 (因騷上京) 홍주군에서 근일 騷擾가 尤甚하여 該郡 葛山 居하는 金輔國聲根씨의 內行이 日昨에 上京하였다더라.

19080814 잡보 530 (地方消息) 本月 4日 沔川郡 南方 30里地에서 義兵 9名이 同郡 日分遣隊 憲兵 5名과 補助員 10名으로 交戰하였다더라.

19080816 잡보 308 (悖孫當懲) 회덕 太田 정거장 부근 蘇堤에 尤菴先生 宋時烈씨 舊宅이 有한데 隨毁隨補하여 수백년을 守護하더니 昨年 春에 本孫 中 宋在復씨가 文券을 위조하여 日本人에게 八百圓을 典執得用하고 仍爲逃避한 고로 송씨문중에서 宗會를 大開하고 日人과 누차 교섭

하여 該金額을 具利子하여 壹千□百六拾圓을 각 戶에 排斂徵給하여 舊宅을 還覓하고 該基址에 附屬한 山林과 池澤을 按法測量하여 本郡證明書를 繕出하여 宗家의 保管하였다더라.

19080816 잡보 430 (暮□秉燭) 은진군 논산학교 □老人이 入學하는데 此老人은 □是嶠南□으로 該郡 근처에 逗留하며 學究資生하더니 近來 各處의 학교가 설립함에 村里私塾이 극히 零星함을 見하고 曰 余도 학교에 入하여 新學問의 敎授하는 법을 知하여야 하겠다하고 該學校에 入하여 西洋算法 및 其他 학문을 열심 攻習하는데 此老人의 年光이 七拾三歲라 白首暮年에 新學을 열심 연구한다고 稱頌不已하니 此老人의 성명은 卽 金안드리아ㅣ라 하더라.

19080817 잡보 130 (寧倅藻鑑) 보령군수 李奎白씨는 郡內 紳士를 勸勉하여 學校를 설립하여 極力 贊助하며 郡主事로 新學問에 嫺熟한 李商鎬씨로 薦報하였고 各面面長을 選擇하는데 人望을 從하여 공정히 選定하였다고 該郡來人의 칭송이 有하더라.

19080818 잡보 510 (贊務開會) 畿湖興學會內에 贊務會에서 再昨日에 贊務會를 開하고 일반임원이 회동하여 該會 維持方針을 협의하였다더라.

19080821 잡보 130 (可堪郡守薦報) 충남관찰사 崔廷德씨가 郡守可堪之人 8名을 내부에 薦報하였다더라.

19080821 잡보 530 (地方消息) 본월 15일 태안군 안면도 북단에서 의병 35명이 홍주헌병대와 日巡査隊와 교전하였다 하고.

19080821 잡보 530 (地方消息) 本月 12日 태안군내에서 義兵 약16명이 同郡 駐在所 巡査와 交戰하였다 함.

19080822 잡보 130 (因何留案) 충남관찰사 崔廷德씨가 郡守 八人을 薦報하였다는 說은 已爲報道하였거니와 有何事件인지 今番 奏本에 姑爲留案하였다는 說이 有하더라.

19080822 잡보 170 (海美守請願) 해미군수 이順珪씨가 該道觀察使의 勸告를 因하여 請願上京하였다더라.

19080825 잡보 510 (兩氏函辭) 紳士 尹孝定씨가 輔國 閔泳徹씨에게 致函한 全文과 閔씨의 答函이 如左하더라. 嗚呼我畿湖學會之設意 豈徒然也哉 苟有聞聲 如物之智者 庶可爲我畿湖民族 皆有痛心嘔血吞聲飮泣之情 而顧此會之발□展與否 實係我畿湖民族之存亡 大韓國家之興衰者也 自創會以來 人之有耳有目者 擧皆以李君宗浩爲鑑 必屬望於閣下曰 我會亦應□擔當者存矣 千耳齊傾 萬目同仰 其所望旣重□恃且大 而且知閣下之奇性素不喜於被動而動 故不敢以奇附捐補□語 壹陳於閣下之前 惟閣下之勻意是埃是望□屆月諸 今至半年有餘 會館焉接遑於公廨之間 學校焉困難於維持之策 亦不無贊成員及主務員之擔任熱誠者 只因閣下之冷眼冷心 視如秦人之療認以對岸之火 影響所及萬事瓦解 閣下之於學會 非但爲不贊成者實爲妨害之大物 試問閣下 何忍爲此 夫學會之設立 專爲敎育 敎育之機關 專在學校 學校之維持 專在財政也 頃在畿湖學校創設之初 孝定敢膺校長之任者 非敢曰學識名望能當是務 自以謂敎育精神不欲後人故也 然以五百年堂堂民族之畿湖壹校 百般窘拙 無異於箇人私立之壹村小校 則此不可使聞於他人也 抑亦伊誰之恥乎 且使閣下特捐數萬義金 以此校委任於他人之手 則可以盡閣下之義務乎 亦人之所望於閣下者 可謂滿足乎 曰否今爲閣下計之 今爲畿湖計之 今爲國家計之 莫如閣下爲此校之長自任 以敎育畿湖之靑年 作成我回復國權之人材也耳 苟如是 則非徒壹世之群□洽然 抑亦孝定□憾作

　　　　　　　喜執鞭 隨등雖犬馬之勞 死且不辭 以圖趨走下風也 未
　　　　　　　敢如勻裁以爲如何 以上所陳 頗近於硬直不遜 但恐閣下
　　　　　　　福田未□未能 以收容此語也 然謹俟回敎當有 再陳三陳
　　　　　　　略此不敬(閔氏 答函--생략함).

19080825 잡보 170 (眄彼面長) 公州郡 來人의 傳說이 確據한즉 該郡 寺谷
　　　　　　　面 面長 盧源河는 원래 奸鄕으로 面長을 圖得하여 革
　　　　　　　罷한 主卜債를 隱匿偸食하며 廢止한 有司料를 勒捧하
　　　　　　　며 稱以請災費하고 每戶에 二錢 五分式 排斂하며 또
　　　　　　　遞郡守願留費라 藉托하고 三錢式 戶斂하여 民弊가 滋
　　　　　　　生이라더라.

19080825 잡보 530 (地方消息) 本月 19日 公州郡 서남방 약 二里地에서
　　　　　　　義兵 40명이 同郡 憲兵隊와 衝突하였다고 함.

19080827 잡보 130 (郡守薦報) 충남관찰사 崔廷德씨가 壹進會 評議員 崔
　　　　　　　鶴來씨로 태안군수를 薦報하였다더라.

19080829 잡보 240 (秋家金井) 牙山郡內 李錫民씨 家에 寓居하는 日人 金
　　　　　　　井章吉이가 陰 6月 18日 夜深後에 赤身으로 隣家秋百
　　　　　　　臻家內室에 偸入한 고로 該郡警察署에 호소하였다더
　　　　　　　라.

19080829 잡보 306 (兩道水災) 忠南 全北 등지에 今番 雨水가 暴注하여
　　　　　　　水災를 酷被하였다는 電信이 내부에 도달하였다더라.

19080830 잡보 130 (免官報告繳還) 충남관찰사 崔廷德씨가 管下郡守 12人
　　　　　　　을 免報하되 私札과 同封하여 內部大臣 宋秉畯씨의
　　　　　　　私第로 送致하였더니 宋內相이 崔씨를 論責하여 曰
　　　　　　　공문을 宜報內部이거늘 私第로 送來하는 것이 切非公
　　　　　　　體라 하고 該免報件을 작還하였더니라.

1908년 9월

19080901 잡보 301 (財務監督官制) 財務監督局官制中改正件을 勅令으로 頒布되었다는데 漢城財務監督局의 所管은 京畿 忠淸南北道 江原道요 平壤監督局의 所管은 平安南北道 및 黃海道요 大邱監督局의 所管은 慶尙南北道요 全州監督局의 所管은 全羅南北道요 元山監督局의 所管은 咸鏡南北道라더라.

19080901 잡보 140 (强盜犯被捉) 아산 屯浦 居하는 김圭植 鐵原郡 居하는 鄭基鎬 兩漢은 强盜犯으로 北部警署에 被捉되었다더라.

19080903 잡보 430 (德郡德校) 德山郡守 徐丙韶씨가 境內 紳士 崔明植 李喆儀 趙鍾灝 三氏로 德豊學校를 協力創設하고 學員 40餘名을 모집하여 普通科를 敎授하는데 將就之望이 有하다더라.

19080905 잡보 530 (靑陽郡義擾) 去月 二拾六日 오후 12시경에 충남 청양군 北上面 雲谷里 里長 梁碩夏外 二人家에 義兵 拾二名이 入하여 금품을 취하고 更히 同面長 李周憲家에 入하여 該主人을 押去하여 銃殺하고 禮山方面으로 向하였다더라.

19080905 잡보 530 (地方消息) 數日前에 公州郡 부근에서 義兵 四拾名이 日分遣隊憲兵 및 補助員과 교전하였다더라.

19080905 광고 309 公州藥令을 陰 9月 15日로 開市하오니 京鄕 僉君子 屆期來臨하심을 望함. 林承根 김元壹 김聖老.

19080906 잡보 430 (新昌倅興學) 南來人의 傳說을 거한 즉 충남 新昌郡守 徐丙益씨는 下去以來로 善治뿐 아니라 新民學校를 設

立하고 열심 교육함으로 學員이 百餘名에 달하였는데 일반 學員이 勤學하는 中 林孝相 徐廷冕 兩人은 尤爲 勉業한다더라.

19080908 잡보 430 (成德諸氏設校) 은진군 成德里에서 有志人士들이 靑年子弟를 교육하기 위하여 各其義捐金을 모집하여 학교를 설립하는데 羅斗學씨는 自己家舍를 校舍로 許借하고 □悳傅씨는 명예로 敎授한다더라.

19080908 잡보 500 (感荷義捐) 충남 보령군 吾三田面 貞洞 具然梧씨가 金二拾四錢을 本社에 기부하였기 玆에 感意를 표하노라.

19080910 광고 400 본인의 圖章과 弟妹圖章을 路中에서 失故로 仰布하오니 內外國人은 拾得勿施함. 石城居 崔榮煥 弟妹崔召史 白.

19080912 잡보 306 (吉氏不吉) 면천군 合德防築은 人民 등이 貯水 作農하는 處인데 吉泰弘爲名人이 該防築을 開墾次로 農商工部에 瞞告 請認하였다는데 該郡에서 衆民의 情形을 特念하여 청원서를 退却하고 該防築을 使民으로 如前 貯水作農케 함으로 人民 등이 該事件에 대하여 浮費를 吉泰弘에게 徵出하려고 재판을 請한다 하며 上部에 瞞告하는 律을 施行하기로 吉泰弘을 現今 搜索中이라더라.

19080912 잡보 510 (畿湖總會) 畿湖興學會에서 本月 拾三日 下午 1時에 通常總會를 校洞本會館內에서 開하고 중요사건을 의결한다는데 일반회원과 有志人士가 다수출석하기를 희망한다더라.

19080912 잡보 510 (畿湖學校長新任) 畿湖學校長 尹孝定씨가 遞任한 代에 朴勝鳳씨로 選定하였는데 該氏가 明日로부터 出席視務한다더라.

19080912 잡보 530 (地方消息) 本月 1日 홍주군 九峯山에서 義兵 二拾名이 청양군 分遣所 憲兵隊와 교전하였다 함.

19080912 광고 510 本會에서 通常總會를 本月 13日(日曜) 下午 1時에 校洞本會館內에서 개하오니 일반회원과 유지인사는 屆期來臨하심을 望함. 畿湖興學會 告白.

19080913 잡보 530 (金氏押上) 보령군 居하는 金聲福씨 家雇人 壹名이 작년 8월경에 義兵에 投入하여 踪跡을 尙今 未詳인데 該郡 日憲兵分隊에서 金씨를 捉去하여 該雇人을 不日 捉納하려 하다가 金씨를 京城 軍司令部로 因爲押上以來한지라 該洞人民이 다수히 上來하여 該部에 將次等 訴한다더라.

19080919 잡보 170 (果則良倅) 木川郡守 南啓錫씨는 下車四載에 廉平爲治하여 吏民이 俱安하고 迨此擾攘之時하여 躬行窮蔀에 實心救恤하고 衝火村落에 捐廩結搆하여 使民安堵케 하였다더라.

19080922 광고 430 충청남도 公州郡 辰頭面 문岩里 有志人 김賢□ 韓斗永 陳相稷 尹德炳 리종範 諸氏가 교육상 注意하여 私立新明學校를 설립 열심히 교육함에 將進之望이 有하기로 玆以廣布함. 新明學校內 姜義秉 白.

19080923 잡보 430 (儒生과 會員) 畿湖興學會에서 公州郡에 支學會를 설립할 次로 협의하고 該郡校畓이 二百餘石落인데 該田土로 經費를 維持支用할 意로 儒生과 협의하였는데 該郡壹進會에서 此를 聞知하고 儒生에게 請하기를 本會에서 설립할 학교에 경비가 窘拙하니 校畓을 折半하여 달라한즉 該儒生 등이 불응함으로 現今 相持中이라더라.

19080923 잡보 430 (長久長久) 충청남도 노성군 長久洞 尹正重씨 家에서 鄭寅億 鄭喜永 諸氏가 발기하여 사립 輔仁學校를 설

립하고 강사를 雇聘하여 열심히 敎授하기로 學員이 五十餘名에 달하였다더라.

19080924 잡보 430 (明達復明) 남포군 사립 明達學校는 財力이 未敷하여 將至廢止터니 該郡守 申琪秀씨가 村間에 訓示하며 場市에 演說하고 延師敎育하여 學員이 七拾餘人에 달하였다더라.

19080925 잡보 510 (畿湖總會) 畿湖興學會에서 本月 拾七日(□曜)下午 □時에 특별총회를 開하고 긴급사무를 처리한다더라.

19080925 광고 510 본회에서 긴급사무를 처리하기 위하여 本月 二十七日 (日曜) 下午 二時에 특별총회를 校洞 本會館內에서 개하오니 일반회원은 屆期 來臨하심을 望함. 畿湖興學會 告白.

19080925 광고 430 (私立德明學校 趣旨書) 古今天下에 國家의 治亂興亡과 민족의 文野盛衰가 壹言以蔽하고 敎育興廢에 在하니 고로 往昔에 家塾黨庠州序國學과 現今 幼稚園少學中學太學師範學校之設이 良由是也라 敎育이 有然後에 능히 그 身을 자립하고 그 家를 保하며 사회를 유지하고 국권을 享有함은 天然의 公例라 所以로 文明國에는 無處不設校하고 無人不修學하니 대저 교육은 非別件事也라 啓發智識하고 修養道德하여 上天賦畀하신 所有權利를 不失하며 義務를 各守하여 萬像方面에 活用하는 機關이라 此時何時며 此世何世요 海門이 壹闢하니 風潮震盪이라 萬邦이 星羅碁布에 車書交通하고 六洲가 虎視鯨吞에 機械日新하여 文明한 人種은 보존하고 野昧한 蠻族은 멸망하는 세계라 此世界는 落在敎育家手中이라 云하는 此時代에 顧我東邦이 果在何等地位乎아 長夜風雨에 殘燭이 垂滅하고 滿天雲霧에 白日이 失色일세 何幸天道循環에 聖詔屢降해서 獎勵

敎育하시고 興起士論하여 學會발기와 敎堂設立이 在在相望하는데 惟我 洪州 壹鄕은 幅圓이 非不廣야오 人口가 非不衆也언만은 對此 敎育하여 寂無壹人 興起者하니 切爲有志者의 恒所慨歎也로다 본인이 不敢以有志로 自處라 漆室之歎과 杞國之優를 自不能已하여 詢謀同志하고 鳩聚醵금하여 擬設壹校하니 命名曰 德明이라 德明之義 其有意乎인저 本校位置가 在於洪州 躬耕面德井里하니 德井里에서 開明한다는 本意이며 또는 大学 首章에 明明한德이라 하였으니 在我之明德을 自明케 하는 大意가 아닌가 그 敎授하는 과정은 地誌 歷史 算術 語學 作文 習字 등 普通課程으로 定하고 聰俊子弟를 敎育하여 將來國家에 有用할 人材를 양성하기로 목적하노니 壹里에 文明으로 壹面에 及하고 壹面에 文明으로 壹郡에 급하며 以之壹省과 壹國에 普及하면 我 德明學校에 效果가 豈不韙大也哉아 勉之哉어다 동포여 勗之哉어라 동포여. 隆熙貳年八月 二拾三日 忠淸南道 洪州 躬耕面 德井里 私立德明學校 校長朴昌秉 學監 方哲容 發起人 徐承台 贊成長 郡守 尹泌.

19080926 잡보 307 (奸僞必露) 南來人의 傳說을 거한 즉 충남 목천군 長命里 驛土가 丙午年 大水에 田畓與該洞 堤防이 沈潰하여 該洞 民人 등이 築堤防川에 萬餘圓을 費하여 幾至敗洞이온데 驛土舍音 李聖五가 防築費 五千六百兩을 捧稅官 劉秉應씨에게 擧訴盡下하여 壹千九百兩만 出給하고 三千七百兩을 掩匿私消하려다가 탄로되어 洞民 등이 公州府에 往訴하여 具邊利推覓한다더라.

19080926 광고 308 충남 아산군 □南面 昌福里 食字畓 拾三斗落五坐結四拾三負六束 証明書 遺失 故 玆以仰布 誰某拾得 休紙施行함. 畓主 韓鳳錫 白.

19080927 잡보 420 (高閣上法律) 南來人의 傳說을 거한 즉 忠南各郡에서는 郡守가 該郡境內 每村에 法律冊 二卷式 出送하고 價文을 壹圓式 領收하는데 村民들이 該法律冊을 無用件으로 認하여 束之高閣하고 價文만 徵給한다더라.

19080930 잡보 430 (稷山郡의 設校) 충청남도 직산군에서 經緯學校를 설립하고 高明한 敎師를 延聘 敎授하여 敎務가 漸次擴張되기로 생도가 七八十名에 달하여 열심히 做去하는데 就中 閔載棋 南相珣 李龍性 三氏는 명예로 敎授하고 事務員 金道源 任景宰씨는 實心 看務한다고 該郡來人의 稱頌이 有하다더라.

1908년 10월

19081001 잡보 306 (兩道農作의 豊登) 忠淸 江原 각 지방의 농작은 작년보다 倍作이 된 고로 人民들이 喜悅한다더라.

19081006 잡보 530 (晝眠夜戒) 충청남도 한산군에는 義兵이 頻頻往來하는 고로 該郡駐在所 韓日巡査가 晝에는 就眠하고 夜에는 徹宵警戒한다더라.

19081007 잡보 307 (合德民의 質問) 면천군 合德 防築은 吉泰弘爲名人이 開墾하려고 農商工部 購告請認한 고로 該防築居民들이 農商工部에 청원하여 從實得情한 후에 其浮費를 徵捧하려고 泰弘을 搜索中이라는 事는 已報어니와 更聞한즉 泰弘은 卽農業會社 사장 洪肯섭씨의 대리인인 고로 該防築居民들이 홍씨를 私邸로 往見하고 此浮費를 징여하라 한 즉 홍씨 曰 壹進會本部로 來하여 質判하자 하기로 該居民들이 去月 拾八日에 壹進會本部

往하여 홍씨를 방문한 즉 홍씨는 避而不見하고 安泰俊 崔雲섭 양씨가 出對하는지라 該防築居民들이 言하기를 홍씨는 胡爲不出고 하며 此浮費도 徵與하고 開墾指示 人도 露出하라 한 즉 安崔 양씨가 답하되 開墾請認하 기도 풍문으로 했은즉 지시인도 노출할 수가 無하고 개간도 못하면서 浮費만 徵與할 수가 無하다 한즉 防 築民이 言하기를 홍씨는 農業會社 社長이라 하니 此會 社목적은 농업에 妨害만 하는지 기어코 재판하여 浮費 도 徵推하고 지시인의 諷囑한 죄와 청원인의 瞞告請認 한 律을 시행케 한다고 壹場質問하였다더라.

19081007 잡보 420 (病人護送) 충청남도 목천군 □面應谷 居하는 梁世豊 씨가 上京 逗遛하다가 因病委痛하더니 再昨日 夜에 南部竹洞 居하는 李成俊씨를 防見次로 前往하다가 草 동 街路上에 倒臥함으로 該掌內巡査가 梁씨를 李氏家 로 護送하였다더라.

19081007 잡보 530 (地方消息) 去月 三拾日 남포군 東北 약 五里 奄峴부 근에서 義兵 七拾餘名이 該郡駐在 日憲兵 및 補助員 과 교전하였다함.

19081007 잡보 530 (地方消息) 去月 貳拾八日 청양군 東北 약 三里地에서 義兵 六十餘名이 該郡 駐劄 日憲兵과 교전하였다함.

19081008 잡보 430 (畿校運動狀況) 畿湖學校에서 秋期運動會를 日昨에 東 門外에서 설행할 시에 該會 任員 諸氏가 다수 상품을 급여하였다는데 金嘉鎭씨는 美國獨立史五偉人小史 父 師必讀 各七冊 空冊上中下 各七冊 小空冊 壹百部 紙 製石版 鉛筆□이요 교육부장 南廷哲씨는 華盛頓傳 十 卷 空冊 鉛筆 등이요 池석永 洪弼周 兩氏도 공책 연 필 등이요 李海朝 閔丙斗 양씨는 최신 □城□ 乙支文 德傳 各 壹部式이요 李章魯씨는 速寫帖冊 挾筆入 등

이요 沈運澤씨는 空冊二十卷이라더라.

19081009 광고 510 본회에서 本月 十一日(日曜) 하오 1시에 통상 총회를 본회관내에서 開하오니 일반회원과 유지인사는 屆期 왕림하심을 望함. 演說問題 : 畿湖學會의 약점(朴勝鳳) 畿湖學會의 유지방법(徐丙轍) 子侄의 교육은 父兄의 負擔(김鳳鎭) 畿湖興學會 告白.

19081010 잡보 530 (狂狗眠의 見糞) 去月末에 충청남도 公州郡에 駐在한 日巡査 壹名과 通譯壹名이 禮山으로 향하여 大興 순 모룽이라하는 等地에 至함에 日色이 已暮하여 遠近의 來人을 詳視치 못할 제에 禮山郡 守備隊가 公州郡으 로 進向코져 該處에 당도하였는데 該日巡査와 通譯者 가 守備隊를 義兵으로 오인하고 先히 放銃하니 該守 備兵 六七名이 또한 銃을 沒放하였는데 該日巡査가 卽爲致斃하였다더라.

19081010 잡보 430 (畿校經費窘艱) 畿湖학교에서는 經用이 艱拙하여 일반 임원과 講師 諸氏의 兩朔 月俸을 尙未支撥한 고로 該 校長 朴勝鳳씨가 捐助金을 收合하기로 협의중이라더 라.

19081011 광고 315 (車賃目錄) 平澤 二圓拾六錢 三拾圓錢 天安 二□八□ 三錢 三十八錢五厘 全義 三圓拾六錢 四拾三錢□厘 太 田 四圓十錢 五拾五錢.

19081014 잡보 510 (是夫是婦) 畿湖興學會에서 去 日曜에 총회를 開함은 前報에 已報어니와 該會員 徐丙轍씨가 激切히 연설하 고 自己所居家舍를 寄付하노라 하며 家契를 交付하니 일반회원이 莫不感泣하고 傍聽이 亦含淚喝采하였다는 데 그 내용을 詳聞한 즉 該氏가 素以亦貧으로 只存者 ㅣ 此家舍拾四間인데 會에 出席할 時에 與其夫人으로 誓約日 畿湖學會를 設立已久에 유지가 無望하니 吾當

以此家舍로 기부하고 又爲獻身하여 十生九死하여도 期於히 維持하여 畿湖人種을 保全하겠노라 한 즉 該夫人이 答하되 君子는 國民이되어 爲國家出義獻身코져 하니 女子는 君子를 위하여 雖沿門乞飯이라도 子女를 求活할터이니 勿以妻子로 爲累하고 事業을 성취하라 하였다니 該氏의 公德上血誠은 世所罕有오 該會의 目的到達도 指日可期라더라.

19081014 잡보 170 (有何面議) 충남관찰사 崔廷德씨가 內部大臣과 面議할 事가 有하던지 日昨에 上京하여 泰安郡守 崔鶴來氏家에 留連한다더라.

19081015 잡보 170 (崔觀察還任) 충남관찰사 崔廷德씨가 還任次로 新任泰安郡守崔鶴來씨의 일행을 대동하고 昨日 京釜鐵道 第壹番列車로 發往하였다더라.

19081015 잡보 317 (郡主不法) 목천군 東幕 居하는 趙某가 경성으로 郵便付札이 中間漏落이 되었던지 該理由를 叩問次로 郡主事 權東洙씨를 訪見한즉 권씨曰 郵票價3錢을 徵給하마 하거늘 趙氏曰 非爲郵價라 書信이 遺落한 故로 質問함이라 한데 권씨가 조씨를 巡査廳으로 押送하여 數日을 牢囚한 後 放送하였다더라.

19081015 잡보 530 (樵夫何罪) 南來人의 傳說을 거한 즉 日前에 아산 長在 등에서 義兵 四十餘名과 日憲兵拾名 및 巡査 五名이 互相衝突하여 장시간을 교전하였는데 피차간 死傷은 無하였고 翌日 該里 居하는 樵夫壹名이 伐木次 山間으로 入去하는데 日兵이 突出하여 義兵의 거처를 指覓하라 하니 該人이 元來 耳聾이 甚하여 回答치 못하였더니 日兵이 該人을 卽爲銃殺하였는데 其慘狀은 令人難見이라더라.

19081016 잡보 170 (忠南郡守開會) 충청남도에서는 本月 二十日부터 觀察

府에서 郡守會議를 開하는데 내부에서 지방국장을 파송한다더라.

19081016 잡보 510 (畿校의 尹氏) 畿湖學會에서 경비가 窘拙함은 人所共知어니와 학무국장 尹致昨시가 금일 하오 6시에 自己 私邸에서 晩餐會를 설하고 各원로대신과 實業家 諸氏를 請邀宴待한다는데 會同하는 諸氏가 該學會의 유지 방침을 협의한다 하며 明日에는 각 신문기자를 請邀하여 該會 유지방법을 토론한다더라.

19081017 잡보 301 (府土調查) 천안 온양 兩郡에 承寧府所管 田畓이 多有한데 度支部에서 現今 派員 調查하는 중이라더라.

19081017 광고 430 (懷德郡外南面弘道學校 測量專門科 學徒 卒業生) 甲班: 宋瑛淳 宋達淳 宋鍾甲 趙東珍 宋宗玉 宋錫祐 延秉允 車泳敦 徐相烈 梁在政 宋元用 廉時薰 金賢洙 任泰準 崔鳴來 林魯祐 宋宗鶴 宋雨用 諸氏 拾八人 乙班: 郭鼎燮 柳道淵 李淳宗 李淳冕 宋敦憲 梁奭煥 李宗寅 朴□鉉 金謙默 宋灝淳 陸漢均 黃洙仁 池憲明 方泳煥 崔源孝 梁宗煥 金根壽 宋義老 盧箕陽 李達容 金秀漢 金相堯 吳學秀 安承夏 宋台永 洪貞植 宋宗振 諸氏 二拾七人이 測量製圖에 壹等善手오니 京鄕間 森林田野家屋等 測量할 人은 以此照亮함. 弘道學校 告白.

19081020 잡보 430 (隆校創設) 충청남도 은진군 上豆面 大谷 居하는 前司果 柳星烈 前主事 徐埼勳 面長 崔壹三씨가 교육에 열심하여 今春 三月에 該洞 杏林祠舊地에 사립학교를 創設하여 命名曰 隆興이라하고 該校長은 美國牧師 禹理嚴씨로 副校長은 徐基道씨로 漢文教師는 徐埼勳씨로 學監은 卜基業씨로 선정하고 校費는 一面人이 僉議詢同하여 每戶에 麥壹斗 租壹斗요 該面內 所在 畓 壹斗落에 金貳戔 五分式 捐助하기로 磨鍊하고 晝夜學

을 說하여 聖經 英語 地誌 歷史 算術 國漢文 體操를 敎授하더니 學員이 三十三人에 달하였다더라.

19081022 잡보 430 (義王賜金) 직산군 成歡停車場 附近洞 有志 紳士가 該場內에 학교를 설립하고 校長을 義親王殿下로 推薦하였다는데 同殿下께서 聞知하시고 金貨 壹千圓을 下賜하셨다더라.

19081022 잡보 410 (斷髮訓飭) 충청남도관찰사 崔廷德씨가 管下 각군에 斷髮訓飭을 발송하되 일반평민은 自意任便하고 大小官人은 일체 斷髮하라 하였다더라.

19081022 잡보 410 (南守斷髮) 木川郡守 南啓錫씨가 頭髮을 尙此不削하였더니 再昨日 該道에 前往하여 즉시 斷髮하고 郡守會議에 參例하였다더라.

19081023 잡보 530 (地方消息) 全羅南道 義兵의 出沒數가 頻數하고 忠淸南道는 公州로부터 아산 부근까지 二十名 내지 七十名 義兵이 出沒하고 忠淸北道에는 陰城郡 지방에 義兵 약 三十名이 출몰하고 그 기타지방에도 多數의 義兵이 種種出沒하였다 하고.

19081023 잡보 530 (地方消息) 洪州管內에는 前期에 비하면 義兵의 出沒數가 頗繁하고 靑陽 豆浦地方에는 義兵將 吳良善씨가 部下 七十餘名을 率하고 多數히 出沒한다하고 또 維鳩附近에서는 義兵將 李敎哲씨 및 閔昌植씨의 部下 五十名이 會同하였다 하고.

19081023 잡보 530 (地方消息) 公州管內 錦江以西 定山 林川郡 각 지방에는 義兵 三十名 내지 五十名이 出沒하여 日憲兵과 衝突하였다하고 또 全羅北道 益山地方에는 義兵 약 五拾名이 出沒하는데 民心이 不穩하다 하였고.

19081025 잡보 130 (愚甚矗甚) 석성군 居하는 李章憲씨가 數千圓 가치되

는 田畓을 일체 放賣하여 金錢을 携帶하고 上京 留連
하며 總理大臣 李完用氏家에 緊切한 門客 某氏를 소
개하여 郡守壹窠를 百方運動한다더라.

19081025 잡보 170 (禮民嗷嗷) 예산군 財務署 主事 尹헌求씨는 稅金收捧
에 人民을 無難히 捉囚督捧함으로 민심이 嗷嗷한 模
樣이라더라.

19081025 잡보 510 (畿湖特會) 畿湖學會에서 중요사무를 처리키 위하여
本月 二十六日 下午 四時에 특별총회를 開한다더라.

19081025 광고 510 本月 二十六日 月曜(陰拾月二日) 下午 四時에 특별총
회를 본회관내에서 開하오니 僉會員은 照亮來臨하시
압. 畿湖興學會告白.

19081027 잡보 140 (納賂調査) 온양군 居하는 姜昌熙씨가 何等訴訟事가
有하던지 大審院判事 鄭仁興씨에게 納賂한 情跡이 現
露되어 警察署에서 該事實을 調査하는 中이라더라.

19081027 잡보 400 (江景火事) 本月 拾九日 午前 二時에 충청남도 은진군
江景浦 附近의 人民家屋에서 失火하여 五家가 延燒하
였다더라.

19081027 광고 303 본인이 南□后□七十四統四戶 李完珪處 陰九月貳十五
日 推次 金拾圓於音□限內 切有用處함을 龍山居 高炳
斗 聞之 他處循環先給爲言 故無疑給與矣 原限已過 錢
與標間 尙不來給 是何孟浪 玆廣告 無論某人 勿爲현欺
함. 保寧郡居 趙箕行 告白.

19081028 잡보 430 (光校新設) 충청남도 鰲川郡 主事 崔柱榮씨가 勸喩人
民에 創設壹校하여 청년교육에 熱心 殫誠하나 재정이
窘拙하여 中止가 되었더니 郡守 徐相悳씨가 佽任後로
校況이 如此함을 慨惜하여 光新學校를 설하고 本月
拾四日에 開校式을 거행하였다더라.

19081028 잡보 430 (廉氏設校) 회덕군 弘道測量學校 졸업생 廉時薰씨가 부근 九灣里에 학교를 설립하고 학도를 모집하여 열심 교육한다더라.

19081028 잡보 170 (果則良倅) 충남來人의 傳說을 聞한 즉 덕산군수 徐丙韶씨가 躬行村間의 探得民情하고 熱心 학교의 교육인재하며 庭無滯設에 壹境이 賴安하다더라.

19081028 광고 308 본인이 충남 직산 三西面 洑毛老前 水灘坪 舊文券 □ 字畓 五斗落 新契券 壹張을 □九月貳拾八日에 路中서 失故로 玆에 廣布하오니 誰某拾得이거든 休紙施行함. 충남 직산 三西面 洑毛老 李祥來 告白.

19081030 잡보 301 (筆債排斂) 홍주 면천 덕산 아산 等郡에는 소위 紙筆債라하는 稅錢을 民間에 排斂하여 班戶에는 每結頭에 葉 □兩이요 民戶에는 每結頭에 葉十兩式 收捧한다더라.

19081030 잡보 530 (地方消息) 本月 貳拾六日 한산군 北方에서 義兵 七拾名이 홍산군 日分遣所 憲兵隊와 交戰하였다함.

19081030 잡보 530 (地方消息) 本月 貳拾六日 임천군 西方에서 義兵 約 三拾名이 同郡 日憲隊와 衝突하였다함.

19081030 잡보 530 (地方消息) 本月 二拾四日 청양군內에서 義兵 約 百名이 同郡 憲兵隊와 衝突하였다더라.

19081031 잡보 530 (砲殺面長) 忠南來信을 據한 즉 덕산군 高山面에서 本月 貳拾壹日頃에 義兵 七八名이 該面長 李某를 捉居하여 砲殺함으로 該附近人民들이 嗷嗷恐惶하는 貌樣이라더라.

1908년 11월

19081101 잡보 430 (湖西有人) 충남 홍주군 居하는 前判書 金炳翊씨와 前叅判 김병秀씨가 該郡守 尹泌씨로 協心齊力하여 湖明學校를 창립함에 壹鄉이 響應하여 贊成紳士가 二十餘員이요 應募學生이 壹百餘人에 달하여 열심교육하는데 장차 文明을 可見이라고 南來人의 칭송이 有하더라.

19081101 잡보 430 (齊捐護送) 畿湖學校 學徒 尹儀重씨의 冷病으로 呻吟함은 前報에 已揭하였거니와 日昨에 該學校의 壹般學徒들이 壹齊出捐하여 該氏를 本第로 護送하였다더라.

19081104 잡보 530 (蒼生可憐) 南來人의 傳說을 聞한 즉 忠南 各郡에 日憲兵의 補助員과 通譯 등이 橫行村閭하며 無罪良民을 義兵干連이 有하다하고 種種捉去하여 多數錢財를 勒奪함으로 人心이 騷擾하다더라.

19081106 잡보 510 (畿會有光) 畿湖興學會 유지할 事에 대하여 某某諸氏가 발기하여 月捐金으로 請求한다더니 詳聞한즉 某某諸氏가 五年을 限하여 每朔出捐한다는데 그 氏名과 金額이 如左하더라. 特等은 二拾五圓以上이니 義親王殿下와 完平君 李昇應씨는 各 三十圓式으로 完興君 李載冕씨와 永宣君 李埈容씨는 각 五拾圓式으로 義陽君 李載覺씨와 昌山君 李海昌씨와 輔國 閔泳徹 諸氏는 各二十五圓式이요 壹等은 二十圓이니 韓圭卨 李根浩 李根澤 諸氏는 各 二十圓式이요 三等은 十圓이니 南廷哲 李埼鎔 諸氏는 각 拾圓式이오 四等은 四圓이니 韓昌洙 金晦秀 閔泳韶 李相慶 趙重鼎 閔種默 閔贊鎬 趙종緖 趙命熙 諸氏는 各 五圓式 寄付하기로 하였

다더라.

19081106 잡보 530 (地方消息) 천안관내에는 于今까지 不穩하여 온양 아산군 각 지방 義兵 五六拾名이 日討伐隊와 二回를 衝突하였고 其他 진천 홍주 지방에도 小數의 義兵이 出沒한다함.

19081106 잡보 530 (地方消息) 홍주관내에는 義兵 六七十名이 日兵과 交戰하였다하고 그 외에 數拾名의 義兵이 徘徊한다함.

19081106 잡보 530 (地方消息) 해미 서산군 지방에 約 二十名으로 壹隊를 組成한 義兵이 出沒不絶하며 또 신창군에는 五六拾名으로 壹隊를 組成한 義兵이 出沒하고 기타 청양군 지방에도 亦 不穩한 態度가 有하고 태안군 안면도 및 그 부근에는 각 七八拾名式으로 壹隊를 組成한 義兵이 出沒不絶한다 함.

19081106 잡보 530 (地方消息) 公州관내에는 충청남도 홍산 임천군 각 지방에 約 四拾名式으로 壹隊를 組成한 義兵이 出沒不絶하고 尙北同地方에는 不穩한 態度가 有하며 기타 지방에도 小數의 義兵이 出沒한다함.

19081106 잡보 530 (地方消息) 連山 관내에는 충청남도지방에 不穩한 情態가 有하며 전라북도 금산군 지방에는 약 二拾名으로 壹隊를 組成한 의병이 出沒한다함.

19081107 잡보 430 (元明文明) 충청남도 公州 敬天耶蘇敎堂內 元明學校가 설립된지 壹週年에 경비가 甚窘하여 특별총회를 開하고 유지 방침을 협의하는데 李容周 申鉉九 金秉濟 金商文 宋종哲 白南浩 梁桂成 禹종준 朴成鎭 徐仁學 李永五 金容제 鄭時永 李春明 諸氏의 각자 義捐한 금액 총수가 壹百二拾八圓七拾錢에 達하여 永遠維持하기로 결정하였다더라.

19081107 잡보 460 (感荷義捐) 충청남도 公州郡 居하는 金秉濟씨가 本社의 경비를 보조하기 위하여 금화 壹圓을 기부하였기 玆에 感意를 표하노라.

19081107 잡보 530 去月 二十日 定山郡 西方 約 二里地에서 義兵 五拾餘 名이 該郡 憲兵分遣所 憲兵과 交戰하였다함.

19081108 잡보 510 (畿會義捐 續聞) 畿湖學會 유지방침을 某某諸氏가 五個年間 月附義捐한 諸氏의 氏名 및 金額은 前報에 已揭하였거니와 續聞을 거한 즉 李根培씨는 壹千二百圓을 每朔貳十圓式으로 金命洙씨는 九百圓을 每朔 拾五圓式으로 權車顯씨는 六百圓을 每朔 十圓式으로 吳正根씨는 六百圓을 每朔 拾圓式으로 李載克씨는 三百圓을 每朔 五圓式으로 기부하였다더라.

19081108 광고 430 (충청남도 公州府內 下梨洞 永明學校義捐金廣告) 禹利岩 拾二圓 黃□植 拾圓 朴濟權 拾圓 尹仁一 拾圓 金光植 六圓 安明汝 六圓 安昌□ 六圓 安奭鎬 六圓 金奎喆 五圓 任東淳 參圓 金씨夫人 三圓 李京德 三圓 陸政均 參圓 宋秉禮 參圓 李殷喆 三圓 閔城鎬 三圓 成普永 三圓 金永熹 三圓 李基然 三圓 徐漢輔 三圓 金相洙 二圓 김建漢 二圓 金聖弼 二圓 金基潤 二圓 閔泳晋 二圓 金敦준 二圓 崔榮國 二圓 閔寅圭 二圓 洪淳台 二圓 金相翼 壹圓 安永永 壹圓 金相斗 壹圓 柳重鳳 壹圓 金弘植 壹圓 河應云 壹圓 梁琦煥 壹圓 金潤載 壹圓 羅漢탁 壹圓 金正翊 壹圓 白正雲 壹圓 永明學校 告白.

19081108 광고 510 本月 八日(日曜) 下午 1시에 통상총회를 본회관에서 開하오니 僉會員은 來臨하시압. 演說辦士氏名: 我라 하는 觀念(石鎭衡) 畿湖興學會 告白.

19081111 잡보 530 (測量員被殺) 충남 직산군에서 測量學徒 四人이 下去

하여 山谷間에서 測量하는데 義兵이 不意突出하여 該 學員 四人中二人은 砲殺하고 機械等屬은 沒數破碎하 였는데 貳人은 幸得逃免하였다더라.

19081111 잡보 510 (畿湖有望) 畿湖學會 유지금을 某某諸氏가 義捐한 事는 前報에 已揭하였거니와 續聞을 거한 즉 金允植씨는 三百圜을 每朔 五圜式으로 趙종弼씨는 三百圜을 每朔 五圜식으로 韓龍植씨는 每朔 五圜式으로 金永直씨는 三百圜을 每朔五圜式으로 朴鼎壽씨는 三百圜을 每朔 五圜式으로 趙韓鏞씨는 三百圜을 每朔 五圜式으로 기부하였다더라.

19081112 잡보 140 (□□訴) 公州郡 居하는 申宅均씨는 家勢가 稍饒한 터인데 地方騷擾로 因하여 今年 陰五月頃에 率眷上京하여 □□卜□橋에 居하는 自己親友 金永洙씨를 대하여 言하되 錢 幾□圜만 辦得하□ □舍를 買得하여 可以住接하겠다 하는 故로 □씨가 極力周旋하여 金貨 七百圜을 得給하였더니 申씨가 □家□接하고 該錢額을 延拖不報하는 故로 김씨가 京城地方裁判所에 呼訴하여 現今 裁判하는 中이라더라.

19081112 잡보 530 (地方消息) 去月 二十七日 면천군 西北方 七里地에서 義兵 七十餘名이 該郡駐在 日憲兵과 交戰하였다더라.

19081113 잡보 306 (懷郡養蠶) 회덕군 농업조합은 養蠶의 목적을 달하기 위하여 每戶에 一坪式으로 桑苗八十町步를 三個年計劃으로 植付할 事를 결정하였는데 該地人民이 興業會社로부터 數拾萬本의 桑苗를 植付하여 대규모의 養蠶을 행할 계획이 有하다고 農商工部에 보고가 來하였다더라.

19081113 잡보 170 (面長挾雜) 公州郡 寺谷面 面長 盧源河씨는 본시 奸鄕으로 民間生弊가 許多하여 民不料生이라는데 그 作弊

하는 事를 詳聞한 즉 有司를 廢止한 후 該有司條 三千兩을 恣意捧食하며 丙午條 請災費를 每戶에 貳錢五分式 收斂自囊하며 私□巡校하여 각동里長을 發牌捉去하여 足債 三四拾兩式 勒討하며 稱以雜技禁斷하고 村民處에 數百兩式奪食하며 公納을 無論畢捧與否하고 壹例발牌하여 差使例五兩至八兩式討去하며 戶布를 私自增減하여 民怨이 滋甚하다더라.

19081113 잡보 430 (華塾□□) 충청남도 태안군 華陽義塾은 該郡 有志紳士 李基祿씨가 청년지성을 개발하기 위하여 거액에 錢財를 自擔하고 多年 교육하는데 該塾 敎師 李淳鐸씨가 多數 學徒를 熱心 敎育이 于今 四載에 卒業이 未久하였다더라.

19081113 잡보 530 (地方消息) 本月 壹日 해미군 挑李島에서 義兵 約 三拾名이 충청남도 당진군 分遣所 日憲兵 二名 補助員 四名과 交戰하였다 하고.

19081114 잡보 440 (左右其室) 公州관찰사 崔廷德씨가 일본에 留連할 時에 日女를 作妾하였더니 該氏가 귀국한 후에 定婚娶妻하여 該觀察府에 携往同留하는데 該日女가 日本서 追後渡來하여 該觀察府에 前往하여 質責하여 曰 日本서는 百年을 與我同居하기로 結約하더니 귀국 후 또 娶妻함은 是何 經위오 하며 무수히 詰難하는지라 崔廷德씨가 艱辛撫摩하여 左右室로 정하고 該府에 同留한다더라.

19081114 잡보 430 (全校盛況) 전의군 大東學校에서 秋期運動을 설행하였는데 학도 七拾餘名이 書取旗取計算騎馬 등 競走와 歷史地誌 修身敎育 등 문답과 □蹈廣蹈 脚戱拾栗 등 遊戱로 壹日 盛況을 呈하였는데 監督 該郡守 張寅源 總務 李冀夏 副校長 林元相 諸氏가 공책과 연필을 優

秀施賞하였다더라.

19081115 잡보 130 (鶴舞翩翩) 태안군수 崔鶴來씨가 有何事件인지 該郡에 赴任한 後 數日만에 旋爲上京하여 逗遛한다더라.

19081115 잡보 510 (畿會義捐 續聞) 畿湖興學會 義捐諸氏의 氏名 및 金額은 已爲揭載하였거니와 追聞한 즉 尹雄烈씨는 九百圜을 每朔 五圜式으로 李址鎔 尹英烈 兩氏는 六百圜을 每朔 拾圜式으로 朴齊純 羅世煥 이裕鼎 이炳鼎 閔商□ 諸氏는 三百圜을 每朔 五圜式 寄付하기로 결정하였다더라.

19081117 잡보 170 (政令不壹) 충남관찰사 崔廷德씨가 郡守會議時에 斷髮 壹款은 寬恕하여 有髮無髮을 勿論하고 郡守를 一齊 會同하여 各其從便之意로 曉諭하였다더라.

19081117 잡보 307 (果則妄發) 南來人의 傳說을 거한 즉 公州財務官 李種玉씨가 公州 大門里 李起都씨 先山局內에 誌石도 無한 壹古塚을 渠의 失傳한 拾代祖墓라 칭하고 巡查를 帶同하고 擔銃率來하여 松楸를 多伐以去하며 改封莎草하였는데 李種玉씨의 失傳墓는 豆毛松里에 在하다 自稱하며 大門里에 古塚을 渠의 所蒙塚이라고 橫稱하니 必是 失傳塚을 藉托하고 松楸를 奪取코져 함이라는 說이 藉藉하다더라.

19081121 잡보 510 (收金委員選定) 畿湖學會의 月捐金이 每朔 五百餘圓에 달함은 已報어니와 該會에서 該會額을 收入할 委員을 選定할 次로 去 十八日에 평의회를 開하였는데 該委員으로 피선한 氏名은 池석永 兪星준 朴勝鳳 鄭永澤 徐丙轍 諸氏라더라.

19081122 잡보 306 (農民呼冤) 충남 목천군에서는 各畓主與舍音輩가 收賭之際에 賭斗를 各自任意爲大하여 濫捧이 無雙故로 農民의 呼冤이 낭자하다더라.

19081124 잡보 510 (畿會特會) 畿湖興學會에서 本日에 特別총회를 開하고 사무를 처리한다더라.

19081125 잡보 313 (楮伐徐山) 太田停車場에서 은진 강경포까지 전선을 가설하는데 電桿木을 진잠군 龍巢峙 徐丙주씨 宗山에서 斫伐하는 고로 徐씨와 互相爭詰하다가 價금을 每株에 葉六兩式 出給하였다더라.

19081126 잡보 313 (鎭民何罪) 太田 停車場에서 은진 江鏡浦까지 전선을 敷設한다는 설은 已報어니와 該電桿木 二百壹株를 진잠 龍巢峙에서 斫伐하여 輪送費를 每株에 葉九兩式 酌定하여 진잠군 主事 李相엄씨에게 출급하였는데 該氏가 同錢을 中間乾沒하고 電桿木은 境內 各洞民人民으로 赴役輪去함으로 民怨이 載路하다더라.

19081126 잡보 309 (藥令□字延期) 濟州府 秋等藥令日字를 已爲廣告하였스나 以其促急으로 各處醫士藥商之延期勸告가 有하여 更於陽十壹月十二日로 開市하는 바 府下에서 實業에 有志한 郭致中 朴齊洪 孫興仁 趙종玉 金寬五 郭泰鉉 徐德弼 崔聖云 邊석煥 朴化集 諸氏가 合資營業으로 各出 數百圓하여 唐艸藥을 貿來하는데 京城 釜山 大邱 公州 忠州 各處의 각 參人式 發程하였다더라.

19081127 잡보 450 (金塚山變) 公州郡 居하는 김직洙씨의 親山을 賊漢이 破掘하여 斷頭掩置하고 錢財을 多數討索한다더라.

19081127 잡보 530 (地方消息) 청양군 지방에는 義兵 百餘名이 出沒하였다함.

19081128 잡보 430 (洪校秋期) 충남 홍주군 酉谷面 月峴 私立洪明學校에서 秋期試驗을 經하였는데 甲班 最優等 李鳳相이요 優等 李箕연 趙仁鎬 등 6人이요 及第 趙聖熙 1人이요 乙班 最優等 李柱연 1人이요 優等에 趙鳳鎬 趙碩熙 등 3人이요 及第 李局衡 趙源大 등 4人이요 丙班 優

等 □晚同 金厚甲이요 及第 高壯分 등 諸人이라더라.

19081128 잡보 530 (地方消息) 온양군과 아산군 지방에서는 義兵 五六十名이 出沒한다함.

19081128 잡보 530 (地方消息) 해미 서산군 지방에는 義兵 三十餘名이 出沒하며 청양군 지방에는 義兵 百餘名이 出沒한다함.

19081128 잡보 530 (地方消息) 충청남도 홍산 임천군 지방에는 義兵 四五十名이 출몰한다함.

19081129 잡보 301 (日事務行賊) 충남 천안군 郵便取扱所에서 近日에 該郡結錢을 受納貯置하였는데 何許 日人事務員이 其中에서 □萬二千九百七拾餘圜을 窃取하여 不知去處로 逃躲하였다고 南來人의 傳說이 有하다더라.

1908년 12월

19081202 잡보 530 (地方消息) 去月二十壹日 남포군 東方 육십리 水丹洞에서 義兵 十餘名이 該郡分遣所 日憲兵 및 補助員과 交戰하였는데 補助員 二名이 負傷하였다더라.

19081203 잡보 307 (稷民上京) 직산군 壹西貳西三西二□서邊五面에 在한 民有洑를 年前에 京玉洞居 김判書炳喬씨 家에서 勒奪하여 水稅를 收斂하다가 民擾가 起함에 該氏家에서 該洑를 完和宮에 放賣하였다 하고 壓制력으로 水稅를 勒斂하여 于今까지 幾年을 生徵한 故로 該地農民들이 京都에 呼訴次 上京하였다더라.

19081204 잡보 400 (庇郡民怨) 庇仁郡 東面苧洞 居하는 鄭姓兒 壹人이 本以純良村童으로 不幸히 巷街에서 日兵에게 彈丸을 中

하여 死生을 未判인데 可憐한 我同胞는 立亦難 坐亦難 笑不敢 啼不敢이라고 怨聲이 漲天이라더라.

19081204 잡보 240 (壹門慘禍) 庇仁郡 郡內面 龍水동 居 尹正愼씨는 三兄弟가 壹室에 同居하더니 韓服日人三名이 暮夜에 突入하여 偸雞할 時에 該氏三兄弟를 隨出隨害하는데 伯也는 被棒破腦하고 仲也는 被刀致死하고 季也는 中丸幾死하여 治療코져 群山港으로 舁往하다가 路中에서 竟爲致死하였다더라.

19081205 잡보 530 (地方消息) 去月 십三日 아산 西方 參십五里地에서 義兵 십五名이 同郡 分遣所 日憲兵隊와 交戰하였다함.

19081206 광고 313 本社에서 측량하기 위하여 생도 팔십인을 교습하여 已經受業이옵기 玆에 광고하오니 已墾未墾地에 測量을 有意하시는 僉員은 來議于本社하심을 望함. 公州府下 合資測量事務所 白.

19081206 광고 308 天安居 沈宅鎭이가 금년 七月分에 北部 苑洞居 洪宗憙의 淸州西江所在 畓 二十餘石落을 折價二千六百四拾圓하여 舊量案으로 買得矣러니 洪宗憙 洪承萬이가 日人 川本準作家 통역인 有名挾雜之 洪在祐를 符同하여 與川本으로 偕往淸州하여 該畓을 川本이가 買得한 줄로 證明을 該郡에 繕出하여 將欲威脅勒奪故로 沈씨가 천안 警察分派所에 告訴하여 洪宗憙를 押囚하였다가 경성재판소에 呈卞次로 率來인 바 재작일 下午에 至南大門外則諸洪이 挾雜輩 십餘名을 모집하여 沈씨를 □雨似驅入于川本家하여 毆蹴縛打에 威脅恐迫이 無所不至故로 沈씨가 逃命得脫하여 卽爲告發於西署러니 洪씨가 中署에 反爲告發하기를 沈씨가 無証明한 전답을 賭技로 勒奪하였다 하여 현재 재판중인데 沈囚洪放하였으니 田畓賣買法이 擧皆如此이면 官踏印한

舊量案도 無用이오 無證據한 證明書만 圖得하고 運動
力만 入하면 一土再매라도 법률에 無碍인지 壹土再매
한 洪宗憙 洪承萬과 詐欺取財로 同謀挾雜한 洪在祐와
無證據 繕給證明한 該郡守와 外國人 藉勢하고 欲奪正
當賣買之土한 者ㅣ 日人 川本準作인데 彼가 荷杖之習
으로 構虛捏誣하여 揭載新聞上하였기로 玆以擧實卞明
함. 下於義宮內 六統壹戶 李轍夏 告白.

19081209 잡보 312 (金神觀察) 충남 公州府는 지형이 협소하고 동서남 三
面은 山麓이 環衛 하여 但有壹川北水口의 錦江通流가
不過壹里許라 左右川邊에 人戶가 櫛比하여 夏天大水
에는 家屋 漂浮之患이 種種有之한지라 官民間此患을
恒念하여 川中洿穢物棄置를 截禁하고 塵垢碍滯를 疏
준하여 互相戒飭中이더니 該觀察使 崔廷德씨가 金礦
을 開採하여 그 舍兄 廷晉씨와 壹進會長 金壹洙씨가
稅監이 되고 觀察은 往來監督하여 役軍을 모집하는지
라 自前으로 牟利輩가 此礦을 生念하여 農夫認許를
到付하여도 道郡이 害民되는 深慮도 期於防塞하던 바
에 今番즉 自道開礦함을 衆民이 設弊等訴한즉 觀察이
洽笑曰 金若多出이면 宣化堂도 遷移할터인데 民家捐
害를 何以顧忌리오하며 壓制衆民하고 課日採金하여
田畓은 或絶廢庄하니 畓主被害는 姑舍하고 窮民作人
의 失農之歎이 不少하며 淘金한 沙礫이 流下하여 川
面이 漸塡하니 來頭水患은 燿如指掌이라 府民이 再次
呼訴則訴狀을 又爲留案하기로 民怨이 漲天하다더라.

19081209 잡보 170 (委員悖習) 庇仁 北面 居하는 최禹錫씨는 원래 土豪로
有名한 人이더니 有何挾勢運動이던지 該郡 地方委員
을 圖得함에 兩袖生風하여 曰 地方委員章程은 郡內凡
於民事에 無不干涉處決이라하여 民間內庭殷勤事와 山
訟債訟까지 暗地處辦하며 六面 面長을 一月 一次式

召集于邑內하여 稱曰 郡會라 하고 郡會費를 各里各洞의 四圓以下二圓以上을 分排하고 强制懲收하는지라 面長이 問曰 此分排錢은 用於何處乎아하면 答曰 此錢之用不用은 君等之所知也라 하며 二三年前 雜技人과 或富饒民을 무단히 雜技와 主라 하고 幾拾圓式 勒奪하며 各種 弊習이 層生하기로 民怨이 낭자하다더라.

19081209 잡보 530 (地方消息) 去月 二十五日 정산군 西南 十里地에서 義兵 拾餘名이 忠淸道 鴻山分遣隊 日憲兵 壹名 및 補助員 三名과 교전하였다함.

19081211 잡보 140 (押上訊問) 태안군수 崔鶴來씨의 別室 裵召史가 紙幣僞造犯으로 南部 警察署에 被捉한 事는 已報어니와 該署에서 公州 警察署로 통지하고 該郡守와 홍산군 居하는 □主事 金衡泰 兩氏를 昨日에 押上하여 現行訊問하는 중이라더라.

19081211 잡보 530 (地方消息) 去月 二十四日 부여군 東北方 約 三拾里地에서 義兵 拾餘名이 同地 分遣所 憲兵 및 補助員과 衝突하였다함.

19081212 잡보 306 (飢民呼寃) 南來人의 傳說을 聞한 즉 충남 목천 등지에서 畓主與京舍音들이 該作人處 捧賭之時에 每斗落 所出은 不過 壹石인데 所捧賭는 別無減給하고 依數欲捧故로 作人 등이 難免飢餓라고 擧皆呼寃한다더라.

19081212 잡보 400 (靑館追悼) 今日 下午 二時에 鍾路靑年會舘에서 故扶餘郡守 李承仁씨의 追悼會를 開한다는데 該氏와 同苦하던 諸氏가 發起하고 西洋人도 來叅한다더라.

19081219 잡보 130 (三敍四留) 충남관찰사 崔廷德씨가 郡守 七人을 內部에 再次 薦報하였더니 日昨 奏本에 該薦報中 三人만 爲先敍任하고 其餘는 아직 留案하였다더라.

19081220 잡보 430 (麒校旺進) 한산군 麒山學校는 壹自設立以後로 財政이 窘拙하더니 自該郡 李씨 宗中으로 花樹會를 조직하여 若干鳩聚錢 幾百圜과 且其先山松楸放債餘錢 幾百圜을 該校에 捐付하여 敎務가 一層興旺한다더라.

19081222 광고 303 本人의 從弟 炳穆이가 負債七八千金하고 出去하여 不知踪跡하오니 已往負債는 雖傾家報給이어니와 此後는 更無報道하오니 無論內外國人하고 切勿見欺함. 天安郡居 李炳武 告白.

19081224 잡보 530 (地方消息) 本月 十八日 全羅南道 長城郡 附近에서 義將 曹京煥씨의 率한 義兵 約 二百名이 忠淸南道 天安郡 駐在 日憲兵 및 日守備隊와 交戰하였다함.

19081224 잡보 530 (地方消息) 本月 十二日 충남 목천군 부근에서 義兵 拾餘名이 該郡駐在 日巡査 四名과 交戰하였다더라.

19081225 잡보 400 定山 尹德初婚□完定卽卽回來. 金洛中 告白.

19081226 잡보 303 (公民嗷嗷) 公州來人의 傳說을 거한 즉 該郡 觀察道에서 市民의 物貨交易하는데 舊白銅貨는 일체 금지하고 結民에게 結稅를 星火督促하는 고로 民情이 嗷嗷하다더라.

1909년(隆熙 3년)

1909년 1월

19090101 잡보 430 (興郡興學) 충남 大興郡守 金允秀씨가 該郡 紳士 沈相駿 李容宰 朴琮三 三氏는 百方周旋하여 學校를 郡內에 設立하고 青年을 募集하여 熱心教育한다더라.

19090101 광고 400 星州郡에 居한다는 리종大의 本은 星州요 字는 正玉이요 年은 辛未年이요 地術과 卜筮를 行術하고 居地는 또 黃潤郡이라 云하며 居住가 未詳한人이 本人家에 來到病逝이오니 其親屬은 速速來訪하심을 望함. 忠南 保寧郡 于羅面 東山里 申東益 告白.

19090105 잡보 301 (是何妄報) 충남관찰사 崔廷德씨가 各郡 結稅를 每結頭 貳拾兩式 加斂하고 春秋戶斂을 二兩式 加捧하기로 京部에 繕報하였더니 該部에서 許施치 아니하였다더라.

19090106 광고 307 本人이 今年 四月分에 田畓家舍並載한 文券을 本面 □村에 居하는 安光弼이가 盜取逃走하였사오니 內外國人은 典買間 切勿見欺하시압. 木川郡 北面 瓦谷居

尹泰榮 告白.

19090107 광고 303 平澤 軍門浦와 牙山 屯浦 各旅閣에서 外債去來하다가 近萬圜式 見失하고 將至難保之境故로 不得已 特定契約하고 外債를 禁斷하였사오니 僉尊은 即錢貿去하심을 □望함. 軍門浦 屯浦 □興會 告白.

19090107 광고 430 연기군 北二面 高山洞 有志紳士 洪在우 洪在贊 洪在丁 三氏가 俱是靑年子弟로 現今 土地山麓에 측량이 시급함을 聞知하고 各項 經費를 自擔하여 光東測量學校를 本家에 설립하고 校長은 前丞旨 柳寅哲씨로 총무는 前郡守 洪理爕씨로 교사는 前主事 成河一씨로 延聘하고 學員을 모집하여 三四拾名 學徒가 熱心勤業하여 大有成就之望하니 該三氏의 熱誠勸奬이옵기 玆以廣告함. 光東測量學校 告白.

19090108 잡보 309 (兩市如舊) 온양군에 內外場市가 有하여 數十年來로 商販이 興旺하더니 근자에 日人商民이 內場市民에게 錢財를 多數分給하고 外場市를 혁파하기로 百般設計하여 外市居民이 生計全沒한지라 該郡守 任艮宰씨가 日人을 善爲交渉하며 場市間에 躬往演說하여 該兩市가 前日과 如히 興販한다더라.

19090109 잡보 130 (郡守薦報) 忠南觀察 崔廷德씨가 前主事 金衡泰씨를 郡守資格에 合當하다하여 內部에 薦報하였다는데 海美郡守로 內定이 되엇다더라.

19090109 잡보 410 (愛髮郡守) 溫陽郡守 任艮宰씨가 斷髮치 아니하였더니 그 親知 某氏가 任씨를 대하여 曰 現爲官長하여 尙今까지 斷髮치 아니하니 是何主意한데 任씨가 答曰 余之所帶郡守之職이 幾日後 遞任하면 鄕曲에 養眞할터인 고로 姑不剃髮이라 하였다더라.

19090109 잡보 309 (乘時貿米) 南來人 傳說을 據한 즉 忠南 各郡 財務署

에서 結錢을 督刷하나 財政이 困難하여 結民들이 措手無路인데 日本商民들은 此機會를 乘하여 各市와 浦口에 米廛을 設하고 貿米한다더라.

19090110 잡보 317 (木郵木偶) 南來人의 傳說을 據한 즉 木川郡 主事 權東洙씨는 郵遞事務에 汗漫하여 凡人書札을 不善分傳하기로 寄札人의 狼狽 頗多하다더라.

19090110 잡보 450 (賊律同歸) 해미군 居하는 閔丙直 劉선종 兩氏가 同伴 上京하여 徽文義塾에 입학하고 여비는 自己鄕第에서 逐期持來하여 經用하는터인데 陰去月頃에 민씨의 外舅 愼종락氏가 금화 일백사십원을 周旋하여 長興郡 居하는 김萬植 편에 송부하고 민씨에게 傳致하여 달라 하였더니 김哥가 該兄 김豊植과 符同하여 該錢을 乾沒上來하여 민씨를 見하고 該錢을 中路에서 偶自見失하였다 하며 說甚模糊하고 殊常한 행동이 頗多한고로 민씨가 중부경찰서에 擧訴하였더니 該署에서 김가형제를 일체 押囚하여 嚴訊中이라더라.

19090112 잡보 430 (稷倅勸學) 稷山郡守 池喜烈씨가 교육이 열심하여 不避風雨하고 各面各洞에 지방위원과 같이 巡行하며 極力勸諭하여 學徒도 모집하고 義捐을 請하는데 有壹結者는 捐壹圓하고 有拾卜者는 捐拾錢하라 하여 民皆應從에 學校가 將進之望이 有하다고 칭송이 자자하더라.

19090114 잡보 140 (本柳可伐) 南來人의 傳說을 據한 즉 木川 幷川場에 派駐한 憲兵補助員 柳道壹이가 行爲不正함이 木川 淸州 接境에 無罪平民을 捉囚鍛鍊하는 고로 民情이 嗷嗷한다더라.

19090114 잡보 140 (二砲壹押) 公州 儒城 등지에서 賊한 三名이 該地居民의 錢財를 掠取하여 鎭岑 仙洞으로 過去하다가 太田 巡査 등에게 被捉하여 二名은 砲殺하고 壹名은 押去

하였다더라.

19090114 잡보 530 (地方消息) 本月 七日 忠淸南道 扶餘郡內에서 義兵 十餘名이 該地 分遣所 日憲兵 및 補助員과 交戰하였다 함.

19090114 잡보 400 본인의 姓名圖章을 陽曆壹月八日에 忠淸南道 公州府에서 失하였사오니 內外國人間 誰某拾得이라도 切勿見欺하시압. 忠南 公州府 李昌周.

19090115 잡보 140 (補憲殺民) 南來人의 傳說을 聞한 즉 천안군에 駐在한 憲兵補助員 數名이 南面 水鉄里 趙德根씨를 執탈하고 暴徒를 覓出하라 하며 洞外로 捉去하는지라 趙씨의 季嫂가 洞民을 大呼하여 曰 余의 시叔을 方今捉去하는데 洞民은 晏然不動하느냐 하고 他□로 入한 則 補助員이 즉시 趙씨의 夫人을 砲殺하고 洞民 壹名을 砲殺하였는데 該洞民이 그 事由를 該郡守에게 告發하려한즉 補助員이 女人의 被殺함은 고발하지 말라고 懇請하였다더라.

19090115 잡보 510 (畿湖總會) 本月 十六日(陰二拾五日) 下午壹時에 畿湖興學會에서 通常總會를 開한다더라.

19090115 학계 430 (稷山經緯) 직산군 某某有志紳士가 敎育의 急務를 覺悟하여 該郡의 經緯學校를 설립하고 청년자제를 모집하여 熱心敎授함으로 大有進就之望이고 該學校내에 또 國文夜學校들이 附設하고 勞動者를 敎授하는데 學員이 拾餘名에 달하였다더라.

19090115 광고 130 本郡守 公平正直함은 卽壹境所共知요 至於鄕校直員薦報事에 對하여 謂以略報는 是何虛황之說인지 各面面長을 會同協議하여 夜學德望이 實合賢格한 人으로 公選薦報하였은즉 儒林公議에 沸鬱할 필요가 無한지라 似是出沒京鄕하여 郡主事와 直員을 百方圖囑이다가

不合資格으로 竟未遂意한 數箇人에 挾憾做出之語이기로 玆에 辨明함. 木川郡 九面長 告白.

19090115 광고 510 本月 拾六日(土曜)下午 壹時에 通常總會를 개하오니 本會會員 僉位는 屆期 來臨하심을 망함. 畿湖興學會 告白.

19090115 광고 308 本人이 阿峴居車議官석喜許에 推次當平二千四百拾二兩五錢於音을 閪失하엿으니 誰某拾得하여도 休紙施行하시압. 德山 松山居 前參尉 李正增.

19090116 잡보 140 (僞貨處役) 泰安郡守 崔鶴來씨의 別室 배召史와 全鐘泰씨가 僞造紙幣를 使用하다가 監獄署에 滯囚한 事는 衆所共知어니와 再昨日에 京城地方裁判所에서 배召史는 懲役 二年으로 全씨는 懲役 一年에 宣告하엿다더라.

19090117 학계 170 (郡主有人) 한산군 主事 金東鎭씨는 赴任以後로 行政上에 敏活하고 郡內學校에 躬往하여 學徒를 熱心勸勉하며 優□捐助하여 校況이 就緒에 生徒가 日益增加한다더라.

19090117 학계 313 (測量得宜) 南來人의 傳說을 聞한 즉 한산군 有志紳士 李承休 申行雨 등 諸氏가 發起하여 該郡內에 □壹測量事務所를 設立하고 敎師를 雇聘하여 生徒를 實地敎授한다더라.

19090119 잡보 520 (無不干涉) 公州 壹進會支部會長 李斗秀씨가 韓山郡守 김丙濟씨의 直員薦報事에 대하여 有何幹涉인지 越權 公函하엿다고 비평이 喧藉하다더라.

19090119 잡보 301 (通譯挾雜) 충남 예산군 郵便取扱所에서 隣近 數邑稅金을 收入하는데 通譯 金宗雲이가 已往에 壹壹調査하여 正當히 領受한 稅金을 更히 不足錢이 有하다 칭하고 各面 面長을 恐喝抱囚하여 多數錢財를 奪食하고

面長中에 或有强硬不從者면 부득이 半分徵出하자 함에 그 害가 畢竟 結民에게 延及하는 고로 民難支保라고 怨聲이 載路하다더라.

19090119 잡보 510 (東湖三氏) 畿湖興學會月報를 西江等地에서 購覽하는 人員이 壹百六十餘名에 달하였는데 東幕 居하는 某某人은 該報를 退却하여 曰 我等은 所學이 曾無하여 購覽키 難하다 하며 일체 거절하였으되 그 中에 高順在 李종夏 梁柱元 三氏는 自願購覽하였다더라.

19090119 광고 430 忠南 連山 居하는 紳士 都相八씨가 本洞 水明學校內에 測量科를 特設하고 敎師 鄭寅彩씨를 延聘하여 學員 七十餘人을 부근 각 학교 優等으로 모집하여 晝夜學으로 敎授하더니 第壹迴 卒業試驗에 優等이 金和洙 金敎勝 及第에 趙송留 □晦洙 배漢龍 남甲壽 金昌基 姜泰鯤 李圭萬 九人이요 第貳迴 卒業試驗에 優等이 兪致九 李時卿 兪昌穆 鄭喜錫 都相天 及第 李承祖 리宗勳 김東□ 申鉉彰 李起東 리圭浩 都東熙 許□翰 □□□ 徐基昌 拾五人이요 將進之望이 快有하옵기 玆以廣告. 永明學校 告白.

19090121 잡보 500 (懷民上京) 회덕군 境內 人民이 各面長의 虐待를 難堪하여 本月 十五日에 該郡人民이 齊會하여 面長의 討索하는 廢瘼을 일체 개혁하기로 결의한 際에 面長 등이 財務署에 指囑하여 民會發起人을 警察署에 捉囚한 故로 吉熊淳 權肯采 등 拾餘人이 法司에 呼訴次로 上京하였다더라.

19090121 광고 308 本人에 位土 壹石십斗落이 在於公州郡益口面高飛洞而舊券을 서失故로 광고하니 內外僉員은 休紙施行함. 趙斗永 告白.

19090128 잡보 530 (地方消息) 本月 拾六日에 충청남도 泰安郡內에서 義

兵 拾餘名이 該地 分遣所 日憲兵 및 補助員과 交戰하였다함.

19090129 학회 510 (勸告各學會) 畿湖學會諸公들아 畿湖位置말할진대 全國內의 中心이라 勢力家도 在此하고 財務家도 在此인데 國家昇平할 때에는 獨自擅弄富貴타가 今日悲境 當해서는 秦瘠越視恬然하여 壹學會가 設立이나 會館壹個未定하니 他道人士 對하기에 面皮愧赧아니한가 個人主義 다 버리고 國家觀念 研究하여 完全成立하여 보소.

19090131 학계 430 (論校試驗) 충남 은진군 論山學校에서 冬期試驗을 經하였는데 優等生에 朴喜壽 林致圭 二人이요 及第生에 韓甲錫 安完業 등 五人인데 多數物品을 施賞하였다더라.

19090131 광고 460 本月分에 大韓每日申報를 見則 목천군 주사 權東洙씨를 以郵便事務에 怠慢之意로 揭載하였은즉 此無他故也 同郡有京鄕出沒挾雜之漢이 有何嫌點於右씨인지 以無根之事로 百方毁言을 하오니 僉公은 照亮하시오 郡主治蹟으로 言之면 本郡人民中 無據이 以義匪로 見捉則 不憚勞苦하고 奔往憲兵所하여 以曖昧로 說明하여 旋卽放送하고 郡廳事務 및 郵便事務에 實心勤務하여 成碑如林하고 頌聲載路에 壹郡이 漸次刷新이기로 玆以廣告함. 木川郡居 金奭鉉 告白.

1909년 2월

19090202 잡보 313 (日人見逐) 회덕군에 普文山은 業已測量圖本하엿고 또 食長山을 測量할 次로 該郡守에게 告示를 得付하고

壹邊票木를 列揷함에 該山 所有主들이 壹齊 抵死力拒하여 果木을 拔去함에 日人이 부득이 不得已 逐去하였다더라.

19090202 잡보 510 (畿湖總會) 畿湖興學會에서 중대한 사항을 처리하기 위하여 本月 四日 下午 壹時에 臨時總會을 開한다더라.

19090202 광고 510 本會에서 중대사무를 처리하기 위하여 本月 四日(土曜) 下午 壹時에 臨時總會을 開하오니 僉會員은 屆期 來臨하시압. 畿湖興學會 告白.

19090203 잡보 140 (□巡致斃) 충청남도 홍산 경찰서 日巡査는 昨年 九月 拾五日에 義兵의 襲擊을 受하여 腹部를 被傷하여 治療中이더니 去壹月 22日에 致斃하였다더라.

19090204 잡보 140 (日辯護의 罰金) 公州來人의 傳說을 據한 즉 該郡에 出張한 辯護士務員 和田亥雄이가 訴訟에 委任을 受함에 不正行爲가 多有한 故로 該郡 裁判所에서 該事務員에게 罰金을 領收하기로 契約하였다더라.

19090205 잡보 530 (地方消息) 去月 31日 忠淸南道 連山郡 南方 約 三拾里에서 義兵 拾餘名이 該地 分遣所 上等日憲兵 및 補助員 三名과 交戰하였다함.

19090207 잡보 620 (反對本願) 은진군 부근에는 日人 本願寺에서 往하여 布敎를 開始하였으나 韓人은 信者가 극소하고 此를 반대하여 耶蘇敎에 入敎하여 敎會가 益益繁盛하다더라.

19090207 잡보 530 (地方消息) 온양군 以外에는 義兵이 隨處橫行하는데 去12月 7日에는 義兵 約 三拾名이 천안 遠壹面 豊西里를 突然來襲하여 仝地居住 日人壹名을 砲殺하고 壹名은 重傷하였다함.

19090207 잡보 530 忠南 및 全北境界 附近에는 大集團한 義兵의 出沒은

未見이나 群山 益山 等地에는 其出沒數가 增加하였고 公州 林川 舒川 鴻山 扶餘 等地에는 小數의 義兵이 出沒하였고 魯城 定山 論山 恩津 江景 咸悅 附近에는 殆히 義兵의 徘徊가 無하다함.

19090210 학계 430 (南門設校) 회덕 山內面 虎溪 南씨 宗中에서 鳳城測量 學校를 設立하였는데 校長은 南台植 校監은 南學植 총무는 南□序 財務員은 南泰泳 諸氏인데 學徒가 三十餘人이라더라.

19090211 잡보 170 (連山幸福) 連山郡守 尹斗炳씨가 聽訟如水하고 視民如子하여 壹境이 賴安하고 郡會長 都相八씨와 協議하여 面會와 里會를 組織하였다더라.

19090211 광고 430 충남 덕산군 豊德學校에서 隆熙 貳年 拾二月度에 年終試驗을 經하였는데 甲班 優等生에 李範喆 朴義和 二人이요 級第生에 徐丙轍 壹人이요 乙班 優等生에 朴日孫 壹人이요 級第生에 趙忠臣 兪鎭九 二人이옵고 本校 任員諸氏가 如左하니 敎主 李개鎔 贊成長 徐丙韶 贊成副長 李喆義 校長 李能淳 校監 李錫洪 學監 鄭寅英 摠務 金顯相 敎師 李鵬 李東禹. 豊德學校 告白.

19090212 광고 307 本人의 再從 金云京이가 年少沒覺하여 得用日人債하고 欲徵於本人이다가 債用草家三間을 欲爲□喫하오니 內外國人은 幸勿見欺함. 沔川 江門里 金義培 告白.

19090217 잡보 410 (訓飭斷髮) 충남관찰사 최정덕씨가 前 判書 宋道淳 前承旨 宋鍾奎 兩氏에게 斷髮訓令을 揭示하였다더라.

19090217 잡보 420 (李氏親睦) 公州 正安面 內洞 前叅奉 李容遠씨는 素以淸貧으로 家産이 不贍하더니 昨冬에 其親喪을 遭하여 返葬之節을 方畢하고 其所餘田畓을 窮困한 親戚에게 壹壹分排曰 人不能救其所親이면 어찌 遠者를 能謀하리오 하였는데 該氏의 睦族之誼를 莫不稱道한다더라.

19090218 잡보 301 (結錢督刷와 民況) 南來人의 傳說을 據한 즉 천안 목천 직산 等郡에서 近日 財務官에 結錢督刷가 不有餘地하여 民擾가 惹起할 地境에 至한지라 前 議政 趙秉鎬씨가 壹邊 財務署長 趙漢璧씨를 急招하여 結稅濫捧督刷의 弊를 勿施케 하며 壹邊民情을 撫摩하는 中이라더라.

19090218 잡보 170 (怨聲載路) 南來人의 傳說을 聞한 즉 稷山郡守 池喜烈씨는 稱以學校補助하고 每結頭에 壹圓式을 加斂하며 使各面 面長으로 稱以考卜債니 申告書債니 橋梁費니 藉托하고 每結에 五拾錢式을 加斂한다고 民情이 嗷嗷하다더라.

19090219 잡보 510 (畿湖總會) 畿湖學會에서 本月 二十日 下午 壹時에 통상총회를 校洞 該會館內에 開하고 사무를 처리한다더라.

19090219 학계 430 (斷指同盟) 홍주군 西谷面 月峴里 洪明學校生徒 李鳳相씨 等 九人이 該學校經費가 罄渴하여 維持沒策하므로 同盟斷指하여 血書로 該郡 畿湖興學會支會에 請願하고 該郡守에게 請願하여 學資方針을 請求하였는데 觀光者들이 莫不歎惜揮淚하였다더라.

19090219 광고 510 本月 二拾日(土曜) 下午 一時에 통상총회를 개하고 사무를 처리하오니 僉會員은 屆期來臨하시압. 畿湖興學會 告白.

19090220 잡보 520 (壹進會의 佩符) 충청남도 公州郡 壹進會 會員 김某의 談話한 事情을 聞한 즉 當初에 壹進會爲名이 宋秉준의 奸譎手段을 因하여 雄唱雌和에 四方이 幷起하여 壹大團體를 成한터인데 近日에 宋병준은 國家에 大罪를 犯하고 所謂會長 리容九는 日本에 渡去하여 經年隱伏하고 會況의 何如는 頓不顧見하니 我等支會員이 有何良算하여 垂頭服從하리요 壹朝에 幷爲解散하여

良民을 作하는 이만 不如하다고 하였다더라.

19090220 잡보 510 (畿湖進就) 畿湖興學會 經費 窘拙함에 對하여 永宣君 리준鎔씨와 侍從院卿 尹德榮씨가 排月寄付함은 衆所共知어니와 該兩氏가 該會를 期於히 擴張하기로 決心하고 逢人則極力說諭함으로 人心感服하여 隨力捐付者가 多數陸續하여 該會進就之望이 大有하다더라.

19090220 잡보 430 (財主熱心) 충남 석성군 私立 石陽學校는 創立이 已過 四載에 成蹟이 佳良할 뿐더라 該郡 財務署 主事 李台來 李敏寧 兩氏가 視若自己上擔務하고 학도를 熱心勸勉하여 校況이 振興하다더라.

19090221 잡보 170 (奚至斯境) 아산군수 鄭翰朝씨는 政令이 暴虐하고 貪叨가 滋甚하여 人民이 魚肉의 歎을 不免한지라 民怨이 載路하더니 該道 觀察使가 該郡守의 印章을 奪去하였다는 說이 有하더라.

19090223 잡보 530 (地方消息) 本月 拾四日 충남 부여군 西北方 約 二拾里地에서 義兵 五名이 該郡 分遣所 日憲兵 壹名 및 補助員 二名과 交戰하엿다함.

19090223 광고 313 大韓測量總管會에서 公州郡 湖西測量事務所를 認許하였는데 所長 成周경 副所長 成普永 事務員 成□□ 成周讚 韓基赫 成樂亨 金喆炫 成洛瑞 金相箕 金重鉉 公州郡湖西測量事務所 告白.

19090223 광고 430 (上 太學及各道邑鄕校書院書) 連山大明山下 漢陽村居 幼學 李學純 謹沐浴 先告于本鄕士林僉座前 伏以本邑 遯巖書院 卽我東道統淵派之院也 所以見重於壹國 而惟我士林羹墻之慕山斗之仰 玆四百年之久矣 嗚呼天降喪亂國步艱難 □國同處百家殊□ 聖학淪沒 邪說熾盛 感世誣民 滅倫敗常 其所謂某國학某國道者 較其長短 聚其明類 或家尸戶祝成祝天 祭神或樂誕自少 或人主出奴

或干人之私 或奪人之志爲 虎前창견豕 負塗其在宗社
則有賣國罔 君者 其在祖先 則有撥廟不祀有斷衰千祿者
而父子之恩絶有治容誨淫者 而夫婦之義蔑甚 至有侮聖
侮賢者 或奪我夫子之廟 立其所謂學校 或奪我夫子之田
供其所謂學徒 何必夫子廟夫子田 而後可乎 古之學校禮
義相先 今之學校剝喪禮義 此非吾黨之大變乎 古之學徒
聖賢是慕 今之學徒毁斥聖賢 此非斯文之亂賊乎 啓異端
之向由 杜斯進之門庭 謀猶回憂而莫斯沮 曰 愛國愛民
而實亂國亂民也 曰 開化開明而實閉化閉開明也 所道者
蔽陷離窮之辭 所作者 奇枝淫汚之□ 忍以薙髮便巾之形
踴躍於揖讓合降之庭 故作격舌侏離之言 환유於詩禮弦
誦之□ 使夫子陟降之靈無知 則已若有知則不徹服則必
乘桴矣 至于我鄕則於遯巖書院亦如之 先生之靈亦何哉
竊念聖狂舜跖 自是異道 薰유沐炭不可同器 □我冠儒服
儒 孰不欲斥邪扶正 而孟子曰 弱固不可 以敵彊寡固不
可以敵衆 今彼彊我弱彼衆我寡其不可敵 亦明矣 若欲毁
其道 而撥其椄 則不惟事不成 必有大拍頭胡叫喚矣 亦
不可爭也 不知移安位牌於舊院 故학純雖癃疾昏耄鬼□
已迫 而猶秉彛有存徂 玆六月晦 呈單于本院矣 言□見
采書又見寢 敢且危言以告 伏□첨君子或□我我同志者
以今月二十日 齊會于遯巖書院 告之以義 便撥學校 以
安先生洋洋如在之靈 학純且敢願爲夫子死不顧□譏 以
此文轉告于各道各邑鄕校若書院 上達于國학 幸勿浸滯
到卽傳告□我 聖賢之靈寧失釋菜之享 不異端同處 俾我
禮義之邦 勿失中華之制 以貽外國所侮用扶壹線靈剝之
陽 以竣七日來復之□ 則其於闡明斯道扶植綱常之地 千
萬幸甚. 連山 漢陽村 이學純 告白.

19090225 잡보 170 (崔氏行動) 公州관찰사 최정덕씨가 管下 各郡에 人民
의 事端이 有한 境遇에는 該郡 壹進支會員을 符同하

여 機關으로 使用한다더라.

19090225 잡보 170 (懷民請願) 회덕군 居하는 吉熙淳 등 十餘人이 上京하여 該郡面長의 討索虐待하는 弊瘼을 臚列하여 度支部에 請願하였더니 指令하되 該面長의 不法行爲를 逗逗 調査處理하라고 公州財務監督局에 指令하였다더라.

19090226 잡보 130 (兩崔符合) 公州관찰사 최정덕씨가 郡守를 薦報하려면 태안군수 崔鶴來씨와 協議操縱한다더라.

19090226 잡보 530 (地方消息) 本月 十七日 충청남도 홍산군 北方 十里地에서 義兵 二拾餘名이 同郡 分遣所 日憲兵 壹名 및 補助員과 교전하였다함.

1909년 3월

19090303 잡보 170 (面長愛民) 은진군 花山面 面長 徐基成씨가 昨年 春窮에 財務署에서 稅納은 督刷無餘하고 結民은 屢年水旱을 經한 餘에 稅錢을 莫可酬納인데 徐基成씨가 該面 내 富饒한 人의 田畓文券을 借得後 葉萬兩을 得債하여 爲先 財務署에 納하고 多數餘額은 待秋收捧하기로 契約緩督矣러니 秋成後에 結民이 일제히 稅錢을 爭先 備納하여 壹面이 安堵하였다더라.

19090304 잡보 301 (定民不定) 정산군 來人의 所傳을 據한 즉 該郡 各面 面長들이 민간에 結稅를 濫捧하되 每結頭 葉二兩式 增捧하는 故로 民怨이 浪藉하다더라.

19090304 잡보 301 (結稅督納) 임천 한산 等郡에는 財務署에서 結稅를 星火督納하되 日巡査가 擔統하고 村間에 周行하여 人民의 門戶를 破碎하며 租包를 執行하는 故로 民難支保

라 하더라.

19090305 광고 430 (직산군 사립經緯學校 贊成員 氏名及金額) 閔哲勳 壹百圓 김□□ 二十八圓 閔載祺 □□圓 趙重德 리秉性 □炳原 各二十圓 南上珣 閔升鉉 任東鎬 각 拾五圓 柳星九 閔悳勳 리民雨 김道源 리浩性 任弘淳 각 拾圓 吳赫根 七圓 정洛鎭 리命丸 정喆圭 김學源 각 五圓 리濟殷 四圓 任景宰 任豊鎬 趙淵德 任百溶 리貞珪 吳命稷 각三圓 吳衡善 田溶來 리熙復 尹滋肅 韓鎭琦 柳鳳九 각壹圓 任兢□ 金永源 각壹圓 合計三百七拾壹圓 經緯學校 告白.

19090306 학계 430 (面長得人) 충남 은진 下豆面長 徐개養씨가 교육의 急務됨을 覺得하고 面內 有志紳士와 協議하여 壹學校를 설립하니 名曰 喚明이라 校長은 자기가 擔任하여 교무를 熱誠擴張함에 生徒가 日益增進하여 學業의 進就를 可期한다더라.

19090306 잡보 530 (地方消息) 去月 二十三日 부여군 東方 約 二十里地에서 義兵拾名 拾名이 同郡 分遣所 日憲兵 二名 및 補助員 貳名과 交戰하였다더라.

19090311 잡보 140 (補助員行悖) 충남 온양군 溫泉 派出所 日憲兵 補助員 金翊煥 등이 民間에 作弊가 無所不至中 該郡 居하는 卞某家에 暮夜突入하여 該家人等을 無端猛打하고 該家婢子 二名을 勒奪하여 壹女는 溫泉에서 商賣하는 日人이 作妾하고 壹女는 該補助員이 作妾하니 如此不已면 該境內人民은 支保無路라고 怨聲이 浪藉하다더라.

19090313 잡보 440 (山月復圓) 西部 陽洞 居하는 金允浩爲名人이 女子 數三人을 買置하고 賣淫爲業인데 該賣淫女中 金山月은 元來 公州郡 禮拜堂學生으로 偏母侍下에 在하더니 京城禮拜堂에 工夫할 次로 上來라가 金允浩凶計에 陷落

하여 不得已賣淫하다가 不勝忿寃하여 西部警察署에 呼訴한즉 該署에서 金允浩를 捉來하여 訊問한 後 金哥는 嚴責放送하고 金山月은 其母親도 往訪하며 擇人成嫁하라 하였다더라.

19090316 잡보 430 (紳士寄附) 定山郡 冠峴 私立誠明學校는 설립한지 未幾에 學徒가 日加日增하여 大□進就之望인바 그 隣洞 居하는 有志紳士 安承教 兪致舞 兪鎭奭 諸氏가 該校 經用이 窘拙함을 慨嘆하여 旣往設立한 契錢千餘금을 捐付하였다더라.

19090319 잡보 510 (畿湖總會) 畿湖學會에서 本月 二十日 上午 一時에 通常總會를 開하고 학무를 처리한다더라.

19090320 잡보 430 (塾舍難容) 忠南 天安郡 小東面 美竹里 居하는 이東熏 金敦默 兩氏는 원래 學問이 有餘하고 有志한 人士인데 該里에 寧美義塾을 설립하고 인근자제를 勸使入學하여 熱心敎育하는데 現今 生徒가 八拾餘名에 달하며 日日 증가하여 塾舍가 不能容이라더라.

19090327 잡보 170 (木下虐民) 천안군 財務署 日人 主事 木下가 性本頑惡하여 人皆憚惡하는 터인데 近日에 該管內 各郡으로 周行하며 結錢 未納한 民家에 突入하여 釜鼎 等屬을 搜探以去하는 故로 富此窮春하여 民情이 嗷嗷하다더라.

19090327 잡보 240 (民不聊生) 南來人의 傳說을 據한 즉 충남 온양 예산 등지에는 日人 强盜가 盛行하여 民財를 討索함으로 人心이 甚히 嗷嗷하다더라.

19090327 잡보 530 (義將訶探) 충청남도로 橫行하는 義兵大將 朴正彬씨는 近日에 何等事件을 帶하고 暗夜上京하여 龍山附近에 隱伏하였다 함으로 當地 憲兵隊에서 秘密 訶察한다더라.

19090328 학계 430 (普校請願) 南來人의 傳說을 據한 즉 예산 普明學校에서 昨年에 學部에 승인하고 열심교육하는데 學部에서 旣爲認許한 학교에도 更爲請認하라는 訓飭이 有하여 該校에서 該郡에 屢次 經因을 請하여도 見退함으로 該校長 李尙珪씨가 上京하여 學部에 請願하였다더라.

19090330 잡보 510 (畿湖總會) 畿湖學會에서 本月 三拾日 火曜 下午 四時에 臨時總會를 校동 該會館內에 開하고 緊急會務를 처리한다더라.

19090330 광고 510 本月 三十日(火曜) 下午 四時에 臨時總會를 校洞 本會館內에 開하고 중요사건을 처리할터이오니 僉會員은 □齊來臨하심을 爲要. 畿湖興學會 告白.

19090330 광고 313 本會에서 現今 開設한 各道支會를 左에 公布하오니 各道管內에 同業員은 該支會에 技術檢定을 受하고 檢閱證을 領有하여 測量上에 信用을 表顯케 하시압. 忠南支會長 閔泳弼 位置 舒川郡. 大韓測量總管會 告白.

19090331 잡보 301 (李氏向島) 前 舒川郡守 李鍾奭씨가 該郡在任時에 公貨欠逋가 夥多하여 現今 警視廳에서 捉致하려하는 故로 李씨가 知機하고 三昨日 西墾島地方으로 下去하엿다더라.

1909년 4월

19090401 잡보 314 (溫泉治道) 天安 停車場에서 溫陽郡 溫泉까지 行人의 來往을 편리하기 휘아여 治道를 壹新히 하고 馬車를 통행케 한다더라.

19090402 잡보 450 (黃龍挾雜) 傳說을 聞한 즉 近日 충청남도 목천군 伏

龜亭 居하는 黃龍植 爲名人이 閔忠正公祠宇를 壹新 建築한다 하고 各人民 等에게 收斂한 金貨 壹千八百 圓을 暗自乾沒한 故로 該郡人民 數十名이 日前에 上 京하여 내부 警務局에 呼訴한다더라.

19090403 잡보 301 (南民嗷嗷) 南來人의 傳說을 據한 즉 충남 각군에 財 務署長이 각군에 周行하며 結民에게 稅錢을 强制 執 行하는 故로 民情이 大端嗷嗷하다더라.

19090403 잡보 430 (銀河普明) 南來人의 傳說을 據한 즉 충남 결성군 銀 河面 面長 朴性默씨가 興學에 열심하여 학교를 설립 하고 교명은 普明學校라 命名하며 境內 有志紳士諸氏 와 학교유지방침을 협의함에 自願捐助가 日至하며 學 徒는 四十餘名에 달하였다더라.

19090406 광고 400 本人子 金富寧 性本浮浪 多得外債 從事色技 蕩敗家産 數多 家眷接屑道路 今猶不足 欲圖債路 內外國人 勿爲 見欺. 連山 金敬日 告白.

19090407 잡보 450 (海賊橫行) 忠淸道 近海에서는 海賊이 橫行하는데 忠 南 居하는 林命坤 金芳美 兩氏가 범선 壹隻에 玄米壹 千八拾餘石을 積載하고 仁川港에 廻漕하는 중 去月 三拾日 □□島부근에서 海賊 數名이 襲來하여 玄米百 七十七石을 强奪逃走하였다더라.

19090408 잡보 240 (日賊出沒) 天安 全義 等郡 각 停車場에는 日人스리賊 漢이 五六名식 作伴出沒하며 行客의 전재를 暗自奪去 함으로 行路가 甚히 不便하다더라.

19090408 잡보 440 (令□酸鼻) 鎭岑郡 南面 美菓里 居하는 朴某의 妻가 間夫와 通奸하여 其本夫 朴씨를 殺害하여 其家墻邊에 埋置築墻하고 家舍를 放賣後에 該郡邑底로 搬移하였 는데 其情跡이 現露하여 太田 警察署에 被囚하였더니 해 女가 獄中에서 結項自斃하였다더라.

19090409 잡보 140 (憲補行悖) 충남 홍산군에 駐在한 憲兵 補助員 等 某某人이 日兵과 符同하여 各村으로 出沒하며 無罪良民을 義兵干連이 有하다 構誣하고 錢財를 侵奪하며 婦女를 刦奸하고 其他行悖가 無所不至하여 民寃이 浪藉하다더라.

19090409 잡보 400 (絞屍發見) 충청남도 면천군 竹林面 九節山 附近에서 何許貳拾五六歲假量된 男子壹名을 毛織手巾으로 絞殺하여 因以土中에 埋置한 것을 去月 貳拾日頃에 洪州警察署에서 發見하였다더라.

19090409 잡보 303 (私鑄干連被捉) 목천군 梅堂里 居하는 前叅判 尹丙綏씨의 令男 尹重爕씨가 京城에 留連하다가 月前에 下鄕하였는데 何許人의 私鑄錢 干連으로 公州警察署에 被捉하였다더라.

19090409 학계 430 (庾氏熱心) 南來人의 傳說을 聞한 즉 日本에 多年 留學하던 庾錫祐씨가 湖中에 學問이 全昧하여 靑年敎育의 進步치 못함을 慨歎히 여겨 충남 洪州郡 北門外 校洞 居하는 某某諸氏로 더불어 該地方에 整理學院을 創設하고 熱心敎授한다더라.

19090409 광고 308 本人의 宗畓이 木川 貳東面 新村□坪에 있는데(奄字衡字宅字) 合貳拾貳斗五升落과 宅字田 貳拾斗落을 族孫 鶴圭가 金昌根과 符同하여 文券과 證明을 僞造하여 欲爲得債與放賣코자하오니 內外國人은 切勿見欺하시압. 木川 細城面 孔村(城陽)居 門長 黃석源 黃相穆 告白.

19090413 학계 430 (熙校更成) 아산군 屯逋 熙成學校는 四年前에 故郡守 李贊熙 紳士 鄭永澤 柳寅玩 等 諸氏가 極力 設立하고 于今 維持하더니 間因財拙하여 廢止할 境에 至하였는데 紳士 李載龍 宋允洙 金彦斗 趙重석 崔在玩 等 諸氏가 敎育이 不振함을 慨歎하여 百方周旋하여 男女學

徒가 六拾餘名에 至하여 校況이 壹層擴張되었다더라.

19090413 광고 430 연산군 陽良所面 梧山에 私立進明勞働學校를 鳩財設立하고 校長 李中喆 總務 金炳柱 校監 李鍾龜 學監 金琦鉉 敎師 金衡鎭 金炳勳 李漢榮 崔淳學 梁完基 諸氏가 村內 靑年子弟와 樵童牧竪를 熱心敎育하여 男女學徒가 六拾餘名에 達하였기 玆以廣告함.

19090414 잡보 530 (地方消息) 本月 四日 충청남도 보령군 西北方 約 二十里地에서 義兵十五名이 該郡 分遣所 日憲兵 一名 및 補助員 三名과 交戰하였다 함.

19090415 잡보 301 (有罪難逃) 南來人의 傳說을 聞한 즉 충청남도 회덕군 各 面長이 災結與無名雜稅을 濫捧하기로 壹郡人民이 不堪其毒하여 吉熙淳씨 等이 度支部에 호소하였더니 財務監督局에서 公州감독국에 지령하기를 회덕 각 면장의 불법징수를 詳査處理하라 하였다는데 太田 경찰서에서 吉熙淳씨와 각 면장 및 재무서 주사 邊泰淳 等이 對質之場에 偸食條를 壹壹히 自服하고 무슨 後慮가 有하던지 邊泰淳은 自處하고 面長 金憲經은 妻子를 率하고 不知去處로 逃走하였으며 諸面長은 公州 刑事室로 次第拿致한다더라.

19090416 잡보 430 (連倅論責) 連山郡 普明學校에서 强制補助함은 已報어니와 該郡 豆磨面에서 不勝抑鬱하여 李舜종씨를 대표로 선정하여 學部에 청원하였더니 該部에서 該道觀察使에게 訓令하기를 리舜종의 청원을 거한 즉 該郡 普明學校는 曾無認許뿐더러 所謂 校長 金顯百은 藉托學校費하여 租麥 等으로 分排民間이며 郡守는 信聽壹邊之言하고 强制徵收를 敢作하여 民心이 嗷嗷에 至하니 嚴査該郡하여 另飭禁戢하여 以安衆心하며 形止를 馳報하라하엿다더라.

19090416 잡보 510 (興學總會) 畿湖學會에서 通常總會를 本月 십칠일 하오 일시에 校洞 該會館內에서 開하고 사무를 처리한 후에 紳士 柳壹宣 趙완九 兩氏가 연설하는데 방청을 허한다더라.

19090416 광고 510 本月 십칠일(토요) 하오 일시에 통상총회를 교동 본회관 내에서 開하고 사무를 처리한 후 연설하오니 첨회원 및 방청제씨는 계기래임하심을 망함. 演題 : 運命의 開拓(柳壹宣) 本會의 將來(趙완九) 畿湖興學會 고백.

19090418 잡보 460 (感荷義捐) 직산군 읍내 西里 居하는 有志紳士 金相喆씨가 본사의 經費窘絀함을 慨嘆하고 金一圓을 寄付하였기로 玆에 感意를 표하노라.

19090420 학계 430 (經緯完全) 직산군 私立經緯學校는 上年 九月分에 創設인데 該郡守 池喜烈씨가 赴任以來로 維持方針을 確立하여 校況이 漸就하고 該校 講師 徐光前씨가 일본으로 귀국하는 歷路에 校況의 希望이 有함을 目도하고 自願 赴校하여 晝夜敎授할 뿐더러 今月 拾壹日에 學部認許까지 承하여 완전한 학교를 成하였다더라.

19090421 잡보 170 (有何事項) 부여군수 박逸憲씨는 莅任以來로 善否의 聲聞이 無하다더니 근일에 何等事項을 因함인지 不知하거니와 該道 警察署에서 朴郡守의 行止를 現今 密探中이라더라.

19090423 광고 400 本人의 子 昌珪가 年少沒覺하고 性本浮虛터나 不意에 本洞居 金基俊 金道日爲名人은 悖類로 有名한 者라 誘引昌珪하여 僞造文券하여 得債코저하오니 京鄕間內外國人은 切勿見欺하시오. 忠南 燕岐郡 西面 月亭居 李宣稙.

19090425 잡보 170 (面長得人) 목천군 修身面 面長 張奭基씨는 公錢收刷와 其他事務에 少不懈怠함으로 當地人民이 擧皆贊頌

한다더라.

19090428 잡보 460 (正誤) 부여군수 朴逸憲씨의 行動을 該道 警察署에서 密探한다는 說은 已報어니와 該氏는 부여군수가 아니며 該氏는 此事實이 無하다더라.

19090430 광고 400 鄙族 尹滋鼎의 罷養子 吉□ 悖行은 滋鼎의 所生子 相呂가 各新報에 □夏多□ 廣告하였으니 不須疊陳이오나 呈宗單割籍罷養八年 滋鼎身死後에 勒欲入養하여 裁判敗訴하고 控訴에 至함이 倫理에 大違라 相呂가 設或無子夭死라도 相吉은 滋鼎家에 決不可入養할 意로 宗議가 準嚴하기 玆에 廣告함. 노성군 坡平尹氏 宗中 告白.

19090430 광고 313 大韓測量總管會 忠南支會에서 今 二十日에 技術檢定을 개시하였사오니 管內 同業員은 照亮함. 舒川郡 邑內 羅允鈺家 忠南測量總管支會 告白.

19090430 잡보 530 (日語者砲殺) 數日前에 義兵 七名이 有何偵探이던지 日人의 衣服을 着하고 충청남도 목천군 沙器所 동리에 入去하였더니 該洞居하는 학생 韓某가 日人으로 誤認하고 日語로 酬酢함에 該義兵이 그 학생을 卽地 砲殺하였다더라.

1909년 5월

19090501 잡보 530 (地方消息) 去月 二十日 홍주군 南方 四十里地에서 義兵十二名이 該郡 日憲兵分遣所 上等兵 壹名 및 補助員 三名과 交戰하였다함.

19090505 학계 430 (郡主熱心) 대흥군 主事 李起完씨가 行政上에 敏活할

뿐더러 薄俸을 捐出하고 自家田土를 放賣하여 該郡學校에 補助하여 熱心敎育함으로 稱頌이 자자하다더라.

19090506 잡보 140 (尹氏申訴) 노성군 居하는 尹秀炳씨가 은진군 논산 居하는 前郡守 閔泳석씨에게 畓土를 抑鬱히 見奪하고 公州地方裁判所에 屢度裁判하다가 勢力所致로 該氏가 反爲落科한지라 京城控訴院에 申訴할 次로 上來하였다더라.

19090507 광고 308 본인이 本洞 居한 丁奭鎭에게 戊申 五月에 葉壹千三百兩을 前坪所在畓 六斗落과 田四區와 家舍 壹座를 典執하고 限爲己酉□月한 後 得給하였다가 當期限月하여 田畓을 賣하여 報償하라 하고 該文券을 還給하였더니 今年 貳月二拾日에 該文券을 見失하였다 하기 典執하였던 田畓과 外地諸建物로 了債함으로 歸定하고 捧其手票하였사오니 內外國人은 照亮하오셔 誰某 拾得하여도 休紙施行하심을 爲要. 충남 목천 細城面 孔村 金友鎭白.

19090507 광고 400 上年 十一月分에 姓名章을 賊漢處 見奪하였기 更造廣告하오니 京鄕知舊간 照亮함. 직산군 三西面 瓦字里 前叅奉 鄭喆圭 告白.

19090508 광고 301 충남 청양 읍내에 靑武學校를 설립하였는데 該郡 場市 苧廛牛廛 및 各處 庖肆稅 二千餘兩을 劃付經費하고 또 有名人 補助金 數千金하여 校費가 自足이거늘 該校 任員 리普雨가 兼帶地方奸員하여 藉托校費不足하고 本郡守 黃祐燦을 符同하여 結稅中 每結壹圜式 勒爲加斂하오니 剩額 貳萬錢兩을 將用何處요 民情嗷嗷하여 呈訴公州監督局矣러니 加結을 勿施之意로 至有告示이되 郡守 黃祐燦이가 掩置告示하고 結民 明濟喆 林聖周 등 五人을 捉囚嚴笞八拾度式하여 幾至死境하

오니 其虐政을 民不堪勝하와 度支部에 呈訴次로 上來
하여 期於招致裁判乃已함. 靑陽 北面 대동居 明義□.

19090508 광고 400 회덕군 吉喜淳 權肯采 等 不法行爲 吉喜淳 權肯采 等
이 各面 面長을 圖得하려다 아니된즉 宋敬仁을 付同
하고 각 面長더러 전문 壹千兩을 달나 하다가 柳等川
面長 姜履洪씨 한테 목침으로 맞고 분개를 이기지 못
하여 誣訴呈章하다가 成事가 아니된즉 誣訴로 申聞내
기를 錦山財務主事 邊泰淳씨는 生存할 사람을 自處했
다 하고 山內面長 金憲經씨는 공무의 분요한데 솔가
도주했다 하고 各面長收刷에 골몰한데 중녁했다고 무
소 신문 냈으니 吉喜淳 權肯采 等의 무소인 추차가지
오. 宋憲泰 告白.

19090511 학계 430 (韓山大明) 韓山郡守 金丙濟씨가 人民의 교육을 □達
하기 위하여 각 면장과 有志紳士를 熱心勸勉하여 六
個月內에 該郡境內에 八個學校를 創起하여 생도가 四
五百名에 달하였는데 장시에 商民男女가 爭先捐出하
여 經費를 보조하며 壹郡人民이 二拾年爲限하고 每名
下에 四圓式 擔負하되 稍饒한 人은 貳拾年條 或拾年
條를 先出하고 窮貧한 人은 年例로 二拾錢式辦助하여
각校의 二拾年 維持할 基本을 확립하였다더라.

19090513 잡보 170 (面長得人) 홍산군 內山面 面長 李悳承씨는 該任勤務
를 自己家事와 如히 하여 當地騷擾時期에 壹面이 安
堵樂業하는 고로 該面內에서 立牌頌德한다더라.

19090514 잡보 510 (畿湖通常會) 畿湖興學會에서 本月 拾五일 土曜 下午
二時에 통상총회를 該會館에 開하고 사무를 처리한
후에 學問家로 著名한 柳壹宣 崔석夏 兩氏가 연설한
다는데 방청을 許한다더라.

19090514 광고 510 本月 十五日(土曜) 下午 二時에 통상총회를 本會館內

에 開하고 사무를 처리한 후 방청을 許하고 연설을 갓사오니 본회원은 일제 來臨하시압. 演題 : 國民의 覺性(崔奭夏) 成功은 我의 確立한 位置에서 決定함(柳壹宣). 畿湖興學會 고백.

19090516 잡보 306 (鴻邑蠶業) 충청남도 홍산군 下西面長하는 리斗衡씨 夫人 趙敦熙堂씨와 趙寬熙夫人 姜貞淑 齊씨가 京城龍山婦人養蠶講習所 優等卒業生으로 鄕第의 養蠶課를 新設하고 昨年 拾月分에 下去하여 蠶室과 蠶箔等屬을 備置하였더니 趙敦熙堂씨는 農商工部에서 全羅南道 光州府 敎師로 推薦하여 日間發程한 터인데 鄕第에 新設한 蠶業課는 零星할 慮가 不無하다더라.

19090516 잡보 430 (金門義塾) 충청남도 홍주 葛山里 有志紳士 金炳翊 金炳秀 金炳完 金善圭 김佐鎭 諸氏가 교육계에 熱心注意하고 所有財産을 都聚하여 昨年 七月分에 湖明中學科 小學科를 設施 敎授하는데 現今 학생이 소학도는 六拾名 중학생은 五十餘名에 달하였고 또 法律專門科를 設立하기 위하여 法律學者 尹桂鳳씨를 先爲雇聘하고 또 高名한 法學講師를 구하는 중이라더라.

19090516 잡보 530 (地方消息) 本月 六日 부여군 西北方 約三十里地에서 義兵 八名이 該郡 分遣所 日憲兵 壹名 및 補助員 □名과 交戰하였다함.

19090516 광고 430 청양군 靑武學校 경비는 本郡 場市 苧廛牛隻 각 庖肆稅 二千餘兩과 各人 補助金 數千兩으로 劃用自足이거늘 該校任員 李普雨가 本以挾雜之輩로 兼帶地方委員하여 稱以校費不足하고 符同本郡守 每結壹圓式加捧코져하여 結民을 捉囚嚴笞하여 幾至死境故로 民心憤鬱하여 奔訴監督局及度支한 즉 郡守 黃祐燦씨가 更以五十錢式 加捧코져 하여 各里長을 抄集하여 脅勒受押하

였으니 리普雨의 奸計를 聽施하여 不念民情하니 期於 裁判歸正이라도 加結은 斷不徵納함. 청양군민대표 明濟喆 韓世敎 林聖周 尹湜 尹赫求 卜□欽 等.

19090520 잡보 530 (商日被害) 예산군 頓串浦에서 數日前에 義兵 四名이 來到 商船에 在한 日人 二名을 砲殺하였다더라.

19090521 잡보 301 (署長失政) 南來人의 傳說을 據한 즉 충청남도 公州郡 財務署長 趙漢璧씨는 當地麥嶺에 飢餓結民을 多日滯囚하여 戶布錢을 督捧하며 驛답을 臨農移作함으로 民心이 嗷嗷하다더라.

19090522 학계 430 (溫古知新) 온양군 紳士 李奎承 張雲植 姜澤秀 盧完洙 南祖源 沈宜善 諸氏가 本郡守 任□宰씨와 협의하여 鄕校明倫堂에 明倫學校를 設하고 학도를 모집하여 五月二日에 개학식을 행하였는데 校長은 張雲植으로 부校長은 姜澤秀로 校監은 李奎承으로 부校監은 南祖源으로 교무위원은 沈宜善 盧完洙 諸氏로 선정하고 本郡守는 監督으로 선정하였는데 재정은 義捐金이 壹百五拾圓과 本校宮畓土의 每年賭租 四拾餘石으로 기본을 立하였고 該郡 九面 面長이 熱心協議하여 校樣을 확장하기로 결심하였다더라.

19090525 잡보 240 (公州日人) 公州郡에는 日本人의 來住가 漸次增加한 중 織工土工者가 最多하며 彼等의 來住한 正規가 無하여 計算키 不能하나 근래에 증가한 者ㅣ二百餘名이요 農事經營者도 漸次 增加하는 貌樣이라더라.

19090526 잡보 410 (崔倅苛改) 南來人의 傳說을 聞한 즉 태안군수 崔鶴來씨가 民間의 祝壽를 禁斷한다 하고 人民에게 罰金을 拾圓式 五圓式 勒徵함으로 민원이 喧藉하다더라.

19090526 잡보 170 (溫倅不溫) 南來人의 傳說을 聞한 즉 自天安停車場으로 溫陽 溫泉까지 治道할 次로 舊路는 廢止하고 新路

를 作하는데 沿路田답 幾百石落이 □價渾入하였으며 溫泉主管하는 日人이 該地沿路 新昌 天安 각 군수에게 人民의 부역을 청구한 즉 兩郡守 曰 當地農務가 方殷에 不可施行이라 하고 强硬不從하였으나 惟獨 온양군수는 猶恐不及하여 人民으로 五日式排日赴役케 하고 日費는 壹分도 不給함으로 寃聲이 漲天하다더라.

19090527 잡보 170 (郡主不法) 林川郡 主事 趙東翊씨가 日人을 符同하여 各面 領收員에게 結代전을 督納하여 郡守運動費로 出贓이 七百餘圜이요 各面 領收員을 威脅恐喝하여 發覺치 못하게 하며 학교를 설립한다 憑藉하고 每戶에 租一斗式 勒捧하되 不納者에게는 巡査를 派送하여 不日督捧함으로 民怨이 漲天하다더라.

19090528 잡보 307 (鄭倅□拘) 아산군에는 無賴輩가 田畓文券을 위조하여 該郡守에게 증명을 承認後에 日人에게 放賣한지라 日人이 該田畓을 踏査코져 한 즉 片土도 無함에 該郡守 정翰朝씨와 裁判하여 該郡守는 該觀察道에 被囚되었다더라.

19090528 학계 430 (光東擴張) 연산군 陽良所面 梧山에서 私立進明勞働學校를 設立未幾에 생도가 漸增터니 有志紳士 李容泰씨가 維持方針을 尤爲贊成하여 高名한 敎師 □斗聖시를 延聘하고 학교내에 각항實□를 設施하여 학교를 一層 擴張하고 校名은 光東이라 개칭하였는데 학도가 百餘名에 달하고 校長 李中喆 校監 金炳□ 교사 李秉默 李漢榮 金衡鎭 崔淳學 梁奭□ 諸氏가 熱心勸奬하여 將有進就之望이라더라.

1909년 6월

19090601 잡보 313 (燈臺設置) 충청남도 沿岸 瑞山半島에 설치한 등대에 서는 本月 壹日爲始하여 日沒時부터 日出時까지 燈火를 설치할 計劃이라더라.

19090603 학계 430 (稷山經緯) 稷山郡 經緯學校는 本年 四月에 學部認許를 承한 以後로 校況이 一層 興旺한 中 講師 徐光□씨의 熱心敎授로 學員에 前進之望이 確有하다더라.

19090609 잡보 170 (面長有人) 충남 保寧郡 木忠面 面長 洪在厚씨는 視任 三載에 優積이 有한지라 地方騷擾에 外人交涉을 嫻熟히 하고 地稅收納에 民情을 顧恤하여 壹境이 賴安함으로 頌聲이 載路하고 木碑가 林立하였다더라.

19090611 잡보 170 (面長美擧) 회덕군 東面 面長 禹□元씨가 該面人民의 금년 春等戶布錢을 折半蠲減하여 自己가 擔當徵納한 故로 人皆稱頌한다더라.

19090612 잡보 140 (憲補行悖) 남포군 憲兵補助員 申□□이가 보령군 居하는 朴珍석씨를 誣陷하되 汝家에 銃劍이 有하니 卽爲出給하라고 無數毆打하다가 代金으로 壹百十圜을 討索하여 爲先 白米幾斗와 金貨幾圜을 奪去하고 餘條를 威脅督促하는데 該朴씨는 被打嘔血하여 幾至死境인 故로 該朴氏家에서 此를 伸寃키 위하여 公州地方裁判所에 呼訴하였는데 해 近地方은 補助員의 行悖로 壹境이 騷擾하여 怨聲이 藉藉하다더라.

19090613 학계 430 (論塾盛況) 은진군 논산義塾에서 壹齊斷髮하고 該郡邑內聯合運動에 往參하여 幼年級生徒 朴秀昌 朴德來 兩人이 最優等인 故로 滿場喝采에 有志紳士와 敎師壹同 諸氏가 壹場勤勉하고 賞品을 優施하였다더라.

19090613 광고 400 5월 27일에 出發한 大韓每日申報 1106號 欄內광고를 接見하온즉 何許無賴雜輩가 본인의 元廷贊 姓名子音 相似를 冒稱하고 本郡守 崔鶴來씨에게 대하여 諸般虐政에 民難支保라 하였으나 如斯한 開明世代에 이러한 事狀이 어데 有하리오 祈禱禁斷의 如何히 罰金을 徵收하며 施政改善하는 경우에 酷政理由가 □無하겠고 □員選差는 一郡薦望이라 捧賂가 何에 當하며 火災를 當한 땅에 學校義捐金 沒呑하였단 말도 事理가 無據하고 隱結로 또한 말하와도 財務官吏가 處處에 列在하여 些束些厘라도 □□□공하거늘 郡守가 容易히 暗喫하리오 如許히 廣告한 說은 語理上 秋毫도 不當하거늘 何許悖類가 或히 睚眥心을 含하였던지 本人의 姓名音相似를 假作하여 廣告하였사오니 如此破落戶는 世界上□ 妨害가 多有하옵기 拾八層地獄에 投入하여 永世히 不容하옵기로 玆에 광고하오니 壹般同胞는 今此廣告를 正當的으로 深知하시기를 敬告함. 泰安郡 元廷贊 告白.

19090615 학계 430 (興郡興南) 충남 대흥군 有志紳士가 興南學校를 설립하고 校主 鄭祺好 校長 劉炳斗 贊成長 朴琓 학감 趙載明 李種哲 朴瑗 諸氏는 재무를 自擔하고 교사 崔秉昌씨는 교육에 열심하는 故로 학도가 四十餘員에 달하였다더라.

19090615 학계 430 (泰守勸學) 충남 태안군수 崔鶴來씨는 薄廩을 義捐하여 學塾을 新築하고 生徒를 募集하여 晝宵勸勉하는 故로 進就之望이 有하다더라.

19090618 광고 510 本月 十九日 土曜 下午 三時에 通常總會를 本 회관내에 開하고 사무를 처리한 후 방청을 許하고 연설하겠사오니 본회원은 壹齊來臨하시압. 演題: 使命의 自覺으로 因起한 幸福의 主義(柳壹宣) 人類의 進化(리膺鍾)

畿湖興學會.

19090618 잡보 170 (面長善績) 南來人의 傳說을 聞한 즉 목천군 南面 面長 朴載元씨는 在任數年에 恪勤視務하여 面內가 賴安함으로 村村立碑에 人人稱頌한다더라.

19090618 잡보 140 (巡査有人) 은진군 駐在所 巡査 田慶煥씨는 褒善徵惡하며 保護商旅하여 愛民如己함으로 稱頌이 載路하다더라.

19090618 잡보 510 (會長辭免) 畿湖學會장 金允植씨는 該會 事務에 干涉할 餘暇이 無하다 하여 辭免코져 한다더라.

19090618 잡보 510 (摠會와 演說) 畿湖興學會에서 本月 拾九日土曜 下午 三時에 通常 摠會를 校동 該會館內에 開하고 사무를 처리한 후에 演士 柳壹宣씨 리膺鍾 兩氏가 연설한다더라.

19090622 잡보 430 (何至督捧) 남포군수 申箕秀씨는 該郡學校에 經費를 充用키 위하여 各面에 義捐金을 排定하고 該金을 民納結錢中에서 先際하고 淸納된 結錢을 更督하는 故로 民怨이 浪藉하다더라.

19090622 학계 430 (兩氏有志) 충남 목천군 居하는 紳士 趙鼎植 洪承哲 兩氏가 憂國愛民的 思想으로 靑年敎育을 발달키 위하여 金貨 □餘圓을 出捐하여 普明學校를 설립하고 열심교육하는 고로 학도가 四五十名에 달하여 前□之望이 有하다더라.

19090626 잡보 309 (金斗源씨의 鳴寃書) 咸鏡南道 元山港居 商民 金斗源씨가 新任 曾彌統監에게 長書한 全文이 如左하니. (前略-편자) 臆라 鶴原定吉氏之不思也여 假曰 木村源□郞之相續人이 貧窮하여 斗源의 鹽 盜去한 金額을 償報키 難하다 하면 斗源이 抑有說焉이라 年前에 我國

1909년(隆熙 3년) 305

洪州郡 長古島에서 貴國 풍船이 巖礁에 誤觸하여 該船이 破傷하매 此巖石이 大韓海에 在한 즉 宜乎大韓政府가 償報함이 可하다 하여 金三萬圜을 推去하고 其後에 又公州郡來住한 日本人 寬辰太郎이 韓人과 爭鬪하여 被打稱托하고 治療費 五千圜을 我韓政府에 推去하였으니 自來貴國에서 我韓政府에 對한 慣例를 擧言하면 斗源의 鹽價는 自貴國政府로 無遺辨償이 確然正理인 것을 輒曰 賊漢乙吉의 相續人이 貧窮하여 償還키 難하다 하니 此豈非矛盾之說乎아 窃乞 閣下는 卽提議于貴政府하여 依我國洪州郡巖礁例 及寬辰太郎事하여 自貴政府□ 償還이던지 如或未然이면 해 乙吉의 船及家産을 執行하여 打算償報이다가 해 鹽價의 充數가 未滿한 時는 亦自貴政府로 補充還償이 自是定理니 幸勿以人凌視하고 卽爲計算報償之地 千萬至祝이라 하였더라.

19090627 학계 430 (新興將興) 충남 보령군수 李奎□씨가 교육에 熱心勤勉함으로 同郡 于羅面 紳士 張潤斗 李敎相 柳章熙 趙壹元 李鍾應 沈相允 康文善 吳在榮 申東禹 諸氏가 同面 興洞里에 新興學校를 설립하였는데 장潤斗씨는 瓦家拾間을 校舍로 寄付하고 又三石落土地를 証明出債하여 경비를 補用하고 교사 趙壹元 趙楨顯 兩氏는 명예로 출석하여 熱心敎授함으로 開校未幾□학□이 五十餘名에 달하여 將興之望이 有하다더라.

19090627 광고 400 본인의 第二子 種殷 性本搖揚未定하여 沈惑於酒色雜技하더니 今月에 猝然上京하여 追逐挾雜輩하여 慮有聽其誘引하고 京鄕間得債할 念慮가 有하오니 內外國人은 勿爲見欺하시오. 忠淸南道 沔川 甘泉面 三花里 李始永 告白.

19090629 잡보 170 (柳氏入城) 忠淸南北道 官廳에 會計文簿를 檢査하기

위하여 출장하였던 度支部 檢查次長 柳正秀씨는 再昨日에 入城하였다더라.

19090629 잡보 510 (學會認許) 今番에 학부에서 西北 關東 畿湖 湖南 法學 大東 興士團 輔仁 敦義 諸學會 및 咸南文化學會 咸北四民學會 等을 認許하였다더라.

19090629 광고 400 본인의 姓名圖章을 陽六月貳拾四日에 陽城 素沙川邊에서 沐浴하다가 見失하였기 玆에 광고함. 忠南 稷山郡 成歡 中里 金在圭.

19090630 잡보 510 (畿校開會) 畿湖學校에서 來 土曜 下午 三時에 贊務會를 開하고 校舍建築事件을 협의한다는데 該校 學員 壹同은 爲先 壹百五十餘圓을 取集寄付하였다더라.

1909년 7월

19090701 잡보 440 (老處女出嫁) 公州郡 居하는 朴敬運씨의 令孃이 幼時로부터 漢文을 讀習하여 經史諸子를 能通하였는데 年今 四拾壹歲가 되도록 出嫁를 不肯하더니 今春에 上京하여 安山 居하는 리某와 成婚하였다더라.

19090701 사고 460 杆城 邑內 新城里 貳統二戶 咸海元氏와 韓山郡 下북筆堂里 李英穉씨가 該地方에 本報購覽諸氏의 便宜함을 위하여 支社를 特設할 意로 請願이 有하기 同情을 표하기 위하여 該兩氏로 本支社員을 認定하고 玆에 廣布하오니 該附近에서 本報愛讀 僉君子는 該兩氏에게 購覽하시압. 大韓每日申報社.

19090703 잡보 430 (牧師訪問) 公州郡 耶蘇教 牧師 二名이 昨日 學務局長 尹致旿씨를 訪問하고 학교설립사항을 談論하였다더라.

19090704 잡보 510 (建築協議) 畿湖學會에서 本日 下午 二時頃에 일반임원이 회동하여 學校建築事를 再回協議한다더라.

19090706 잡보 120 (府民納忠) 鄭雲復씨는 漢城府民會의 대표로서 伊藤公爵을 迎接하기 위하여 昨日 太田 停車場까지 前往하였다더라.

19090706 잡보 510 (畿會收金) 畿湖學會에 寄附金이 三萬餘圓에 달하였는데 未收金額은 三回에 收入케 하여 學校建設費로 充用한다더라.

19090706 학계 430 (興南其興) 충남 대흥군 興南學校 財務員 李容七 李鳳九 兩氏는 鳩財節用을 視如□事하고 부교장 李容壹 校監 鄭□敎 兩氏는 학도의 寄宿을 無料自擔하는 고로 □鄕이 稱頌不已한다더라.

19090709 잡보 130 (同類相濟) 충남관찰사 최정덕씨가 今番 會議를 終了한 후에 一進會員 幾人으로 該道 管下 郡守를 薦報하기로 결정하였다더라.

19090710 잡보 240 (溫泉擴張) 충남 온양군 溫泉을 日人이 영업함은 世所共知어니와 今番에 資本金 拾萬圓으로 株式會社를 설립하고 旅館料理店 등 設備를 計劃中이라더라.

19090711 잡보 140 (面長欠逋) 진잠군 北面 面長 리範龜씨와 上南面 面長 金益鎬씨는 公錢欠逋가 多數에 달함으로 公州郡裁判所로 押囚하여 現今 處役中이라더라.

19090714 학계 430 (新明日明) 충남公州郡 辰頭面 文岩 居하는 金聖九 韓無京 兩氏가 新明學校를 설립하고 청년을 敎授하는데 학생이 貳百餘名에 달하여 振興之望이 有하다더라.

19090715 잡보 306 (忠南農況) 충청남도에는 旱魃이 太甚하더니 去拾貳日 降雨의 壹般移秧에 着手하여 農民이 愁眉를 展開하였다더라.

19090715 잡보 530 (地方消息) 去月 二拾五日 夜□ 충청남도 대흥군내에서 義兵 約 二十名이 該郡에 駐在한 巡査와 衝突하였다 함.

19090717 광고 510 本月 拾七日(土曜) 下午 三時에 통상총회를 開하고 중요사무를 처리하겠사오니 僉會員은 屆期來臨하시압. 畿湖興學會 告白.

19090717 광고 400 본인의 姓名圖章을 陽六月 二十四日에 陽城 素沙川邊에서 沐浴하다가 見失하였기 玆에 광고함. 忠南 稷山郡 成歡 中里 金在基.

19090721 잡보 301 (郡民呼訴) 충남 瑞山郡 大山面과 태안군 梨園面과 면천군 倉宅面은 前 平薪鎭 所管으로 納稅하는 民土가 確實하더니 去 庚子年의 內藏院에서 三□屯土 八石□ 九斗 二升落을 憑藉하고 民土 幾百石落을 牧場으로 誤認하여 壹土兩稅를 收捧함으로 該地居民이 多年 呼冤하다가 調査局 設置時를 當하여 三百年前 賣買文券과 罷牧하고 設鎭하던 邑誌와 庚子年來 呼訴하던 書類를 帖聯하여 京鄕官廳에 數十次 等呈한 結果로 免除한다는 指令을 承하였으나 于今經年의 連拖未決하고 且賭代를 督捧하는 故로 該地居民이 更히 度支部에 呼訴次로 多數 上京하였다더라.

19090723 잡보 315 (懷郡移設) 懷德郡 官舍를 太田 停車場으로 移設하기로 現今 準備中이라더라.

19090724 잡보 309 (忠南陳列場) 충남관찰도에는 物産陳列場을 設하고 內外物産을 集合하여 觀覽에 供할 터인데 그 規模를 확장하기로 目下 준비중이라더라.

19090725 잡보 301 (木胥呼訴) 木川郡 隱結幾許로 戊申年에 始爲陞總하였는데 天安郡財務署에서는 該陞總結을 丁未年條로 認定 督納하는 故로 該郡胥吏 元龍燮씨 등이 抑冤하다

하여 公州郡 財務監督局과 度支部에 呼訴하였다더라.

19090728 광고 430 本人之子 寬彌이 與悖類로 符同하여 請債하려고 群港으로 出去했으니 內外國人은 見欺치 마오. 忠南 公州 上鳳村 金學三 告白.

1909년 8월

19090801 잡보 520 (不失本色) 韓山郡守 金丙濟氏는 전일 壹進會員中 壹分子인데 該郡 日新學校 總務 權□旭氏가 大韓每日申報 購覽한 사건을 論及한 즉 該郡守言內에 每日申報는 購覽할 필요가 無하니 國民 大韓 兩報中에 擇壹□ 購하라고 勸告하였는데 該氏는 可謂不失本色이라고 聞者가 莫不唾爲하였다더라.

19090801 광고 460 大韓每日申報 각처 支社 광고 - 忠淸道 結城·廣川□ □ 李啓祚

19090804 학계 430 (□氏義捐) 忠南 扶餘郡 蘇陽學校는 원래 財力이 不瞻하여 校長 林□鎭씨의 열심으로 근근유지하는데 該近地居 리召史가 校況의 窘艱함을 □惜하여 金五圓을 기부하였다더라.

19090804 社告 460 韓山郡下 북□堂里 李□稙氏가 該地方에 本報購覽諸氏의 便宜함을 위하여 支社를 특설할 것으로 청원이 있기에 同精을 살피기 위하여 該兩氏로 本支社員을 인정하고 玆에 廣布하오니 該附近에서 本報愛讀 僉君자는 該兩氏에게 購覽하시압. 大韓每日申報.

19090808 잡보 306 (忠南農形) 忠南 內浦 等地에는 旱災로 인하여 망망 大野에 白地가 허다하고 旣種者도 苗葉이 乾焦하여

收穫之望이 전무한데 丙子辛丑에 비하면 優劣이 無하다러라.

19090808 학계 430 (日奪校舍) 忠南 舒川郡은 甲午騷擾를 經한 후 郡廳이 燒盡을 被하여 吏員의 居接이 難便한 고로 상부에 累報하여 建築을 청구하되 朝家의 豫算이 不及함으로 因循未就한지라 부득이 民力을 收合하여 □廳을 構造하다가 이내 吏員減汰를 당하여 中途 廢工하였더니 該郡 紳士諸氏가 舒昌學校를 창설할 때에 該廳이 旣히 民力 建造하던 바인 즉 校舍로 認定함이 事體에 妥合하다 하여 更히 衆力을 합하여 工役을 완성하고 學校를 設한 지 于今 일년이 已過하였는데 該郡 財務署主事 日人 城晋一이가 該校舍를 地方金融組合所로 사용코저하여 學校懸板까지 强制拔去하는 고로 該校任員 諸氏가 장차 觀察府와 裁判所에 起訴歸正할터이라더라.

19090812 잡보 420 (怪疾流行) 太田 정거장 등지에는 근일 □炎을 인함인지 怪疾이 유행한다고 內部에 電信이 도착하였다더라.

19090812 잡보 140 (救世沮毁) 忠南 藍浦郡 北亭子에 救世營를 설립하였는데 日巡査 서방인작이가 該營에 來到하여 禮拜보는 兵士 三拾餘名을 悖說詬辱하다가 畢竟 毆打까지 하였다더라.

19090812 잡보 650 (葛山救營) 忠南 洪州郡 葛山 안동김씨 宗中에서 救世軍支營을 설립하고 同胞로 열심히 勤諭하는 중 □叅書김炳翊씨는 年今 八拾에 該營을 더욱 贊助함으로 現今 該營에 入參한 자가 二百餘名에 달하였다더라.

19090814 잡보 140 (오哉遠哉) 藍浦郡居 任□宰씨는 時務에 관한 조건을 擧하여 大皇帝陛下께 상소하려다가 再昨日 警視廳에 被捉하여 現今取調中이라더라.

19090814 잡보 420 (恩郡流行病) 恩津郡 論山 江鏡 등지에서 요즘 流行病

이 발생한 고로 當地 警察署에서 예방하기를 주의한다더라.

19090818 잡보 420 (衛牛禁瓜) 太田□□□에서는 人民의 衛生에 注意한다 하여 眞□販賣를 일체 금지한다더라.

19090819 잡보 240 (日墾□土) 忠南 扶餘郡 日勢村에 在한 日人勸農會에서 十萬圓資金을 投하여 錦江右岸至鴻山邑 부근의 廣大한 荒蕪地를 개간할 목적으로 日人 七十餘戶 二百餘人을 이주하여 目下 □墾에 從事하는데 年年 水害를 被하여 收益이 不多함으로 今回 錦江右岸外□約五百五十間되는 防水堰을 築造한다더라.

19090820 잡보 620 (宋氏入城) 忠淸南道 관하 각군의 寺社를 觀察次로 發程하였던 內部寺社課장 宋之□氏는 再昨日에 入城하였더라.

19090821 잡보 301 (民宿耳念) 靑陽郡守 黃祐燦씨는 각 면장을 회동하여 各公私學校의 경비를 充用하기 위하여 稅錢 每結頭에 壹圓式 加捧하자 함에 面長들이 반대하기를 인심이 不服된다 함에 황씨는 期於 實施코자 함으로 면장들이 財務監督局에 청원하여 該局에서 發訓禁止하였더니 황씨는 이에 감정이 有하여 面長 二名을 捉囚하였다더라.

19090829 잡보 140 (壹果之故) 太田 경찰서 日巡査部長 小田原正□佐가 果園을 培養하는데 부근 居民이 該果實數個를 摘喫하였던지 同巡査部長이 居民 壹人을 捉去하여 三日牢囚한 후 放送하였다더라.

1909년 9월

19090902 잡보 170 (面長悖行) 保寧郡 長尺面 面長 柳석洪씨는 면장의 勢力을 □恃하고 平日 挾憾이 有한 자에게는 捧稅를 藉托하야 縛之毆之하며 有時人家에 突入하여 作梗이 無雙하고 민간에 收斂이 有할 時는 原數外에 加排督捧하여 私庫를 充하는 고로 該地人民의 稱怨이 낭자하다더라.

19090902 잡보 306 (將何爲生) 忠南의 農作凶況은 累報하였거니와 內浦 船□ 等地는 尤極 慘凶하여 인민이 太端嗷嗷한다더라.

19090905 잡보 301 (面長橫徵) 洪州 興口鄕面 面長 趙孔七씨는 隆熙二年度 結稅를 收捧할 時에 自己私費라 칭하고 每結頭에 四五兩式 加捧한 고로 민원이 낭자하다더라.

19090911 광고 400 忠淸南道 舒川郡 西部面 蛤田里 羅映河□病數□藥 无 靈效 其妻具氏 齡甫二十二 祝天願代 寔出素性 夜汲井華 至誠祈禱 □□之間 終始靡懈 □荽異卉 □井□愁 □霜冒永 不渝□色 人咸稱之曰 匪卉之異也 卽誠之異也 匪色之不渝 卽誠之□渝也 其夫別世 命也奈何 堂□ □姑尙有 供養之子婦 □下逝天 與誰同歸 葬後越三日 寅□窒命下從 烈哉具氏 不□□於同郡 當激勵四方哉 故如是廣告. 舒川郡 西部 禾洞 金宗煥.

19090912 잡보 315 (□□□營) 去 九日 公州, 鳥致院, 淸州 等地 거류 일본인이 三南鐵道의 速成을 期하여 조치원□□合하고 同日 午後 三時부터 조치원구락부에서 三南鐵道期成同盟□□式을 거행하였는데 □□의 운동방침은 협□ □를 開하고 三南鐵道의 速成을 期하고 □□分岐點을 鳥致院으로 정할 건을 決議하였다더라.

19090912 잡보 420 (虎□何多) 忠南지방에는 근일 虎患이 大發하여 鎭岑邑底에서 畜猪壹首를 咬去하였고 公州 維鳩 등지에서도 畜猪□首를 咬去하였다더라.

19090914 잡보 450 (挾雜□遠) 公州郡居 리원씨와 광주군居 鄭志永, 金悳洙 등 數十人이 全國各郡에 周行하여 文獻錄을 증보한다 詐稱하고 忠孝烈女儒賢의 單子를 收捧한다 하여 錢財를 討索하다가 리원 金玉兼 양씨는 □安警察署에 被囚하고 其外諸人은 各郡警署로 捉囚하였다더라.

19090915 잡보 301 (日人不法) 忠南 직산군 財務署長 日人 □□□□□□酒□□□酒稅를 多數抑捧함으로 酒商 等이 減稅를 請願한 則 水橋는 反히 叱辱毆打를 加하고 又 該郡隱結이 二千結이라 칭하고 人民壹般에게 課賦케 한 고로 인민들이 憤慨하여 觀察府를 經하여 度支部에 호소한다더라.

19090917 잡보 400 (主良僕賢) 牙山郡 壹西面 官淸里居 鄭昌燮씨가 奴僕等을 招諭하여 曰 天生烝民에게 各其 平等權이 有하니 人의 束縛을 受함이 不可하다 하고 奴婢文券을 出給하여 使之自由生活케 하였는데 奴僕 등은 該씨의 厚誼를 難忘하여 近地에서 營事資生하면서 該씨의 恩德을 對人稱頌한다더라.

19090918 잡보 240 (日人請願) 근래 일본인이 益益增加하여 公州 江景 及 群山間에도 日人의 交通이 頻繁한데 道路가 粗惡하여 □□□□□□다 하여 該日人들이 道路改修□急施하라고 統監府에 청원하였더라.

19090918 잡보 306 (忠南牛疫) 忠南 등지에는 본월 十日부터 牛疫이 유행한다더라.

19090921 잡보 420 (□□慈善) 忠南 全義郡 南面 新□居 리承國씨는 원래 慈惠한 인사인데 去 辛丑年 歉荒에 자기의 畓土를 斥

賣하여 인근 등 窮民을 賑恤하고 昨春에 □人處 當捧할 債錢을 焚券盪減함으로 頌碑가 四立하고 譽聲이 자자하다더라.

19090926 잡보 430 (先後何心) 稷山郡 사립보통학교에서 前叅判 閔哲勳씨로 該校長을 선정하였는데 閔씨가 該校經費를 擔當補用하기로 하더니 仍히 出捐치 아니하고 該校長의 任을 辭免하였다더라.

19090926 학계 430 (金氏義捐) 稷山郡 사립보통학교에서 경비가 窘拙하여 유지키 難하더니 該校長 金炳原씨가 金貨 三百圓을 捐出하여 제반경비를 助用한다더라.

1909년 10월

19091002 학계 430 (美矣其人) 忠南 定山郡 主事 黃奎熙씨는 自己月俸을 捐出하여 道路橋梁을 修築하며 학교를 熱心贊助하여 其他□續이 壹境에 藉藉하다더라.

19091010 잡보 450 (民何支保) 忠南 大興 靑陽 等 郡에는 賊警이 日熾하여 居人들이 支保키 益難하다더라.

19091011 잡보 460 (文獻押收) 忠南 公州 리원씨가 著作한 東國文獻補遺 二卷을 出版許可를 受치 아니하고 출판하였다하여 內部에서 其발賣 頒布를 금지하였다더라.

19091016 잡보 309 (工藝開會) 忠淸南道 觀察道에서는 工藝發展覽會를 開한다더라.

19091019 잡보 240 (日會又立) 忠南 溫陽郡 溫泉里의 在留日人은 去 拾壹日에 總會를 開하고 일본인회를 설립하였다더라.

19091020 잡보 301 (財長非行) 韓山郡 財務署長 尹헌求씨는 徵稅를 勵行하여 시叔의 逋犯으로 其嫂를 縛出路上하여 酒店에 押囚하였고 又 七旬老婦를 結縛杖打하여 幾死僅生하였고 出張執行할 時에 부녀의 篋笥를 搜索執行하며 考卜價는 前例貳錢式收斂하던 것을 십錢式加捧함으로 該郡內 일반인민이 去 拾五日 郡底에 會同하여 윤씨를 聲討하는데 同 윤씨는 該會席에 출두하여 强詞辨明하다가 理屈逃避하였고 該會에서는 將次 윤씨의 행위를 臚列하여 財務監督局에 호소하기로 결의하였다더라.

19091022 잡보 130 (忠察遞任說) 忠南觀察使 崔廷悳씨는 군수 薦報에 불공평한 事가 有하다하여 內部에서 조사를 행하였는데 불원간 遞任된다는 說이 有하더라.

19091027 잡보 130 (五察遞任說) 忠南 全南 慶南 慶北 咸北 5觀察使가 遞任된다는 설은 各報에 已揭어니와 爲先 慶北觀察使 朴重陽씨는 不遠間 遞任된다더라.

19091028 학계 430 (有志其人) 忠南 당진군居 金永準씨가 現今 人民이 법률에 몽매함을 개탄하여 법률강습소를 설립하고 강사 李範聲씨를 延聘하여 郡內 청년을 교육하는데 경비는 自擔한다더라.

19091028 광고 307 본인의 소유 忠南 德山郡 大鳥旨面 大德山面 所在 田畓 二十餘石落官 踏印量案 壹度와 기타 田畓□査記 三度와 秋收記抄件 二度를 德山 大川市 부근에서 陰 九月六日에 遺失하였스니 誰某拾得하와도 休紙施行함. 麻浦 김潗禹.

19091028 잡보 620 (寺僧請願) 홍산군 無量寺 僧 兪寅明은 該寺를 重修하기 위하여 漢城□□□□에 補助金을 請求하겠다고 □ □□□□□하였다더라.

19091029 잡보 170 (忠南郡守會) 忠南觀察道에서 근일 군수회의를 開하였는데 內部에서 日人主事 壹名을 派送參觀케 하였다더라.

19091030 잡보 160 (完興入城) 忠南 德山郡에 □往하였던 完興君 李載冕씨 일행 七十餘名은 再昨日 木川郡 趙慶鎬氏家에 投宿하고 □日入城하였다더라.

19001030 잡보 140 (因訴報□) 忠南 牙山郡守 鄭瀚朝씨는 該郡 曲□居 김靑雲씨를 捉致하여 笞刑을 施하였더니 該里□人民 등이 該郡 警察署에 告訴함으로 該署에서는 內部로 전보하였다더라.

1909년 11월

19091103 광고 510 新築한 北都大安洞 二統 一戶로 移接하오며 본회설립 학교도 □月 五日에 右家舍로 移接하오니 京鄕支會 및 회원과 本校校學生諸君은 □壹照亮함. 畿湖興學會.

19091112 잡보 240 (補助又請) 忠淸 黃海 兩道間 沿海 航行을 개시하기 위하여 인천 居留日人 加來 등이 韓政府에 대하여 보조금 三萬八千圓을 청구하였다더라.

19091113 학계 430 (書堂何多) 忠淸南道 각군의 교육현황을 聞한 즉 書堂이 686이요 學徒가 4096人이요 교과서는 漢文만 위주하고 한국역사 지리를 加한 處도 有하며 공사립보통학교는 112處요 학도는 5472人이요 교원은 330人이라더라.

19091114 잡보 140 (李氏被捉) 忠南 洪州郡居 李春鳳씨는 再昨日 下午 1시에 南門驛에서 일헌병에게 被捉하였다더라.

19091116 학계 430 (權氏獎學) 庇仁郡 桃湖居 前郡守 金鍾權씨는 獨立學校를 설립하고 청년을 모집교육하는데 校舍와 經費를 自擔하기로 결심하였다더라.

19091121 잡보 301 (韓民不穩) 韓山郡 재무서장 尹헌求씨가 徵租上에 불공평한 事가 有함으로 人民 등이 郡底에 집회한 事는 已報어니와 去月 十五日에도 人民들이 新市場에 聚合하였는데 該郡 巡察憲兵 및 江景警部가 出張하여 人民集會를 執탈하고 代表人 盧壹愚씨 등 三人을 捕縛하였는데 人民 등은 愈愈憤激하여 各面에 대표를 更히 선정하고 尹氏를 期於히 罷免케 하기로 결의하였다더라.

19091123 잡보 130 (五察遞任說) 忠南觀察 崔廷德 慶北觀察 朴重陽 慶南觀察 黃鋧 咸北觀察 尹甲炳 全南觀察 申應熙 諸氏를 遞任하기로 내정되었는데 此窠를 圖得하기 위하여 近日 內部大臣을 방문하는 자가 踏至한다더라.

19091123 잡보 530 (燒盡天物) 前協辦 沈相翊씨의 田庄이 忠南 沔川郡에 在한데 本年 秋收租 二百餘苞를 舍音家에 積置하였더니 義兵의 衝火를 被하여 沒數灰燼하였다더라.

19091123 잡보 530 (定郡義蹤) 去十六日에 義兵 二百餘名이 忠南 定山郡 土其谷에 入據하여 數日 逗留하였다는데 該附近에 駐在한 日憲兵 및 巡査는 현금 종적을 追探하기에 분주하다더라.

19091123 잡보 510 (畿湖開會) 去二十日 畿湖學會에서 총회를 개하고 임원을 改選하였는데 회장은 趙民熙씨로 평의원은 金相天씨 등 五十人으로 선정하였다더라.

19091124 잡보 312 (金礦請認) 公州郡居 黃民季 洪在興 兩氏가 該郡 新上面 등지에 石金礦을 발견하였는데 採掘認許를 得할 次로 農商工部에 請願하였다더라.

19091125 잡보 430 (書記上京) 忠南觀察道 沼澤書記官은 該道內地方費로 地方敎育에 補用할 사건을 협의코져 하여 書記 二人을 學部로 派送上來하였다더라.

19091125 잡보 301 (稷民呼訴) 직산군 財務主事 日人 水橋와 통역 李鍾洙 서기 李心□ 三氏가 符同하여 結錢을 任意加捧하고 酒稅를 每戶에 一圓 十錢式督捧하는데 혹 항거하는 人民이 有하면 無數毆打함으로 郡民代表 吳錫永씨가 公州支監督局에 고소하여 현금 詰難中이라더라.

19091126 잡보 170 (何等不美) 牙山郡守 鄭翰朝 大興郡守 金潤秀씨 등은 행정상에 불미한 事가 有하다 하여 該道 觀察使 崔廷德씨가 內部로 修報하였다더라.

19091130 잡보 420 (捐金助費) 懷德郡에서 該郡 校宮을 수리하는데 工費가 窘絀하여 了役이 無期하더니 該郡 外 南面 五里洞 居 紳士 崔永鉉 崔南鉉 兩氏가 금화 五十圜을 捐付하여 수리를 완성하였는데 該郡守는 境內에 告示하여 최씨의 尊聖心을 布諭하였다더라.

19091130 광고 307 본인이 忠淸南道 天安郡 下里面 停車場의 在한 沈상冕의 草家 15間半一座와 草家 10間一座 證明券을 懷中紙匣에 藏置하였다가 陰 十月 十六日 自京乘車下去 時에 該紙匣 全部를 見失하였으니 誰某拾得하여도 休紙施行함. 天安郡 東里居 沈彦商 告白.

1909년 12월

19091201 잡보 309 (屠肆撤業) 公州府內의 屠獸場을 設始한 후로 該場主가 牛每頭에 金 二圓式 收捧하여 財務署의 세금을 納

하더니 지난 十月부터 지방세를 실시한 후 牛每頭에 金 一圓을 更爲徵收하며 각 판매인들은 영업상 이익이 無하다하여 撤肆廢業한지가 于今 10여일이 되었다더라.

19091204 잡보 140 (憲補被捉) 瑞山郡 憲兵補助員 韓益東씨는 인민의 金貨 幾十圓을 欺取하고 逃身上京하여 寺洞等地에 留連하다가 再昨日 日憲兵司令部에 被捉하였다더라.

19091209 잡보 450 (依山窃發) 忠南 天安郡 廣德山 等地에는 賊警이 日夜 不絶함으로 民情이 騷擾하다더라.

19091212 잡보 450 (恩連賊警) 恩津 連山 等郡에는 巡察服裝한 賊徒가 頻頻出現하여 民財를 强奪함으로 民情이 大端騷擾하다더라.

19091214 잡보 301 (挾雜免官) 懷德郡 財務署主事 南廷桓 邊泰순 등이 전 公州세무관 李種玉과 符同하여 丙午年度의 災結免稅件을 私自分食하였는데 근일 該情迹이 綻露되어 免官하였다더라.

19091214 잡보 450 (行路慘命) 公州 素鐵后峴에서 賊漢 三名이 行路 一人을 殺害하였는데 屍身의 行具를 檢査한 즉 京東谷居 閔泳天이란 명함과 皇城基督敎靑年會任員의 書札一度가 有하며 屍身은 該山上에 埋置하고 屍主의 來覓하기를 待한다더라.

19091218 잡보 308 (積寃累訴) 瑞山郡 大山面 泰安郡 梨園面 沔川郡 倉宅面에 在한 民有地段이 庚子年에 國有로 誤入되어 賭租를 寃徵함으로 각 지주의 대표 吳在泳 李柱完 諸氏가 京鄕 각 관청에 수십 차 호소하였는데 今秋에는 公州 財務監督局 日人事務官이 該三面에 출장조사하여 民有되는 確證을 得하여 상부에 보고하였는데 該人民들은 從速히 歸正하기를 희망한다더라.

19091218 잡보 130 (免官云柱) 牙山郡守 鄭翰朝씨가 觀察使 崔廷德씨의 보고를 因하여 免官됨은 已報어니와 鄭씨는 원래 罪過가 無한데 崔씨가 私書를 累送하여 辭職를 勸告하고 道主事를 派送하여 강제로 解職코자 하다가 畢竟 알味事로 內部에 誣報하였다 하여 鄭씨가 장차 재판을 청한다더라.

19091218 잡보 140 (趙犯逃躱) 公州警察署에서 强盜犯 趙廣五 등 二名을 捕獲하여 경성재판소로 押上하는데 再昨日 下午 2시 西門外 停車場에서 下車하다가 趙犯은 負縛逃走하였다더라.

19091221 학보 430 (元明卒業) 忠南 公州郡 益口谷面 敬天元明學校에서 제1회 졸업예식을 設行하였는데 졸업생은 如左 金學洙 柳錫麟 朴奇東 徐一煥 金元周 禹達濟 宋保羅.

19091222 잡보 170 (面長不法) 洪州郡 興口鄕面長 趙炳勳씨는 民間에 불법행위를 施한다 하여 該郡人民 등이 그 罪狀을 臚列하여 日昨 內部에 호소하였다더라.

19091224 잡보 120 (徒書何益) 靑陽郡 民團代表 趙載道씨 등 三十三人과 東萊居 朴□□□과 □□군居 鄭□國 등 諸氏가 國民大演說會에 대하여 □問서를 寄送하였다더라.

19091225 학계 430 (德明更明) 洪州 躬耕面 德明學校는 설립이래로 재정이 窘拙하여 校況이 凋殘하더니 該校主 徐承台 校長 朴昌秉 兩氏가 □力周章하여 凡務가 就緖함으로 生徒가 奮發하여 前進之望이 有하다더라.

19091228 잡보 240 (□□捉) 忠南 鴻山 海岸面 등지에서 日人 一名이 盜賊에게 被殺하였는데 該地 憲兵分遣所에서 嫌疑者 5명을 逮捕하였다더라.

19091230 학계 430 (畿湖卒業) 畿湖學校에서 昨日 제1회 速成科 卒業試驗

을 행하였는데 入榜者가 68인이오 卒業證書授與式은 來月初旬頃에 設行한다더라.

19091230 학계 430 (東明夜學) 忠南 禮山郡 巡査 姜寅燮 憲兵所通譯 宋秉周 組合所通譯 朴英秀 諸氏가 협동하여 該郡 寒泉居 金顯東氏家에 東明夜學校를 설립하고 學員 二十餘名을 교수하는데 姜宋朴 三氏는 自己月銀中 3분의 2를 捐出하여 校費를 補用한다더라.

1910년(隆熙 4년)

1910년 1월

19100101 잡보 301 (韓民尤寃) 韓山郡 財務署長 尹憲求씨가 加卜한 事로 民情이 嗷嗷함은 已揭어니와 該事務官은 그 事實을 一不調査하고 請願하는 各結主를 强制驅出하였는데 이는 尹씨가 籠絡한 所이라하여 민원이 尤多하다더라.

19100101 잡보 650 (夫人慈善) 公州府 耶蘇敎堂內美國 史牧師夫人이 耶蘇 誕日에 境內無依無托한 孤兒를 招集하여 의복과 음식을 多數施惠하였다더라.

19100101 잡보 650 (病院設立) 公州郡 耶蘇敎會에서 병원을 설립하고 慈善的으로 病人을 診察治療케 한다더라.

19100106 학계 550 (眞理會發起) 公州郡 永明學校內에 有志紳士諸氏가 眞理講演會를 발기하고 境內 청년을 모집하여 道德上眞理를 강연한다더라.

19100106 학계 430 (普校友會) 忠南 公州郡 公立普通學校學員이 二百餘名에 달하였는데 羅時榮 金基哲 任廷鎬 李建鎬 諸氏가 敎學相長하고 患難相恤할 목적으로 校友會를 발기하

였다더라.

19100107 잡보 520 (聲討日至) 庇仁郡 鄕校直員 李治權씨와 泰仁郡居 宋贊鏞씨 등 三百四十餘人은 국민대연설회에 長書를 送致하고 海州郡居 朴殷敎씨는 李容九에게 長書를 送致하여 一進會의 罪惡을 聲討하였다더라.

19100108 잡보 510 (畿湖懇親) 畿湖學會任員一同은 來日曜日 下午 6시 본회관내에 會同하여 新年懇親會를 開한다더라.

19100109 광고 307 北署 齋洞 □東谷 21統 1戶草家 9間 契券을 陰 8月 晦日에 路上 서失하였은즉 誰某拾得하였던지 休紙施行함. 德山 場村面 佳谷 李培一 告白.

19100109 잡보 301 (典當稅賦課) 忠南觀察道에서는 본년도 地方稅로 典當局稅를 부과한다는데 他道도 行將 실시한다더라.

19100112 잡보 170 (面長請願) 燕岐郡 各面長 諸氏가 聯署하여 內部에 청원하고 燕岐郡衙를 該郡北壹面 站山으로 移轉하기를 요구하였다더라.

19100114 잡보 140 (參席請求) 鴻山 警察署에서 落成式을 行할터인데 該警察署長이 內部로 電報하되 官吏 一名을 派送參席케 하라하였다더라.

19100114 잡보 308 (崔氏上京) 忠南 洪州郡居 崔致一씨는 10여년 전에 皇后宮大夫 尹萬善씨에게 三千圓 價値 되는 田庄을 見奪한 사건이 有하다 하여 재판을 제기할 차로 상경준비한다더라.

19100114 잡보 450 (南陽島海賊) 牙山郡居 金光善씨가 商業次로 白米 一百二十石을 船載하고 仁川港으로 발향코져 南陽島를 過하다가 海賊을 逢하여 白米를 沒數見失하였다더라.

19100115 잡보 314 (補助連動) 日人 松永宣次郎은 忠南 錦江流域 公州 江鏡 間에 濺船航行을 圖하겠다고 정부에 向하여 보조

금을 極力運動中이라더라.

19100119 광고 301 本郡 財務署長 尹憲求씨는 以年小沒覺으로 無土一百三十餘結을 加排於元結之頭하여 以致民擾 而自知渠罪하고 暗訪郡民代表處 而懇乞曰先納元結 則加結段은 次次拖去無탈云하니 以此推之하면 不啻欺民이라 亦爲罔上이오며 憑籍酒草稅하고 窮峽一根之草와 郊野三農之酒를 櫛而徵稅하니 民怨이 漲天이라 憲求之求慾이 求於不求之處하니 山民之嗷寃이 尤積於山이라 과足上京하여 方欲伸寃 故先爲廣告以著罪함. 忠南 韓山郡민 대표 盧壹愚 閔慶植 羅均惠 盧奭鎬 등 告白.

19100120 잡보 130 (扶倅長逝) 忠南 扶餘郡守 洪思悅씨는 受由上京하였더니 再昨日에 身病으로 奄然長逝하였다더라.

19100121 잡보 510 (畿會特會) 畿湖興學會에서 來 22日 토요일에 特別總會를 開하고 회장이하 일체임원을 改選한다는데 회원이 多數出席하기를 希望한다더라.

19100122 잡보 170 (公察報告) 忠南觀察使가 該管下道路修築費補助規程과 各 公私立學校補助規程에 관한 안건을 內部로 修報하였다더라.

19100123 잡보 170 (趙氏入城) 忠南 鴻山郡에 출장하였던 內部 民籍課長 趙聲九씨는 本日에 入京한다더라.

19100125 잡보 510 (畿湖總會) 畿湖學會에서 三昨日 下午 3時에 총회를 개하고 회계감독 閔衡植씨가 遞任한 代에 陸相弼씨가 被選하였다더라.

19100126 잡보 170 (兩察請願) 忠南觀察 崔廷惠씨는 該道觀察府를 燕岐郡으로 異說함이 行政上에 편리하다 하여 內部에 청원서를 제출하고 강원관찰 李圭完씨는 협곡郡을 통川에 합함이 편리하다 하여 內部에 보고하였다더라.

19100126 잡보 450 (挾雜必露) 忠南 瑞山郡居 洪在河씨는 現今 控訴院檢事 洪鍾억씨의 親族인데 同郡居 李鍾奭씨(年十八)가 南化甫의 賣淫婦와 相關한 事를 知하고 洪씨가 그 花債를 多數討出하여 南花甫와 分喫할 思想으로 李씨를 自家에 誘致하여 多數雜類로 하여금 위협을 가하고 金三百圓手票를 勒捧하고 畓券을 誘取하여 淸人에게 典執하였다 칭하고 該金을 計邊까지 하여 督捧코져하다가 南洪兩氏의 符同한 情跡이 綻露되어 南은 징역에 처하고 李洪兩氏는 尙今裁判中이라더라.

19100127 잡보 140 (韓倅逢訴) 韓山郡수 김內濟씨가 去丙午年分에 工曹後洞에 留하던 李熙範씨에게 酒麯會社支社 認許를 圖給하마 하고 金 百五十圓을 乾沒한 事가 有하다하여 李씨가 再昨日 日憲兵司令部에 告訴하였다더라.

19100129 광고 430 明日(日曜)下午 2시에 특별총회를 개하오니 僉會員은 屆期出席하시압. 畿湖學校同窓會 告白.

19100129 잡보 170 (民多不信) 扶餘郡廳은 土地家屋證明簿가 昨年 4月부터 絶乏되었는데 上部에 請求支用치 아니하고 證明請求者가 有하면 該郡用紙에 斗落 및 結卜數만 기록하는 고로 人民 中 不信之弊가 多하다더라.

1910년 2월

19100201 잡보 301 (財主濫徵) 忠南 連山郡 財務署主事 金商萬씨는 地稅를 收捧할 시에 每結頭 八十錢式 加捧하는 고로 該郡 人民代表 金永文 朴喜僉씨 등이 公州郡 財務監督局에 호소하였는데 該局에서 該郡 各面 領受員을 招出하여

目下 調査中이라더라.

19100202 잡보 130 (崔氏運動設) 忠南觀察使 崔廷德씨는 京城 某官吏를 紹介하여 內部寺社課長을 運動하는 中이라더라.

19100202 잡보 140 (洪氏辨明) 瑞山郡居 李鍾奭 洪在河 兩氏가 債錢事件으로 控訴院에서 재판한다 함은 旣報어니와 更히 洪씨의 변명을 거한 즉 당초 李鍾奭씨가 南和甫의 別家를 통간하다가 사실이 탄로됨으로 淸人 王宗元에게 금 三百圓을 得하여 南和甫와 和好하고 厥後 王宗元이 債金을 독촉함에 李씨가 그 妻弟 洪淳範을 소개하여 洪在河씨에게 三十五斗落畓券을 典執하고 金 二百七十圓을 得하여 淸債를 報하였는데 李씨가 反히 洪씨를 詐欺取財로 官廳에 호소하여 5日拘留에 四度酷刑을 遭하였음으로 그 抑鬱을 莫伸하여 尙今裁判中이라더라.

19100205 학계 430 (廣明將明) 洪州郡 化城面 紳士 諸氏가 발기하여 廣明義塾을 설립하고 塾長은 李奎應씨로 敎師 및 學監은 林承周씨로 薦定하였는데 開學 未幾에 生徒가 三十餘人에 달하였고 該面長 김永善씨는 維持方針에 대하여 面內同志를 熱心勸諭함으로 罔晝夜奔走하며 林承周씨는 舊學이 旣富하고 時務를 능달하는 人士로 敎授의 任을 擔하였음으로 該塾의 前進之望이 大有하다더라.

19100205 잡보 301 (柴商捐柴) 鴻山郡 財務署에서 無上加結을 徵收함으로 郡民數千이 去月 21日 財務署에 呼訴次로 郡底에 會同하여 三晝夜를 경과할 시에 柴商 三人이 夜中冒寒함을 憫歎히 여겨 長斫 三負를 燃料로 寄付하였는데 성명을 問함에 不告하고 價金을 與하되 不受하였다더라.

19100212 학계 430 (海倅勸學) 忠南 海美郡守 李起元씨는 該郡 鄕校內에

학교를 설립하고 生徒 百餘名을 募集敎授하며 金五十
圓을 校費로 捐助하고 각 坊里에도 勞働學校를 多數
勸設하였다더라.

19100213 학계 430 (扶校漸進) 扶餘郡 窺巖里 私立扶興學校는 設立 未幾
에 재정이 窘紬하여 폐지할 境에 至하였더니 該校 漢
文敎師 任斗鎬씨와 日語敎師가 학생의 半途廢學함을
개탄하여 名譽로 敎授하는데 學徒가 그 盛意를 感服
하여 益加勉勵하는 고로 校況이 漸次進就한다더라.

19100215 잡보 140 (私釀懲罰) 忠南 各郡에서는 陰曆年終에 民間私釀酒有
無를 調査할 次로 財務署官吏를 派送搜索하여 私釀이
發現되면 金三圓四十錢을 徵捧한다더라.

19100215 잡보 140 (到處此弊) 公州郡 新上面 維鳩 등지에 巡査駐在所를
昨年 臘月에 설치하는데 대하여 家舍費 百餘圓을 該
地人民에게 分徵하는 故로 民弊가 莫甚하였다더라.

19100218 잡보 170 (公察報告) 忠南觀察使가 該管下道路修築費 補助規程
과 各 公私立學校補助規程에 관한 안건을 內部로 修
報하였다더라.

19100222 잡보 315 (崔氏催促) 忠南觀察使 崔廷德씨는 日人이 경영하는
湖南鐵道에 관하여 此를 催促하는 意로 內部 및 統監
府에 致書하였다는 설이 有하다더라.

19100222 광고 308 □□□□□□一月間에 窃盜에게 略干物品을 見失할
시에 본인소유 不動産文券을 亦爲見失하여 左開廣告
하오니 內外國人間 誤執或欺賣하여도 無效함. 懷德郡
炭洞面案山里瓦家拾間 草家十三間 廊戶四座 竟字田四
斗落 學字田四斗落 禍字畓□斗落 福字畓二斗落 公州
郡 鳴灘面 晦字田四斗落 引字田一斗落 晦字畓五斗落
引字畓五升落 領字畓五斗落 曜字畓六斗落 俯字畓十二
斗落 背字畓三斗落 同郡 陽也里面 沙字田三十斗落 同

郡 反浦面 學字田六斗落 優字田十斗落 無字田十二斗落 甚字田三斗落 竟字畓二十斗落 優字畓二十八斗落 甚字畓六斗落 職字畓六斗七升落. 合田七十三斗落 合畓九十八斗二升落 懷德炭洞面案山宋殷用 告白.

19100223 잡보 510 (學會歡迎會) 畿湖興學會에서 昨日 下午 4시에 해외 유학하여 졸업귀국한 諸氏의 환영회를 개하였다더라.

19100226 잡보 140 (洪氏落科) 忠南 瑞山居 李鍾奭 洪在河 兩氏間에 京城 控訴院에서 재판한다함은 已報어니와 再昨日 該院 判決에 洪씨가 落科하였다더라.

19100227 광고 308 본인의 次子인 夏永은 年少沒覺한 一個蒙騃인데 大興地居 朴相玉 尹泰榮 禮山地居 南駿熙 李義浩 德山地居 任碩宰 등이 夏榮을 引誘하여 白晝所無한 본인의 畓이 靑陽 保寧 등지에 在한다는 文券을 위조하고 그 畓土를 證明認許하려고 面里長의 信章을 僞刻하여 夏榮의 名義로 日債를 圖得하려고 各處로 遍行하며 陰謀를 壽張하는 바 본인은 自來 片士가 無하고 夏榮은 未成한 蒙孩이오니 無論內外國人하고 如許한 畓券에 見欺給債하면 徵受할 處가 無하여 一例見失할지니 照亮함. 忠南 대흥군 一南面 九花洞 鄭敏好 告白.

1910년 3월

19100302 잡보 308 (將次鳴寃) 忠南 瑞山郡 大山面과 泰安郡 梨園面과 沔川郡 倉宅面에 在한 民有地가 牧場에 誤入되어 賭代를 寃徵한 사건으로 該土地主代表人이 京鄕各官廳에 누차 청원한 결과로 昨冬에 公州 財務監督局에서 實

地調査後 民有되는 證據를 擧하여 度支部에 보고하였
으나 尙無決處故로 該地主들이 장차 上京하여 又爲鳴
寃코져 한다더라.

19100305 잡보 130 (鄭氏起訴) 忠南觀察使 崔廷德씨가 前郡守 鄭翰朝씨를
辭免케 한 事에 대하여 相持함은 一般知了한 바이어
니와 鄭씨가 該事實을 日人辯護士 藤井에게 위임하여
日間開庭한다더라.

19100308 학계 430 (昔廢今興) 忠南 牙山郡 三北面 屯浦私立熙成學校는
故李贊熙씨가 光武 9年分에 創設한 바인데 李씨가 不
幸身故한 後 維持方針이 無하여 廢止되었더니 京貞洞
大韓宗古聖敎會主敎 端아德씨가 此를 慨歎히 여겨 金
三百圓을 기부하여 該校 諸般事務를 更히 擴張하고
熱心贊成함으로 晝夜學員이 四十餘名에 달하여 該氏
의 頌聲 자자하다더라.

19100309 잡보 301 (韓民等訴) 韓山 財務署長 尹憲求씨가 結稅徵收에 대
하여 濫捧하는 弊가 有함으로 該地人民 등이 그 不法
行爲를 臚列하여 內部 및 度支部에 等訴하고 相當히
措處하라 하였다더라.

19100309 잡보 301 (天安民會) 忠南 天安 人民들이 三稅를 반대하기 위하
여 二昨日에 人民 六十餘名이 會集하여 同地財務署를
直迫코져하는데 日憲兵 및 警察官이 이를 解散시키고
져하나 一切不應하고 反히 益益會集한다더라.

19100310 잡보 318 (烟草試作) 太田 烟草試作場에서 昨年秋에 收獲한 烟
草를 美國式으로 儲藏製造하였다는데 그 品味가 양호
하여 美國産과 幷肩할 만하다더라.

19100310 학계 430 (實業校新設) 實業學校 4個의 豫算이 旣히 인가됨은
已報어니와 咸興 平壤의 2校도 不日認可된다 하며 忠
南 全南 慶南 黃海 등지에도 실업학교 4個가 신설된

다더라.

19100312 잡보 301 (安民大會) 忠南 天安郡 人民이 三稅를 반대키 위하여 請願次會集한다 함은 已報어니와 更히 일十餘名이 齊會하여 該郡財務署로 直往코져 하는데 該當局에서 해산케 하고 尙且警戒中이라더라.

19100315 잡보 140 (閔氏又訴) 前公州郡守 閔泳采씨가 前判書 李根澔씨의 財政關係로 屢次 재판함은 旣報어니와 該訴訟의 名義를 변경하여 更히 京城地方裁判所에 起訴하였음으로 昨日 李씨를 호출 審査하였는데 證査人 全秉鉉씨도 出頭하였다더라.

19100315 잡보 420 (倫常墜地) 恩津財務署 主事 李각씨는 去月分에 그 母喪을 遭하였는데 或因喪免仕할 때 念慮하여 秘下發喪하고 如前視務한다더라.

19100317 잡보 170 (方氏請願) 恩津郡廳을 江景浦로 移轉하라고 方圭錫씨 등이 內部에 청원하였다더라.

19100317 잡보 460 (果則□夢) 忠南 洪州 부근에는 壹種 風說이 流行하되 年來로 東海에 靑魚가 多하고 西海에는 靑魚가 無하더니 近者에는 西海에 靑魚가 多하여 東海靑魚보다 肥且大하니 東洋覇權은 淸人에게 必歸한다고 云한다더라.

19100319 잡보 170 (前例謂何) 保寧郡 社稷壇이 年久頹圮하였음으로 장차 修葺코져하여 該郡守 李奎白씨가 內部에 修報하고 修繕費를 청구하였는데 內部에서는 依前例修葺하라고 答報하였다더라.

19100319 잡보 420 (李行請襃) 海美郡居 李碩臣씨가 특별한 孝行이 有한 즉 襃賞狀을 繕給하라고 該郡守가 內部로 修報하였다더라.

19100319 잡보 420 (面長有人) 忠南 洪州郡 上田面 面長 韓星敎씨는 時務에 嫺熟하여 臨事綜詳할 뿐더러 人民의 思想을 開發키 위하여 각종 新聞을 力勸購覽케 하되 家勢가 貧寒하여 代金을 難辦하는 者는 或 自擔辦出도 하며 面內 人民이 他面長의 通例를 의하여 每戶 租壹斗式 捐助하되 辭而不受함으로 壹面이 賴而安堵한다더라.

19100331 잡보 308 (從速歸正) 忠南 瑞山郡 大山面 泰安郡 梨園面 沔川郡 倉宅面 三面에 在한 民有地가 國有로 誤入된 사건으로 該地人民이 度支部에 호소함은 累報어니와 再昨日 同部에서 該人民을 招諭하되 來月 20日內로 歸正하여 주마 하였다더라.

1910년 4월

19100401 학계 620 (桑門設敎) 公州郡 麻谷 大法 兩寺에서는 학교를 설립할 次로 부근 各寺에 通知하고 正租 二千五百石을 收合하였다더라.

19100405 잡보 170 (觀察道移轉) 忠南觀察道를 太田停車場으로 移設하기로 결정하여 장차 建築工事에 착수한다더라.

19100406 학계 430 (金氏熱心) 忠南 定山郡 靑面居 金遠信씨는 該面 普明學校에서 修業하다가 該校經費가 窘乏하여 폐지된 후 芳年 失學함을 慨歎히 여겨 자기의 正租 十石을 出捐하여 同志 八人의 食費를 擔當하며 該面內 旺湖學校에서 熱心 受業한다더라.

19100408 잡보 312 (稷山金鑛) 忠南 稷山郡 金鑛은 美人 日人의 경영하는 바인데 年年純益金이 約一萬五千圓以上이 된다더라.

19100408 잡보 301 (沈氏被呼) 天安郡居 前郡守 沈玄澤씨는 年前 密陽郡守 在任時에 公貨 四百餘圓을 犯逋하였다하여 日昨 度支部에서 該氏를 呼出하였다더라.

19100408 잡보 510 (鄭氏南行) 畿湖學會評議員 鄭永澤씨는 學事를 시찰하기 위하여 本日 忠南 恩津 江鏡浦 등지로 前往한다더라.

19100408 잡보 510 (可謂會長) 畿湖學會에서는 漢城銀行에 □行할 債務가 一千七百圓인데 償還無計하여 一般憂慮하더니 該會長 趙民熙씨가 負擔淸勘하기로 결정하였다더라.

19100408 잡보 510 (畿湖支會設立) 畿湖興學會 忠州郡支會를 該會本會長 趙民熙씨가 設立事로 學部에 청원하고 支會長은 尹鎬씨로 副會長은 韓昌愚씨로 總務는 李熙載씨로 선정하고 기타 會計 書記 幹事 □議員 諸任員을 順次 推薦하였다더라.

19100410 학계 430 (廣校卒業) 忠南 泰安郡 安民面 承彦里 私立廣英學校에서 去月 四日에 제1회 졸업식을 거행하였는데 高等科 우등생은 李光馥 吳夢根 金世淳 片茂松 朴準离 李鍾機 朴炳來 金廷鎭 全泳德 李庭儀 吳明根 金在貞.

19100414 잡보 306 (種苗場請願) 忠南觀察道에서는 種苗場을 설치할 經營으로 洪州 恩津 二郡中 國有地를 貸與하라고 度支部에 청원하였다더라.

19100414 잡보 550 (公州俱樂) 忠南 公州居 尹석準 徐內浩 등 諸氏는 該郡內에 韓人俱樂部를 설립하였다더라.

19100415 잡보 440 (趙氏節義) 禮山 詩山里居 鄭說和씨는 身病을 因하여 藥水를 飮할 次로 昨冬에 江原道로 향하였는데 其妻 趙씨가 病夫의 獨行을 悶歎하여 扶携伴行할새 針□로 行傭하여 其夫를 供饋하다가 洪川에 至하여 其夫가

忽然 逝去한지라 趙씨가 悲哭幾絶에 斂葬이 又無路하여 附近洞人에게 相助를 救한데 洞人言內에 許身改嫁하면 斂葬을 可得이라 하거늘 趙씨가 峻辭拒絶日 寧히 石油□器를 貿하여 火葬을 行할지언정 □節從人은 決不可爲라 하거늘 隣里가 其節□□ 感□하여 □□諸節을 出力相助□□□□得하여 趙씨를 □□□□! □□는데 千里□程에 □□□□하여 足指□ 簡簡□□ □□□□

19100415 잡보 400 (潛掘被捉) 公州郡 正安面居 崔炳翼씨의 親兄이 昨年 上京하였다가 流行病에 罹死하여 光熙門外에 埋葬하였는데 崔씨가 그 遺骨을 移葬할 次로 日前 上京하여 花開洞居 其妹夫 姜賢植씨와 同伴 潛掘하다가 刑事巡査에게 發見되어 銅峴分署에 押囚되었다더라.

19100416 학계 430 (身兼政敎) 忠南 結城郡 사립보통학교는 財政이 困難함으로 교사를 延聘치 못하여 폐지할 境에 至하였더니 該郡守 成暢基씨가 公退餘暇에 躬行敎授한다더라.

19100416 학계 430 (鹽商義務) 牙山 屯浦 熙成學校는 設立以後 재정이 窘拙하더니 該浦 鹽商旅客主人들이 唐津 沔川 瑞山 泰安 南陽 등지 鹽商들과 협의하고 鹽每石에 新貨五圓式 捐助하기로 결정하였다더라.

19100417 학계 430 (有志其人) 忠南 禮山郡 寒泉洞居 金顯東씨는 年今 二十에 不過한데 昨春부터 自家에 東明夜學校를 설립하고 校費를 自擔하여 勞働靑年을 熱心敎授하는데 제1회 졸업생이 十餘人에 달하였고 方今 제2회 학생을 모집한다더라.

19100417 광고 308 본인이 忠南 大興郡 郡內面 上里居 李容三 所有畓 伏在牛井坪牛泉下 宙字十斗落 九夜味 二十八卜一束곳 舊券을 典執債給인 바 幷本利玖拾圓參拾錢也라 年久

屢限의 尙今不報故로 永以此答으로 執行하였삽기 玆以廣告하오니 京鄕 僉員은 切勿爲買함. 大興郡 月來洞 朱元植 告白.

19100417 광고 400 忠淸道 有司는 敎明으로 黃海道 有司는 載默과 性善으로 全羅道 有司는 兼鎔과 弘석으로 平壤 有司는 命鎬로 擇送하오니 照亮함. 順興安氏 宗親會所 고백.

19100420 잡보 307 (其義可尙) 忠南 公州郡 東部面 壽元洞居 任憲誠씨의 先山을 그 子孫中 不肖者가 외국인에게 僞券典執하였음으로 任씨가 該山을 還推코져하되 財政을 難辦하여 晝夜憂慮하더니 그 門人 金在勉 金在勤 成□運 成亨運 朴春源 安命汝 禹貞熙 李勉汝 咸榮鎬 成智鎬 洪敬源 諸氏가 合力鳩財하여 該山을 推還케 하였음으로 該氏 등의 高義를 皆稱頌한다더라.

19100420 잡보 140 (安氏將訴) 扶餘郡居 閔泳錫씨가 甲辰年分 益山郡守 被任時에 安洞居 安學洙씨에게 金貨 一千五百圓을 債用하고 尙不淸帳한 고로 安씨가 右金額을 推尋코져 公州裁判所에 起訴次로 日間下往한다더라.

19100425 잡보 170 (面長有人) 瑞山郡 吾山面 面長 李孝稙씨는 視務多年에 恪勤不惰하고 外交에 嫺熟하여 一面이 賴安함으로 頌聲이 藉藉하다더라.

19100428 잡보 170 (洪民請願) 洪州郡 上田面을 靑陽郡으로 移附하려 함으로 該面 人民代表 韓寅錫씨가 內部에 仍舊存置하기를 請願하였다더라.

19100428 잡보 510 (畿湖任員晩餐) 畿湖興學會 任員一同은 昨日 下午 7時 惠泉舘에서 晩餐會를 開하였다더라.

1910년 5월

19100505 잡보 315 (輕鐵請願) 天安 및 溫陽 溫泉間에 輕便鐵道를 敷設하겠다고 日人 和田이 統監府에 請願하였음으로 該府에서 內部로 조회하고 調査認准하라 하였다더라.

19100505 잡보 460 (日社員登山會) 公州郡 太田에서 發行하는 日人의 三南新報社 社員 一同은 去一日 鷄龍山에서 登山會를 開하였다더라.

19100506 잡보 420 (飢民救恤) 忠南 庇仁郡에는 작년 凶荒을 因하여 飢民이 多한 고로 該郡守가 救恤金을 募集하여 旣히 三百餘圓에 달하였다더라.

19100507 학계 430 (勞働校興旺) 忠南 恩津郡 彩雲面 堤內里 勞働夜學校는 閔善基 李會喆 金樂植 賓箕一 四氏가 去丁未年分에 설립한바인데 目下 학생이 백여명에 달하여 進就之望이 有하다더라.

19100508 사고 460 各學校에서 校中事項을 本報에 揭載코져 할 時에는 校長이 署名하고 校印을 捺하며 記事를 簡明히 함을 要함. 此外에는 確報로 認准치 아니함 / 地方僉彦이 本申報 購覽에 便宜키 위하여 본지사를 左開兩處에 설치하고 五月 一日부터 發送하오니 各該附近地에서 本報購覽하실 僉君子는 左開兩氏와 交涉請求하시압. 公州府 古上衙 福音書舘 柳聖培 / 恩津 論山浦 雜貨店 張允榮 (大韓每日申報)

19100511 잡보 301 (連民請願) 連山郡 人民 金永玫씨는 該郡 各面 領收員들이 或結上加結하며 或白地徵稅하며 或領收費라 칭하고 每結頭 五六十錢式 徵捧한다 하여 度支部에 請願書를 제출하였다더라.

19100512 잡보 301 (面長不法) 扶餘郡 道成面 面長 金炳完씨는 地稅를 徵收할 時에 再徵 濫捧의 弊가 有함으로 面內 人民들이 財務署에 等訴하였다더라.

19100513 학계 430 (運動練習) 畿湖學校와 隆熙學校 學生一同이 연합하여 昨日 上午 9時에 獎忠壇에서 運動練習을 행하였다더라.

19100513 잡보 301 (連民呼訴) 忠南 連山郡 財務署長 金商契씨는 無土의 稅를 白徵하며 額外稅를 濫捧하고 面□□□□□□ □□□□□□食鼎을 拔去하며 牛隻을 牽去하며 심지어 門隻까지 押取하고 各面 領收員들은 領收費라 칭하고 每結頭에 金 八九十錢式 徵捧함으로 該郡 人民代表 金永玟씨가 度支部에 호소하였다더라.

19100515 잡보 420 (旱害救恤) 忠南 庇仁 舒川 兩郡은 작년에 旱災로 인하여 飢民이 多數함으로 同道에서 地方費 中 三百五十圓五十錢을 지출하여 구휼하였고 또 庇仁郡에서는 有志人士가 二百八十六圓을 醵集救恤하였다더라.

19100517 잡보 308 (事必歸正) 忠南 □山郡 大山面과 泰安郡 梨園·所斥·安興面과 沔川郡 倉宅面에 在한 民有地가 國有에 誤入되었음으로 該地主의 대표인 吳在泳 李柱完 金光秀 三氏가 四年間 京鄕 各官廳에 累度呼訴함은 旣報어니와 당국에서 該地段을 조사한 결과로 그 民有地됨을 確實發見하여 仍舊返還하였다더라.

19100517 잡보 301 (橫捧有怨) 忠南 德山 海美 等郡 財務官吏는 曾前 吏胥의 作奸한 結錢과 近日 面長의 欠逋한 세금을 민간에 督捧함으로 民怨이 狼藉하다더라.

19100518 잡보 430 (尹氏免任說) 忠南 藍浦郡 鄕校直員 尹邦鉉씨는 校財를 擅用하며 新學制를 誹謗한다 하여 懲戒免任하기로 결정되었다더라.

19100518 잡보 314 (公鳥間築道) 公州 鳥致院 間에 道路修築하기 위하여 目下起工中인데 其工事費 豫算은 三萬圓으로 정하여 半數는 地方費에서 半數는 內部에서 支出하기로 결정하였다더라.

19100519 잡보 308 (賣藪起詰) 忠南 牙山郡 一北面 梧洞에 在한 藪林은 원래 該洞共有로 累百年 禁養하는 바인데 該洞이 작년 歉荒을 値하여 春秋戶錢을 辦納키 無路함으로 該 藪林을 十餘圓에 賣斥하여 戶稅를 代充하였더니 該郡 二北面 新洞居 趙成鎬씨가 該藪林을 自己所管이라 하여 屯浦 日憲兵分遺所에 誣訴하여 方今 該洞人과 頡頏中이라더라.

19100520 잡보 510 (畿湖總會) 畿湖興學會에서 明日(土曜) 下午 2時에 특별총회를 開하고 緊急한 사무를 처리하는데 일반회원의 多數來叅하기를 희망한다더라.

19100524 학계 430 (連郡夜校) 連山郡 東面 外於谷里居 有志諸氏가 協力하야 勞働夜學校를 설립하고 교장은 兪丁濬씨로 교사는 田基都씨로 추천하고 학생 二十餘人을 敎授한다더라.

19100524 학계 430 (尹氏興學) 魯城郡 輔仁學校는 재정이 罄乏하여 閉鎖한지 一年에 至하였더니 該郡居 尹憲炳씨가 自己所有 填庵(淨水庵) 二十餘間을 校舍로 기부하고 畓土 一千五百圓 價値를 斥賣하여 基本金을 積立하고 本月 15日에 開學式을 擧行하였는데 學徒가 四十餘人이요 來賓이 二百餘人에 달하였으며 尹氏는 該郡에 덕망이 素著한 人士로 敎育을 首唱함에 一方이 風從할 影響이 有하다더라.

19100524 잡보 400 (哀此愚悖) 公州府內에는 淸人의 三十六契가 盛行하여 家産을 蕩敗하는 者가 多數하다는데 就中 浮浪輩流들은 吉夢을 得하면 金錢을 得한다 하여 白晝에 故意就

寢하여 成夢을 要하는 자가 多하다더라.

19100525 학계 430 (旅行變更) 私立畿湖學校에서 公州郡으로 修學旅行을 作하려다가 學員의 事情을 因하여 중지하고 明日 南漢山城으로 旅行을 作한다더라.

19100526 잡보 301 (稷民將訴) 稷山郡 각면장들은 考卜債라 칭하고 每結頭 五十錢式 徵收하며 기타 不適當한 행위가 有하다 하여 該郡居 李鷹植씨가 인민의 대표로 日間 上京하여 度支部에 呼訴할터이라더라.

19100528 잡보 440 (烈哉羅氏) 韓山郡 北部面 山陰里居 金鍾武씨의 夫人은 年今 二十六인데 其夫가 罹病呻吟할 時에 盡誠治療하다가 及其難救에 濱함에 左右퇴肉을 切取하여 血以灌口하고 肉以供啖하여 十七個日 回甦를 得하였다가 畢竟永逝함에 羅씨가 因以絶穀하여 夫死後 十九日에 下從한지라 遠近士女는 그 烈義를 莫不嘖嘖하고 洞面 面會에서는 追悼會를 設行하였다더라.

19100528 광고 440 본인이 乙未年分에 咸北鍾城郡 滯留時에 妓生 香玉을 結緣矣러니 相分後六年後 그 妓生의 書信과 來人確報를 接한 즉 生男하였다는데 其間 往見치 못하였삽기로 書信을 郵便의 付送하였더니 其處에 推치 못하고 還이 되었으니 鍾城에서 香玉母子의 存亡을 知하시는 이가 有하거든 通知하시면 厚謝하겠삽. 忠淸南道 恩津郡 花枝山面 論山浦 鄭國善 告白.

19100529 잡보 170 (忠察巡郡) 忠南觀察使 崔廷德씨는 去二十日경에 管下 各郡을 巡歷하여 一般情況을 시찰하였다더라.

19100529 잡보 309 (商組員被拘) 忠南 結城郡居 車盛正 및 洪州郡居 鄭致權 兩人은 商務組合員이라 칭하고 洪州郡 邑內 市場에서 鹽 및 海産物 商人에게 五錢乃至五十錢의 稅金을 徵收하다가 洪州 경찰서에 被拘하여 同地 檢事局

으로 越交하였다더라.

19100531 학계 430 (金氏熱心) 韓山郡 基督進明學校는 金昌根씨가 林炳熹 씨로 더불어 설립한바인데 于今 三載에 該氏 등이 家産을 不顧하고 교육에 열심함으로 생도가 多數히 會集하여 交況이 興旺하다더라.

1910년 6월

19100604 잡보 450 (收金逃走) 恩津郡 江鏡 等地에서 拓植會支社員 李某 씨가 該社金額을 多數히 收取하고 逃躱하였다는 說이 有하다더라.

19100605 잡보 301 (墨筒面長) 稷山郡 二東面長 任百興씨는 從來로 貪慾이 頗甚하여 鄕里에서 墨筒이라 稱號하더니 該面長을 被選한 後로 川沙災二十餘結을 偸食하였고 四五年前 地稅戶稅에 尺文을 査考하여 盜難火災에 遺失하였으면 無難再徵하는 故로 民怨이 漲天하다더라.

19100605 잡보 410 (兩趙幷削) 木川郡居 前郡守 趙漢肅 趙漢穆 兩氏가 因事上京하였다가 薙髮하는 것이 時宜에 便利함을 覺悟하고 斷然 削髮하였다더라.

19100605 잡보 550 (靑年同志) 公州郡에서 內外國 遊學하는 청년학생이 會同하여 少年의 意思를 交通하는데 不可無靑年同志會라하여 本日 上午 9時에 발기총회를 邑內 明化學校 內에 開한다더라.

19100605 잡보 510 (畿學親睦) 畿內 學生親睦會를 本日 下午 1時에 大安洞 畿湖學會內에 開한다더라.

19100607 광고 308 본인이 忠淸南道 新昌郡 大西面 新洞所在 山坂과 同郡 北面 新堂里 所在 山坂 測量略圖를 陰 本月 十日에 同郡 南面路上에서 遺失하였기 玆에 광고하오니 誰某拾得 休紙施行함. 新昌郡北面新堂里 朴準英 白.

19100608 잡보 170 (沼澤上京) 忠南觀察道 沼澤書記官은 何等 緊急한 公務를 因함인지 再昨日에 上京하였다더라.

19100609 잡보 140 (僞票申訴) 公州郡居 崔敦說씨가 三錢郵票 一枚를 僞造하였다가 사실이 발현되어 所管 裁判所에서 役八個月에 宣告하였는데 該氏가 不服하고 日前 控訴院에 申訴하였다가 退却을 遭하였다더라.

19100615 잡보 140 (有甚行動) 燕岐郡 李學俊 및 그 家族 一名과 親戚 三名이 承洞 卞國善氏家에서 現方 留連하는 중인데 公州警察署에서 中部 警察署로 통지하고 그 行動을 조사하라 하였다더라.

19100615 잡보 420 (金罷倫常) 扶餘郡居 李再烈씨가 掌禮院에 禮斜를 還覔할 次로 百般運動함은 旣히 報道한바어니와 그 心腹人 辛基儉 李泌信 兩氏를 紹介하여 朴內相 及 掌禮院卿에 親切人某를 締結하여 運動費 二百餘圓을 先給하고 成事後 幾千圓을 報酬하기로 계약을 성립하였는데 掌禮院에서 日前 該觀察道로 발훈하고 李再烈사건을 조사보고하라 하였으며 該公文去來가 略 二週日間에 在한데 査報到院하는 동시에 즉시 禮斜를 還付하기로 密約이 有하다더라.

19100616 학계 430 (說校擔費)) 恩津 論山居 前參奉 金在煥씨가 교육에 열심하여 야학교를 설립하고 경비를 自擔하여 청년을 敎訓한다 하고 人皆稱頌하더라.

19100616 잡보 430 (廣明漸明) 洪州 化城面 廣明義塾을 설립하였는데 塾監 金永善씨는 청년교육을 열심하여 학생을 優數募集

1910년(隆熙 4년) 341

하여 六十餘員에 달하였고 회계 趙元夏씨는 경비를
일체 自擔하여 維持가 永遠無慮하겠으며 生徒 金영圭
李澄鍾 崔炳顯 三氏는 夜以繼日에 熱心 就學하여 入
學未幾에 前進之望이 大有하다더라.

19100617 잡보 120 (官熱添症) 溫陽 溫井에서 療養하는 總理 李完用씨의
近日 情況을 聞한 즉 政界上 思念이 鬪발함인지 其他
憂熟思慮의 事가 有한지 病症이 添발하여 本國 湯藥
을 連服中이라더라.

19100617 잡보 120 (兩趙還京) 李總相을 방문할 次로 溫陽 溫泉에 前往하
였던 奎章閣卿 趙同熙 中樞院贊議 趙英熙氏 등 일행
은 再昨日 下午 8時에 歸京하였다더라.

19100618 잡보 510 (畿學總會) 畿內學生親睦會에서 來을 19日(日曜) 下午
1時에 特別總會를 大安洞 畿湖學校內에서 開하고 紳
士 石鎭衡 趙완九 兩氏를 청하여 勸勉의 演說을 한다
는데 會員諸氏의 多數來叅하기를 望한다하고 학생의
방청을 許한다더라.

19100618 학계 430 (家舍附校) 公州 敬天里 元明學校 任員諸氏가 女學校
를 협의 설립인 바 學監에 白樂性씨는 자기소유 八間
家舍를 校舍로 付屬하고 열심 視務함으로 敎育界 誠
心을 無不稱頌한다더라.

19100619 잡보 450 (日債奪財) 燕岐來人의 傳說을 聞한 즉 該郡 西面居
金永邦 李聖寬 兩氏가 부근 年少輩를 誘引하여 日債
를 得給하고 因以賭技奪財하여 敗家한 子弟가 多數하
다더라.

19100622 잡보 120 (第觀來頭) 溫陽郡에서 療養中에 在한 總理大臣 李完
用씨는 本月末에 上京하기로 결정하였으나 新任 統監
의 到任日字를 得하여 去留를 質定한다더라.

19100623 광고 460 本社에서 忠淸南道 出張所를 公州郡에 위치를 정하고 所長은 郭린씨로 사무원 尹鳳淳씨로 회계 吳聖玉씨로 선정 위임하오니 내외국 僉彦 조량하시압.

19100623 광고 440 忠南 牙山 屯浦分派所 巡査 李鍾弼은 挾雜之人으로 京居 某大臣에 至親之小室 元씨를 무단히 詬辱亂打故로 該元씨가 不勝忿寃하여 方欲絶穀期死云 則如此行悖巡査는 必有重律이기 廣布함. 牙山 屯浦 拾二統五戶 李殷用.

19100624 학계 430 (木川設校) 木川郡 二東面長 趙世增 李恆林 兩氏와 紳士 金思惠 李在弘 尹達燮 李瑗夏 諸氏가 발기하여 麓東學校를 創立하고 面內 諸氏에게 熱心勸告함으로 生徒가 불과 幾日에 70餘名에 달하여 進就之望이 大有하다더라.

19100624 사고 460 대한매일신보 各處支社廣告 : 忠淸道 韓山 下北 筆堂里 李英林 / 結城 廣川 小龍洞 李啓茂 / 公州府 古上衙 福音書舘 柳聖培 / 恩津 論山浦 雜貨店 張允稙.

19100625 잡보 430 (藉訓奪財) 公州郡 鄕校 田土는 朝家의 所設이 아니요 士林이 出力措辦한 故로 士林이 주장하여 鄕校內에 興湖學校를 설립하고 該土所出의 穀物로 敎育費를 支用하더니 頃自 學部로써 校財를 관할하는 규칙을 반포하여 隨宜需用하라 하였는데 該都 觀察使는 學部訓令을 藉托하고 그 財物을 奪取코져하여 학교가 廢止할 境에 至하였음으로 怨聲이 狼藉하다더라.

19100626 잡보 120 (總相還城期) 溫陽 온천에서 치료하는 李總相은 來 30일경에 歸京한다더라.

19100626 잡보 312 (開鑛請願) 天安郡 下建面 富昌里 소재 金鑛을 全台憲씨가 本月 12日 農商工部에 請願하였다더라.

19100630 잡보 120 (出其不意) 溫陽에서 요양하던 總理 李完用씨는 何等 事故를 因함인지 猝然間 再昨日 下午 8時에 入城하였는데 그 本家에서도 1時間 前期하여 始知하였고 戒嚴에 秘密을 守하기 爲하여 西大門外 정거장에서 下陸하였다더라.

19100630 잡보 430 (佛敎設校) 公州郡居 李重雨씨 등은 日前에 該郡內에서 佛敎會를 조직하고 학교 설립할 事件을 협의하였다더라.

1910년 7월

19100701 잡보 301 (往訴何處) 韓山郡 재무서장 尹헌求씨가 民結을 任意 加結 濫捧하는 事에 대하여 該郡 民情이 嗷嗷한 事는 前報에 屢揭어니와 該署에서 巡査를 民間에 派送하여 父老를 구타하며 婦女를 捕縛하며 田畓文券을 탈취하여 加結錢을 勒捧으로 爲主하는 故로 窮蔀殘命이 幾至渙散인 故로 該結民 등이 監督局에 呼冤한 즉 該局에서는 本署로 推위하고 本署에서는 威脅으로 訴狀을 退却하는지라 該民人 등이 再次 監督局에 呼冤次로 上京하였다더라.

19100702 잡보 430 (學城何郡) 忠南觀察使 崔廷德씨가 사립학교의 사건으로 學部에 보고한 내에 學城郡이라는 郡名을 기록하였는데 학성군은 該觀察使가 獨自磨練한 郡인지 不知하겠다고 批評이 有하다더라.

19100706 잡보 307 (僞券賣日) 溫陽 東下面 細橋里浦田 三千餘坪은 該洞居 全英澤 金千吉 兩氏의 소유인데 隣洞居 姜昌熙爲

　　　　　　　名者가 兩氏의 도장과 該面長 沈宜善씨의 도장을 위
　　　　　　　조하여 泥峴居 日本人 江見及巳郎에게 三百七十圓에
　　　　　　　賣渡하고 因爲逃躱하였다더라.

19100709　잡보　314　(淺灘將浚) 公州郡 錦江 上流는 年來에 淺灘을 成함으
　　　　　　　로 一般 商船來往의 불편함이 不少하다 하여 關稅局
　　　　　　　에서 該情況을 조사한 결과로 장차 浚渫할터이라더라.

19100710　잡보　130　(買官醜錢) 海美郡居 郭某는 故申箕善씨가 法部大臣
　　　　　　　재임시에 初仕一窠를 圖得할 계획으로 申씨에 妾을
　　　　　　　소개하여 金六百圓을 劃給하였다가 事竟不成하였는데
　　　　　　　郭씨가 該金을 還推하기 위하여 日憲兵司令部에 호소
　　　　　　　할 次로 目下 준비중이라더라.

19100713　잡보　550　(靑年俱樂) 忠南 公州府 紳士 李重雨 申鉉九 金基鴻
　　　　　　　金仁泰 등 二十人이 靑年俱樂部를 설립한다더라.

19100714　잡보　301　(飢民의減稅呼訴) 牙山 新昌 溫陽 三郡이 작년에 無前
　　　　　　　한 亢旱을 피하여 呼庚의 憂가 有한 中 今夏의 牟麥
　　　　　　　이 枯荒하여 생도가 困苦하여 莫重地稅를 辦納無路
　　　　　　　故로 三郡民 等이 과족 上京하여 地稅를 蠲減하라고
　　　　　　　度支部에 호소하였다더라.

19100717　학계　430　(壯哉金氏) 禮山郡 郡內面 場垈寒泉洞居 金顯東씨는
　　　　　　　年今 二十餘인데 自家에 夜學校를 설립하고 金 數百
　　　　　　　圓을 捐出하여 청년노동자를 모집하여 열심 교육하는
　　　　　　　데 학도 중 졸업생이 三十餘人이요 願學者가 日日踏
　　　　　　　至하여 三百人에 달하였고 該氏의 재산이 百餘石秋收
　　　　　　　의 田庄에 過치 못하는데 遠近流離貧族을 男女間人口
　　　　　　　를 計하여 金百餘圓을 捐出하고 家舍가 無한 人은 幾
　　　　　　　十間式 制造 居生케 하고 田庄도 幾石落式 分給하며
　　　　　　　飢戶 十戶를 구휼하기 위하여 白米 幾十石과 金百餘
　　　　　　　圓과 衣次 廣木麻布 幾十疋을 賑給까지 하며 流離死

境에 至한 者를 保存함에 遠近이 莫不稱頌한다더라.

19100720 잡보 170 (果則可駭) 南來人의 確言을 據한 즉 忠南 禮山郡 今坪面 面長 申益均씨는 視務 四五年에 공무집행상에 불편이 多할뿐 아니라 濫捧을 用하여 불법행위로 面村의 질서를 문란케 하며 人民의 自由財産을 침해함으로 該面人民 등의 원성이 載路하다더라.

19100720 잡보 306 (溺命可慘) 恩津 魯城 등지에 雨水가 大漲하여 농작물의 損害가 多大하였는데 論山居 趙得洙씨家에 來留하던 鰕醢船主 全致正씨가 7月 12日 午後 8시에 江邊에서 沐浴하다가 溺斃하였는데 翌日 오전 7時에 尸體를 拯出하였다더라.

19100722 잡보 301 (長尾善打) 藍浦郡 財務署主事 日人 長尾는 稅錢을 收捧하는데 愆納한 結民家는 年少한 부녀를 捉去하며 該隣家 農牛를 奪去하고 食料를 不給하는데 牛主가 結錢을 替納하고 牛隻을 覓去케 할 계획으로 結民을 見하면 下等 語套에 毆打하기로 長技를 作한다더라.

19100722 잡보 170 (移衙民請) 恩津郡衙를 江景浦로 移轉할 事를 江景浦 民會에서 開會議決하였다더라.

19100722 잡보 170 (移衙狀況修報) 懷德郡衙를 太田으로 移轉한다 함은 已報한 바이니와 移轉에 관한 상황을 內部로 修報하였다더라.

19100723 잡보 170 (言行不同) 藍浦郡守 申祺秀씨는 人民에 대하여 聲言하기를 日人과 同國人이 되었으니 壓制를 受치 勿하고 彼가 一打하거든 我도 一打하라 하면서 其行政을 觀하면 昨年 7月分에 該郡 中臺寺에 出往하여 川獵을 大設하는데 旱節에 民堡를 壞缺하고 貯水를 瀉出함으로 堡下 畓主의 冤聲이 漲天하였다더라.

19100724 잡보 140 (爲夫請願) 前扶餘郡수 李大□씨는 公貨犯逋事件으로 日前에 京城地方裁判所에서 役三年에 宣告하였는데 該氏의 夫人 朴씨가 再昨日에 請願書를 該所에 提呈하되 針線雇傭할지라도 八個年內에 該公貨를 淸勘할 터이니 家君을 特放하라 하였다더라.

19100724 잡보 301 (角田野心) 藍浦郡 習衣面長 李鼎□씨가 稅金을 收刷하여 三百圓을 該郡 郵便取扱所長 日人 角田三郎에게 任置하였다가 其後에 推尋한 즉 該日人이 言하기를 領收證에 日付印만 有하고 事務員의 姓名圖章이 無하니 不可出給이라 하여 該氏가 所有畓 五拾斗落을 放賣하여 세금을 充數하였는데 該日人의 野心을 該郡人民이 莫不憤歎한다더라.

19100724 잡보 317 (郵便難信) 京居 金洙熙씨가 忠淸南道 藍浦郡 熊川面 花汀里居 林漢相씨에게 金 六百二拾圓을 麻浦郵便所에서 該郡 郵便取扱所로 登記換付하였더니 該取扱所에서 何等 層節이 有한지 右金額을 領受人 林漢相씨에게 出付치 아니하고 一向推托함으로 該氏가 該郡駐在所 및 保寧郡警察署와 公州地方裁判所에 申告 取調 中이라더라.

19100726 잡보 170 (因暇上京) 忠南觀察使 崔廷德씨는 夏期休暇를 利用하여 日昨上京하였다더라.

19100726 잡보 430 (補助農校) 忠南觀察道에 설립한 農林學校는 학부에서 인가하였고 겸하여 一千二百圓을 補助하였다더라.

19100726 잡보 420 (爲延親諡) 忠南觀察道 事務官 金英鎭씨는 그 父親 故 忠達公의 延諡를 擧行次로 日昨에 上京하였다더라.

19100728 잡보 440 (侍天敎人의 蠻行) 藍浦郡 古邑面 外城洞 金東弼씨의 妹弟는 年今十六에 早孀無依하더니 該郡 熊川面居 白順敬씨에게 自由로 改嫁하기를 牢定하고 乘轎治行할

際에 該洞 侍天敎人 金希道 등 五六人이 突出하여 轎子를 打破하고 白씨를 毆打하는데 侍天敎人들이 言하기를 酒一卓과 錢五圓을 辦出하고 此女를 率去하라 하는 故로 白씨가 勢不得已하여 酒與錢을 辦備할 際에 侍天敎人 任得天이가 該女를 又爲强奪함에 白씨가 不勝忿恨하여 該郡 巡査駐在所에 호소한즉 韓巡査가 該女及仲媒人 五六人을 押去하였다더라.

19100728 학계 430 (兩校盛況) 恩津郡 論山 사립 永化女學校와 眞光男學校를 설립하였는데 교장 韓奭敎 부교장 金昌奎 학감 卜基業 감독 李興植 총무 李成七 千景彦 諸氏가 열심 勸奬함으로 男女學徒가 五六拾名에 達하였다더라.

19100729 잡보 430 (養校認可) 忠南 公州郡 道立 養林學校 設置件은 去26日에 認可하였다더라.

19100731 잡보 130 (休暇還忙) 忠南觀察使 崔廷德씨가 夏中休暇를 因하여 日前에 上京하였다 함은 旣報어니와 何等 秘密運動이 有한지 日夜奔忙하여 眼鼻를 莫開中이라더라.

19100731 잡보 312 (金礦讓渡設) 日人 澁澤榮一은 我國政府로부터 採掘權을 得하여 淺野總一郞과 共히 經營하던 忠南 稷山 金鑛은 美國人 헨리 及 데라 兩氏에게 讓渡하기로 決하고 旣히 계약까지 하였다는 설이 有하다더라.

19100731 잡보 303 (唐守無廉) 唐津郡守 徐丙炎씨가 年前에 詩禊錢 五百兩을 債用하되 其子 廷弼씨로 擔當標를 繕給하였는데 該氏가 地方官으로 在任한지 3年이 되도록 一分도 報送치 아니한다고 人皆唾罵한다더라.

19100731 잡보 306 (種苗講習期限) 公州郡 種苗場에서는 附近 農家 子弟를 募集 講習하기로 決定하였는데 期限은 2週間으로 定하였고 開習日字는 來月一日로 定하였다더라.

1910년 8월

19100802 잡보 306 (潦水被害) 公州통신을 據한 즉 過番 潦水의 汎溢을 因하여 錦江沿邊 農庄에 多數한 損害를 被하였는데 最中 該郡居 皇城新聞 支社員 鄭熙炳씨는 巨大한 田畓 全部의 損害를 被하였다더라.

19100805 광고 420 慶北 順興郡居云 李致凡 來留本人家 而年今二十五歲 인데 論山上流水에 溺死인바 主客之情으로 右人故鄕에 通知나 村名不知故 廣告하오니 順興郡 諸氏는 李致凡 親戚을 아시는 이가 있거든 尸體를 推去케 勸告하심을 敬要. 忠南 恩津 論山 一統七戶 安汝道.

19100809 잡보 306 (技手入城) 忠南지방에 林籍調査하기 위하여 출장하였던 農商工部 技手 李弼 柳町 兩人은 再昨日에 入城하였다더라.

19100809 잡보 313 (祭閣雨頹) 恩津郡 社稷壇의 祭物設備閣이 霖雨에 顚覆되었은즉 相當히 修理하겠다고 內部로 修報하였다더라.

19100817 잡보 400 (四氏慈善) 恩津郡 論山居 朴允敬씨가 行商次로 金堤郡에 逗遛하다가 七月初에 不幸하였는데 該氏의 家勢가 赤立하여 返柩가 無路하더니 該洞居 朴敬武 趙得珠 金相泰 李根春 四氏가 發起하여 救恤金을 募集하였는데 二十餘圓에 達하여 無事返柩함으로 朴氏弟 敬國씨가 四氏를 對하여 稱謝하였다더라.

19100826 잡보 140 (瑞裁建築) 瑞山郡 區裁判所에서는 該廳舍를 月前부터 新建築하는데 日間竣工된다더라.

색 인

(ㄱ)

강경 江景 ....
25, 34, 36, 37, 38, 70, 128, 131, 172, 187, 220, 285, 314, 318, 331

결성 結城 ....
50, 52, 58, 61, 62, 73, 96, 98, 100, 183, 184, 203, 230, 293, 310, 334, 339, 343

공주 公州 ....
26, 27, 28, 30, 31, 32, 33, 34, 35, 36, 37, 39, 40, 41, 42, 43, 47, 49, 50, 52, 55, 56, 57, 58, 59, 60, 61, 63, 64, 65, 67, 68, 69, 72, 74, 75, 76, 77, 78, 84, 85, 88, 90, 93, 94, 98, 102, 103, 104, 105, 106, 107, 109, 112, 113, 114, 118, 119, 121, 122, 123, 124, 125, 128, 130, 132, 133, 138, 139, 141, 142, 151, 152, 153, 155, 156, 157, 158, 160, 161, 162, 163, 167, 168, 170, 172, 174, 177, 178, 181, 182, 183, 184, 185, 187, 191, 192, 193, 194, 195, 195, 198, 199, 200, 206, 207, 208, 209, 212, 213, 214, 215, 217, 218, 219, 221, 223, 224, 226, 228, 229, 231, 235, 238, 242, 247, 250, 251, 253, 255, 258, 261, 265, 266, 267, 268, 269, 270, 272, 273, 274, 275, 279, 280, 281, 282, 284, 285, 286, 287, 288, 289, 290, 294, 295, 301, 303, 306, 307, 310, 313, 314, 315, 318, 319, 320, 321, 323, 324, 326, 328, 329, 331, 332, 333, 334, 335, 338, 339, 340, 341, 342, 343, 344, 345, 348, 349

기호 畿湖 ....
199, 200, 201, 202, 203, 205, 208, 210, 211, 212, 213, 214, 216, 217, 222, 223, 224, 225, 226, 227, 228, 229, 230, 231, 234, 235, 239, 240, 241, 246, 247, 248, 249, 252, 253, 254, 257, 258, 260, 262, 264, 266, 267, 269, 270, 280, 281, 282, 283, 284, 286, 287, 291, 292, 296, 299, 300, 304, 307, 308, 309, 317, 318, 321, 324, 325, 326, 329, 333, 335, 337, 338, 340, 342,

(ㄴ)

남포 藍浦 ....
31, 46, 47, 50, 56, 58, 84, 90, 92, 103, 107, 112, 138, 144, 173, 175, 181, 190, 208, 217, 228, 230, 231, 244, 254, 257, 271, 303, 305, 311, 337, 346, 347

내포 內浦 ....
81, 120, 122, 191, 203, 216, 232, 310, 313

노성 魯城 ....
31, 34, 36, 50, 58, 104, 105, 128, 134, 144, 145, 146, 163, 167, 191, 207, 213,

색인 351

220, 227, 232, 253, 285, 297, 298, 338, 346

논산 論山 ·············· 34, 128, 151, 285

(ㄷ)

당진 唐津 ·····································
37, 50, 58, 71, 133, 136, 190, 194, 195, 216, 224, 316, 348

대전 太田 ·····································
39, 84, 179, 182, 192, 197, 205, 208, 211, 218, 220, 233, 247, 270, 279, 293, 308, 309, 311, 312, 330, 332, 336

대흥 大興 ·····································
45, 50, 56, 59, 69, 72, 76, 81, 85, 129, 135, 143, 183, 199, 212, 277, 297, 304, 308, 309, 315, 329, 334

덕산 德山 ·····································
25, 29, 41, 50, 55, 56, 57, 61, 87, 96, 130, 136, 142, 149, 162, 169, 170, 173, 174, 175, 181, 183, 185, 189, 232, 245, 247, 251, 263, 281, 285, 316, 317, 324, 329, 337

(ㅁ)

면천 沔川 ·····································
26, 29, 36, 50, 56, 61, 68, 71, 92, 101, 104, 117, 131, 132, 133, 148, 177, 180, 189, 190, 194, 206, 218, 225, 228, 235, 238, 247, 252, 256, 263, 267, 285, 294, 306, 318, 320, 332

목천 木川 ·····································
28, 39, 43, 50, 53, 54, 57, 60, 65, 68, 70, 75, 88, 98, 114, 118, 140, 147, 148,

153, 165, 167, 176, 179, 184, 185, 186, 188, 191, 193, 212, 217, 219, 245, 253, 255, 257, 259, 261, 269, 274, 275, 277, 279, 281, 283, 286, 292, 294, 296, 297, 298, 305, 309, 317, 340, 343

문의 文義 ·············· 50, 57, 110

(ㅂ)

보령 保寧 ·····································
50, 55, 56, 57, 59, 61, 79, 95, 96, 110, 159, 168, 212, 229, 238, 244, 248, 252, 253, 262, 277, 295, 303, 306, 313, 329, 331

부여 扶餘 ·····································
27, 50, 56, 58, 127, 135, 153, 164, 170, 172, 188, 207, 229, 233, 234, 274, 280, 285, 287, 290, 296, 297, 300, 310, 312, 325, 326, 328, 335, 337, 341, 347

비인 庇仁 ·····································
50, 58, 61, 114, 191, 271, 272, 273, 318, 324, 336, 337

(ㅅ)

서산 瑞山 ·····································
25, 30, 47, 50, 57, 83, 122, 138, 189, 194, 206, 214, 244, 265, 271, 303, 309, 320, 326, 327, 329, 332, 335, 349

서천 舒川 ·····································
48, 50, 56, 61, 63, 80, 87, 88, 89, 94, 102, 113, 114, 115, 116, 141, 142, 153, 161, 174, 175, 191, 198, 206, 213, 220, 225, 285, 292, 297, 311, 313, 337

석성 石城 ·····································

40, 46, 50, 52, 58, 60, 61, 68, 75, 106, 111, 129, 159, 165, 167, 171, 172, 188, 189, 204, 221, 232, 252, 261, 287

신창 新昌
50, 57, 61, 179, 180, 242, 251, 265, 341

(ㅇ)

아산 牙山
45, 50, 53, 54, 55, 57, 63, 72, 80, 123, 134, 137, 140, 143, 145, 147, 149, 154, 160, 180, 183, 189, 190, 246, 250, 251, 255, 259, 261, 263, 265, 271, 272, 278, 287, 294, 302, 314, 317, 319, 321, 324, 330, 334, 338, 343, 345

연기 燕岐
48, 50, 55, 57, 61, 129, 139, 155, 172, 190, 207, 278, 296, 324, 325, 341, 342

연산 連山
25, 41, 46, 50, 59, 67, 73, 74, 79, 96, 99, 105, 118, 121, 125, 128, 133, 134, 144, 145, 146, 171, 174, 175, 192, 193, 197, 207, 218, 218, 224, 226, 228, 230, 239, 241, 265, 282, 284, 285, 287, 293, 295, 302, 320, 326, 336, 337, 338

예산 禮山
50, 58, 69, 71, 77, 84, 93, 96, 109, 117, 164, 169, 176, 181, 182, 191, 194, 207, 219, 220, 235, 251, 258, 262, 281, 291, 292, 301, 322, 329, 333, 334, 345, 346

오천 鰲川
59, 99, 107, 109, 110, 112, 140, 142, 163, 175, 198, 206, 262

온양 溫陽
27, 34, 36, 39, 50, 51, 56, 59, 63, 82, 93, 95, 102, 104, 115, 145, 146, 150, 161, 162, 174, 177, 179, 195, 199, 227, 238, 239, 240, 246, 260, 262, 265, 271, 278, 284, 290, 291, 301, 308, 315, 336, 342, 343, 344

은진 恩津
34, 35, 36, 37, 38, 42, 50, 55, 56, 57, 58, 67, 80, 85, 86, 87, 101, 108, 128, 143, 148, 150, 153, 160, 171, 172, 186, 187, 189, 191, 198, 204, 205, 207, 209, 210, 212, 213, 237, 241, 242, 248, 252, 260, 262, 270, 283, 284, 285, 289, 290, 303, 305, 311, 320, 331, 333, 336, 339, 340, 341, 343, 346, 348, 349

임천 林川
50, 57, 94, 99, 122, 134, 139, 146, 170, 182, 188, 244, 245, 261, 263, 265, 271, 285, 289, 302

(ㅈ)

전의 全義
50, 55, 57, 62, 64, 65, 68, 110, 111, 128, 135, 137, 148, 155, 175, 180, 183, 198, 207, 241, 242, 268, 293, 314

정산 定山
27, 50, 58, 71, 76, 77, 167, 191, 192, 197, 217, 221, 222, 229, 261, 266, 274, 275, 285, 289, 291, 315, 318, 332

직산 稷山
29, 30, 40, 47, 50, 59, 62, 70, 73, 76, 91, 99, 105, 139, 144, 146, 180, 183, 184, 186, 187, 200, 207, 214, 233, 234, 239, 256, 261, 263, 266, 271, 279, 280, 286, 296, 298, 303, 307, 309, 314, 315,

319, 332, 339, 340, 348

진잠 鎭岑 ....
38, 50, 59, 118, 122, 136, 145, 175, 178, 188, 193, 206, 207, 218, 224, 237, 238, 270, 279, 293, 308, 314

(ㅊ)

천안 天安 ....
27, 29, 49, 50, 52, 56, 60, 61, 85, 120, 129, 150, 167, 171, 177, 179, 185, 193, 207, 212, 213, 215, 227, 240, 242, 260, 265, 271, 272, 275, 280, 286, 291, 292, 293, 301, 309, 319, 320, 330, 331, 333, 343

청양 靑陽 ....
47, 50, 58, 61, 78, 84, 103, 108, 109, 124, 134, 135, 136, 137, 143, 180, 189, 192, 211, 229, 244, 245, 251, 253, 257, 261, 263, 265, 270, 271, 298, 300, 312, 315, 321, 329, 335

충남 忠南 ....
28, 32, 38, 40, 41, 42, 50, 51, 52, 56, 58, 63, 64, 67, 69, 71, 85, 86, 91, 93, 94, 96, 103, 109, 110, 115, 116, 117, 118, 119, 120, 121, 124, 127, 129, 133, 134, 136, 144, 148, 152, 153, 156, 161, 165, 167, 168, 171, 176, 183, 184, 186, 187, 188, 192, 193, 194, 195, 203, 210, 211, 213, 224, 228, 238, 244, 246, 248, 249, 250, 256, 259, 261, 264, 265, 269, 274, 277, 278, 284, 285, 291, 293, 306, 308, 309, 312, 314, 315, 316, 317, 318, 319, 324, 325, 327, 328, 330, 332, 339, 341, 343, 344, 347, 348, 349

충청 忠淸 ....
30, 59, 116, 120, 122, 159, 169, 184, 256, 317, 335

(ㅌ)

태안 泰安 ....
26, 50, 56, 68, 71, 82, 90, 115, 125, 131, 140, 154, 164, 176, 194, 225, 233, 248, 250, 259, 265, 268, 269, 274, 281, 282, 289, 301, 304, 309, 320, 332, 333, 337

(ㅍ)

평택 平澤 ....
50, 57, 61, 99, 139, 172, 207, 232, 258, 278

(ㅎ)

한산 韓山 ....
50, 56, 63, 84, 94, 114, 130, 142, 145, 146, 148, 155, 170, 194, 199, 220, 222, 224, 228, 229, 232, 233, 240, 256, 263, 275, 281, 289, 299, 307, 310, 316, 318, 323, 325, 326, 330, 339, 340, 343, 344

해미 海美 ....
55, 57, 59, 76, 136, 148, 152, 194, 230, 249, 265, 268, 271, 278, 279, 327, 331, 337, 345

홍산 鴻山 ....
26, 50, 58, 99, 116, 120, 134, 136, 138, 143, 152, 153, 154, 170, 186, 200, 207, 213, 215, 217, 230, 236, 244, 263, 265, 271, 274, 284, 285, 289, 294, 299, 300, 316, 321, 324, 325, 327

홍주 洪州 ....

50, 56, 61, 62, 68, 69, 71, 74, 76, 77, 78, 79, 80, 81, 83, 85, 89, 90, 91, 92, 93, 94, 95, 96, 98, 99, 101, 104, 105, 106, 107, 110, 115, 118, 119, 120, 121, 123, 124, 125, 130, 132, 134, 135, 144, 146, 147, 150, 151, 154, 159, 165, 166, 168, 169, 170, 172, 173, 175, 179, 181, 185, 190, 194, 198, 199, 203, 204, 206, 213, 219, 227, 228, 229, 230, 244, 247, 248, 255, 261, 263, 264, 265, 270, 286, 294, 297, 300, 306, 311, 313, 317, 321, 324, 327, 331, 332, 333, 335, 339, 341

회덕 懷德 ……………………………………
48, 50, 55, 58, 70, 106, 116, 139, 141, 142, 146, 147, 152, 160, 168, 177, 178, 190, 192, 197, 199, 205, 206, 207, 213, 214, 217, 218, 219, 224, 225, 247, 260, 263, 267, 282, 283, 285, 289, 295, 299, 303, 309, 319, 320, 328, 346

- 편자약력

도면회

서울대학교 국사학과에서 박사학위를 받았으며, 현재 대전대학교 인문학부 교수로 재직 중이다. 주요 전공 분야는 한국근대사, 특히 경제사, 법제사, 정치사 등이며, 최근에는 민족주의 역사학에 대한 비판적 검토를 하고 있다.

논저 : 『북한의 역사 만들기』(공저, 2003), 『일제식민통치연구 1』(공저, 1990), 「갑오개혁 이후 근대적 법령 제정과정」, 『한국문화』 27 (2001), 「갑오개혁 이후의 근대적 금융기관」, 『국사관논총』 77 (1997), 「정치사적 측면에서 본 대한제국의 역사적 성격」, 『역사와 현실』 19(1996), 「1894~1905년간 형사재판제도 연구」, 서울대 국사학과 박사논문(1998) 등이 있다.

사문경

대전대 지역협력연구원 연구전담교수, 충남대 대학원 문학박사.

논저 : 「고려말·조선초 불교기관 연구」, 「11세기 후반 혜덕왕사 소현의 금산사 광교원 설치와 법상종」, 「1920년대 공주포교당의 설치와 운영」, 「일제하 사찰주지의 역할과 성격」, 『한국 고·중세 지역연구』(공저) 등이 있다.

지역협력기초연구 ⑨

『대한매일신보』로 보는
한말의 대전·충청남도

초판인쇄 2005년 1월 8일
초판발행 2005년 1월 15일

편 자 / 도면회·사문경
발행인 / 김 영 환
발행처 / 도서출판 다운샘

주소 / 138-857 서울 송파구 오금동 48-8
전화 / (02)4499-172~3 팩스 / (02)431-4151
등록 / 1993. 8. 26 제17-111호

값 16,000원

ISBN 89-5817-130-8 04080
ISBN 89-86471-95-7 (세트)

ⓒ 2005 대전대학교 지역협력연구원

* 잘못된 책은 바꿔 드립니다.